Die *Vogue* ist nicht nur die wichtigste Modebibel für Fashionistas, sie ist auch Brennglas für Trends und Kultur. Dahinter stehen Redakteurinnen, die mit unkonventionellen Ideen und Unerschrockenheit das Magazin durch etliche Krisen geleitet und nebenbei die Gesellschaft verändert haben. Sei es die offen lesbische Dorothy Todd, die das London der zwanziger Jahre unsicher machte, oder Edna Woolman Chase, die 1914 kurzerhand den Grundstein für den Catwalk gelegt hat, Diana Vreeland, die ihre Anweisungen gerne aus der Badewanne gab, oder Anna Wintour, die spätestens seit *Der Teufel trägt Prada* selbst unter Modemuffeln berüchtigt ist.

Nina-Sophia Miralles lebt als Journalistin in London, sie schreibt über Kunst, Kultur, Geschichte und Mode und hat 2015 das *Londnr Magazine* gegründet. 2016 wurde sie mit dem The-H.-100 »Rising Star«-Award ausgezeichnet, 2018 mit dem Young Stationers' Award for Publishing, Digital and Design.

Nina-Sophia Miralles

INSIDE VOGUE

Die Geschichte eines Magazins und der Frauen, die es führten

Aus dem Englischen von
Christiane Rehagen und Sigrid Schmid

Atlantik

Die Originalausgabe erschien 2021 unter dem Titel
GLOSSY: The Inside Story of Vogue bei Quercus Editions Ltd,
London.

MIX
Papier | Fördert
gute Waldnutzung
FSC® C014496

4. Auflage 2025
Taschenbuchausgabe

Harvestehuder Weg 42, 20149 Hamburg, produktsicherheit@hoca.de
www.hoffmann-und-campe.de
Umschlaggestaltung: Vivian Bencs © Hoffmann und Campe
nach einem Originalentwurf von Andrew Smith
Umschlagabbildung: © Otto Maya / Condé Nast / Shutterstock
Satz: fuxbux, Berlin
Gesetzt aus der Sabon
Druck und Bindung: GGP Media GmbH, Pößneck
Printed in Germany
ISBN 978-3-455-01627-7

HOFFMANN
UND CAMPE

Ein Unternehmen der
GANSKE VERLAGSGRUPPE

Für Rui mit Liebe,
dafür, dass er mich zur Ziellinie gebracht hat

INHALT

Chefredakteurinnen der US-amerikanischen *Vogue*

Josephine Redding: 1892–1901

Marie Harrison: 1901–1914

Edna Woolman Chase: 1914–1952

Jessica Daves: 1952–1962

Diana Vreeland: 1963–1971

Grace Mirabella: 1971–1988

Anna Wintour: 1988 bis heute

Chefredakteurinnen und Chefredakteure der britischen *Vogue*

Elspeth Champcommunal & Dorothy Todd, Interimsredakteurinnen: 1916–1922

Dorothy Todd: 1922–1926

Michel de Brunhoff und Interimsredakteurinnen: 1926–1928

Alison Settle: 1926/28–1934

Elizabeth Penrose: 1935–1940/41

Audrey Withers: 1941–1960

Ailsa Garland: 1960–1964

Beatrix Miller: 1964–1984

Anna Wintour: 1985–1987

Elizabeth Tilberis: 1988–1992

Alexandra Shulman: 1992–2017

Edward Enninful: 2017 bis heute

Chefredakteurinnen und Chefredakteure der französischen *Vogue*

Cossette Vogel: 1922–1927

Main Bocher: 1927–1929

Michel de Brunhoff: 1929–1954

Edmonde Charles-Roux: 1954–1966

Francine Crescent: 1968–1987

Colombe Pringle: 1987–1994

Joan Juliet Buck: 1994–2000

Carine Roitfeld: 2001–2011

Emmanuelle Alt: 2011–2021

Eigentümer der *Vogue*

Arthur Turnure und Familie: 1892–1909

Condé Montrose Nast: 1909–1934

Lord Camrose: 1934–1958

Familie Newhouse: 1959 bis heute

EINLEITUNG

Die Zeitschrift *Vogue* nahm ihren Anfang, wie so viele großartige Dinge, im Gästezimmer eines Privathauses. Aber anders als andere derartige provisorische Projekte, die kurz aufflammen und dann im Sande verlaufen, hat sich die *Vogue* in unser kulturelles Bewusstsein gebrannt.

Seit Ende des 19. Jahrhunderts ist sie Vorbild für erfolgreiche Zeitschriften, eine Pionierin des schönen Lebens. Heute, mehr als 125 Jahre später, gibt es 25 eigenständige Regionalausgaben der *Vogue* mit 24,9 Millionen internationalen Leserinnen der Printausgabe pro Monat, 113,6 Millionen Online-Leserinnen pro Monat und 118,7 Followern auf den verschiedenen Kanälen. Sie dominiert den Markt seit mehr als einem Jahrhundert unangefochten, hat weltweit einen der höchsten Erkennungswerte als Marke und ist eine Multimillionen-Geldmaschine. Die *Vogue* ist nicht nur ein Modemagazin, sondern eine Institution. Eine Bibel. Aber was, und vor allem wer hat die *Vogue* zu dauerhaftem Erfolg geführt?

In diesem Buch konzentrieren wir uns auf die drei wichtigsten Ausgaben – die US-amerikanische *Vogue,* das Original und immer noch die Machtzentrale; die britische *Vogue,* die als zweiter Standort eröffnet wurde und nach der amerikanischen Ausgabe den meisten Einfluss hat; und die *Vogue Paris,* die für Frankreichs Vermächtnis als Geburtsort der Couture steht. Wir folgen den Spuren einer legendären Organisation von ihrer Gründung in New York als Klatschblatt bis zum glanzvollen Wirtschaftskoloss, den wir heute kennen. Im Rahmen dieser Biographie der *Vogue* reisen wir durch drei Jahrhunderte und zwei Weltkriege, erleben niederschmetternde Tiefschläge und strahlende Erfolge mit und sehen, welch schwindelerregende Reise die Zeitschrift und jene, die sie machten, unternommen haben. Die Geschichte der *Vogue* wäre unvollständig ohne die vielfältigen Mitwirkenden, allesamt einzigartige Persönlichkeiten – Eigentümer wie Chefredakteurinnen –, die den Seiten ihren eigenen Stil gegeben haben. Vom snobistischen Gründer Arthur Turnure über den habgierigen Geschäftsmann Condé Montrose Nast bis zu Mitzi Newhouse, der hübschen Milliardärsgattin, die ihren Mann beim Frühstück dazu überredete, die *Vogue* spontan zu kaufen, hatten alle ihre eigenen Pläne. Die Chefredakteurinnen und -redakteure waren nicht weniger bemerkenswert. Zu ihnen gehörten ein ausgezeichneter Kriegsheld, der in der französischen Widerstandsbewegung aktiv war, und die Tochter einer Hollywood-Größe, die in einem rosafarbenen Palast aufwuchs. Die Redaktion bestand aus einem widerspenstigen, kunterbunten, visionären Haufen, der es ebenso verdient, wieder zum Leben erweckt zu werden, wie die *Vogue*-Fotografen, von Horst P. Horst über Cecil Beaton bis Helmut Newton. Sie waren manchmal brutal, manchmal preziös, immer Genies. Doch das ständige Machtgerangel zwischen Vorstandsetage und Redaktionen zeigt das knifflige Wechselspiel zwischen Kreativität und Kommerz.

Das *Vogue*-Universum ist reichhaltiger, als man es sich erträumen könnte. Zu ihren Legenden zählen: die Erfindung des Laufstegs durch die *Vogue* im Ersten Weltkrieg; ein Skandal in den zwanziger Jahren, als die britische Chefredakteurin, eine bekannte Lesbe, ihre Sekretärin aus der Ehe heraus verführte; der Tanz mit dem Teufel des französischen Chefredakteurs im besetzten Paris, der mit außergewöhnlichen Tricks verhinderte, dass das Vermögen der *Vogue* von den Nazis beschlagnahmt wurde; und jede Menge Drogengerüchte, aufgrund derer eine Chefredakteurin, die gar keine Drogen nahm, in den achtziger Jahren zu einem längeren Aufenthalt in eine Entzugsklinik musste. Die *Vogue* konnte eine grausame Herrin sein, und Geschichten von brutalen Entlassungen gab es immer wieder. Aber auch das Gegenteil war der Fall. Günstlinge erhielten als Belohnung zuweilen Münzen aus reinem Gold und kostenlose Häuser.

Heute sind, vor allem durch die sozialen Medien, die Chefredakteurinnen und -redakteure der *Vogue* selbst zu Berühmtheiten geworden. Sie sind nicht mehr Modekommentatorinnen, sondern richtige Kulturikonen. Die Chefredakteurin der US-amerikanischen *Vogue,* Anna Wintour, herrscht seit 32 Jahren unangefochten, und jeder in der Branche und darüber hinaus spürt ihre furchterregende, allmächtige Präsenz. Ebenso berühmt ist ihre Kollegin mit den Feuerhaaren, die Kreativchefin Grace Coddington, die den sympathischen Gegenpol zur Despotin Wintour spielt.

Die britische Niederlassung sorgte für genauso viel Aufsehen. Die hitzige Debatte, die nach Alexandra Shulmans Rücktritt als Chefredakteurin im Jahr 2017 aufkam, eskalierte, als Edward Enninful, ehemaliges Model und Stylist aus Ghana, zu ihrem Nachfolger ernannt wurde, was die Frage aufwarf, ob Mode gesellschaftliche Veränderungen bewirken kann – oder sollte.

Der Tod des *Vogue*-Eigentümers Samuel Irving Newhouse jr. im Jahr 2017 rückte die Vergangenheit der *Vogue* ins Rampenlicht und befeuerte Spekulationen über die Zukunft der

Zeitschrift. Zwei Hollywood-Blockbuster basieren auf den Vorzeigezeitschriften von Newhouse: *Der Teufel trägt Prada* aus dem Jahr 2006 und *New York für Anfänger* aus dem Jahr 2008. Diese Verherrlichung, Verehrung, die Gerüchte und der Klatsch betonen nur, was seit 100 Jahren Realität ist: Die Menschen wollen mehr und immer mehr über die *Vogue* erfahren.

Dieses Buch erzählt eine Geschichte von Leidenschaft und Macht, atemberaubenden Reichtümern und phantastischer Mode, von Findigkeit und Opportunismus, Frivolität und Niedertracht. Es ist die Geschichte der *Vogue*.

1

ES WAR EINMAL IM ALTEN NEW YORK …

Die frühe Vogue *als Gazette aus dem eigenen Land*

Der vornehme Gründer

In den schönsten Märchen schwingt meist eine gute Fee ihren Zauberstab, aber im wirklichen Leben können gut aufgestellte Eltern dieselbe Funktion erfüllen. Für die Vereinigten Staaten von Amerika, wo die Menschen gerne ihr Glück selbst schmieden, gilt das ganz besonders. Es war Winter in New York, und Schnee überzog die Stahlskelette der Wolkenkratzer, die in den achtziger Jahren des 19. Jahrhunderts gerade erst in die Höhe geschossen waren. Brandneue Kaufhäuser wie Macy's lockten mit exquisiten Weihnachtsdekorationen in den Schaufenstern Kundschaft. Die Schlote der Fabriken in den Vororten qualmten, die US-Exporte strömten aus dem Hafen. Die »Stadt, die niemals schläft«, als die sie heute bekannt ist, barst damals bereits vor Energie. Und bei Arthur Turnure war es genauso. Er bereitete sich darauf vor, seine Tochter in die Gesellschaft einzuführen. Er hatte ihr den Namen *Vogue* gegeben, und sie war die Verkörperung der perfekten Debütantin. Sie war hübsch, eloquent und gut informiert.

Überall in Manhattan warteten die Damen und Herren der guten Gesellschaft begierig darauf, sie in ihren Häusern willkommen zu heißen, sie ihren Nachbarn vorzustellen und herauszufinden, was die modische kleine Schönheit zu bieten hatte. Wer in Privilegien hineingeboren wird, ist oft bestens für Erfolg vorbereitet, und bei der *Vogue* war das nicht anders, denn ihre Vorteile im Leben waren ihrem aristokratischen Vater zuzuschreiben. Turnure war ein Gentleman mit guten Verbindungen in der Stadt, charmant, stattlich, enthusiastisch und kosmopolitisch – und die *Vogue* verdankte die Vorfreude der Stadt auf ihr Erscheinen vor allem seiner Popularität. Sogar die Tagespresse, die sich der Aufregung um diese Neuerscheinung bewusst war, verkündete das bevorstehende Ereignis. »Eine der wichtigsten Debütantinnen der Woche wird *Vogue* sein, die am nächsten Samstag unter der Aufsicht von Arthur Turnure vorgestellt wird«,[1] hieß es in einer Mitteilung. New York hielt den Atem an.

Die erste Ausgabe der *Vogue* lag am 17. Dezember 1892 zum Preis von zehn Cent in den amerikanischen Kiosken. Mit einer »echten« Debütantin auf dem Cover, illustriert von A. B. Wenzel und in Schwarz-Weiß gedruckt, wirkt die Einführungsausgabe heute immer noch stilvoll. Ein schüchternes, aber zögerliches Lächeln spielt auf dem Gesicht der Debütantin, die in einer Hand einen Blumenstrauß hält, während sie mit der anderen den Saum ihres Kleides anhebt. Ihre Schultern sind geneigt, und ein Fuß zeigt nach vorne, als wäre sie mitten im Schritt eingefangen worden. Ihre Taille ist schmal, ihr Dekolleté offen, das dunkle Mieder wird durch Rüschenspitze am Halsausschnitt betont. Die Ärmel sind gepufft und mit Schleifen besetzt, die Handschuhe passen zu einem langen Abendkleid, und um das Mädchen herum flattert ein Schwarm Schmetterlinge. Über ihr, im oberen Drittel des Covers, prangt

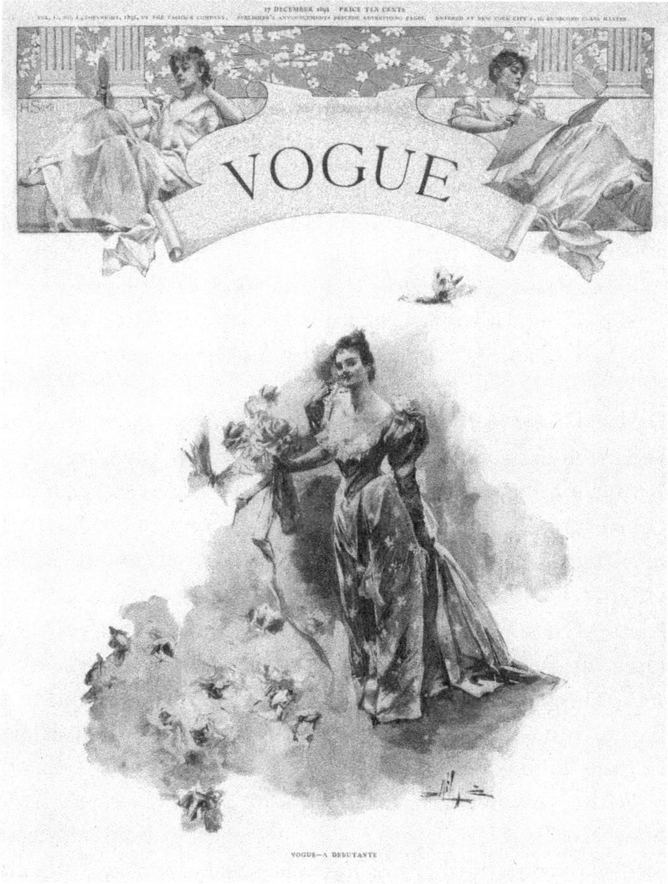

Das Cover der ersten Ausgabe der amerikanischen Vogue, *erschienen am 17. Dezember 1892.*

das Wort VOGUE auf einem kunstvollen Banner. Es wird auf beiden Seiten von klassischen Musen flankiert, von denen eine Harmonie und Schönheit repräsentiert, die andere literarische Tradition, umgeben von griechischen Säulen und einem Rankenwerk aus weißen Blüten.

In seinem einleitenden Brief an die Leserinnen schrieb Turnure:

> **Das eindeutige Ziel [dieser Unternehmung] ist die Einführung eines würdevollen, authentischen Journals für Gesellschaft, Mode und die zeremoniellen Aspekte des Lebens.[2]**

Diesen Gesetzen folgt die *Vogue* seither mehr oder weniger. Die Liebe zu Schönheit, Prunk und Stil ist offensichtlich, aber Turnures Edikt bedeutet mehr als das. Turnure beschrieb das Leben der High Society, ihre Ballkleider und ihre Bälle und muss geglaubt haben – und das zu Recht –, dass auch die Öffentlichkeit allgemein gerne vom Treiben in den oberen Rängen New Yorks lesen wollte. Als einer der wenigen Verleger, die zu dieser gehobenen Gesellschaftsschicht gehörten, war er in der Lage, Insiderwissen zu sammeln. Nicht umsonst hieß es von der *Vogue*, sie sei »von der eleganten Welt für die elegante Welt geschrieben«.[3]

Arthur Baldwin Turnure, geboren 1857, war gebürtiger New Yorker. Er stammte von den frühesten holländischen Siedlern der Stadt (den sogenannten Knickerbockers) ab und gehörte zu einer der Elitefamilien, die große Teile von Manhattan und Newport aufgekauft hatten und dann über Generationen hinweg zusahen, wie ihr Vermögen beständig wuchs. Er war der perfekte Mann, um der *Vogue* den Eintritt in die Welt der Mode zu ebnen. Als einziger Sohn einer alten, wohlhabenden Familie studierte Arthur Turnure erwartungsgemäß an einer Eliteuniversität. Im Jahr 1876 schloss er sein Studium in Princeton ab und praktizierte eher desinteressiert als Jurist, bevor er diese Tätigkeit an den Nagel hängte, um sich seinen wahren Leidenschaften zu widmen: Typographie, Verlagswesen und Druck. Eine Zeit lang war er künstlerischer Leiter bei Harper & Brothers (heute HarperCollins), bevor er sich selbstständig machte, zwei aufwendig illustrierte Kunstmagazine herausbrachte und mit acht Freunden den New Yorker Grolier Club gründete, der bis heute für bibliophile Amerikaner da ist. Kein Wunder, dass Turnure den treffenden Beinamen »Typographie-süchtiger Princeton-Absolvent« bekam.[4] Mit Mitte dreißig hatte er sich bereits in einer Reihe von Verlagspositionen versucht, mit wechselndem Erfolg. Doch seinen Höhepunkt hatte er noch nicht erreicht. Nur wenige hätten sich vorstellen können, dass sein nächstes Projekt nicht nur eine internationale Modebibel, sondern auch eine der berühmtesten Zeitschriften der Geschichte werden würde.

Turnure hatte alle Schwächen eines echten Gentlemans. Fotos zeigen einen stämmigen Mann mit fassförmigem Brustkorb und kantigem Kiefer, wegen seiner charmanten Art galt er dennoch als gut aussehend. Er war ein geselliger Mann, der sich gerne vergnügte und finanzielle Risiken einging – eine Kombination, die manch einer als gefährlich bezeichnen und die seine Familie nach seinem Tod noch beschäftigen würde.

Das soll nicht heißen, dass Turnure nur anspruchsvoll und faul war. Er war ein leidenschaftlicher Elitist, legte jedoch Wert auf eine gepflegte Sprache, und zahlreiche Berichte betonen seine Galanterie. Er war ein eifriger und ausgesprochener Verfechter der Frauenrechte, glaubte an das Frauenwahlrecht, unterstützte die Frauenrechtsbewegung und achtete darauf, dass Frauen bei seinen Zeitschriften immer eine faire Anstellung erhielten. In der Tat setzten bereits *Art Interchange* und dann auch *Vogue* Präzendenzfälle für Frauen als Redakteurinnen. Frauen wurden sogar Führungsbefugnisse gegenüber männlichen Mitarbeitern zugestanden, damals eine Seltenheit. Ebenso ungewöhnlich war, dass Turnures weibliche Mitarbeiter ausreichend gut bezahlt wurden, um ihren eigenen Lebensunterhalt bestreiten zu können, ohne auf einen Ehemann angewiesen zu sein. Als eine seiner Angestellten ihren Ehemann verließ, konnte sie mit Turnures Gehalt sich selbst und ihr kleines Kind ernähren und sogar eine Haushaltshilfe einstellen. Ein außergewöhnlicher Luxus im ersten Jahrzehnt des 20. Jahrhunderts.

Auch Menschlichkeit gehörte zu Turnures Charaktereigenschaften. Einmal, als die junge Angestellte Woolman Chase schwer erkrankte, brach er mit allen Konventionen, indem er sich in die heruntergekommene Pension wagte, in der sie zu jener Zeit lebte. Als die Vermieterin Woolman Chase mitteilte, dass ihr Arbeitgeber unten sei, fiel die junge Frau vor Schreck fast in Ohnmacht, weil sie dachte, sie würde gleich gefeuert. Stattdessen fand sie einen erschüttert aussehenden Turnure mit einem Topf hausgemachter Suppe auf den Knien in der Stube vor. »Meine Frau und ich dachten, diese Suppe könnte nahrhafter sein als die Kost in der Pension«,[5] erklärte er schüchtern. Dies mag wie eine kleine Geste erscheinen, dennoch war es ein Akt, der die extrem strengen Grenzen der New Yorker Gesellschaft sprengte.

Altes Geld und Neues Geld

Im vergoldeten Zeitalter – ein Begriff, den Mark Twain für den Nordwesten Amerikas im letzten Drittel des 19. Jahrhunderts prägte – hatten sich die alteingesessenen New Yorker durch verschlungene Familienbande miteinander verwoben. Sie lebten dicht an dicht an der neu entstandenen Fifth Avenue, bauten dort ihre Stadtschlösser und bewohnten Brownstone-Häuser, die, wie die Autorin Edith Wharton beschrieb, die Stadt New York wie kalte Schokoladensoße überzogen.[6] Doch die Welt um sie herum veränderte sich. Achtzehn Jahre vor der Geburt der *Vogue* fand eine Party statt, die als schlechtes Omen in die Geschichte eingehen sollte. Bei der fraglichen Veranstaltung – später unter dem Namen Bouncer's Ball bekannt – handelte es sich um einen Kostümball, der im Delmonico's, der angesagtesten Lokalität der Stadt, veranstaltet wurde. Auf der Gästeliste standen sowohl alter Geldadel als auch Neureiche, eine gewagte Entscheidung, denn die Mischung dieser beiden Gruppen galt bis dahin als Sakrileg. Noch ahnte bei Delmonico's niemand, dass die mutige Kombination aus New Yorker Aristokratie und reichen Emporkömmlingen einen gesellschaftlichen Krieg auslösen würde.

Die alteingesessenen New Yorker waren angewidert, dass sie plötzlich Seite an Seite mit den »Bouncers«, also den »Prahlern« (ihr Spitzname für die Neureichen) tanzten, die sie als Arrivierte betrachteten, die in New York City nicht verwurzelt waren und kein Recht auf die Stadt hatten. Eine prominente Dame prophezeite gar düster, der Platz in der Gesellschaft werde bald nicht mehr durch das Geburtsrecht bestimmt, sondern danach beurteilt, wer die meisten Millionen besaß.[7] Eine scharfsinnige Vorhersage, wie sich herausstellte, denn die Neureichen – jene Tycoons aus dem Mittleren Westen, die Vanderbilts, Carnegies, Fricks und Mellons – waren oft sehr viel reicher und dynamischer als der alte Geldadel und verfügten über so große Ländereien, dass sie sich über mehrere Bundesstaaten hinweg weit nach Amerika hinein erstreckten und die Grenzen der Vorstellungskraft sprengten.

Nachdem sie mit Eisenbahnen und Eisenerzminen großes Geld verdient hatten, strömten sie nach New York, um das letzte amerikanische Grenzland zu erobern – nicht nur Manhattan, sondern das mondäne Leben selbst. In der US-amerikanischen Republik konnte es keinen Adel geben, daher war es nur logisch, dass das Vermögen einer Familie ihren sozialen Status bestimmte. Ohne die starren europäischen Institutionen der sozialen Rangordnung, die hoffnungsvolle Anwärter ausschließen, waren die oberen gesellschaftlichen Ränge in den Vereinigten Staaten für jeden Emporkömmling, der ein Vermögen gemacht hatte, erreichbar. In den Jahren nach dem Bouncer's Ball nahmen die Ängste der alten New Yorker vor dem neuen Geld stetig zu. Etwas musste unternommen werden, und so wurde Mrs Astor zur selbsternannten Hüterin des alten New York, seiner Bräuche und Launen.

Mrs Astor wurde als Caroline Webster Schermerhorn geboren und war eine Millionenerbin. Nachdem sie ihre fünf Kinder großgezogen hatte, suchte sie nach einer neuen Aufgabe und beschloss, dass ihre wahre Berufung darin bestand, die etablierte Hierarchie vor den brodelnden Horden von Parvenüs zu schützen, die lautstark Einlass forderten. Die dunkelhaarige, energische und dickköpfige Mrs Astor war bereits in ihren Vierzigern, vertrat aber immer noch eine grimmige viktorianische Strenge. Durch ihre Verbindung mit zwei der wichtigsten Familien der Stadt war ihre Position in der Gesellschaft gesichert, und sie versprach, eine formidable Torwächterin zu sein. Im Jahr 1892, in dem auch die *Vogue* auf den Markt kam, wurde die Presse darüber informiert, dass der Ballsaal der Brownstone-Villa der Astors an der Fifth Avenue nur 400 Personen fasste. Diese Raumkapazität bedeutete, dass die Respekt einflößende Gastgeberin nur die Crème de la Crème New Yorks einladen würde. Gab es einen besseren

Weg, um Neuankömmlinge fernzuhalten, als sie buchstäblich von den besten Partys auszuschließen? Schon bald wurde die Vierhundert – von der Zahl in einen Spitznamen verwandelt – zum Symbol für die Grenze, wen der traditionelle Status quo bereit war, als gesellschaftlich relevant anzuerkennen.

Ein Verbündeter von Mrs Astor war Arthur Turnure. Er gehörte selbst zu den Vierhundert und suchte nach Möglichkeiten, um den Klassenunterschied zu stärken. Sein einleitendes »Statement« in der ersten Ausgabe der *Vogue* ist vielsagend, und Turnure schmeichelt darin den alten New Yorkern, während er auf die Minderwertigkeit der reichen Bouncers und des veralteten europäischen Adels hinweist:

> **Die amerikanische Gesellschaft kann sich rühmen, die fortschrittlichste der Welt zu sein, die gesündeste sowie die wohltätigste. Sie unterscheidet, nimmt auf und verurteilt rasch. Sie ist nicht durch einen degenerierten und unbeweglichen Adel eingeschränkt. Sie verfügt über eine Aristokratie im besten Sinne, die auf Vernunft gründet und sich gemäß der natürlichen Ordnung entwickelt hat.[8]**

Er macht seinen Standpunkt noch einmal deutlich, indem er hinzufügt: »Die treibende Kraft des Magazins ist die soziale Idee.«[9] Entsprechend füllte er die folgenden Seiten mit Geschichten, Profilen und Illustrationen seines Freundeskreises aus den Vierhundert. Bouncers wurden nicht vorgestellt. In gewisser Hinsicht brachte er seine Fähigkeiten als Verleger in den Klassenkampf ein, indem er den Bouncers beim Versuch, die soziale Leiter hinaufzusteigen, auf die Finger trat und in den Augen der Öffentlichkeit deutlich machte, wer die Stadt tatsächlich beherrschte.

Für die Finanzierung der *Vogue* wandte sich Turnure an

seine millionenschweren Freunde aus Manhattan. Auf der ursprünglichen Liste der Anteilseigner aus dem Jahr 1892 standen 250 Namen, darunter die ältesten Titanen der Stadt wie Astor, Stuyvesant, Heckscher, Whitney, Van Rensselaer, Cuyler und Ronalds, die gemeinsam sicherstellten, dass die *Vogue* mit einem silbernen Löffel im Mund geboren wurde. Sie bildeten auch die Grundlage für einen exklusiven Abonnentenstamm, der den Ruf der *Vogue* durch finanziell schwierige Jahre trug.

Man könnte sagen, dass die *Vogue* ihr Dasein als Vehikel für einen kleinlichen Streit zwischen Reichen und Reichen begann. Oder auch, dass die Seiten mit Klatsch und Tratsch gefüllt waren und der Besitzer ein Snob war. Aber das wäre nicht fair. Das Konzept der *Vogue* ist ebenso sehr das Ergebnis positiver Impulse wie streitender Gruppierungen. Die *Vogue* wurde Turnures Leidenschaft, und er trieb seine Familie fast in den Ruin, um sie am Leben zu erhalten. Die *Vogue* war jedoch auch eine Zeitschrift, die von Frauen produziert wurde, zu einer Zeit, in der es nicht üblich war, dass Frauen arbeiteten. Als die *Vogue* an den Kiosken erschien, war sie nicht nur eine Streicheleinheit für das Ego des Status quo, sie war auch eine heitere, zum sozialen Aufstieg inspirierende Lektüre für die Mittelschicht. Die *Vogue* war von Anfang an ein zu großes Konzept, um nur ein Ideal zu bedienen. Neben allem anderen wurden die Weitsicht, der Scharfsinn, die Vitalität und die stählernen Nerven von Turnure und den frühen Redakteurinnen und Redakteuren zu Richtlinien für ihre Nachfolgerinnen und Nachfolger bei der *Vogue* heute.

Die sozialen Turbulenzen, die die junge *Vogue* erschütterten, zeigen genau, wie viel hinter den Hochglanzseiten vor sich geht. Ein komplexes Geflecht aus Beziehungen, Politik und Glaubenssystemen, die hinter den Kulissen ungesehen die Fäden zogen, gab es immer. Die Intrigen der *Vogue* weisen alle

Kennzeichen eines klassischen Astor-Balls auf: glamouröse Menschen in höllisch teuren Gewändern, elitär, angesehen, begehrt, geheimnisvoll. Doch heute gibt es einen entscheidenden Unterschied: Wir sind alle eingeladen. Und jetzt ist es an der Zeit, in die Welt des Magazins einzutauchen.

Die ersten Ausgaben

Was die Leserschaft betraf, trugen zum frühen Erfolg der *Vogue* noch einige weitere Faktoren bei. Gegen Ende des 19. Jahrhunderts kam es in Amerika zu umwälzenden Veränderungen. Es war eine Zeit großer Expansion, von zunehmendem Patriotismus und Massenindustrialisierung, vor allem aber wurden riesige Reichtümer angehäuft. In den letzten drei Jahrzehnten des Jahrhunderts füllten sich bisher unbesiedelte Gebiete endgültig, es bildete sich eine herrschende Schicht heraus, und eine Welle von »neuen Einwanderern« überflutete den Kontinent fast.

In dieser fruchtbaren Landschaft hatte die *Vogue*, wie viele ihrer Zeitgenossen, eine ordentliche Chance zu gedeihen. Aber einige kluge Entscheidungen zu Beginn hoben sie aus der Masse heraus. Zum einen konsumierte die breite Öffentlichkeit zwar zunehmend das geschriebene Wort, jedoch waren hochwertige Monatszeitschriften wie *Harper's* und *Scribner's* preislich jenseits ihrer Möglichkeiten und redaktionell jenseits ihres Verständnisses angesiedelt.[10] Am anderen Ende der Skala standen die billigen Wochenzeitschriften und Groschenhefte, schlecht produziert und sensationslüstern.[11] Turnure konzipierte die *Vogue* als hochwertige Wochenzeitschrift und fand so sein Publikum. Mit einer Publikation verführte er zwei gesellschaftliche Gruppen: Die lesende Mittelschicht kaufte sie, um endlich zu erfahren, was die Reichen und Vornehmen trieben, und die lesende Oberschicht kaufte sie, um ihr Ego zu füttern.

Auch der elegante französische Titel kam der Publikation sehr entgegen. Das Fremdwort »Vogue« verwies nicht nur auf das mondäne Europa, sondern speziell die Verbindung zu Paris, der Hauptstadt der Couture-Mode, es wirkte unwiderstehlich. Laut einer Studie trugen im 19. Jahrhundert 27 von 50 Frauenzeitschriften das Wort »Lady« im Titel, während die restlichen 23 das Wort »Haus« oder »Heim« (etwa *Ladies' Home Journal*) oder »das schöne Geschlecht« (zum Beispiel *Amusements for the Fair Sex*) verwendeten.[12] *Vogue* fiel im Regal auf, betörend und neuartig.

Dennoch war die *Vogue* kein rein kommerzielles Unterfangen. Sie mag Turnures Opus magnum gewesen sein, aber sie war auch ein ernsthaftes Machtspiel; schon ein flüchtiger Blick in die erste Ausgabe der *Vogue* zeigt die gesellschaftlichen Verbindungen des Gründervaters. Unter »Bevorstehende Ereignisse« sind seitenweise Party-Ankündigungen aufgeführt, die sich wie private Einladungen lesen. Einige geben keinerlei Hinweise auf die Art des Ereignisses: »Mrs. John Lawrence, 33 West Seventeenth Street«[13] oder »Mrs. F. H. Betts, 78 Irving Place. Donnerstags bis zur Fastenzeit«.[14] Die *richtige* Leserin verstand, was gemeint war. Andere Ankündigungen geben ein wenig mehr Informationen: »Mrs. Charles G. Francklyn, N. Washington Square. Tanz für die jüngere Gesellschaft«[15] oder »Mrs. Anson Phelps Stokes. Dinner, gefolgt von Cotillon«.[16]

Die Gesellschaftsbeilage der *Vogue* berichtet ausführlich über vergangene Veranstaltungen, liefert detaillierte Beschreibungen von Dinner-Partys und nennt auch Namen.

Es gab auch stilistische Tipps, obgleich die *Vogue* als Gesellschaftsgazette konzipiert war und noch nicht die Form einer Modezeitschrift angenommen hatte. Eine Doppelseite mit dem Titel »Floraler Schmuck« gibt absurde Kommentare ab wie: »Die Mode, Dutzende von Rosen zu tragen, ist vorbei, und es ist zweifelhaft, ob sie jemals wieder aufleben wird.«[17] Ein Artikel über Pantoffeln rät derweil: »Zum vollen Ballkostüm werden sie [die Pantoffeln] nur mit einer winzigen Schnalle vollendet.«[18] Das Beste von allem ist eine Notiz über einen Trend mit roten Regenschirmen: »Die junge Dame des Fin de siècle greift rasch eine Idee auf, und diese Mode, einen Regenschirm zu tragen, der einem trüben Tag eine rosige Farbe verleiht, ist äußerst sinnreich.«[19]

Ebenso wie die *Vogue* noch keine Modezeitschrift war, war sie auch noch keine Frauenzeitschrift. In dieser frühen Ausgabe fanden sich viele Beiträge für männliche Leser, wie »Wie von ihm gesehen« und »Le Bon Oncle d'Amérique«, eine fiktive Fortsetzungsgeschichte, in der ein Mann, der auf Kosten seines amerikanischen Onkels in Paris lebt, sich mit französischen Mädchen allerlei Unsinn erlaubt.

Weiterhin gab es weitschweifige Diskussionen über Literatur und einen Beitrag mit dem Titel »London«, angeblich von einem Korrespondenten in der britischen Hauptstadt. Die Kolumne beginnt mit: »Hunde sind der große Modetrend dieser Zeit. Jeder, der etwas auf sich hält, geht mit einem hündischen ›Mitläufer‹ umher, und sogar die sonntägliche ›Kirchenparade‹ im Park ist den Launen dieser allgegenwärtigen Vierfüßer ausgeliefert.«[20] Dieses inhaltliche Sammelsurium hielt sich über Jahre hinweg. Eine frühe Mitarbeiterin schrieb, die *Vogue* habe »eine gewisse Nonchalance in dieser Hinsicht … einmal haben wir die Liebesgeschichte eines Mädchens auf einem Armeeposten mit Zeichnungen von prallen, wehrhaften Forellen an Haken illustriert«.[21]

Wie bei einer Zeitschrift aus dem 19. Jahrhundert nicht anders zu erwarten, sind sowohl Texte als auch Schriftarten bieder, konfus und übermäßig kunstvoll. Die Modebeschreibungen stehen nie neben den passenden Illustrationen und fehlen manchmal sogar ganz. Das Layout offenbart sich als planlos: ein Brief des Herausgebers ist neben einem unvollendeten Stück Fiktion, einem Witz und einem herrlich unzusammenhängenden Reimpaar platziert: »Hearts may sometimes rule the land, But diamonds often win a hand« [etwa: Ein Herz regiert so manches Land, Ein Diamant gewinnt oft eine Hand. Anm. d. Ü.].[22]

Auch wenn diese *Vogue* heute unverständlich erscheint, schimmern gewisse markentypische Qualitäten bereits durch. Es gibt eine Verehrung für Reichtum und Luxus sowie ein Gespür dafür, was modisch ist und was nicht, sei es bei Kleidung, Besteck oder Haarspangen. Sogar einige Anzeigenkunden sind dieselben: Tiffany & Co., Veuve Clicquot und Perrier Jouët hatten alle Anzeigenplätze in der ersten Ausgabe gekauft und finden sich dort gelegentlich in zweifelhafter Gesellschaft neben Marshmallow-Haartonikum oder Allcock's Gipsverband. Irgendwie ist es tröstlich, dass sich die Gewohnheiten der Ultrareichen nicht allzu sehr geändert haben. Der Londoner Korrespondent schreibt über den verwöhnten Pudel: »Er hat außerdem eine eigene Truhe, mit seinen Initialen versehen, in der sich eine Vielzahl von Bändern in allen Farben und Mustern, verschiedene Armreifen für die verschiedenen Beine und eine Vielzahl von Halsbändern für alle Gelegenheiten befinden«,[23] und das klingt bemerkenswert nach Paris Hiltons berühmten verwöhnten Chihuahuas!

Wenn viele Inhalte der *Vogue* nach Kumpelei klingen und Insiderwissen darüber erfordern, »wer angesagt ist« und »wer nicht«, dann liegt das daran, dass sie größtenteils von den wohlgeborenen Freundinnen und Freunden Turnures zusammengestellt wurde. In ihren Memoiren *Always in Vogue* beschreibt Edna Woolman Chase – die als Aushilfe begann und am Ende Chefredakteurin war – die Organisation als informell und unprofessionell, die Mitwirkenden wurden eher ausgewählt, weil sie mit dem Herausgeber befreundet waren, als aufgrund ihrer literarischen Reputation.

Auf jene, die an das glänzende, exquisit inszenierte Produkt von heute gewöhnt sind, mag die erste *Vogue* im Vergleich dazu ein wenig farblos und chaotisch wirken. Doch der frühe Ruf der *Vogue* gründete sich vor allem auf das Prestige der Mitwirkenden, nicht auf den Inhalt. Leserinnen überall wollten mehr über die berühmten Vierhundert hören, wobei sie sich wenig darum scherten, was genau sie sagten. Und auch wenn Turnure scheinbar unerfahrene Mitarbeiterinnen und Mitarbeiter auswählte, wusste er doch genau, dass ein Büro voller Blaublüter notwendig war, um der *Vogue* einen gewissen Status zu verschaffen, und er wusste auch, dass er eine Büroleitung finden musste, die den Laden mit Weitblick und Können führen konnte. Daher war seine Gründungsredakteurin eine glückliche Ausnahme vom restlichen dekorativen Personal.

Josephine Redding war eine versierte Journalistin und teilte Turnures Liebe zum Printmedium, hatte sich bereits in zahlreichen Publikationen einen Namen als Autorin und Redakteurin gemacht. Sie hatte als Redakteurin bei *Art Interchange* mit Turnure zusammengearbeitet und wurde später Eigentümerin dieser Zeitschrift. Sie stammte aus seinen gesellschaftlichen Kreisen, was jedoch ihre Expertise herunterspielt. Redding war eine enorme Bereicherung für Turnure, und die *Vogue* wird ihr Vermächtnis für immer mit sich tragen. Turnure und sein Team konnten sich auf keinen Titel festlegen und wandten sich in ihrer Verzweiflung an diese beeindruckende Journalistin. Erst bei einer pompösen Veranstaltung, bei der der Name bekannt gegeben werden sollte, erschien Josephine Redding mit einem Wörterbuch, in dem sie das Wort »Vogue« unterstrichen hatte.[24] Das Wort entsprach genau dem, was Turnure gesucht hatte.

Das war ein starker Auftakt für Redding. Sobald sie Chefredakteurin war, betrachtete sie Turnure als niederen Angestellten und behandelte ihn entsprechend. (Redding mochte Männer generell nicht.) Doch sie war nicht nur in dieser Hinsicht exzentrisch. Sie trug einen breitkrempigen Hut, selbst wenn sie krank im Bett lag (ein Umstand, der zu endlosem Klatsch und aufgeregten Spekulationen im Büro führte),[25] und fuhr abends im Dunkeln Fahrrad. Sie schrieb viele provokante Leitartikel, die das Themengebiet der *Vogue* deutlich überschritten, darunter Texte über das Frauenwahlrecht, über Rassismus und Tierrechte. Letzteres war eines ihrer Lieblingsthemen, und sie füllte regelmäßig endlose Seiten mit Berichten über das Leben verschiedener wilder Tiere sowie Rinder. Die Geschichte eines Dinnergastes, der mit einer Hausgans aufgewachsen war, gefiel ihr so gut, dass sie einen Künstler beauftragte, eine Illustration davon anzufertigen, die sie ohne Kontext in der *Vogue* veröffentlichte.[26] Ihre Kolumne »Über Tiere« blieb bis in die vierziger Jahre in der amerikanischen *Vogue* erhalten.

Reddings Beiträge zeigen, dass die früheste Version der *Vogue* über mehrere Dimensionen verfügte, die über Ballbesprechungen und Klatsch und Tratsch hinausgingen. Viele von Reddings bevorzugten Themen milderten den Elitismus der anderen Beiträge ab und machten die frühe *Vogue* für ein breiteres Publikum zugänglich. Ihre Tierliebe und feministischen Anliegen ließen das Magazin bereits ansprechender erscheinen, dennoch traf sie weitere Maßnahmen, um eine Leserschaft außerhalb der High Society zu erschließen. Die Rubrik »Elegante Mode für begrenzte Einkommen« räumte stillschweigend ein, dass nicht alle Abonnentinnen in Geld schwammen. Redding förderte auch die Idee von *Vogue*-Schnittmustern und anerkannte damit, dass ein Teil der Leserschaft ihre Kleidung zu Hause selbst herstellen musste.

Reddings egalitäre Einstellung glich den Snobismus Turnures aus, obwohl ihre Inhalte nie jene New Yorker Gesellschaftsschichten verprellten, die die *Vogue* hauptsächlich ansprechen wollte. Redding schuf die Blaupause für eine aufstrebende Zeitung, indem sie für ein fein austariertes Gleichgewicht der Inhalte sorgte, die alle Schichten ansprachen und so die Reichweite der *Vogue* vergrößerten. Jede Frau, von der modernen Suffragette über die Hutmacherin bis hin zur verwöhnten Braut eines Generals, konnte die *Vogue* in die Hand nehmen, wenn bekannt war, dass Mrs Astor sie las. Zwar bekam sie dank Turnures Verbindungen zu den Vierhundert ihren Platz an den Zeitungsständen, Redding machte die Zeitschrift jedoch zu einem gewissenhaften Spiegel von »Gesellschaft und Mode der neunziger Jahre«,[27] und als sie sich im Jahr 1901 zurückzog, stand die *Vogue* führungslos da.

Nach Reddings Weggang übernahm Turnure die gesamte Zusammenstellung und Redaktion des Magazins selbst, zusätzlich zu seinen anderen geschäftlichen Aufgaben und der Werbung, was dazu führte, dass seine jüngeren Mitarbeiterinnen und Mitarbeiter einfach Artikel einfügten, die ihnen gefielen. Er brauchte dringend eine neue Frau an der Spitze der Zeitschrift. Bei der Suche nach einer Kandidatin in seinem persönlichen Bekanntenkreis stieß er auf eine äußerst sympathische Persönlichkeit, eine Golferin, die er trotz fehlender Erfahrung im Verlagswesen auswählte. Marie Harrison war

Turnures Schwägerin, und obwohl sie nicht über Reddings Know-how verfügte, schafften es Turnure und Harrison gemeinsam, immer wieder eine neue Ausgabe der *Vogue* zusammenzuschustern. Mangelnde Fachkenntnisse glich Harrison dadurch aus, dass sie ein gutes Verhältnis zu Turnures Belegschaft aufbaute und dabei Führungsqualitäten bewies. Das hätte vielleicht ausgereicht, um die Zeitschrift zu erhalten, wenn es andere seriöse Journalistinnen und Journalisten im Team gegeben hätte, aber auch hier war das Problem ein Mangel an kompetenten Autorinnen und Autoren und finanzstarken Werbeleuten.

Doch nicht nur beim vornehmen Personal herrschte eine lockere Atmosphäre. Turnure selbst hatte auch keine Ahnung davon, wie man Geld verdienen konnte, und das war ein großes Problem. Wenn Abbildungen von Kleidern gedruckt wurden, standen die Namen der Schneiderateliers oft nicht dabei, sodass die Unternehmen nicht angesprochen und ihnen keine Anzeigen verkauft werden konnten. Turnure nutzte seine Verbindungen zwar, um an Exklusivnachrichten heranzukommen – so bekam er etwa das Hochzeitskleid von Consuelo Vanderbilt vor ihrer Jahrhunderthochzeit mit dem neunten Duke of Marlborough zu sehen –, aber er hatte keine Ahnung, wie er dies in höhere Profite ummünzen konnte.

Gerade als Turnure verzweifeln wollte, wurde ihm der unerfahrene Tom McCready von einem gemeinsamen Bekannten empfohlen. McCready stolzierte herein und schnappte sich den Job als Anzeigenleiter einer Zeitschrift, in der es so gut wie keine Anzeigen gab. Er verlangte 9 Dollar pro Woche, Turnure versprach ihm stattliche 20 Dollar. Auf seinem ersten Gehaltsscheck standen dann 25 Dollar – Turnure liebte es, seinen Mitarbeiterinnen und Mitarbeitern derlei angenehme Überraschungen zu bereiten. McCready, obwohl kaum

20 Jahre alt, redete aber nicht nur. Er machte sich mit Turnure daran, eine bahnbrechende Strategie für die *Vogue* auszuarbeiten. Sie schafften den bis dato üblichen Verkauf von Anzeigen pro Zeile ab und boten stattdessen Anzeigenblöcke zu einem günstigeren Preis an. Damit wollten sie Anzeigenkunden dazu ermutigen, den Platz auf einer Seite großzügig zu nutzen und gleich ihre eigenen Illustrationen beizusteuern. Wenn die Anzeigen schön und ästhetisch waren, ersparte dies der *Vogue* die Kosten für eine eigene Bildproduktion. Unglücklicherweise erlebten sie die langfristigen Ergebnisse dieser Herangehensweise nie, denn ihr Vorgehen, sich auf diese Weise durchzuschlagen, konnten sie nicht mehr lange weiterverfolgen.

Im Jahr 1906 verstarb Turnure plötzlich, und die *Vogue* stellte auf Lebenserhaltung um. Nach Turnures Tod wurde deutlich, dass die Zeitschrift erhebliche Verluste einfuhr. Die Herausgeberin Marie Harrison und die junge Mitarbeiterin Edna Woolman Chase klammerten sich an die *Vogue*, entschlossen, sie nicht untergehen zu lassen, denn sie war der Broterwerb von Turnures Witwe und jungem Sohn.[28] Harrison schaffte es nie, den frühen Ruhm der *Vogue* wiederherzustellen oder sich gar an die veränderten Zeiten anzupassen, aber sie hielt das Interesse ihrer reichsten Leserschaft aufrecht. Dieser illustre Abonnentenstamm wiederum erregte die Aufmerksamkeit eines Verlagsunternehmers, der schon in den Startlöchern stand.

2

DER ZWEITE AKT

Ankunft von Condé Nast:
Der Aufbau eines Verlagsimperiums

Der unsichtbare Mann

Bevor Condé Montrose Nast zu einem Unternehmen wurde, das monatlich mehr als 100 Zeitschriften herausbringt, war er ein Mann, der sich Hals über Kopf verliebte. Das Objekt seiner Begierde war eine hübsche kleine Nummer, die er eines Tages in einem Zeitungsladen sah, und er ruhte nicht, bis er sie in die Finger bekam. Ihr zufälliges Zusammentreffen war der Beginn einer Liebesbeziehung, die sein ganzes Leben und bis zu seinem Tod andauern sollte. Ihr Name ist unschwer zu erraten: *Vogue.*

Die Zeitschrift hatte Nast schon seit einiger Zeit im Visier gehabt; er war auf der Suche nach einem gehobenen Periodikum, und obwohl die *Vogue* etwas von ihrem Glanz eingebüßt hatte, verfügte sie immer noch über wertvolle Verbindungen zur guten Gesellschaft. Nast hatte sich bereits ein Jahr vor Turnures Tod an diesen gewandt und sein Interesse bekundet, ihm seine Anteile abzukaufen,[1] und nachdem Turnures Schuldenberg bekannt geworden war, trat Nast an dessen Witwe heran.[2] Diesmal sah sie ein, dass die Familie die Zeitschrift nicht allein weiterführen konnte. Vier Jahre hatte es gedauert, bis Nast seinen lang gehegten Masterplan in die Tat umsetzen konnte.

Im Jahr 1909, als Condé Montrose Nast die *Vogue* kaufte, war sie ein marodes kleines Unternehmen, das in ein paar wenigen kistenartigen Räumen untergebracht war und dessen Belegschaft auf billigen Möbeln, die sie im Großhandel für Büroausstattung gekauft hatten, friedlich vor sich hin kritzelten.[3] Nast schlich sich in ihr Leben, als wäre er aus dem Nichts aufgetaucht. Um seine Anonymität in den Büroräumen in der 24th Street zu wahren, wählte er ein Zimmer mit einem separaten Eingang, damit ihn niemand kommen und gehen sah.[4] Sein Name erschien auf der Seite mit der Inhaltsübersicht direkt unter »The Vogue Company« und unmittelbar über dem Namen der Herausgeberin Marie Harrison, doch blieb dies der einzige Hinweis auf den Besitzerwechsel in der Zeitschrift. Weder gab es eine Ankündigung in der Presse noch einen Einführungsbrief des neuen Eigentümers. Das Personal der *Vogue* verlieh ihm bald den Spitznamen »Der unsichtbare Mann« und lebte stets in extremer Anspannung, wartete auf die gelegentlichen plötzlichen Entlassungen, die er aussprach, und alle beteten, dass sie nicht die Nächsten waren.

Die Gerüchte, die zu seinen nervösen Beschäftigten durchsickerten, zeichneten ein erschreckendes Bild von Nast als Machiavellist, und sie verbrachten Stunden mit nervenaufreibenden Spekulationen und fragten sich, ob sie alle auf der Straße landen würden.[5] Doch Nast war weit davon entfernt, Massenentlassungen zu planen, sondern konzentrierte sich auf die Einnahmen und Gewinne und legte seine Strategie für die Zukunft fest. Seine Liebe für Zahlen war schon immer kennzeichnend für seinen Geschäftsansatz gewesen, und das kam ihm bei *Vogue* ebenso zugute wie bei seiner vorherigen

Position bei *Collier's Weekly*, wo er seinen ersten kometenhaften Erfolg verbucht hatte.

Nast stammte keineswegs aus wohlhabenden Verhältnissen und hatte dank der Zuwendungen einer Tante an der Georgetown University Jura studiert. Dort hatte er Robert Collier kennengelernt, dessen Freundschaft sich als ebenso wertvoll erwies wie alle Abschlüsse der Welt. Als er im Jahr 1895 sein Studium mit einem Bachelorabschluss in Jura abschloss und nach St. Louis, Missouri, zurückkehrte, strebte er keine juristische Laufbahn an, sondern interessierte sich mehr für ein Familienunternehmen. Einige Verwandte besaßen Anteile an einer Druckerei, die kurz vor dem Konkurs stand – und der junge Absolvent Nast wollte sie sanieren.

Er suchte vergeblich nach einer Lösung für die finanzielle Misere der Druckerei, bis ihm auffiel, dass sich die Einwohnerschaft von Missouri auf die jährliche St. Louis-Ausstellung vorbereitete. Nast erstellte in aller Eile eine Liste von Unternehmen, die Druckaufträge für die Ausstellung benötigten, und bot ihnen Sonderkonditionen, wenn sie bei seiner Druckerei bestellten.[6] Die Aktion war ein voller Erfolg, und das Geld floss in Strömen. Währenddessen stattete Robert Collier, der von den Taten seines Freundes und dem unwahrscheinlichen Aufschwung der Druckerei gehört hatte, Nast einen Besuch ab. Colliers Vater besaß einen florierenden Buchverlag sowie eine Zeitschrift namens *Collier's Weekly*, die vor sich hin dümpelte. In den neunziger Jahren des 19. Jahrhunderts war diese langweilige Publikation voll von Kriegsfotos, Nachrichten zum College-Sport und schlechter Belletristik. Collier beobachtete seinen alten Studienfreund und seine Werbearbeit für die Druckerei genau und bot Nast dann einen Job in New York als Werbeleiter von *Collier's* an. Er hätte keine bessere Geschäftsentscheidung treffen können, denn bei *Collier's* reifte Nasts Talent für Marketing zu einer echten Superkraft heran.

Bei seiner Ankunft in New York bekam der mittellose Nast 12 Dollar Gehalt pro Woche und den Auftrag, die Einnahmen des Magazins mit allen Mitteln, die er für geeignet hielt, zu steigern.[7] Er entschied sich für eine gewagte Strategie: Er schrieb einen mutigen Brief an potenzielle Kunden, in dem er sich vorstellte und ihnen versicherte, er wolle ihr Geld nicht. Er erklärte, *Collier's* sei unbeliebt und unbeachtet, unterbewertet und unterschätzt. Er beendete dieses kryptische Schreiben mit der Aufforderung an die Geschäftsinhaber, ihm ihre Adresse zu schicken, um ein kostenloses Abonnement zu erhalten, und deutete in der letzten Zeile an, bei *Collier's* stünde Großes bevor, sie sollten die Zeitschrift im Auge behalten.[8] Mit diesem genialen Trick umgekehrter Psychologie weckte er das Interesse der von ihm angesprochenen Unternehmen und Gewerbetreibenden. Und sie konnten zusehen, wie sich *Collier's* vor ihren Augen verwandelte.

Nast heuerte Top-Autorinnen und -Autoren an und nutzte deren Referenzen, um die Leserschaft zu steigern. Er führte Farbfotografien ein, passte das Design an und erweiterte die Inhalte, um der Zeitung ein vollständigeres, luxuriöseres Erscheinungsbild zu verleihen. Seine andere große Erfindung war das Konzept der limitierten Auflagen, mit dem er den Massenabsatz ankurbelte. Im Jahr 1887 hatte *Collier's* eine verstaubte Auflage von 19 159 Exemplaren und Werbeeinnahmen von insgesamt 5.600 Dollar.[9] Nach zehn Jahren unter Nasts Leitung war die Auflage auf 568 073 Exemplare mit Einnahmen von einer Million Dollar angestiegen.[10] Er erstellte detaillierte Abrechnungen und überprüfte die Daten in stundenlanger Arbeit, um festzustellen, was funktionierte und was nicht. Er suchte sogar nach Korrelationen zwischen redaktionellen Änderungen und Einnahmespitzen oder -rückgängen. Seine Mühen zahlten sich für ihn durch ein ständig steigendes Gehalt aus, das im Jahr 1907 bereits mehr als 40.000 Dollar pro Jahr betrug.[11] Eine Zeitung in St. Louis bezeichnete das als das höchste Gehalt, das ein 35-jähriger Mann je erhalten hatte, fast so hoch wie das Gehalt des Präsidenten der USA.[12] Auf dem Höhepunkt seines Triumphs ging Nast zu Robert Collier und kündigte. Er hatte beschlossen, sich selbstständig zu machen.

Sein nächster Schritt war der Erwerb der Home Pattern Company, über die er mit dem Franchising von Mustern für das *Ladies' Home Journal* begann. Schnittmuster waren ein noch weitgehend unerschlossener Markt, der Nast faszinierte. Es kam nicht zum erhofften großen Durchbruch, doch er wurde dadurch auf die Bedürfnisse der Konsumentinnen aufmerksam. Die amerikanischen Zeitschriften jener Zeit ignorierten Frauen meist. Die Entdeckung der weiblichen Käuferschaft war einer von Nasts Aha-Erlebnissen – und er begann, über andere unerschlossene Marktbereiche nachzudenken.

Im Verlagswesen der frühen nuller Jahre des 20. Jahrhunderts konzentrierten sich die Verleger vor allem auf große Auflagen. Die Publikationen versuchten, Geld zu verdienen, indem sie ihren Abonnentenstamm so weit vergrößerten, dass die örtlichen Gewerbetreibenden gezwungen waren, Anzeigen zu schalten. Nast sah jedoch enorme Möglichkeiten für eine Zeitschrift, die sich an einen engeren Markt richtete und den Anzeigenkunden einen direkten Zugang zu einer spezifischen Zielgruppe ermöglichte – die daraufhin bereit wären, für dieses Privileg höhere Preise zu zahlen. Eine Wochenzeitschrift, die sich auf Jagdthemen konzentriert, wäre zum Beispiel ein logischer Ort für die Werbung von Gewehrproduzenten. Frauen waren immer noch eine große Gruppe, also beschloss er, sie nach demographischen Gesichtspunkten zu unterteilen. Was war mit den Anzeigenkunden, die nur extrem reiche Frauen ansprechen wollten? Maßschneider, spezialisierte Schuhmacher und Juweliere hatten es weitaus schwerer, ihr Publikum zu finden, als Seifenmarken. Nast sah darin eine Goldgrube, wenn man diesen Unternehmen direkten Zugang zu dem begehrten einen Prozent der wohlhabenden Amerikaner verschaffte. So kam er auf seine berühmte Formel: das an Frauen gerichtete, klassenbezogene Luxusmagazin. Er erklärte seine Philosophie:

> **Wenn Sie ein Tablett mit zwei Millionen Nadeln hätten, Sie wollten aber nur die 150 000 davon, die goldene Spitzen haben, wäre es ein endloser und kostspieliger Prozess, sie auszusortieren. Aber wenn Sie einen Magneten bekommen könnten, der nur die goldenen Nadeln herauszieht, was für eine Ersparnis wäre das!**[13]

Seine große Idee, dass alles, was einen hohen Wert hat – Konzertflügel, Smaragdbroschen, schicke Autos –, am besten in einer Zeitschrift präsentiert werden sollte, die von denjenigen gelesen wurde, die Geld zur Verfügung haben, hatte sich herauskristallisiert. Jetzt musste er nur noch eine Qualitätszeitschrift finden, die als Versuchskaninchen für diese Idee herhalten konnte. In diesem Moment fiel sein Blick auf die *Vogue*, und obwohl es noch Jahre dauern sollte, bis sie ihm gehörte, hatte er den perfekten Partner gefunden.

Vogue 2.0

Nast brauchte fast ein Jahr, um die *Vogue* zu bewerten und Änderungen vorzunehmen. Die Überreste von Turnures unübersichtlicher Herrschaft waren nicht leicht zu entwirren. Nast musste aus dem Mischmasch, aus dem die *Vogue* bestand, ein standardisiertes Format schaffen und ihr größtes Kapital konsolidieren: die exklusive Leserschaft aus wohlhabenden Amerikanern. Erst im Jahr 1910 machte er seine Absichten öffentlich; die Ausgabe von Mitte Februar enthielt die folgende Ankündigung:

> **Beginnend mit der Ausgabe mit den Ausblicken auf die Frühjahrsmode vom 15. Februar wird die *Vogue* nach einem Plan herausgegeben, der eine größere, bessere und noch attraktivere *Vogue* hervorbringen wird.**
>
> **[Die *Vogue*] wird ab sofort die aktuellen Berichte über Mode, Gesellschaft, Musik, Kunst, Bücher und Theater in zwei prächtigen, vierzehntägigen Ausgaben präsentieren, die jeweils mehr als doppelt so umfangreich sein werden wie die derzeitige gewöhnliche Wochenausgabe.**[14]

Von da an waren alle Titelseiten farbig, und die Zeitschrift wurde von einer wöchentlichen auf ein zweiwöchentliches Erscheinen umgestellt.[15] Die folgende Ausgabe enthielt 14 Seiten mehr Werbung als die entsprechende Ausgabe des Vorjahres, und der Preis stieg von 10 auf 15 Cent (die Abonnentenpreise blieben gleich). Nast machte es sich zur Aufgabe, die internen Abläufe aller Abteilungen zu verstehen,[16] aber sosehr er sich mit jedem Bereich beschäftigte, waren doch die Werbeleute seine Seelenverwandten, und durch seine eigene Vergangenheit als Werbefachmann passte er zu ihnen besonders gut. Da Nast plante, die Werbung zur Haupteinnahmequelle zu machen, noch vor den Abonnements, wurde die Werbeabteilung doppelt wichtig. In Nasts Geschäftsmodell sollte die Auflage letztendlich lediglich eine Zahl sein, mit der man die Anzeigenkunden locken konnte, damit sie viel Geld ausgaben. Diese Strategie wird heute überall angewandt, doch Nast war ihr Pionier. Die Verkäufe stellten einen immer kleineren Anteil an den Einnahmen dar.

Gelegentlich geriet die Werbeabteilung, die zunehmend an Bedeutung gewann, mit der Redaktion aneinander. Es kam vor, dass die Werbeleute in die Redaktionsräume marschierten und darauf drangen, gefälschte Aussagen über Waren zu erzwingen, die die Redaktion für minderwertig hielt, um Marken zu ermutigen, für große Werbeanzeigen Geld auszugeben. Was sprach dagegen, ein paar nette Worte über einen großen Kunden einzufügen? Die Redakteurinnen und Redakteure waren der Meinung, dies beeinträchtige stark die Qualität der Ratschläge, die sie den Leserinnen gaben. Als ein Werbefachmann eine Redakteurin anbrüllte, seine Abteilung bezahle ihr Gehalt, erwiderte diese gelassen, die *Vogue* werde ihren guten Ruf verlieren, wenn sie die Seiten mit Ramschprodukten füllte, und dann hätten sie beide keinen Job mehr.[17] Wenn die *Vogue* ihre Seiten mit bezahlten Produkten vollstopfte, verlor sie das Vertrauen ihrer Kundschaft, aber wenn sie nicht genug Anzeigenplatz verkaufte, verlor sie wertvolle Einnahmen.

Marie Harrison blieb in den ersten fünf Jahren von Nasts Amtszeit als Chefredakteurin. Doch Nast war sich bewusst, dass die *Vogue* immer noch untergehen konnte, und er wusste, dass seine nächste Wahl in der Chefredaktion den Ausschlag geben würde. Edna Woolman Chase stammte aus New Jersey und wurde von strengen Großeltern als Quäkerin erzogen. Mit

18 Jahren war sie nach New York gezogen und hatte dringend einen Job gesucht. Der Wettbewerb war hart, und viele junge Bewerberinnen und Bewerber verhungerten in Pensionen. Zur Rettung kam ihr ein Freund, der in niedriger Funktion bei der *Vogue* arbeitete, und sie wurde eingestellt, um Adressen auf Briefumschläge zu schreiben.[18] Von Anfang an erledigte sie alle möglichen Aufgaben für ihre privilegierten Kollegen, die ihre Pflichten gerne auf den eifrigen, fleißigen Teenager abwälzten. »Ich saugte die *Vogue* in mich auf, und die *Vogue* saugte mich auf«,[19] schrieb sie später. Inzwischen war sie seit fast 20 Jahren bei der *Vogue* und wusste wahrscheinlich mehr als sonst irgendwer über die Zeitschrift. Obwohl sie technisch gesehen immer noch eine kleine Angestellte war, katapultierten sie die folgenden Ereignisse schnell nach oben.

Beim Verkauf der *Vogue* an Nast ging Turnures Witwe auf Nummer sicher und behielt ihre Vorzugsaktien, weil sie dachte, so ein stabileres Einkommen für ihre Familie zu erzielen.[20] Als jedoch die Gewinne der Zeitschrift unter Nasts Leitung in die Höhe schossen, fühlte sich die Witwe betrogen. Sie verklagte Nast, und der daraus resultierende Streit schwappte aus den Gerichten in die Korridore des Unternehmens. Die amtierende Herausgeberin, Marie Harrison, war die Schwester der Witwe, und entsprechend eisig wurden die Beziehungen zwischen Harrison und Nast. Jetzt war die richtige Zeit für jemand Kluges und Unternehmungslustiges, um auf der Bildfläche zu erscheinen. Woolman Chase wurde zur Vermittlerin, die Nachrichten zwischen den beiden sich bekriegenden Chefs hin- und hertrug. Sie war direkt vor Nasts Nase.[21]

Nach Harrisons Abschied manövrierte sich Woolman Chase geschmeidig auf ihre Position. Sie liebte die *Vogue*, durch Turnures Tod und das darauf folgende Durcheinander hatte sie lange auf eine Beförderung gewartet. Tatsächlich hatte sie gerade zum ersten Mal mit dem Gedanken gespielt, die Zeitschrift zu verlassen,[22] als Nast sie zu Harrisons Nachfolgerin ernannte und sich so die stärkste Verbündete sicherte, die ein Verleger je hatte.

Nast und Woolman Chase verstanden sich auf Anhieb, vertrauten einander völlig und teilten dieselben Werte, bei der persönlichen Moral ebenso wie beim Geschäft. Sie bauten die *Vogue*, wie wir sie heute kennen, Seite an Seite auf. Dass Eigentümer und Chefredaktion relativ gleichberechtigt zusammenarbeiten, ist selten, aber die enorm erfolgreichen Jahre und die stürmische Expansion bewältigten die beiden gemeinsam. Ihr behagliches Miteinander hatte etwas Banales, wie zum Beispiel einen »schnellen und schmutzigen«[23] Happen in ihrem Lieblingsrestaurant zu essen, aber auch etwas Abwegiges, wie zum Beispiel ihre stillschweigende Übereinkunft, über die Schwächen des anderen bei der Personalauswahl hinwegzusehen.

Nast besetzte Stellen bei der *Vogue* oft mit attraktiven jungen Frauen, die er auf Partys kennenlernte und für die er eine Vorliebe hatte; einige von ihnen wechselten selbstverständlich von der Redaktion in die romantische Abteilung.[24] Woolman Chase akzeptierte diese Neuzugänge, obwohl ihr einziger Beitrag darin bestand, im Weg herumzustehen. Im Gegenzug respektierte Nast Woolman Chase' Auswahl neuer Angestellter.

Woolman Chase' fanatische Treue zur *Vogue* war so stark, dass jene, die der Publikation den Rücken kehrten, es oft büßten. Künstler, die zu *Harper's Bazaar* überliefen, bekamen das nachgetragen und wurden öffentlich brüskiert. De Meyer war einer der besten Fotografen der *Vogue* gewesen, doch als er zurückkehren wollte, weigerte sich Woolman Chase, ihn wieder einzustellen.[25] Er starb letztendlich mittellos. Beschäftigte, die gekündigt hatten, konnten derart harsch formulierte Briefe von ihr erhalten, dass sie Angst hatten, ihr auf der Straße zu begegnen.[26]

Edna Woolman Chase war kompakt und vogelartig, mit kurzen, vorzeitig ergrauten Haaren, und bereits auf bestem Weg zu einem furchterregenden Erbe. »Anspruchsvoll«[27] und »hart«[28] sind Adjektive, mit denen sie beschrieben wurde. Ein Biograph von Condé Nast wirft ihr gar Sadismus vor.[29] Auf dem Höhepunkt ihrer Karriere bei der *Vogue* war Woolman Chase Chefredakteurin von vier verschiedenen Ausgaben (der amerikanischen, der britischen, der französischen und der deutschen Ausgabe) und verantwortlich für rund 150 festangestellte Mitarbeiter sowie freiberufliche Autoren, Fotografen, Künstler und Illustratoren.[30] Von ihr zu erwarten, informell, gesprächig oder nachsichtig zu sein, war zu viel verlangt. Sie war genau so, wie sie sein musste: präzise, effizient, effektiv.

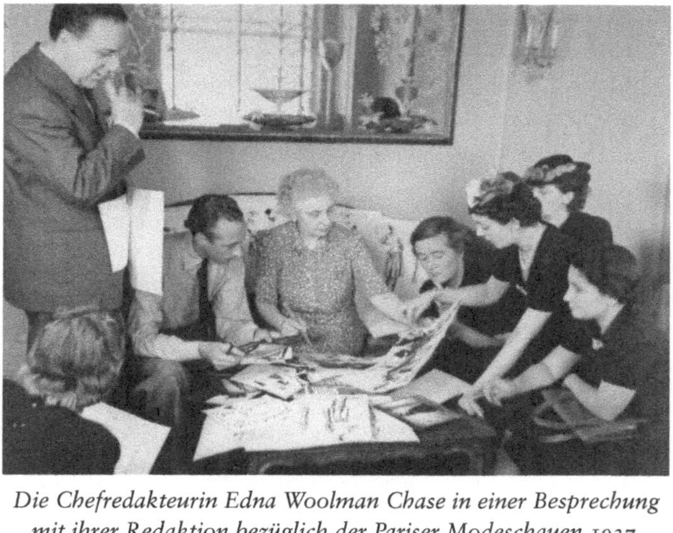

Die Chefredakteurin Edna Woolman Chase in einer Besprechung mit ihrer Redaktion bezüglich der Pariser Modeschauen 1937.

Zugegebenermaßen zeigte sie auch eine strenge Seite. Sie machte es für die Mitarbeiterinnen der *Vogue* zur Pflicht, schwarze Seidenstrümpfe mit weißen Handschuhen und Hüten zu tragen, was für die ärmeren Mädchen, die sich diese Kleidungsstücke von ihrem mageren Gehalt nicht leisten konnten, schwierig war.[31] Nachdem eine ihrer Redakteurinnen bei einem Selbstmordversuch auf die U-Bahn-Gleise gesprungen war, teilte Woolman Chase ihr mürrisch mit: »Wir von der *Vogue* werfen uns nicht vor eine U-Bahn, meine Liebe. Falls notwendig, nehmen wir Schlaftabletten.«[32] Dennoch glich sie ihre gelegentliche Kälte durch unzählige Momente der Wärme und Großzügigkeit aus. Viele ihrer Mentees waren ihr dafür ewig dankbar. Die zukünftige Moderedakteurin Bettina Ballard erinnert sich an ihr erstes Zusammentreffen:

> **Alles an ihr ist mir jetzt, nach Jahren des Vertrauens und der Zuneigung, so wohlbekannt, dass ich meinen ersten Eindruck nicht vom Gesamtbild trennen kann. Ich erinnere mich nur daran, dass sie nicht Furcht einflößend war und dass sie sagte: »Du hast eine leichte Feder, mein Kind, und dafür gibt es in einer Zeitschrift immer einen Platz.«[33]**

Das deckt sich mit anderen Berichten: Edna Woolman Chase gab, wie Condé Nast, Menschen Chancen. Sie bevorzugte kluge Köpfe – er dagegen weiche Körper (es kursierte sogar das Gerücht, dass Nast gelegentlich in der Grand Central Station vorbeiging, um nach hübschen Mädchen, die in die Stadt zogen, Ausschau zu halten und ihnen Jobs anzubieten).[34]

Neben ihrer Rolle als Glucke von aufstrebenden Schriftstellerinnen und Schriftstellern und persönliche Vertraute von Nast war Woolman Chase auch kreativ, wie ihre zahlreichen cleveren redaktionellen und geschäftlichen Entscheidungen beweisen. Mit der *Vogue* betrat sie immer wieder Neuland und war nicht unwesentlich für deren Ruhm in den späten zehner und frühen zwanziger Jahren verantwortlich. Woolman Chase glaubte, ihr sei das Talent zum Redigieren angeboren. Sie hatte den Eindruck, dass sie ihr ganzes Leben lang insgeheim alles kritisierte, auch ihren Freundeskreis und ihr Haus, was so weit ging, dass sie während der Geburt ihres einzigen Kindes die Stunden der Wehen damit verbrachte, durch das Krankenhausfenster auf eine Baustelle zu starren und darüber zu phantasieren, wie man die Abläufe dort verbessern könnte.[35] In ihren Memoiren räumt sie ein, dies sei keine liebenswerte Eigenschaft und sie führe dazu, dass sie ständig mit der Welt um sie herum unzufrieden sei.[36] Aber dieser Hang zum Perfektionismus, der für ihr Privatleben schlecht sein mochte, ließ sie die *Vogue* zu immer neuen Erfolgen treiben.

Unabhängig von Woolman Chase' persönlicher Leistung verfolgte die Zeitschrift im Allgemeinen eine recht eigenwillige Unternehmenspolitik. Eine Taktik, die sowohl Nast als auch Woolman Chase anwandten, bestand darin, Rivalitäten unter den Beschäftigten zu fördern, um zu verhindern, dass sie nachlässig wurden.[37] Sie gaben nur vage Anweisungen und warteten dann ab, was sich neues Personal einfallen ließ,[38] und obwohl einige Persönlichkeiten unter dieser Behandlung aufblühten, konnte diese Strategie auch nach hinten losgehen. Nast bemerkte das und leitete daraus ab, die Welt sei in »Sammler« und »Streuer« gespalten.[39] Die Sammler würden immer etwas Nützliches zu tun finden, während die Streuer nie eine Funktion für sich selbst annahmen und bald ausstiegen.

Eine weitere von Nasts Methoden war sein berühmtes Prinzip der offenen Tür. Er ermutigte die Leute, jederzeit vorbeizukommen, ihn mit einer Frage anzurufen, ihn um Rat zu bitten.[40] Er selbst hielt es genauso. Er sprach ahnungslose Passanten im Korridor an und plauderte mit ihnen – selbst wenn er keine Ahnung hatte, wer sein Gesprächspartner war oder ob er oder sie überhaupt für ihn arbeiteten.[41] So machte er sich zugänglicher und regte seine eigenen Denkprozesse an, indem er Ansichten von außen einholte. Nast behielt dies auch noch bei, als das Unternehmen bereits zu einem millionenschweren Erfolg geworden war.

Ende der zehner Jahre und in den zwanziger Jahren nahm die *Vogue* eine neue und erkennbare Form an. Die Zeitschrift erwirtschaftete nun ungeahnte Gewinne – das Geld strömte mit der Wucht eines Monsuns herein –, und es war an der Zeit, dass sich dies auch in der Umgebung widerspiegelte. Nach der Übernahme der *Vogue* versuchte sich Nasts gelangweilte, aber gesellschaftlich bedeutende Frau Clarisse Coudert Nast an der Innengestaltung des neuen Hauptsitzes der Zeitschrift in der Fourth Avenue 443. Sie setzte bei der Umgestaltung der Büros auf Pastellfarben. Zu den weiteren Modernisierungsbemühungen gehörte die Einstellung eines kleinen, schicken Dienstmädchens, das täglich um 16.30 Uhr einen Wagen mit Tee und Keksen durch den Betrieb schob.[42] Edna Woolman Chase schaffte diesen kuriosen Brauch so schnell wie möglich wieder ab, da er angeblich alle von der Arbeit ablenkte. »Nur die Briten können während der Geschäftszeiten Tee servieren, ohne dass die Arbeitsmoral leidet«, lautete ihr abschließender Kommentar.[43]

Einige Jahre später wurden die Büroräume von der berühmten Raumausstatterin Elsie de Wolfe neu gestaltet – ein sicheres Zeichen dafür, dass die *Vogue* ihren Weg machte. Die *Vogue*-Büros von Elsie de Wolfe waren größer und heller, mit Vorhängen aus Rohseide und Räumen voller Originalkunst und Glas. Der Empfang bekam eine Wand mit Bücherattrappen, doch das Büro von Woolman Chase, die seit 1914 als Chefredakteurin fungierte, behielt das von Mrs Nast gewählte Hellgrün. Die Satirikerin Dorothy Parker (damals noch Dorothy Rothschild), die 1915 zur *Vogue* kam, urteilte schelmisch, die Einrichtung erinnere sie an ein Bordell.[44]

Während das Unternehmen wuchs und sich in eine opulente Höhle voller fleißiger Beschäftigter verwandelte, bildeten die Stammredakteurinnen und -redakteure Gruppen, und Arbeitspläne wurden formalisiert. Trotz Nasts Vorliebe dafür, Neue einfach ins kalte Wasser zu werfen, bildete sich eine Personalabteilung heraus, und es wurden Regeln aufgestellt. Nach Absprache mit der Führungsetage der *Vogue* mussten plötzlich alle um Punkt 9 Uhr an ihrem Arbeitsplatz sitzen. Wer zu spät kam, musste eine Karte ausfüllen und darin den Grund für die mangelnde Pünktlichkeit erklären ... was nach hinten losging, als ein frecher Illustrator, der gegen Mittag eintraf, angab, er sei zu spät gekommen, weil ihn eine Elefantenherde die Sixth Avenue hinuntergejagt habe. Das sorgte für große Heiterkeit, und anstelle einer Disziplinarstrafe für den Illustrator wurden die Verspätungskarten abgeschafft.[45] Es herrschte immer noch eine kameradschaftliche Atmosphäre, und die Belegschaft jener Zeit erinnerte sich voller Zuneigung an ihre »*Vogue*-Familie«.[46] Ein ehemaliger Assistent beschrieb die Situation so: »Es war eine Familie, in der Mr Nast der Vater und Mrs Chase die Mutter war ... *Vogue* war eine Demokratie, in der jeder eine Stimme hatte – selbst das geringste Mitglied, das ich sicherlich war.«[47]

Für viele wurde die *Vogue*-»Familie« auch jenseits des Firmengeländes zu einer echten Familie. Erstaunlich viele Angestellte der *Vogue* heirateten untereinander, ließen sich scheiden und heirateten wieder, wobei sie sich oft mit Kolleginnen und Kollegen der ausländischen Büros zusammentaten.[48] Eine weitere Folge davon war eine große Anzahl von *Vogue*-Babys, auf die man großzügig als Quelle für Kindermodelle zurückgriff. Töchter im Teenageralter wurden oft als zurückhaltende Bräute fotografiert, und Condé Nasts Tochter Natica modelte 1920 im Alter von 15 Jahren für Hochzeitsschleier.[49]

Ein Leben bei der *Vogue* bot noch andere verlockende Vorzüge. Das Unternehmen förderte Reisen, finanzierte sie häufig und gewährte seinen Mitarbeitern lange und ausgiebige Freistellungen für Abenteuer und Erkundungen. Dahinter stand die Theorie, dass Reisen den Horizont erweiterten und mit anderen Kulturen, neuen Trends und Klatsch und Tratsch in Berührung brachte. Man schloss folgenden Kompromiss: Jede wirklich wertvolle Entdeckung musste sofort an die *Vogue* weitergeleitet werden, falls sie es wert war, in die Zeitschrift aufgenommen zu werden. Nur wenige hatten damals die Möglichkeit, weit entfernte Länder zu besuchen, daher waren die Mitarbeiter Augen und Ohren, eine Art menschliche Datenbank, die über die Modewelt verteilt war und Informationen sammelte und an die Zentrale weiterleitete. So blieben die Inhalte der *Vogue* frisch und der Zeit voraus.

Harte Arbeit wurde geschätzt, und niemand war so engagiert wie Woolman Chase. Nast war ihr aufrichtig dankbar und überhäufte sie mit großzügigen Geschenken. Zu Weihnachten in den frühen zehner Jahren schickte er ihr eine Pralinenschachtel, in der sich unter jeder Praline eine massive Goldmünze verbarg, zusammen mit einem Brief, in dem er sie über eine großzügige Gehaltserhöhung informierte.[50] Einige Weihnachten später, nachdem Woolman Chase ein Haus in Brookhaven gekauft hatte, schickte Nast ihr eine Notiz, in der er ihr mitteilte, dass er ihre gesamte Hypothek abbezahlt hatte, und fügte einen Scheck bei, mit dem er ihr den Betrag erstattete, den sie bereits selbst angezahlt hatte.[51] Ein paar

Weihnachten später schickte er ihr zudem ein Aktienzertifikat mit dem Vermerk: »In Anerkennung all dessen, was Sie für mich und die *Vogue* getan haben.«[52] In ihrem zweiten Leben war die *Vogue* ein fröhlicher, geschäftiger Ort mit echten Möglichkeiten. Die Mitarbeiterinnen und Mitarbeiter waren glücklich, klug, kreativ, fröhlich, extravagant, gut vernetzt, tadellos gekleidet und hatten einen ausgeprägten Sinn für Teamgeist.

Der echte große Gatsby

Was Condé Nast in den zwanziger Jahren des 20. Jahrhunderts für sein Unternehmen erreichte, wirkt sich, was Ansehen und Einnahmequellen betrifft, bis in das Jahr 2020 aus. Seine persönliche Biographie wird jedoch von seinem Nachlass in den Schatten gestellt: Er hat die Verlagslandschaft so aufgemischt, dass er seine eigenen Spuren daraus weggebrannt hat. Und doch war Nast einst so berühmt, dass man ihn auf der Straße erkannte. Nast war von Natur aus ein unaufdringlicher Mensch, ein Widerspruch, da sein Erfolg auf aggressiven Verkaufstechniken beruhte. Akkurat gekleidet in Anzug und Weste, mit Hut und randlosem ovalem Zwicker und dem Auftreten eines Bankers, war der Eindruck eines Finanziers nicht ganz falsch. Doch hinter dieser ernsten Fassade verbarg sich die andere Seite von Nast: der Lebemann und Verführer. Trotz seiner zurückhaltenden Art liebte er schöne Frauen und gab ein Jahrzehnt lang die verschwenderischsten Partys von New York. Seine Gäste kannten ihn kaum, aber das war nebensächlich, denn er war damit zufrieden, aus dem Hintergrund heraus den Gastgeber zu spielen.

Nast zeichnete akribisch auf, wer zu den Feiern in seinem

30-Zimmer-Penthouse in der Park Avenue 1040 eingeladen wurde, wer teilnahm, welche Kommentare die Gäste machten, warum sie nicht kamen und wie hoch die Kosten waren – bis auf den letzten Cent. Nast teilte die potenziellen Gäste in Gruppen ein, A, B und C: feine Gesellschaft, Kunstschaffende und Prominente. Diese Listen mussten stets auf ihre Richtigkeit hin überprüft und aktualisiert werden, und seine Sekretärinnen notierten jedes Hörensagen, jedes Heiratsgerücht und jede bestätigte Scheidung, eben alles, was die Sitzordnung beim Abendessen stören konnte.[53] Für mehrere seiner Sekretärinnen war dies ein Vollzeitjob. Nast war entschlossen, einen Fünf-Sterne-Service in seinem Haus zu bieten, das gleichzeitig eine Bühne war, die sich bewegende, atmende, tanzende Version dessen, was auf den Seiten der *Vogue* geschah. Es war ein Tugendkreis, der den geheimnisvollen Nimbus um seine Person und seine Zeitschrift weiter verstärkte. F. Scott Fitzgerald gehörte mehr als einmal zu den Vergnügungssüchtigen; vielleicht war Nast der echte große Gatsby.

Die Planung dieser Veranstaltungen grenzte an Besessenheit. Nasts Hausangestellte erhielten exakte Anweisungen, wie sie diese Feste im Ballsaal vorzubereiten hatten, eine wöchentliche Aufgabe, zu der auch das Hin- und Herschleppen sperriger Möbel gehörte. All diese harte Arbeit, nur für eine Tanzveranstaltung, aber Nasts unaufdringlicher Charakter wurde von einem glühenden Ehrgeiz angetrieben. Nachdem er mit *Collier's* ein ansehnliches Vermögen im Verlagswesen verdient hatte, hatte er alles für seine Theorien riskiert. Seine Lehren über Werbung und die Identifizierung von Konsumentinnen und Konsumenten gehören heute zum Kanon der Branche, aber vor dem Ruhm und der Goldgrube war er nur ein nervöser Mann mittleren Alters, der alles, was er je verdient hatte, auf ein Bauchgefühl setzte. Es zahlte sich aus, als sein Name am 24. Juni 1909 erstmals in der *Vogue* abgedruckt wurde. Er steht bis zum jetzigen Zeitpunkt drin.

Heute zählt das multinationale Unternehmen, das seinen Namen trägt, mehr als 427 Millionen Kunden bei den digitalen und 88 Millionen bei den gedruckten Ausgaben, die Online-Videos werden monatlich mehr als eine Milliarde Mal abgerufen.[54] Und die Reinheit der *Vogue*-Botschaft – für eine wunderbare Welt zu werben – wurde erhalten. Nast wollte seinen Leserinnen zeigen, wie sie das bestmögliche Leben leben können, doch er selbst arbeitete 18 Stunden am Tag, auch noch, nachdem er ein Vermögen gemacht hatte. Um zu verhindern, dass er beim Abendessen vor Erschöpfung in Ohnmacht fiel, nahm Nast zwei Bäder, eines fast kochend heiß, das andere eiskalt.[55] Er stieg abwechselnd von einem ins andere, um vor gesellschaftlichen Auftritten den Schlaf zu vertreiben, und man vermutet, dass dies die Ursache für die Herzprobleme war, die ihn am Ende das Leben kosteten.[56] Der Erfolg, den er mit *Vogue* hatte, war sein Lohn.

3

KONSOLIDIERUNG VON CONDÉ NAST

Expansion, die britische Ausgabe, der Erste Weltkrieg

Geburt der britischen Ausgabe

Condé Nasts Expansionsdrang wurde schon früh in seiner Zeit als Eigentümer der *Vogue* deutlich, und die *Vogue* sollte nicht seine einzige Eroberung bleiben. Im Jahr 1911 kaufte er Anteile an *House & Garden.*[1] Im Jahr 1913 erwarb er das Männermodemagazin *Dress* und das angeschlagene Broadway-Blatt *Vanity Fair*, die er zu *Dress & Vanity Fair* vereinigte. Diese Zeitschrift floppte auf Anhieb, sodass er den *Dress*-Teil aufgab und das Blatt 1914 als *Vanity Fair*[2] neu auflegte, ein Dynamo für Literatur unter der Leitung des legendären Herausgebers (und langjährigen Mitbewohners von Nast) Frank Crowninshield.

Nachdem er seine Interessen in den USA so wohlgeordnet hatte, verlangte es Nast nach neuen Ufern. Sein Konkurrent William Randolph Hearst hatte seine Investitionen bereits über den Atlantik ausgedehnt. Hearst hatte Ende des Jahres 1910 die National Magazine Company, eine 100-prozentige Tochtergesellschaft der Hearst Corporation, als britische Verlagsbasis gegründet. Nast war das bekannt, und er wollte ihm zuvorkommen, indem er als Erster eine ausländische Version einer amerikanischen Zeitschrift herausgab. Hearst hatte als Verleger langjährige Erfahrung, genau wie Nast, allerdings mit einer völlig anderen Einstellung. Im Gegensatz zu Nast war er von Geburt an wohlhabend gewesen, da er die Zeitungsanteile seines Vaters geerbt hatte. Das Vermögen, das er anhäufte, floss in Kunstsammlungen, ein Schloss in Kalifornien und zahlreiche Bewerbungen für politische Ämter.

Obwohl Hearst ein Medienimperium errichtete, ist er vor allem wegen seines umfangreichen Besitzes und nicht für qualitativen Journalismus in Erinnerung geblieben. Allerdings erwarb er im Jahr 1913 *Harper's Bazar* (das zweite »a« wurde später hinzugefügt) und war entschlossen, diese dezente, familienorientierte Zeitschrift zu einem Rivalen der *Vogue* aufzubauen. Zu Beginn lag die Auflage von *Harper's* bei überragenden 65 000 Exemplaren, die von *Vogue* bei 30 000.[3] Bis 1916 hatte Nasts Zeitschrift jedoch aufgeholt: Beide Publikationen erreichten eine Auflage von 100 000 Exemplaren.[4] Die Fehde zwischen den beiden Eigentümern sollte in den dreißiger Jahren ihren bitteren und düsteren Höhepunkt erreichen. Doch in den zehner Jahren heizte sich dieser Wettbewerb gerade erst auf, und Nast, der den Exporthandel zwischen amerikanischen und britischen Zeitschriften beobachtet hatte, sah die Zeit für seinen Coup gekommen. Er stellte den energischen Londoner William Wood als seinen Mann vor Ort ein und begann im Jahr 1912 mit der Übersendung von Exemplaren der amerikanischen *Vogue* für den Vertrieb im Vereinigten Königreich.[5] Der einzige materielle Unterschied an der Zeitschrift, bevor sie in die Kioske kam, war die Umstellung von der amerikanischen auf die englische Schreibweise.[6]

Nast erwartete von Wood, dass er einheimische Anzeigenkunden anwarb, aber die wortkargen und geizigen britischen Produzenten betrachteten die USA immer noch als ihren schlecht erzogenen kleinen Cousin und waren nicht bereit, einen großen Teil ihres Budgets für eine amerikanische Publikation aufzuwenden. Dennoch ging der engagierte Wood mit seinem Team jeden Monat mit der *Vogue* hausieren, und im Jahr 1914 verkaufte die importierte Ausgabe zwischen 3 000 und 4 000 Exemplare pro Ausgabe.[7] Nur zwei Jahre später, im Jahr 1916, hatte sich diese Zahl bereits vervierfacht.[8] Nun startete Wood eine Kampagne: Er überzeugte Condé Nast, eine völlig eigenständige, überarbeitete und in Großbritannien gedruckte Ausgabe herauszubringen. Die »Brogue«, so der Spitzname der britischen *Vogue*, wurde noch im selben Jahr offiziell.

Doch nicht nur Woods Überredungskunst brachte Nast in Zugzwang. Denn im Jahr 1914 war der Erste Weltkrieg ausgebrochen und hatte nach einigen deutschen U-Boot-Angriffen zu einem Exportverbot geführt, das verhinderte, dass die *Vogue* weiterhin von New York nach London geliefert werden konnte.[9] Der findige Wood ließ sich nicht beirren. Eine lokal produzierte Ausgabe sollte die Kosten niedrig halten und den Verkauf der *Vogue* während des Krieges ermöglichen. Er glaubte auch, dass er eine bessere Chance hätte, kommerzielle Werbekunden zu akquirieren, wenn er britischen Marken original britische Inhalte vorlegen konnte. Die erste Londoner Firmenzentrale unter der Leitung von Wood, der als Verleger, Herausgeber und Chefredakteur fungierte,[10] fiel betont zurückhaltend aus. In vier Räumen in einem gedrungenen, schmuddeligen Gebäude saß eine Handvoll Mitarbeiter.[11] Doch so bescheiden diese Anfänge auch waren, die Prüfungen, die dieses Team zu bestehen hatte, waren monumental.

Wehrpflicht, Luftangriffe, Rationierungen, Gasmasken. Alliierte Streitkräfte, Bombenangriffe auf Zivilisten, König und

Heimatland. Inmitten dieser von Massenvernichtung geprägten Zeit wirkt das Erscheinen einer Modezeitschrift ein wenig unpassend, doch die britische *Vogue* erlangte große Popularität während des Großen Krieges. In den Schützengräben soll ihr Ruf dem der *Saturday Evening Post* in nichts nachgestanden haben, und zu Hause stöberten die Frauen eifrig in den Seiten der *Vogue*, was zu einer enormen Zunahme bei der Auflage führte.[12] Generell wirken sich geopolitische Unruhen und wirtschaftliche Ungewissheit kurios auf die Mode aus: Forschungen haben gezeigt, dass belanglose, nicht lebensnotwendige Dinge (wie Schönheitsprodukte, Kleidung, Make-up) in Kriegszeiten sehr gefragt sind, weil sie, so die Annahme, die Stimmung heben.[13] Die etablierten Wiener und Pariser Modezeitschriften waren mit dem Ausbruch des Ersten Weltkriegs aus den Zeitungskiosken des Vereinigten Königreichs verschwunden, und so konnte sich, wer nach leichter Lektüre suchte, der *Vogue* zuwenden.

Der Erste Weltkrieg kam für die Frauen zu einem kritischen Zeitpunkt. Die Wahlrechtsbewegung befand sich auf ihrem Höhepunkt, musste aber zurückgestellt werden. Die Männer wurden in die Armee eingezogen, was bedeutete, dass die Frauen ebenfalls mobilmachen mussten: Die Hausfrau und Mutter war gezwungen, ihre Stickereien aufzugeben und in die Fabriken und Farmen zu marschieren, sich für schwere Zeiten zu wappnen und die strikten britischen Werte hochzuhalten. Obwohl Frauen dringend gebraucht wurden, um arbeitsintensive Aufgaben in traditionell männlich geprägten Umgebungen, wie zum Beispiel in Munitionsfabriken, zu übernehmen, wurden sie von konservativen Gruppen oft misstrauisch beäugt. In den Medien und auf Propagandaplakaten wurden weibliche Körper als ideale Symbole des Sieges, der Reinheit und der Schönheit dargestellt, als Inspiration für Soldaten, als Engel der Barmherzigkeit und als Hüterinnen der westlichen Moral. Die *Vogue* musste nun versuchen, diese widersprüchliche Zeit für die Frauen zu übersetzen.

Es gibt ausgesprochen evokative *Vogue*-Cover, die auf den Schrecken der Zeit hinweisen, aber auch solche, die weiterhin die albernen Seiten der Mode betonen. Das Jahr 1918 ist besonders reich an Kriegsmotiven. Das Januar-Titelbild zeigt eine Dame in einem prächtigen rosa-weißen Ballkleid, die eine lange, flackernde Kerze vor einem kahlen, beunruhigenden schwarzen Hintergrund in der Hand hält.[14] Auf dem Cover der Mai-Ausgabe ist eine niedergeschlagene junge Krankenschwester zu sehen, mit einem roten Kreuz auf einem faltigen grauen Hintergrund und dem Schriftzug »Les Blesses« (die Verwundeten) hinter ihr.

Drei Cover präsentieren eine Frau mit zur Siegespose erhobenen Armen. Auf einem sind britische, amerikanische und französische Flaggen als Zeichen der Solidarität abgebildet;[15] auf einem anderen weht eine zerrissene französische Flagge, obwohl die Figur Blumensträuße als Siegeszeichen hält.[16] Das letzte Cover vor der Bekanntgabe des Waffenstillstands wirkt seltsam traurig. Eine winzige Figur in einem schlichten cremefarbenen Kleid hält ein großes goldenes Herz in die Höhe mit einer trikolorefarbenen Kokarde auf der linken Seite. Über ihr steht der Schriftzug »Le Cœur de la France«, während die umgebende Landschaft völlig kahl und sehr blass ist.[17] Weiß ist natürlich die Farbe der Kapitulation.

Alles in allem sind auf den Titelseiten während des Ersten Weltkriegs alle möglichen Rollen, die Frauen in der Kriegszeit einnahmen, vertreten, von der praktischen bis zur romantischen. Die Frau als Emblem des nationalen Triumphs war ein so weit verbreitetes Motiv, dass im Herausgeberbrief vom Oktober 1918 stand: »Während diese Ausgabe der *Vogue* in

Druck geht, fesseln und ermutigen die Kriegsnachrichten selbst die apathischsten Pessimisten – es sieht fast so aus, als hätte der Wagemut dieser ersten neuen Moden den Sieg angelockt. Und warum auch nicht? Der Sieg ist im Grunde eine weibliche Göttin.«[18]

Und doch war noch Platz für das Verspielte und Traumhafte: Dazu gehörte auch ein Titelbild mit einer Frau, die rittlings auf einem riesigen weißen Tiara-tragenden Pfau sitzt.[19]

In manchen Momenten greift die *Vogue* den Konflikt in ihrem redaktionellen Inhalt auf. Der Untertitel eines Modeartikels lautet: »›Wenn du nicht vergnügt sein kannst, sei furchtlos‹, sagt Paris«;[20] ein anderer, der Pelzmäntel anpreist, bedient sich militärischen Vokabulars und titelt: »So verteidigt sich Paris gegen den Winter«.[21] Ein Artikel über die First Aid Nursing Yeomanry beginnt mit: »Eine Organisation von Engländerinnen übernimmt unter dem frivolen Namen ›Fannies‹ die mannshohe Aufgabe, Erste-Hilfe-Stationen zu betreiben.« Obwohl die regelmäßige Kolumne »Clevere Mode für begrenzte Einkommen« in »Kleidung für ein Kriegseinkommen« umbenannt wurde, wirkt sie auf die moderne Leserschaft schauerlich sorglos. Im Hochsommer 1918 heißt es: »Die langen, heißen Julitage bringen kühlende Gedanken an hauchdünne, sehr hauchdünne Kleider und große, breitkrempige Hüte, die so erfrischend sind wie ein großes Glas Limonade mit klirrendem Eis.«[22] Diese »*Vogue*-Stimme« mag uns unangenehm oberflächlich vorkommen, aber sie bot den zeitgenössischen Leserinnen zweifellos eine willkommene Ablenkung von den düsteren Wochenschauen.

Laut dem Geschäftsmodell von Condé Nast sind Werbeanzeigen fester Bestandteil der Zeitschrift und wirkten in jenen ersten Tagen sehr vielversprechend. Neben importierten orientalischen Zigaretten und vielseitig verwendbaren Blusen für das Sonnenbad stehen selbst belüftende Aquascutum-Mäntel und der Eidechsenlederschuh von Fortnum & Mason's in unendlichen Varianten. Schlank machende Kleidungsstücke (eine Art gummiartiges Korsett) werden als »durch und durch hygienisch« angepriesen, während Clarks Schlankheits-Badesalz versichert: »Leiden Sie nicht einen Tag länger unter der elenden Unannehmlichkeit, dick zu sein. Sie können sich vom Inkubus des entstellenden, unerwünschten Gewebes befreien, indem Sie die Methode anwenden, die von allen Pariserinnen mit schöner Figur so erfolgreich angewandt wird«,[23] und behauptet, dass alle überschüssigen Pölsterchen im Bad schmerzlos abgebaut und durch die Poren herausgezogen werden. Das Bleichmittel Omo setzt offenbar auch Sauerstoff frei. Die hintere Umschlagseite war eine erstklassige Werbefläche, obwohl die Redaktion offensichtlich noch nicht so anspruchsvoll war wie heute und diesen Platz häufig mit dem Fleischextrakt Bovril füllte.

Entwicklung der Laufstegmode

Die amerikanische Ausgabe entwickelte sich während der Kriegszeit glanzvoller als die britische, denn auf ihrem Heimatboden wurden keine Schlachten ausgefochten. Für sie war es eine andere Herausforderung. Im August 1914, gerade als Woolman Chase wieder sicher in New York angekommen war, erklärten die Deutschen Frankreich den Krieg. Zwei Monate lang hatte sie Designer in Europa aufgesucht, kehrte aber mit leeren Händen zurück. Der Krieg hatte Paris zu einem für die Mode ungünstigen Zeitpunkt erwischt. Die Herbstkollektionen standen kurz bevor, die stets eine stadtweite Produktion mit Millionen von Francs, Tausenden von Arbeitern und akribisch inszenierter Theatralik waren. Der Einkäufer eines amerikanischen Kaufhauses beschrieb später, wie er es erlebte, während der Mobilmachung in der Hauptstadt gefangen zu sein, und er erinnerte sich gut daran, wie er in den Ateliers herumlief und versuchte, ein paar Kleidermodelle zu ergattern, um sie mit nach Hause zu nehmen.[24]

Viele Modeschöpfer hatten ihre Entwürfe noch nicht fertiggestellt, und der amerikanische Einkäufer wurde mehrfach Zeuge zärtlicher Abschiedsszenen – wie der des berühmten Designers Paul Poiret in einer blau-roten Infanterieuniform, umgeben von seinen bewundernden weiblichen Mitarbeitern –, doch zu kaufen gab es nur wenig Kleidung. Ein Teil des Problems bestand darin, dass die meisten Modeschöpfer männlich waren und sich auf den Einsatz als Soldat vorbereiteten, anstatt Kleider fertigzustellen. Die weiblichen Couturièren arbeiteten meist weiter an ihren Kollektionen, aber sie waren dünn gesät. Für Woolman Chase war dies eine unangenehme Nachricht. Sie konnte nicht wissen, ob die französische Haute-Couture-Industrie nach den ersten Monaten wieder zur Tagesordnung zurückkehren würde. Von ihrem Auslandskorrespondenten in Paris erfuhr sie nur, dass Trauer und Hoffnungslosigkeit das Land wie eine Krankheit durchdrangen.[25] Wie um alles in der Welt sollte sie die Seiten ihrer Zeitschrift ohne französische Mode füllen? Paris war das Zentrum des Stils, die einzige und oberste Autorität in Sachen Kleidung.

Als Woolman Chase im Bus auf dem Weg zur Arbeit über dieses Problem nachdachte, erinnerte sie sich plötzlich an die *Vogue*-Puppen, die zu Turnures Zeiten als Werbegag eingesetzt worden waren.[26] Diese Puppen waren von New Yorker Designern mit Miniaturversionen ihrer Kleider ausgestattet und einem neugierigen Publikum vorgeführt worden. Woolman

Chase hatte eine ihrer vielen Eingebungen. Als sie im Büro ankam, hatte sie bereits eine klare Vorstellung im Kopf und ging damit direkt in Nasts Büro, um sie ihm zu unterbreiten. Ohne Kleider bliebe die nächste Ausgabe der *Vogue* leer. Wenn aus Paris nichts kam, wieso ließen sie dann nicht ein paar New Yorker Designer originelle Kleidungsstücke entwerfen und sie dann den Damen der Gesellschaft bei einer öffentlichen Veranstaltung vorführen? Die Kleider konnten an speziell dafür ausgewählten Frauen gezeigt werden, die dann nacheinander vor das Publikum traten. Sie konnten diese »Show« sogar als Wohltätigkeitsveranstaltung vermarkten, deren Erlös den Kriegsanstrengungen in Frankreich zugutekäme. So bekäme Woolman Chase genügend Modeentwürfe für die *Vogue* und würde ihr redaktionelles Problem lösen; amerikanische Entwürfe könnten der Welt vorgestellt werden, da Frankreich bis dahin ein Monopol auf Couture gehabt hatte; und sie könnten Geld sammeln, um ihre leidenden Freundinnen und Freunde in Europa zu unterstützen. Condé Nast blieb jedoch misstrauisch. Er sah keinen Reiz darin, Menschen beim Gehen zu beobachten, während sie Kleidung tragen. Woolman Chase erklärte später: »Heute, wo Modeschauen zu einer Lebensart geworden sind, kann man sich das dunkle Zeitalter, als es noch keine Modeschauen gab, kaum noch vorstellen.«[27]

Man kann es sich heute tatsächlich kaum vorstellen, aber Woolman Chase musste wirklich kämpfen, um irgendjemanden zu überzeugen. Vor allem musste sie jemanden gewinnen, der würdig war, als Mäzenin aufzutreten, sonst hätte Nast ihr nicht erlaubt weiterzumachen.[28] Die New Yorker Gesellschaft war so verschlossen wie eh und je, ihre Türen gegen jede neue Idee versiegelt, der Blick der eisigen Grandes Dames, die über die Stadt herrschten, war immer bereit, jeden Emporkömmling auszuschließen. Sie waren auch nicht willens, sich mit kommerziellen Dingen zu befassen. Woolman Chase wollte sich auf den Wohltätigkeitsaspekt konzentrieren, doch allein der Umstand, dass die *Vogue* ihre Finger im Spiel hatte, konnte ausreichen, um sie abzuschrecken, denn beim Verlagswesen ging es ums Geschäft, und Geschäfte waren unter der Würde dieser Damen.[29] Um ihr Projekt auf den Weg zu bringen, wandte sich Woolman Chase daher an die oberste Instanz, die berühmteste und imposanteste Madame von allen. Früher war das Mrs Astor gewesen. Inzwischen war es Mrs Stuyvesant Fish.

Obwohl als »Spaßmacherin« bekannt,[30] sah sie nicht nach Spaß aus. Fotografien zeigen Mrs Fishs flachen Busen in edle Stoffe gehüllt, ihr breiter Rumpf ist in ein schreckenerregendes Korsett gezwängt, und im Vergleich zu ihrem Gesichtsausdruck wirkt Königin Victoria geradezu fröhlich. Um pünktlich zum vereinbarten Termin zu erscheinen, musste Woolman Chase vor Sonnenaufgang einen Zug erwischen, und aufgeregt fuhr sie zu Mrs Fishs Anwesen. Deren Sekretärin teilte ihr allerdings vor Ort mit, dass die Dame des Hauses sie nun doch nicht empfange. Woolman Chase war unsicher, was sie tun sollte, und unterhielt sich noch eine Weile mit der Sekretärin, die, wie sich herausstellte, einen Sohn hatte, der gerne zeichnete. Wäre es Mrs Woolman Chase als Herausgeberin der *Vogue* nicht möglich, einen Blick auf seine Arbeiten zu werfen und zu beurteilen, ob sie gut waren? Woolman Chase erklärte sich dazu bereit und meinte, es sei schade, dass man nichts tun könne, um Mrs Fish zu überreden, sie anzuhören. Die Sekretärin verstand den Hinweis – und ging wieder nach oben, um die Furcht einflößende Frau zu bitten, der Chefredakteurin eine Chance zu geben.[31]

Im persönlichen Gespräch gelang es Woolman Chase, Mrs Fish zu überzeugen. Das Ergebnis war eine prall gefüllte Liste von Mäzeninnen, die als »eine Wucht« bezeichnet wurde.[32] Dank Mrs Fishs Unterstützung beteiligten sich einige der schillerndsten Namen New Yorks, darunter Mrs Vincent Astor, Mrs William K. Vanderbilt jr., Mrs Harry Payne Whitney und Mrs Ogden L. Mills.[33] Beim Anblick dieser beeindruckenden Liste knickte Condé Nast völlig ein. Nachdem er grünes Licht gegeben hatte, kümmerte sich Woolman Chase um weitere Details. Sie taufte die Veranstaltung auf den Namen »Fashion Fête«, wählte das Komitee der Barmherzigkeit aus, das Witwen und Waisen in den verbündeten Ländern als Erlösempfänger half, buchte den Ballsaal des Ritz-Carlton und wählte sieben Schirmherrinnen aus, die als Richterinnen fungieren sollten, obwohl dies nur Tarnung war. Woolman Chase war sich darüber im Klaren, dass die Schneider, Boutiquenbesitzer oder Kaufhausrepräsentanten, die für eine Anzeige in der *Vogue* bezahlt hatten, aber nicht als Aussteller bei der Veranstaltung ausgewählt worden waren, beleidigt sein und ihre Anzeigen zurückziehen konnten. Sie wollte bei der Qualität der gezeigten Kleider aber keine Kompromisse eingehen und teilte daher jeder Kundin und jedem Kunden mit, dass sie ihre und seine Stücke gerne zeigen würde, aber leider die »Jury« die Entwürfe auswähle und sie keinen Einfluss darauf habe.[34]

Sie leistete der Mode einen weiteren Dienst, indem sie Mannequins trainierte und den sorgfältig ausgewählten Schönheiten beibrachte, professionell zu stolzieren und sich zu drehen. Ihr Ziel war es, sie so laufen zu lassen, dass die Zuschauer glaubten, echter Kunst beizuwohnen und nicht den zufallsbedingten Machenschaften einer ambitionierten Redakteurin. Womöglich hat der Catwalk hier Popularität erlangt, die Fashion Fête hatte jedenfalls weitreichende Folgen für das Modeln und schärfte das Bewusstsein für diesen Beruf in den gesamten Vereinigten Staaten.[35]

Der Abend war ein durchschlagender Erfolg. Er begann mit einem Abendessen, nach dem alle eleganten Damen die geschwungene Treppe hinaufstiegen, um ihre Plätze für die Show einzunehmen. Zu dieser Zeit war es für die mächtigen New Yorker Familien so ungewöhnlich, sich unter das gemeine Volk zu mischen, dass die anwesenden Damen sich für ziemlich unerschrocken hielten, weil sie einen Abend mit Models und Schneiderinnen verbrachten.[36] Eine Reihe von High-End-Marken, die man heute noch kennt, wie Bergdorf Goodman, wurden an diesem Abend in die Modeszene eingeführt. In der *Vogue*-Ausgabe vom 1. Dezember 1914 nahm die Veranstaltung gut elf Seiten ein. Woolman Chase' Schreckensbild, die Seiten würden leer bleiben, wurde so abgewendet.

Dies sollte nicht der letzte Akt des Altruismus der *Vogue* im Zusammenhang mit dem Krieg sein. Im Jahr 1915 schrieb Nast einen Appell an seine Leserschaft, für den Sewing Girls of Paris Fund [etwa: Hilfsfonds für die Näherinnen von Paris, Anm. d.Ü.] zu spenden. Es war ihm ein echtes Anliegen, die von dem anhaltenden Konflikt betroffenen Arbeiterinnen zu unterstützen; gleichzeitig diente es seinem Bedürfnis, die Schwergewichte der Pariser Modebranche zu besänftigen. Als die Modeschöpfer dort von der Fashion Fête erfuhren, nahmen sie es übel auf, weil sie darin einen Versuch der Amerikaner sahen, die einheimischen Schneiderateliers zu fördern, während die französische Designbranche durch den Krieg behindert wurde. (*Harper's Bazaar* versuchte, von diesem Skandal zu profitieren, indem es noch Öl in die Flammen goss und die Ateliers aufforderte, die *Vogue*-Redakteurinnen und -redakteure von ihren künftigen Modeschauen auszuschließen.)[37] In dem Bemühen um Wiedergutmachung bot Nast an, eine Pariser Fashion Fête in New York zu veranstalten, wieder im Ritz-Carlton, wieder für einen wohltätigen Zweck, wieder mit großer Berichterstattung in der Zeitschrift. Diesmal waren die Namen der Designer weitaus bekannter – Worth, Poiret, Lanvin –, aber der Erlös fiel weitaus geringer aus. Nast übernahm die Kosten dafür gern, weil es die Beziehungen zu Frankreich wieder verbesserte und die Modeschöpfer zufriedenstellte.

Woolman Chase hatte bewiesen, ob sie es nun wollte oder nicht, dass Mode nicht französisch sein musste, dass Schneiderateliers in New York nicht Pariser Modelle nachahmen mussten, um ihre Waren zu verkaufen, und dass Amerikanerinnen und Amerikaner ihren eigenen Stil entwickeln konnten. Sie bewies auch, welchen Reiz es hatte, Frauen die neuen Entwürfe tragen zu sehen – es erweckte die Kleidung buchstäblich zum Leben. Ihre Tochter sagte Jahre später zu ihr: »Du und der Erste Weltkrieg. Was für ein Gespann ihr wart!«[38]

Die Marke wird groß

Der Erste Weltkrieg hatte Nast vielleicht dazu veranlasst, nach Europa zu expandieren, aber Nast wusste, dass sich die *Vogue* als die maßgebliche Autorität in der Modebranche zu etablieren hatte, um die Zukunft des Unternehmens zu sichern, während Condé Nast Publications den Zeitschriftenmarkt beherrschen musste. Ein Beispiel dafür, wie er die Ereignisse zu seinem Vorteil nutzte, ist die Geschichte von Paul Poiret und der Pariser Couture.

Bei seinem Besuch in New York im Jahr 1914 sah Poiret, der angesagteste Designer der Zeit, dass sein Name in Amerika ohne seine Erlaubnis verwendet wurde. Auf diese schamlosen Plagiate reagierte er mit einem Wutschrei, der bis Paris zu hören war. Die Gesetzgebung ist in Bezug auf Plagiate auch heute noch schwer zu durchschauen; damals, im Jahr 1914, war es eine gesetzesfreie Zone. Nast war sich bewusst, dass die *Vogue* darauf angewiesen war, die besten Kleider auf ihren Seiten zu zeigen. Um Zugang zu den neuesten Entwürfen der größten Designer zu haben, mussten die freundschaftlichen Beziehungen mit den Pariser Modeschöpfern gepflegt werden. Daher verwandelten Nast und Woolman Chase das, was eine griechische Tragödie hätte werden können, in einen weiteren gewinnbringenden Plan, um Poiret auf ihre Seite zu ziehen.

Poiret hatte vor, nach seiner Rückkehr nach Frankreich alle Mitglieder der amerikanischen Redaktion sowie deren Einkäuferinnen und Einkäufer aus seinem Atelier zu verbannen, und war kurz davor, alle seine Pariser Kollegen zu überreden, es ihm gleichzutun. Wenn alle Amerikanerinnen und Amerikaner von ihren Schauen verbannt wurden, konnte keiner ihrer Entwürfe in den USA gestohlen und kopiert werden, aber für die *Vogue* und alle anderen ausländischen Modemagazine wäre es eine Katastrophe gewesen. Stattdessen überzeugten Nast, Woolman Chase und Philippe Ortiz, ihr neuer europäischer Vertreter, Poiret, sich mit ihnen zusammenzusetzen, um eine Lösung zu finden. So entstand Le Syndicat de Défense de la Grande Couture Française, ein bombastischer Titel für eine Vereinigung, deren Aufgabe es war, die Rechte der französischen Schneider zu schützen.[39] Nach der offiziellen Gründung im Juni 1914 übernahm Poiret das Amt des Präsidenten, der berühmte Designer Jacques Worth wurde Vizepräsident, und eine Vielzahl weiterer angesehener Modeveteranen engagierten sich als Mitglieder.

Durch Patrouillen in den Geschäften, die Diffamierung von Plagiatoren in Presseerklärungen und Druck über zahlreiche Verbindungen zur Branche sorgte die *Vogue*-Kampagne dafür, dass einzelne Namen von Designern nicht mehr willkürlich bei Fabrikverkäufen verwendet wurden. Poiret und andere

Modeschöpfer dankten es der *Vogue* durch besondere Gefälligkeiten, ließen sie Kollektionen vorab sehen und gaben ihr die besten Plätze bei Schauen.

Nast wollte nicht nur die Kontrolle über den Modesektor behalten, sondern auch dafür sorgen, dass seine Publikationen so qualitativ hochwertig blieben wie bisher. Daher folgte er dem Rat seines Vizepräsidenten und ersteigerte im Jahr 1921 seine eigene Druckerei.[40] Auf dem Gelände in Greenwich, Connecticut, war früher die Douglas McMurtrie Arbor Press gewesen, und die Anlage war ideal für die Produktion, da sie auf einem hohen und trockenen Grundstück stand, was die für Druckereien so fatale Gefahr von Feuchtigkeit minimierte. Bei der Übergabe an Nast war das Gelände kaum mehr als eine schmutzige, aufgegebene Straße, und er gab allein für die Landschaftsgestaltung rund 350.000 Dollar aus.[41] Die Gebäude wurden von einem angesagten Architekten elegant gestaltet, und riesige Steinobelisken flankierten die Einfahrt von der Straße, die von jedem, der mit dem Auto des Weges kam, gesehen werden konnte. Für die Vorbeifahrenden standen dort die klangvollen Namen von Nasts prachtvollen Besitztümern:

VOGUE, GLAMOUR, HOUSE & GARDEN,
VANITY FAIR, CONDÉ NAST PUBLICATIONS

Eine etwa 1 600 Personen starke Condé-Nast-Belegschaft arbeitete in der Druckerei und erfreute sich weiterer Vergünstigungen, wie einer Cafeteria, Aufenthaltsräumen und einer Krankenstation mit einem Arzt und einer Krankenschwester.[42] Es gab eine Frühjahrsmodeschau, eine jährliche Weihnachtsfeier und im Sommer Ausflüge in einen angesehenen Country Club für das gesamte Personal inklusive Familien.[43] Nachdem der Staat Connecticut ein Gesetz verabschiedet hatte, das Frauen die Nachtarbeit erlaubte, füllte sich Nasts stattliche Druckerei schnell mit Korrektorinnen.[44] In seiner Blütezeit fanden sich auf dem majestätischen Anwesen importierte italienische Skulpturen, Springbrunnen am Eingang und Ulmen im Wert von etwa 25.000 Dollar, die der Anlage das Flair eines abgelegenen Schlosses verliehen. Große Zeitschriften oder Zeitungen bauen häufig ihre eigenen Druckereien, da es ihnen ermöglicht, die Qualität zu überwachen. Besonders reizvoll ist dabei auch, dass sie so auch Aufträge für andere Publikationen übernehmen und zusätzliches Geld verdienen können. Bald druckten auch andere Zeitschriften, darunter *The New Yorker*, in der Condé-Nast-Druckerei, wodurch sich eine weitere lukrative Einnahmequelle eröffnete. Im ersten Jahr belief sich das Geschäftsvolumen der Druckerei auf 380.935 Dollar; nur acht Jahre später war diese Zahl auf 3.450.255 Dollar angestiegen.[45]

Nast verstand als einer der ersten amerikanischen Geschäftsmänner die Grundlagen des Markenaufbaus. Er wusste, dass – von ihm selbst abgesehen – niemand aus der Belegschaft aus der Masse herausstechen durfte, da dies die Wirkung des Namens *Vogue* schwächen konnte. Daher wurde verstärkt die »*Vogue*-Stimme« verwendet.[46] Sofern ein Artikel nicht von einer schreibenden Berühmtheit eingereicht worden war, wurden alle unter Überschriften wie »*Vogue* sagt« veröffentlicht, um den Ton der *Vogue* neutral und einheitlich zu halten. Das bedeutete auch, dass sich die Autorinnen und Autoren keine persönliche Gefolgschaft aufzubauen vermochten, die sie mitnehmen konnten, wenn sie zu einem Konkurrenten wechselten.

Nast setzte seine Mission, die *Vogue* als offizielles Luxussprachrohr zu etablieren, mit der Vogue School und dem

Vogue Directory fort. Diese wurden in jeder Ausgabe beworben und die Leserschaft aufgefordert, bei der *Vogue* um Ratschläge und Empfehlungen nachzufragen. Sie haben eine heiße Affäre mit einem Parlamentsabgeordneten und brauchen ein diskretes Restaurant? Überlassen Sie das der *Vogue*. Sie wollen einen neuen Hut kaufen, aber auf Ihrer Reise nach Indien nur eine Nacht in Paris verbringen? *Vogue* kann Ihnen einen Termin beim besten Hutmacher verschaffen. Sie haben Ihr gesamtes Vermögen beim Glücksspiel verloren und möchten Ihre Tochter unbedingt mit Geld verheiraten? *Vogue* kümmert sich um Ihre Einladungen zur Debütantinnensaison. Ihre blonden Engelchen sind alt genug, um in den Kindergarten zu gehen? Lassen Sie sich von *Vogue* den richtigen empfehlen.

Der unbarmherzige Vormarsch des Namens *Vogue* hatte auch einige Schattenseiten. Auf dem Markt tauchten zahlreiche gefälschte »Vogue«-Produkte auf, darunter Vogue-Eiscreme, Vogue-Mieder und Vogue-Schuhe, die Condé Nast Publications in der Zeitschrift bestmöglich diskreditieren musste, da das Wort selbst nicht urheberrechtlich geschützt werden konnte.[47] Das war ein Ärgernis, und Nast sah sich immer wieder genötigt, Gegenerklärungen für seine Leserinnen zu verfassen: »Vielen Dank für Ihre anhaltende Unterstützung, Madam, nein, wir verkaufen jetzt keine Süßigkeiten.«

Hearst, von Nasts Errungenschaften deutlich verärgert, fing etwa zu jener Zeit mit einem Vorgehen an, das seither ein Hauptwerkzeug im Kreuzzug von *Harper's Bazaar* gegen die *Vogue* geblieben ist: die Abwerbung der besten bei der *Vogue* ausgebildeten Mitarbeiterinnen und Mitarbeiter. Im Laufe der Jahre wurden zahlreiche unbezahlbare Fotografinnen und Fotografen, Redakteurinnen und Redakteure, Werbemanagerinnen und -manager und so weiter zu Hearst gelockt, hypnotisiert von riesigen Gehältern, die der Millionär zahlen konnte. Einige opportunistische Künstler nutzten das zu ihrem Vorteil, indem sie die beiden gegeneinander ausspielten, um bessere Verträge zu erhalten. Das brachte das Blut der *Vogue* zum Kochen.

Der Groll über Nasts Erfolg ging so weit, dass Hearst mit seinen anderen Publikationen versuchte, seinen gerissenen Konkurrenten zu untergraben. Im September 1923 erschien folgender Beitrag in seinen Zeitungen:

> **VOGUE GIBT DEN PLAN EINER LONDONER AUSGABE AUF**
> **Condé Nast, Herausgeber und Eigentümer der *Vogue*, hat seinen Versuch, die *Vogue* in London zu etablieren, aufgegeben und die englische Ausgabe der *Vogue* an das Verlagshaus Hutchinson & Company verkauft.**[48]

Die Geschichte war frei erfunden, und Nast reagierte so müde und knapp, wie es sich für eine derart schmutzige Aktion gehört. In der folgenden Woche kaufte er eine ganzseitige Anzeige in der Fachzeitschrift *Printers' Ink*:

> **Diese Geschichte, die landesweit NUR in den Hearst-Zeitungen erschienen ist, ist absolut falsch. Ich habe die britische *Vogue* nicht verkauft und erwäge auch nicht, sie an irgendjemanden zu verkaufen. Condé Nast.**[49]

Hätte er allerdings gewusst, welches Drama ihn im Londoner Büro erwartete, hätte er sich vielleicht gewünscht, er hätte die englische Ausgabe tatsächlich eingestampft und sich die Probleme erspart.

4

DIE »OBSZÖNE« CHEFREDAKTEURIN

Sexuelle Subkulturen

Eine neue Frau für neue Frauen

Am Ende des Krieges hatten die Frauen begonnen, sich über ihre reproduktiven Fähigkeiten hinaus mit neuen Augen zu sehen, und die Mode spiegelte die veränderte Denkweise wider. Weite Silhouetten kamen auf den Markt, und die Frauen zeigten sich schlank und sportlich, bereit, sich der Welt zu stellen und als kecke Flapper neu zu erfinden. Im Vereinigten Königreich wurde ihnen endlich in zwei Stufen, 1918 und 1928, das Wahlrecht eingeräumt. Es gab unzählig viele Kriegswitwen, Frauen, die nun ohne Mann selbst für ihren Lebensunterhalt sorgen mussten. Das Ausmaß von Tod und Verwüstung brachte es mit sich, dass soziale Normen nicht mehr durch Geschlecht bestimmt werden konnten.

Frauen haben in der Belegschaft der *Vogue* schon immer eine zentrale Rolle gespielt, doch wer die erste offizielle Chefredakteurin der britischen *Vogue* war, ist aufgrund der im Krieg verlorenen oder beschädigten Unterlagen schwierig festzustellen. In den meisten Quellen werden vor allem zwei Namen genannt: Dorothy Todd und Elspeth Champcommunal.

Die heutige *Vogue* verzeichnet Champcommunal[1] (Champco für Freunde) unter dem Ehrentitel der ersten britischen Chefredakteurin, während Dorothy Todd (Dody) als zweite aufgeführt wird.[2] Edna Woolman Chase von der amerikanischen Zentrale erwähnt Champco in ihrer Autobiographie jedoch nicht und behandelt Dody als erste Chefredakteurin.[3] Diese Diskrepanzen sind schwer zu entwirren: Viele andere persönliche Berichte sind durch jahrzehntelange berufliche Auseinandersetzungen und Rivalitäten getrübt. Erschwerend kommt hinzu, dass die *Vogue* noch kein vollständiges Impressum hatte.

Es lohnt sich, mit Elspeth Champcommunal zu beginnen, da sie von der *Vogue* offiziell anerkannt ist. Champco gehörte zur künstlerischen und bohèmehaften Bloomsbury Group und wurde von Nast und Co. wegen ihrer sozialen Kontakte ausgewählt. Was die Amerikaner nicht wussten, war, dass die Bloomsbury Group zwar elegant, aber keineswegs die Konsumaristokratie war, die sie ansprechen wollten. Außerdem war Champco eine temperamentvolle Frau mit einem profunden Modewissen, die nicht gern Anweisungen aus New York bekam. Später wurde sie Chefdesignerin von Worth London und Gründungsmitglied der Incorporated Society of London Fashion Designers, einem Vorläufer des heutigen British Fashion Council.

Einige besonders wilde Details aus Champcos Leben haben mit dem Verdacht ihrer Zeitgenossen zu tun, sie sei bisexuell. Sie heiratete nie wieder, nachdem sie verwitwet war, und gehörte einer liberalen, sexuell experimentierfreudigen Gruppe an, die in den Zwischenkriegsjahren ihre Blütezeit erlebte. Im Mittelpunkt der Gerüchte stand ihre langjährige Beziehung zu einer Redakteurin, mit der sie häufig zusammenlebte und reiste.

Die Vermutung, die erste Redakteurin der britischen *Vogue* könne lesbische Neigungen haben, klingt pikant, bis man etwas über die zweite Redakteurin erfährt. Dorothy Todd, die im Jahr 1922 zur Chefredakteurin ernannt wurde und die der Fotograf Cecil Beaton als »obszön« bezeichnete, ist eine der provokantesten Figuren der *Vogue*. Sie war offen homosexuell und lebte mit ihrer langjährigen Freundin zu einer Zeit zusammen, als weibliche Homosexualität noch nicht einmal gesetzlich anerkannt war. Oscar Wildes berüchtigter Prozess hatte männliche Homosexualität etwa zwei Jahrzehnte zuvor ins Blickfeld gerückt, aber Frauen galten immer noch als körperlich unfähig, sich wirklich »abweichend« von der heterosexuellen Normativität zu verhalten.

Dodys sexuelle Neigung wirkte sich direkt auf die *Vogue* aus. Ihre künstlerischen Freundinnen und Freunde, von denen viele einer »Gay Community« angehörten, lieferten regelmäßig Beiträge, sodass es für eine kurze Zeit so aussah, als wären alle, die mit der *Vogue* zu tun hatten, Teil einer sexuellen Subkultur.

Oscar Wildes Nichte Dolly war eine der ersten Mitarbeiterinnen, heroinabhängig und lebte in einer langjährigen lesbischen Beziehung.[4] Aldous Huxley, der vor allem als Autor des kanonischen Werks *Schöne neue Welt* bekannt ist, arbeitete jahrelang für die *Vogue* und führte mit seiner Frau eine offene Ehe. Der angesehene Literaturkritiker und Homosexuelle Raymond Mortimer schrieb eine regelmäßige Kolumne; der Gastrojournalist und erste Starkoch überhaupt Marcel Boulestin schrieb am Beginn seiner Karriere gewagte homosexuelle Romane; und Vita Sackville-West, die zeitweise für die *Vogue* arbeitete, testete die Grenzen ihrer eigenen offenen Ehe aus, indem sie sich regelmäßig mit Männern *und* Frauen verabredete.

Offenkundig verbreiteten sich zu dieser Zeit bereits Vorstellungen darüber, was für ein Mensch man sein musste, um bei der *Vogue* zu arbeiten, obwohl ein Abweichen von der heteronormativen Form nicht das Entscheidende war. Immerhin handelte es sich immer noch um eine Modezeitschrift, aber auch beim Thema Mode hatte Dody ihre eigenen Vorstellungen. Dody war bereits über vierzig, als Condé Nast Publications auf sie aufmerksam wurde. Man nahm sie ernst genug, um sie nach New York zu holen und sie dort direkt von Edna Woolman Chase ausbilden zu lassen, damit sie die Leitung des Londoner Büros übernehmen konnte. Dodys Version der *Vogue* entsprach jedoch nicht ihrer amerikanischen Ausbildung.

In den zwanziger Jahren legte sich der aufgewirbelte Staub des Ersten Weltkriegs. Die westliche Welt wurde zu einem Hotspot intellektueller Aktivität, und man war bereit für einen Neuanfang. Eine neue Generation wuchs heran, und mit ihr kam ein neues Denken in allen Bereichen, von Architektur bis Inneneinrichtung, von Wissenschaft bis Philosophie. Die modernistische Bewegung kannte nur eine Regel: Brich alle Regeln![5] Während die *Vogue* unter Woolman Chase einen konservativen Standpunkt beibehielt, spielte Crowninshields *Vanity Fair* eine lockerere, gewagtere Rolle in der Gesellschaft, griff neu aufkommende kulturelle Phänomene auf und berichtete mit messerscharfem Witz über sie. Die redaktionelle Ausrichtung war jedoch noch kühner. In der ersten Ausgabe vom März 1914 versprach Crowninshield: »Für die Frauen wollen wir etwas Edles und Missionarisches tun, etwas, das, soweit wir beobachten konnten, noch keine amerikanische Zeitschrift für sie getan hat. Wir beabsichtigen, häufig ihren Intellekt anzusprechen.«[6]

Dieser revolutionäre Ansatz faszinierte Dody. Als sie die

Zügel der Brogue in die Hand nahm, orientierte sie sich daran. Zwar wurden die zahlreichen Modeberichte von der amerikanischen Redaktion erstellt und über den Atlantik geschickt, aber die Cartoons, Illustrationen und der witzige Ton von Dodys Brogue sind unverkennbar von *Vanity Fair* inspiriert. Doch ihre Zeitschrift war keine reine Nachahmung, unabhängig davon, ob sie die Anleihen bei *Vanity Fair* anerkannte oder nicht. In einem Herausgeberbrief schrieb sie:

> **Die *Vogue* hat nicht die Absicht, sich auf ihren Seiten nur auf Hüte und Kleider zu beschränken. Derselbe Geist des Wandels ist in Literatur, im Theater, in Kunst und Architektur am Werk, und für die intelligente Beobachterin macht auch das Zusammenspiel von Anregungen und Einflüssen zwischen all diesen Dingen die Beschäftigung mit der zeitgenössischen Welt so faszinierend.**[7]

Die Brogue in den frühen zwanziger Jahren zeigt den Blick einer energischen, geschickten und visionären Redakteurin, die sich nicht scheute, Grenzen zu überschreiten und zu verschieben.

Dorothy Todd wurde in London als Tochter eines aufstrebenden Bauunternehmers in Chelsea geboren. Das Privatleben ihres Vaters war ebenso fruchtbar wie sein Geschäft: Mit seiner ersten Frau hatte er acht Kinder. Dodys Mutter, Ruthella, war die zweite Frau; ein jüngerer, giftiger Typ.[8] Nach dem plötzlichen Tod von Dodys Vater an einem Herzinfarkt machte sich ihre Mutter daran, das enorme Vermögen zu verprassen, von dem ein Großteil treuhänderisch an seine zehn Kinder gehen sollte. Für Dody und ihren jüngeren Bruder begann ein unsicheres und chaotisches Leben, in dem sie durch die

Glücksspielszene geschleppt wurden, während ihre Mutter dem Alkohol verfiel. Dody war wissbegierig, nachdenklich und energisch; einmal lief sie von zu Hause weg und kehrte nur unter der Bedingung zurück, dass sie Unterricht in Latein und Griechisch erhielt.[9] Aber neben dem fließenden Französisch, das sie in den Kurorten lernte, eignete sie sich leider auch einige der schlechteren Angewohnheiten ihrer Mutter an, die sich in Dodys eigener Lebensgeschichte wiederholen sollten, denn vor allem gewöhnte sie sich daran, enorme Risiken einzugehen, nicht nur beim Kartenspiel, sondern im Leben.[10]

Aus einer komplizierten Kindheit wurde ein kompliziertes Erwachsenenleben. Dodys Teenagerjahre und Zwanziger wurden von der Geburt ihrer unehelichen Tochter überschattet. Die viktorianischen Ideale beherrschten noch immer die Gesellschaft und zwangen Frauen in eine Atmosphäre von Scham, Unterdrückung und Unerfahrenheit. Da kommt es nicht überraschend, dass Dody als »Tante« und Vormund ihrer Tochter auftrat und allen, auch ihrer eigenen Tochter, vorspielte, sie sei nicht die Mutter. Wer der Vater des Kindes war, wurde nie bekannt, und später vermutete man, sie sei vergewaltigt worden.[11]

Nichtsdestoweniger erfuhr ihre Tochter eine gute Versorgung, erhielt ein großzügiges Taschengeld und wurde ermutigt, sich an der Universität einzuschreiben. (1924 mündete dies in ihrer Zulassung in Oxford.)[12] Trotz der angespannten Beziehung hatte Dody echtes Interesse an der Ausbildung ihrer Tochter. Dieses Interesse zeigte sie auch bei ihren zahlreichen Schützlingen, denn Dody setzte sich für die Ausbildung aller jungen Erwachsenen ein, insbesondere für die berufliche Laufbahn von Frauen. Atemlose Einträge in Cecil Beatons Tagebüchern zeigen, wie sehr sich der junge Fotograf um ihre Aufmerksamkeit bemühte und dass er wusste, wie wertvoll sie für ihn sein würde.[13] Selbst Woolman Chase, die kein Fan von Dody war, musste neidlos anerkennen, dass ihre Schützlinge stets erfolgreich waren, und stellte fest, dass viele der jungen Engländerinnen und Engländer, die Dody förderte, zu großem Ruhm gelangten.[14] Dody war mit der Bloomsbury-Szene gut vertraut, sie veröffentlichte Virginia Woolf, stellte die Inneneinrichtung von deren Schwester Vanessa Bell in der Zeitschrift vor und machte Woolfs Schwager Clive Bell zum Kunstkritiker. Vor allem aber bezahlte sie ihre schillernden Mitarbeiterinnen und Mitarbeiter so gut, dass sie davon leben konnten – ein Privileg, das nur wenige Künstler oder Schriftstellerinnen je genossen haben.

Das war noch nicht alles. Dody bemühte sich, ihre bunte Schar zu Berühmtheiten zu machen, indem sie deren Ruf durch Schlagzeilen und geschickte Manipulationen festigte. So fügte Dody neben den obligatorischen Porträts englischer Aristokratinnen und Diplomatengattinnen Bilder ihrer aufstrebenden Ausnahmetalente und ihrer Häuser und Gärten ein. Diese redaktionelle Gestaltung wertete deren Status in der Wahrnehmung der Leserschaft auf. Sie stellte die sich entwickelnde Kulturszene ins Scheinwerferlicht, brachte kreative Menschen zusammen und förderte damit unmittelbar künstlerische Gemeinschaften. In gewisser Weise gehört Dody, neben Leuten wie Gertrude Stein, zu den Mäzeninnen des frühen 20. Jahrhunderts. Ihre Plattform war jedoch die *Vogue*, und die *Vogue* wurde stets verächtlich behandelt – eine triviale, modische Bilderzeitschrift, die vergeblich zur Hochkultur gehören wollte –, was zum Teil erklärt, warum Dody in der Nachwelt nicht existiert.

Vogue hisst die Schwulenflagge

Zu Dodys zahlreichen Gefolgsleuten gehörte auch Madge McHarg. Auf den erhaltenen Fotos sieht die hagere australische Emigrantin aus wie ein blondes Gespenst. McHarg war die siebte Angestellte bei der Brogue und hatte sich ihren Job erbettelt, indem sie drei Tage hintereinander auf der Treppe gesessen, dem Manager aufgelauert und ihn angeblich angefleht hatte: »Sie müssen mich nie wieder sehen, wenn ich nur vier Pfund pro Woche bekomme – denn mit drei Pfund kann ich nicht überleben.«[15] McHarg lebte mit schmalem Geldbeutel, war jedoch die Tochter eines wohlhabenden Händlers aus Melbourne und ärgerte sich über die mangelnde Bildung, die ihr als Mädchen zugestanden wurde. Ihre Eltern hielten sie für unmöglich; sie sahen in ihr ein eigensinniges, verwöhntes Mädchen, das statt eines Mädchenpensionats lieber eine Universität besuchen wollte. McHarg hasste ihr Heimatland und wünschte sich lieber einen Job als eine gute Ehe. »Es war wie üblich«, sagte sie später. »Ich bin weggelaufen und hatte keinerlei Qualifikationen.«[16]

Sie wollte mit dem konventionellen Leben der Mittelklasse nichts zu tun haben, dennoch bemühte sich McHarg nach Kräften, ein würdiger Teil der Brogue zu werden. Sie machte Besorgungen, holte Kaffee, brachte die Post weg und arbeitete von Montag bis Samstag als Botin.[17] Als der Aufschwung der Brogue an Fahrt gewann, blieb sie bis tief in die Nacht im Büro und überlebte von nur einem pochierten Ei auf Toast und einem Baiser am Tag.[18] In ihrer Freizeit besuchte sie Abendkurse, um sich weiterzubilden. Nach zwei Jahren dieses belastenden Lebens brach sie mit Gelbsucht zusammen und war entsetzt. Zum ersten Mal konnte sie ihren Lebensunterhalt nicht mehr durch Arbeit bestreiten. In völliger Panik schickte sie einem alten Freund der Familie, Ewart Garland, ein Telegramm: »Komm sofort her und heirate mich!«[19]

Obwohl sie schließlich doch verheiratet war – ein Zustand, den sie immer gefürchtet hatte –, ließ sie sich davon nicht aufhalten. Sie behandelte Ewart ebenso wie ihre Eltern: Sie machte ihm das Leben schwer. Sie weigerte sich, einen Ehering zu tragen. Sie nahm seinen Namen nicht an. Sie drohte ihm mit der sofortigen Scheidung, falls er es wagen sollte, sie zu schwängern.[20] Und innerhalb eines Jahres hatte sie bereits eine Liebesbeziehung mit Dody. Nach dem Ende der Affäre betonte sie stets, wie sehr sie in Dodys Schuld stand: »Ich verdanke ihr alles.«[21] Mit dieser Meinung stand sie nicht allein da. Dody sei »Madges wichtigste Förderin« gewesen,[22] wurde über sie geschrieben. Dody beförderte Madge von der einfachen Empfangsdame und Laufbotin bis auf den Posten einer Moderedakteurin. Es war Günstlingswirtschaft, aber Dody nahm es mit der Moral nie so genau. Die Brogue, an der Madge und Dody vier kurze, aber glorreiche Jahre lang erfolgreich gemeinsam arbeiteten, ist ein avantgardistisches Meisterwerk.

Die Herausgeberschaft entwickelte sich zu einer Art Partnerschaft, sexuell wie beruflich. Gemeinsam entwickelten sie eine neue Idee, denn sie waren der Meinung, dass die Zeitschrift die Frauen nicht nur über Modetrends, sondern auch über Trends im Denken auf dem Laufenden halten sollte. Für Dody bedeutete, modisch zu sein, an der Kultur teilzuhaben, und ihre *Vogue* gewährte Frauen als eine der Ersten einen breiteren Zugang zu Wissen. Die Schriftstellerin Rebecca West würdigte die beiden als herausragende Redakteurinnen und schrieb begeistert, sie hätten die *Vogue* von einer weiteren Modezeitschrift zur allerbesten Modezeitschrift gemacht, die zudem ein wichtiger Leitfaden für Moderne und Künste sei.[23]

Neben den üblichen Pariser Modebildern veröffentlichten Dody und Madge als Erste Fotografien von Man Ray, Gedichte von Edith Sitwell und schrieben über verschiedene Persönlichkeiten von Picasso bis Churchill. Die aufmerksame Leserin findet in den Ausgaben aus der Dody-und-Madge-Periode Elemente einer neuen Genderfluidität. Zahlreiche homosexuelle Berühmtheiten zieren die Magazine, von Balletttänzern bis zu Malern. Die Cartoons spotten vorsichtig über Männer mit verweichlichter Figur, die bei der heteronormativen Brautwerbung regelmäßig scheitern.[24] Ein Cartoon zeigt einen alternden Millionär, der seine Verwandten verachtet, weil sie jung sind, und ihnen aus kleinlicher Rache unangemessene Geschenke schickt. Seine Großnichte sitzt in einem smokingähnlichen Schlafanzug und pafft in einer eindeutig männlichen Pose eine Zigarre.

Die Elemente der eigentlichen *Vogue* sind auch in diesen Ausgaben immer noch präsent. Die aristokratische Abstammung wird überall hervorgehoben, wo es möglich ist, in Fotos, Features und atemlos aufgeregten Texten. In der Forschung haben einige behauptet, die Brogue von Dody-Madge sei aktiv antiimperialistisch und antirassistisch gewesen,[25] doch aus heutiger Sicht erscheint das fragwürdig. Unter einem Foto aus der Rubrik »Auf der Bühne gesehen« steht die Unbehagen verursachende Unterschrift: »Frank Cochrane spielt einen Juden mit brillanter Verve. Im 18. Jahrhundert galten Juden als komisch.«[26] Die regelmäßigen Artikel und Anzeigen, die Jugend und Schlankheit anpreisen, werden abgeschwächt, aber nicht völlig eliminiert.

Die Zeitschrift erweiterte die Grenzen, wurde aber nie zu modern. Dody achtete sorgfältig darauf, die Artikel ebenso an junge Talente zu richten wie an die Generation von Königin Victoria. Diese Kluft war nicht leicht zu überbrücken, und manchmal nehmen die Kolumnen sehr seltsame Wendungen bei dem Versuch, beide einzubeziehen. Dodys Bemühungen, Frauen aller Altersgruppen anzusprechen, zeugen jedoch von einem rührenden Engagement für Inklusion, und es gibt Momente, in denen die Brogue aufrührerische feministische Themen wie die Unehelichkeit anspricht.

Während dieser Blütezeit bekam sogar die umstrittene Dody gute Presse. Sie war immer noch Rebecca Wests »dicke kleine Frau voller Genialität«,[27] die Königin der *Vogue*, die über Bloomsbury herrschte.[28] Auch Madge hatte eine Wandlung durchgemacht. Sie wurde rasch zu einem Traumbild der Haute Couture, stets in Seide und Perlen gekleidet. Sie nahm den hübschen, blumigen Nachnamen ihres verlassenen Mannes Garland an, nachdem Gertrude Stein geschrieben hatte, ihr Mädchenname McHarg sei schrecklich.[29] In ihrem Haus fanden oft spontan wilde Partys statt, und das Spesenkonto der *Vogue* wurde ständig für Besuche in protzigen Restaurants genutzt. Dody und Madge trafen mit ihrem Lebensstil und in den Seiten der Brogue den Zeitgeist. Das bedeutete aber nicht, dass alles rosig für sie war.

Selbst unter ihren liberalsten Kolleginnen und Kollegen wirkten sie gelegentlich ein wenig skandalträchtig. Virginia Woolf ertappte sich auf einer Party dabei, dass sie anbot, Dodys Memoiren zu veröffentlichen.[30] Später fügte sie hinzu, dass sie es dabei wohl übertrieben habe, denn der »Schmutz« aus Dodys Privatleben, der das Projekt faszinierend erscheinen ließ, mache es auch unveröffentlichbar.[31] Als Pioniere im Zentrum eines neuen erotischen und emotionalen Ideals[32] waren Dody und Madge zu sehr involviert, um die Ablehnung und Verurteilung zu erkennen, die sich am Rande ihres

Kreises versammelte. Das Unbehagen, die Faszination und Abscheu, die einige ihrer Bekannten empfanden, liefern einen Hinweis, warum alle ihre Freundinnen und Freunde abtauchten, als ihr Drahtseilakt abrupt endete.

Zurück auf »Normal«

Die Vorgänge in London kamen in New York nicht gut an. Condé Nast und Edna Woolman Chase hatten die Brogue erst misstrauisch beobachtet und traten plötzlich in Aktion. Woolman Chase behauptete, Dody habe die *Vogue* zu etwas gemacht, das sie nicht war, und infolgedessen sprängen die Werbekunden seitenweise ab.[33] Der britische Verleger Harry Yoxall bestätigte Woolman Chase' Kommentar und spricht von satten 25.000 Pfund Verlust im Jahr 1923.[34] Dies könne jedoch auf eine Vielzahl von Faktoren zurückzuführen sein, die nichts mit Dodys Redaktion zu tun hatten. Im Jahr 1926 stellte Yoxall fest, dass ein Anstieg der Auflage durch den Generalstreik zunichtegemacht worden sei.[35] Dody sah dem Niedergang der Brogue auch nicht tatenlos zu. Ende 1923 halbierte sie den Verkaufspreis, um gegenzusteuern, und startete eine redaktionelle Kampagne mit dem Slogan: »Jede Seite der Vogue zeigt Ihnen, wie Sie Geld sparen können, indem Sie es vorteilhaft ausgeben.«[36] Die Verkaufszahlen stiegen wieder, und kurz vor Dodys Entlassung ergab eine Umfrage, dass die Brogue zu den drei von Frauen der Mittelschicht am meisten gelesenen Zeitschriften gehörte.

Trotzdem fiel im September 1926 das Fallbeil. Harry Yoxall, inzwischen Geschäftsführer der Brogue, feuerte Dody auf Anweisung von Condé Nast.[37] Einen Tag später entließ er Madge, der er den Spitznamen *»maîtresse en titre«*[38] [frz. für »oberste offizielle Mätresse«, Anm. d. Ü.] verpasst hatte. Dody war wütend, beleidigt und getroffen und drohte mit einer Klage wegen Vertragsbruchs, aber Nast scheute vor Erpressung nicht zurück, wie sich herausstellte. Er nutzte sein Wissen über Dodys Beziehung zu Madge aus und drohte, belastende Details aus ihrem Privatleben öffentlich zu machen.[39] Es war keine gute Zeit für die Rechte von Homosexuellen. Zwar lehnte der britische Justizminister im Jahr 1921 einen Gesetzentwurf ab, der Lesbianismus kriminalisiert hätte,[40] doch wenige Jahre später wurde Radclyffe Halls Roman *Quell der Einsamkeit*, dessen Hauptfigur eine Lesbe ist, zum Ziel einer bösartigen Kampagne, die dazu führte, dass das Buch nach dem Gesetz gegen obszöne Veröffentlichungen verboten wurde.[41] Das aufgeschlossene Umfeld von Dody und Madge akzeptierte ihre Beziehung, aber im Allgemeinen standen die Chancen auf Gleichberechtigung eher düster. Dody war nicht bereit, die Zukunft von Madge oder ihrer Tochter zu gefährden, indem sie sich mit Nast anlegte, und ließ sich zum Schweigen bringen, auch wenn sie nicht still und leise ging. Woolman Chase kommentierte die Ereignisse so: »Die Dame [Dody] hatte eine starke Persönlichkeit, und ihr Trennungsschmerz hallte von London bis New York und wieder zurück.«[42]

Danach zeigte sich die Heuchelei der Kunst- und Modewelt auf höchst unangenehme Weise. Geschäftsführer Yoxall bemerkte in seiner Autobiographie: »Die Bissigkeit dieser charmanten Wesen kennt keine Grenzen.«[43] Virginia Woolf schimpfte in ihren Tagebüchern bitterlich über Dody, obwohl sie direkt von deren Großzügigkeit profitiert hatte, und beschrieb sie als »Schnecke mit einer blutenden Wunde als Mund«.[44] Andere Freundinnen, Freunde und Bekannte distanzierten sich, und mit der Zeit konnte Dody den Anschein nicht mehr aufrechterhalten. Immer öfter fand Madge sie

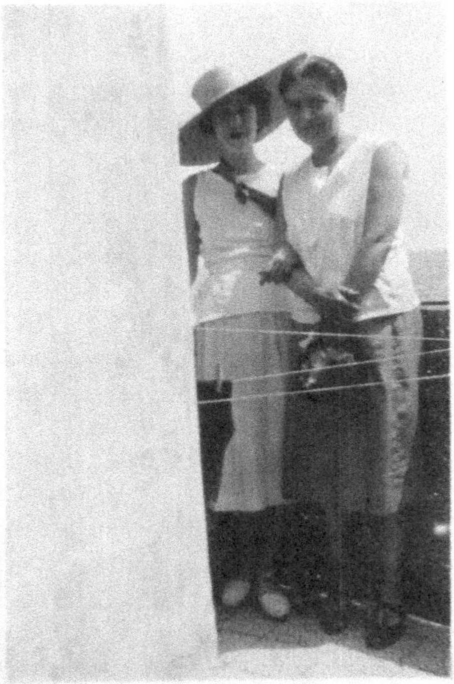

Dorothy Todd mit Madge Garland (links), um 1930.

bewusstlos neben einer leeren Whiskyflasche vor, was an die Abenteuer ihrer Mutter erinnerte. Während Dody dem Alkohol verfiel, fand Madge heraus, dass Dody unter Madges Namen irrsinnige Schulden angehäuft hatte. Madge flüchtete vor den Gläubigern nach Frankreich und verbrachte Jahre damit, die Summe zurückzuzahlen. »Wieder einmal war ich obdachlos, mittellos … nur ein paar schöne und ziemlich unpassende Kleider waren mir geblieben.«[45]

Madge schaffte schließlich ein Comeback bei der *Vogue*, doch Dody erholte sich nie wieder. Bevor sie London in den späten fünfziger Jahren ganz verließ, lebte sie in ein paar chaotischen Zimmern, in denen es von Katzen wimmelte.[46] Im Alter zog sie nach Cambridge, wo sie als Alkoholikerin und gebrechlich von einer kleinen staatlichen Rente und Almosen lebte.[47] Trotzdem war Dodys Temperament nicht völlig gebrochen. Ihr Enkel erzählt einige ziemlich wilde Geschichten über ihre sexuellen Eroberungen.[48] Sogar am Ende ihres Lebens gelang es ihr, eine junge Italienerin von ihrem Mann wegzulocken.[49] Im Alter von 83 Jahren starb Dody und hatte damit länger überlebt als von allen erwartet. Sie hatte einen Beitrag von unschätzbarem Wert zur britischen Kunstszene geleistet, und trotz ihrer persönlichen Schwächen hat sie es nicht verdient, »als Schandfleck in der ansonsten makellosen Geschichte der *Vogue* ausradiert zu werden«.[50]

Diese Geschichte war nur der Anfang von Woolman Chase' Kummer mit dem Londoner Büro, obwohl ihr nach den Entlassungen eine kurze Gnadenfrist gewährt wurde. Die *Vogue* hatte im Jahr 1920 ein französisches Büro eröffnet, und Michel de Brunhoff, ein kompetenter Verwandter des Pariser Chefredakteurs, wurde überredet, nach London zu kommen und die Stellung zu halten.[51] Er wurde mit der Aufgabe betraut, die britische Ausgabe wieder mit Woolman Chase' »*Vogue*-Formel« in Einklang zu bringen,[52] was vor allem den unveränderten Abdruck von Beiträgen aus Amerika bedeutete. Aber es gab auch andere, für Woolman Chase überraschende Momente der Aufmüpfigkeit. Selbst als Direktorin der amerikanischen *Vogue* musste sie sich immer noch mit tief verwurzelten patriarchalischen Ansichten auseinandersetzen, und die härtesten dieser beruflichen Prüfungen hielt England für sie bereit.

Bereits bei ihrem Besuch im britischen Büro in den nuller Jahren des 20. Jahrhunderts hatte sie feststellen müssen, dass der Verleger und der Anzeigenleiter sich gegen sie verbündeten und offen über »die Einmischung einer Frau« diskutierten (sie sahen in ihr eine »dämonische Hauswirtschafterin«).[53] Sie schlossen sie regelmäßig von Sitzungen aus oder wiesen ihre Vorschläge mit der Behauptung zurück, sie verstehe die britische Leserschaft nicht. Doch als Chefredakteurin und Direktorin der amerikanischen *Vogue* war sie formell ihre Chefin. Nach einem wochenlangen Kleinkrieg telegraphierte sie Nast und bestand darauf, dass er sie zur Direktorin der britischen *Vogue* ernannte, weil sie dann mehr Autorität hätte, um gegen den Ungehorsam vorzugehen.[54] Danach war das englische Team gesetzlich verpflichtet, sie zu den Vorstandssitzungen einzuladen.

Es dauerte etwas, bis Woolman Chase die herablassende Haltung der britischen Herren überwunden hatte. Es zeugt von ihren Talenten, dass der betreffende britische Verleger, der ihr ursprünglich so ablehnend gegenüberstand, am Ende zu ihr aufblickte. Ein Jahrzehnt nach ihrem Tod erinnerte er sich noch immer mit Ehrfurcht an sie und erklärte: »Sie war eine brillante Herausgeberin, aber ich habe es nie geschafft, ihre Brillanz zu ergründen. Sie schien eher auf Instinkt als auf Wissen zu beruhen.«[55] Doch gerade als der Interimsredakteur Michel de Brunhoff, Edna Woolman Chase und die britischen Manager Mitte der zwanziger Jahre das Büro wieder einigermaßen in Ordnung bringen wollten, wurden sie von neuen Problemen überschwemmt wie von einer Plage.

5

HINDERNISSE ALLENTHALBEN

Der Generalstreik und die Weltwirtschaftskrise

Harte Zeiten in London

Aus heutiger Sicht geht von den zwanziger Jahren eine elektrisierende Anziehungskraft aus. Durch den Trend der letzten Jahre, Bars im Stil der Flüsterkneipen zu eröffnen, der sich nicht nur im Osten Londons und in Brooklyn zeigt, und die Hollywood-Verfilmung von Fitzgeralds epochalem Roman *Der große Gatsby* im Jahr 2013 ist das Jahrzehnt zum Synonym für Flapper geworden, die in Pailletten gekleidet und mit glatten, abgehackten Bobs herumstöckeln; Mafiosi in Gamaschen, die geschmuggelten Schnaps verkaufen; Martini-Gläser, die zu schnellem Jazz wackeln; Glitzerregen in stimmungsvoll beleuchteten Clubs. All dieser Glamour … und doch war die Realität für die britische *Vogue* in den zwanziger Jahren mehr als prosaisch, sie war ernsthaft düster.

Das Londoner Büro der Brogue erwies sich als ein spannungsgeladenes Arbeitsumfeld. Nicht nur hatte sich der Konflikt zwischen Dody und Madge Garland seit einiger Zeit zugespitzt, es gab auch keine klare Hierarchie, was bedeutete, dass Chefredakteurin, Geschäftsführer und Anzeigenleiter bei Zeitschriftenangelegenheiten gleiches Mitspracherecht hatten.[1] Zudem reisten Edna Woolman Chase und Condé Nast häufig nach Übersee, um zu reorganisieren, zu kritisieren und zu korrigieren, was die Dinge weiter verkomplizierte – hier verdarben ganz sprichwörtlich zu viele Köche den Brei. So kam es, dass Harry Yoxall sich sehr unwohl fühlte, als aus New York die Anweisung kam, Dody zu entlassen. Er antwortete auf diese Nachricht: »Eine Kollegin zu entlassen, ist nie angenehm; eine Chefredakteurin zu entlassen, ist grauenvoll. Insbesondere dann, wenn man Angst vor der Dame hat.«[2]

Überdies traf diese Anweisung ein, als er nach dem Generalstreik, der vom 4. bis 12. Mai 1926 dauerte, gerade wieder durchatmen konnte. Von allen Schwierigkeiten, mit denen er in den zwanziger Jahren konfrontiert war, fand Yoxall den Streik »nicht so schlimm«,[3] was angesichts der Tatsache, dass die gesamte Industrie der Nation vom Transportwesen bis zur Lebensmittelproduktion lahmgelegt war, das Ausmaß dessen verdeutlicht, was Yoxall in seinen frühen Berufsjahren durchmachen musste. Auf jeden Fall ließ der findige Yoxall keine Gelegenheit aus, die Werbetrommel für sein hübsches Modeblatt zu rühren, politische Unruhen hin oder her. Den größten Teil der *Vogue*-Ausgabe von Mitte Mai hatte er vorzeitig per Bahnfracht verschickt, obwohl er nicht sicher war, ob die Züge schon wieder verlässlich genug fuhren, dass sie zuverlässig ausgeliefert wurden. Deshalb ließ er vorsichtshalber 7000 Exemplare ins Büro liefern, damit jeder Mitarbeiter, der ein Auto besaß, sie direkt an die Zeitungshändler verkaufen konnte.[4] Zu Beginn jedes Arbeitstags verteilte er am *Vogue*-Hauptquartier Pakete (so viele, wie in das jeweilige Fahrzeug passten) und wies jeder Person ein Gebiet in London oder den angrenzenden Grafschaften zu.[5] Am Nachmittag gab es Notfallsitzungen mit ihrem Berufsverband, dann ging es zurück ins Büro, um zu überprüfen, wie viel an dem Tag verkauft worden war.[6] Abends versuchte er, alte Freunde zu erreichen, die vielleicht Zugang zu einem Bus oder – wenn seine Gebete in Erfüllung gingen – zu einer Lokomotive hatten und die dann vielleicht helfen konnten, die *Vogue* weiter in die Provinz hinein zu transportieren.[7]

Bei dem Generalstreik ging es eigentlich um einen Konflikt zwischen der britischen Regierung und den Gewerkschaften, aber er betraf auch die Verlagsbranche, als die Druckerei der *Daily Mail* sich weigerte, eine Ausgabe herzustellen, in der ein Gewerkschafter kritisiert wurde.[8] Da die Zeitungen nicht gedruckt wurden und es ohnehin keine Möglichkeit gab, die Ausgaben ohne Transportmittel im Land zu verteilen, verstummten die Medien. In den Tagen vor dem Internet waren die Menschen dadurch völlig von Informationen abgeschnitten. Als Yoxall am Bahnhof von Penge seine Waren feilbot, bekam er überraschenderweise eine Bestellung über 26 Exemplare der *Vogue*, obwohl dort üblicherweise nur vier abgenommen wurden. Er fragte den Betreiber des Zeitschriftenladens, ob er sicher sei, dass er diese Menge verkaufen könne, der daraufhin antwortete: »Bei Gott, die Leute lesen alles, wenn sie keine Zeitungen haben.«[9] In einem Versuch, die Lücke in der Nachrichtenlandschaft zu überbrücken, konzipierte und lancierte die Regierung in nur wenigen Tagen die *British Gazette*.[10] Sie hoffte, mit diesem erbärmlichen Machwerk, das sie als Journalismus bezeichnete, die Nachrichten kontrollieren zu können, die die Öffentlichkeit erreichten. Yoxall ging mit dieser neuesten Entwicklung gewohnt souverän um: »Passenderweise benutzte ich dieses Propagandablatt zur Erpressung. Ich holte einige Ausgaben davon im alten Gebäude der *Morning Post* ab, wo es gedruckt wurde, führte sie in meinem

Auto mit und weigerte mich, sie an Zeitungshändler zu verkaufen, wenn diese nicht die gleiche Anzahl *Vogue*-Ausgaben abnahmen.«[11]

Obwohl nur neun Tage lang wirklich gestreikt wurde, dauerte es Monate, bis die alte Ordnung wiederhergestellt war. Mindestens eine in akribischer Arbeit zusammengestellte Ausgabe der *Vogue* musste wegen Problemen mit der Druckerei und verpassten Terminen verworfen werden.[12] Werbung und Auflage waren zurückgegangen, gerade als man eine Besserung erwartet hatte. Nach Dodys Weggang war Yoxall effektiv auch für die Redaktion der britischen *Vogue* zuständig, neben all seinen anderen unmöglichen Aufgaben, und er musste sogar selbst Rezensionen verfassen, als eine Handvoll Journalisten kündigte.[13]

Mindestens sechs zermürbende Monate lang musste er so als Ein-Mann-Betrieb durchhalten, bis ein Interimsredakteur (der Franzose Michel de Brunhoff) auftauchte und Yoxall sich wieder um sein Hauptproblem – und das seiner amerikanischen Chefs – kümmern konnte: die Steigerung der Auflage. Sein Engagement für den Job ist erstaunlich. Den ganzen Frühling und Herbst hindurch unternahm er fünftägige Touren durch das ganze Land, von den Industriestädten Yorkshires bis zum Sherwood Forest, von Birmingham bis zu den düsteren Vorstädten Manchesters, und umwarb jeden einzelnen Zeitungshändler, den er finden konnte. Die *Vogue* hatte weder das Geld, um Handelsreisende für diese kräftezehrende Aufgabe anzuheuern, noch wollte Yoxall jemand anderem diese heikle Unternehmung anvertrauen. Seine Arbeitstage waren lang, sie begannen meist gegen 5 Uhr morgens und endeten oft erst nach 20 Uhr.[14] In einer Woche legte er laut seinem Tagebuch rund 650 Kilometer zurück mit 129 Zwischenstopps.[15] An den Samstagen holte er dann die

Büroarbeit nach.[16] Das machte er bis weit in die dreißiger Jahre hinein.

Yoxalls Reisen über die zunehmend grauer werdende, niedergedrückte Insel und die Feilscherei mit den Ladenbesitzern aus der Arbeiterklasse hatte mit dem vermeintlichen Leben eines *Vogue*-Mitarbeiters nur wenig zu tun. Und wäre er eine Chefredakteurin und nicht der Geschäftsführer gewesen, dann wäre die Geschichte vielleicht ganz anders verlaufen. Das britische Imprint der *Vogue* machte Woolman Chase immer noch unruhig, und das Dody-Debakel hatte sie noch herrischer werden lassen. Sie brauchte eine wohlerzogene englische Botschafterin. Die Frau, die sie einstellte, kam im Jahr 1926 zur *Vogue*, ihr Name erscheint aber erst ab 1929 im Impressum, was darauf hindeutet, dass sie zunächst wohl Woolman Chase auf Schritt und Tritt begleitete und in New York die Abläufe kennenlernte, wie es für ausländische Redakteurinnen und Redakteure üblich war. Woolman Chase verbrachte außerdem viel Zeit im britischen Büro, um dort in den stürmischen Zeiten Unterstützung zu leisten.[17]

Der blumige Name Alison Violet de Froideville Fuchs scheint wie geschaffen für eine Redakteurin der *Vogue*, aber er passte nicht zu der pragmatischen Frau, die sich dahinter verbarg. Die französisch anmutende, aristokratisch klingende Titulatur wurde ihr von ihrem Vater vererbt, obwohl Alison in schwierigen Verhältnissen aufwuchs, ein Stipendium für Oxford gewann, das sie sich nicht leisten konnte, und stattdessen schließlich einen Sekretärinnenkurs belegte, statt eine umfassende Ausbildung zu absolvieren. Sie hatte ebenso bescheidene und bürgerliche Wurzeln wie Edna Woolman Chase und Condé Nast. Daher scheint ihr Ehename »Settle« angemessener zu sein. Doch ihr ruhiges Eheleben wurde schon nach kurzer Zeit unruhig. Ihr Ehemann, ein Anwalt, erkrankte an

Tuberkulose. Er starb 1925 und ließ Settle mit zwei kleinen Kindern, die sie versorgen musste, allein zurück. Schon während seiner Krankheit war sie zur Hauptverdienerin geworden und hatte sich einen soliden Ruf als Zeitungsjournalistin erworben.

Die Zeitungsarbeit erforderte einen scharfen Blick und viel Einsatz, zumal Frauen im Journalismus noch etwas Neues waren.[18] Nach ihrer offiziellen Ernennung zur Chefredakteurin der britischen *Vogue* erwartete man von Alison Settle andere Verhaltensweisen, die sie mit demselben Eifer und Engagement erfüllen sollte, wie es Woolman Chase in New York tat. Vieles an der britischen *Vogue* war bereits vorgefertigt. Die Titelseiten wurden aus dem Büro in den Vereinigten Staaten zugeschickt. Die schriftlichen Inhalte waren zum Großteil identisch mit der amerikanischen Ausgabe: eine Mischung aus englischen Aristokraten und amerikanischen Filmstars. Die besten Modeillustrationen und -fotografien – ein noch neues Phänomen – kamen aus dem Pariser Studio, das alle Magazine des Verlags Condé Nast belieferte. Nur wenig in der britischen Ausgabe war hausgemacht. Settles Aufgabe bei *Vogue* bestand darin, die Marke zu repräsentieren.

Ihre Tagebücher aus der zweiten Hälfte ihrer Amtszeit sind rappelvoll mit Namen, Treffen, Reiseplänen und Modeschauen, enthalten aber nur wenige oder gar keine Hinweise auf ihre eigenen Gefühle. Sie lesen sich wie ein endloses, nervenaufreibendes Karussell, wobei ihre Rolle als Redakteurin sie meist dazu zwang, mit jedem angesagten Künstler oder Schriftsteller zu dinieren, der in der Stadt war. Auszüge aus ihren Tagebüchern verraten vieles darüber, wie die *Vogue* Settles Leben bis ins kleinste Detail bestimmte. Im Dezember 1930 etwa musste sie geschäftlich nach Frankreich reisen, obwohl sie sich gerade erst von einer Operation erholte.

Ihre Aufzeichnungen listen eine endlose Reihe gesellschaftlicher Verpflichtungen, ein ständiges Hinein in und Hinaus aus Rolls-Royce und Erste-Klasse-Zugwaggons, während sie Champagnercocktails trinkt und versucht, sich mit Pillen zu betäuben. Die Schmerzen wurden so stark, dass keine Medikamente mehr halfen, wie sie schreibt, und zeitweise war sie zwischen Modeschauen und Sportclubs am Rande des Zusammenbruchs.[19] Das einzige Ergebnis dieser erheblichen persönlichen Qualen war ein flapsiger Artikel mit dem Titel »Ein Tag der modischen Frau an der Riviera«, der keinerlei Hinweise auf körperliche Beschwerden enthält, aber mit einem Foto von Gästen in Lady Dunns Villa am Cap Ferrat illustriert ist.[20]

Woolman Chase verlangte von Settle außerdem, enge Beziehungen zu Insidern der Modeindustrie zu pflegen und häufig Partys zu besuchen. Man sagte ihr, es sei ihre »Pflicht«, mit Helena Rubinstein gut befreundet zu sein, weil sie doppelseitige Anzeigen für ihre Schönheitspflegemarke schaltete.[21] Als Woolman Chase herausfand, dass Settle bei ihrer Familie in Hampstead lebte und mit der U-Bahn zur Arbeit kam, sprach sie auch hier ein Machtwort. Bei einem ihrer drakonischsten Auftritte schimpfte Woolman Chase, Hampstead sei grundsätzlich vulgär, und sie verbot Settle, weiterhin dort zu wohnen.[22] In einem späteren Interview berichtete Settle, Woolman Chase habe darauf bestanden, dass sie in eine Unterkunft mit uniformiertem Portier und Aufzug zog.[23] Settle mietete daraufhin eine Wohnung in Mayfair, die sie nicht mochte, nur um Woolman Chase glücklich zu machen, doch beim nächsten Besuch in London befand ihre Vorgesetzte auch diese Bleibe für nicht gut genug und befahl ihr, erneut umzuziehen. Settle machte sich also bereit, ihre Kinder in Hampstead zurückzulassen, doch sie schrieb in ihren privaten Aufzeichnungen mit für sie untypischem Kummer, sie könne es nicht ertragen, ihr Zuhause zu verlassen, wo ihr Mann gestorben war, wo sie ihre Kinder geboren hatte und so glücklich gewesen war.[24]

Wie ein Mitglied der königlichen Familie musste Settle ihre öffentliche Persona entwickeln und zu einer echten Galionsfigur für die Tausenden von Leserinnen werden, die die *Vogue* verschlangen. Sie musste sowohl ein überzeugendes Gesicht für die Investition von Werbegeldern sein als auch eine Enzyklopädie des Besten in allen Bereichen, da es die Aufgabe der *Vogue* war, die privilegierte Leserschaft zu informieren. Settle respektierte Woolman Chase, aber ganz offensichtlich fiel es ihr schwer, die strengen Vorgaben der *Vogue* einzuhalten, und gelegentlich attackierte sie die Publikation scharf. Einmal schrieb sie, »WIE UNWICHTIG FÜR UNSERE AMERIKANISCHEN CHEFS das geschriebene Wort war«,[25] und Jahre später reflektierte sie, die *Vogue* sei so versnobt gewesen, was Geld und Status betraf, dass sie elitärer war als alle britischen Gesellschaftsmagazine zusammen.[26] Es ärgerte sie unendlich, dass Condé Nast und Edna Woolman Chase sich kaum dafür interessierten, wenn es darum ging, literarische Wunderkinder wie Virginia Woolf zu veröffentlichen, aber winzige Änderungen im Layout beanstandeten.[27] Die Anforderungen des expandierenden Kolosses, der die Firma Condé Nast war, erdrückten sie. Mitte der dreißiger Jahre fiel Settle endgültig in Ungnade und verließ die *Vogue*. Später schrieb sie an ihre Tochter, die Arbeit für den *Observer* verschaffe ihr ein reineres Gewissen, da ihr die Beschäftigung mit neuen Kleidern und Schönheit nichtssagend und sinnlos erschien. Edna Woolman Chase hatte ihrerseits die Nase voll. Sie wollte diese Aufgabe keiner Engländerin mehr anvertrauen und schickte stattdessen eine erfahrene Redakteurin aus ihrem amerikanischen Büro als Leiterin der Brogue: Elizabeth Penrose.

Geschäftsführer Harry Yoxall und Redakteurin Alison Settle erlebten den Klammergriff der *Vogue* ganz unterschiedlich. Er stand vor der unlösbaren Aufgabe, Englands elende Nachkriegswirtschaft ahnungslosen reichen Amerikanerinnen und Amerikanern zu erklären. Sie musste die erdrückende Existenz in einem goldenen Käfig erdulden. Doch auf die eine oder andere Weise gehörten sie beide der *Vogue*.

Schlechtere Zeiten in New York

In der Zwischenzeit hatte sich die Lage im amerikanischen Büro in den dreißiger Jahren durch zwei Schicksalsschläge verdüstert, die die *Vogue* fast in die Knie zwangen: die Weltwirtschaftskrise und der Verlust der lebhaften Mentee Carmel Snow. Diese voneinander unabhängigen Ereignisse hatten Auswirkungen auf Jahrzehnte hinaus. Die späten zwanziger und frühen dreißiger Jahre waren in Großbritannien und ganz Europa von hoher Arbeitslosigkeit und wirtschaftlicher Instabilität geprägt, was die damalige Weltwirtschaftskrise letztendlich weiter verschärfte. Auch die Vereinigten Staaten waren davon betroffen, aber es gab einen entscheidenden Unterschied: Sie hatten nicht damit gerechnet. Edna Woolman Chase schrieb in ihrem eleganten New Yorker Büro verächtlich über Englands »stillschweigende Duldung«[28] und behauptete: »Wenn uns das passieren würde, würden wir uns nicht nur auf den Boden legen und stöhnen und ächzen wie die Briten: Wir würden aufstehen und ETWAS UNTERNEHMEN.«[29] Eine peinliche Bemerkung, denn Condé Nast Publications und der Mensch Condé Nast erlitten durch die Wirtschaftskrise unsägliche Schäden, während sich die britische *Vogue* langsam erholte und Gewinn machte (wenn auch aus dem Verkauf von Schnittmustern, nicht der Zeitschrift).[30] Im Jahr 1933 ging es der Brogue richtig gut, was für die Amerikaner schwer gewesen sein muss, weil sie gerade harte Zeiten durchlebten.

Die historischen Fakten sind allgemein bekannt. Am Schwarzen Dienstag, dem 29. Oktober 1929, verlor der Markt an einem einzigen Tag 14 Milliarden Dollar, fast fünfmal mehr als der Jahreshaushalt der Vereinigten Staaten. Nach dem ersten Crash kam es im New Yorker Finanzdistrikt zu einer Welle von Selbstmorden. In den Hotels fragten sich die Angestellten bei jedem neuen Gast, ob er das Zimmer zum Schlafen oder zum Springen haben wollte.[31] Auf die Nachricht vom Börsencrash hin stürmte eine panische Öffentlichkeit die Banken, um ihre Sparkonten zu leeren, was einen völligen Zusammenbruch des Bankensystems zur Folge hatte. Im Jahr 1929 war Condé Nast Mitte fünfzig, stand auf der landesweiten Liste der erfolgreichsten Personen und war im Ritz in London und in den Salons von Paris bekannt. In den zwanziger Jahren hatte die amerikanische *Vogue* Rekorde gebrochen. Die Einnahmen des Unternehmens stiegen von 241.410 Dollar im Jahr 1923 auf 1.425.076 Dollar im Jahr 1928.[32] Seit Condé Nast die *Vogue* erworben hatte, war die Auflage um 121 930 Stück gestiegen.[33] Die *Vogue* hatte auch die meisten Anzeigenseiten aller Zeitschriften auf dem Markt. Im Jahr 1928 hatte die *Vogue* insgesamt 159 028 Seiten, im Gegensatz zu *Harper's Bazaar* mit nur 83 454.[34] In den vier Jahren zwischen 1924 und 1928 stiegen die Gesamteinnahmen von Condé Nast Publications um schwindelerregende 213 Prozent.[35] Da stand verdammt viel auf dem Spiel.

Nast war nie ein großer Spekulant gewesen, doch er hatte sich von einigen Wall-Street-Zauberern verführen lassen, und als der Wert all seiner Anlagen zu sinken begann, wurde ihm klar, dass er sich übernommen hatte.[36] Zu spät. Nast war gezwungen, wiederholt Kredite aufzunehmen, um sein sinkendes Schiff zu retten, und, so unglaublich es jenen, die ihn kannten, auch erschienen sein muss, die Zeichen waren eindeutig. Der Mann stand am Rande des Bankrotts. Pragmatisch, wie er war, ging Nast still und leise zurück ins Büro. Einem Kollegen zufolge »gab er einfach das Dolce Vita auf und ging zurück an die Arbeit«.[37] Sobald sich das herumgesprochen hatte, begannen die Geier zu kreisen. Alle möglichen Raubtierkapitalisten versammelten sich, um zu sehen, ob sie das Geld für eine Übernahme auftreiben konnten.

Zum Glück hatte sich das Blatt für die britische Ausgabe gewendet, sodass sie plötzlich in der Lage war, dem amerikanischen Zweig teilweise aus der Klemme zu helfen. Yoxall rühmte sich später damit, dass der britische Ableger seither »ausnahmslos gute Zahlen vorzuweisen hatte – auf den Konten wie den Schönheitsseiten«.[38] Als weitere Gelder benötigt wurden und in den USA keine Investoren aufzutreiben waren, musste sich Nast wieder hoffnungsvoll an Großbritannien wenden. Kurz bevor seine Gläubiger ihn bei lebendigem Leib auffraßen, wurde er von dem englischen Pressebaron Lord Camrose gerettet. Er überließ Nast die redaktionelle Kontrolle und wurde stillschweigend zum größten Anteilseigner, eine Tatsache, die selbst in Pressekreisen geheim gehalten wurde, weil man befürchtete, das könnte dem Ruf der *Vogue* schaden. Camrose zeigte sich freundlich und machte am Ende Gewinn mit dieser Unternehmung, dennoch verachtete er die Extravaganz amerikanischer Zeitschriften.[39] Die britische Presse war zwar in redaktionellen Belangen schlechter, sorgte aber für fette Gewinnmargen, die sich in bares Geld umwandeln ließen.[40] Für Lord Camrose zählte nur das Letztere. Später erfundene Begriffe wie »Erfolg ohne Gewinn« und »defizitäres

Verlagswesen« widersprachen Nasts persönlicher Einstellung »man muss Geld ausgeben, um Geld zu verdienen« radikal, beschreiben jedoch zutreffend das Schicksal von Nasts geliebtem Unternehmen in diesem traurigen Kapitel.[41]

Der Blitz hatte eingeschlagen – aber der Donner sollte erst noch kommen. Im Jahr 1921 hatte Edna Woolman Chase das junge irische Talent Carmel Snow als Unterstützung eingestellt, als das Unternehmen praktisch wöchentlich neue Höhen erklomm. Snow hatte Humor und ein Gespür für Mode; eine riesige, stolze, tanzende und trinkende irische Familie; und eine Wagenladung Ehrgeiz. Woolman Chase nahm ihre Favoritin zu wichtigen Meetings mit, trainierte sie sowohl im Schreiben als auch im Styling, lehrte sie, wie man Meetings leitet und wie man Geschäftsbriefe schreibt.[42] Niemand zweifelte daran, dass Woolman Chase Snow darauf vorbereitete, ihre Nachfolge anzutreten, wenn sie in den Ruhestand ging, und Condé Nast – der Woolman Chase schon seit einiger Zeit drängte, ihre Nachfolge zu klären – war sehr einverstanden mit diesem hauseigenen Nachwuchs. Doch als im Jahr 1929 einer von Snows geliebten Brüdern, Tom White, den Job als Generaldirektor der Hearst-Verlage (immer noch Eigentümer des rivalisierenden *Harper's Bazaar*) an Land zog, läuteten bei Nast die Alarmglocken. Er erwähnte es gegenüber Woolman Chase und schlug Snow vor, sich vertraglich an die *Vogue* zu binden.[43] Snow reagierte empört auf diesen Vorschlag, und das Vorhaben wurde verworfen. Inzwischen hatte Snow die höchste Position im amerikanischen Büro inne: Woolman Chase war zwar nach wie vor Chefredakteurin, doch sie war oft im Ausland, um Probleme mit den Pariser und Londoner Niederlassungen zu lösen, und so leitete Snow im Grunde die amerikanische Ausgabe. Gemeinsam mit allen anderen *Vogue*-ettes war Snow gegen *Harper's Bazaar* angetreten, und wie alle anderen gab sie ihr Bestes, um die Konkurrenz auszutricksen. Niemand hätte erwartet, dass sie die Seiten wechseln würde.

Doch im Jahr 1932, auf dem Talboden der Wirtschaftskrise, nahmen die Ereignisse eine weitere unerwartete Wendung. Nast hatte gerade begonnen, mit Lord Camrose über eine Rettungsleine zu sprechen, und reiste nach Europa, um die Details zu klären. Am Tag vor seiner Abreise besuchte er Carmel Snow im Krankenhaus, wo sie gerade ihr viertes Kind zur Welt gebracht hatte. Wenige Tage später schickte Snow eine Nachricht an Woolman Chase mit der Bitte, sofort zu ihr ins Krankenhaus zu kommen. Woolman Chase befürchtete, ihrer rechten Hand oder dem Neugeborenen sei etwas zugestoßen, und eilte besorgt zu ihr.[44] Mutter und Kind waren jedoch wohlauf, ganz im Gegensatz zu Woolman Chase, als Snow ihr mitteilte, dass sie zu *Harper's Bazaar* wechseln würde. Dieser Verrat stellte im amerikanischen Büro erneut alles auf den Kopf, er brach Nast das Herz und machte Woolman Chase einen Strich durch die Rechnung ihrer Ruhestandspläne. Die amerikanische *Vogue* war ohnehin in finanziellen Schwierigkeiten und musste nun den Verlust ihrer wichtigsten Redaktionsmitarbeiterin nach Woolman Chase verkraften. Snow ging nicht allein, sie nahm auch ihre gesamte Abteilung mit sowie all die Kontakte und das Fachwissen, das sie in einem Jahrzehnt an der Seite von Woolman Chase sorgfältig gesammelt hatte. Wie sehr diese sich über den Treuebruch ärgerte, wird in einer Antwort deutlich, die sie schickte, als Carmel Snow sie Jahre später zum Abendessen einlud:

Ich wünschte, ich könnte die Einladung annehmen, aber die Beziehung, die früher zwischen uns bestand, basierte so sehr auf unseren langen Jahren der gemeinsamen Arbeit und des

> gemeinsamen Spiels, dass Sie, als Sie das alles wegwarfen, um den Besitz des Mannes aufzubauen, der unser gemeinster Rivale war, in meinem Herzen eine Zuneigung und ein Vertrauen getötet haben, die nichts als Ihre eigenen Worte jemals hätten zerstören können.[45]

Da Woolman Chase es nicht ertragen konnte, Nast mit diesem Albtraum allein zu lassen, verschob sie ihren Ruhestand um weitere zwanzig Jahre und war entschlossen, die *Vogue* auf Teufel komm raus durch diese schwierigen Zeiten zu bringen.

6

FROG

Markteinführung der französischen Ausgabe in der Modehauptstadt

Eine Familienangelegenheit

Oh, die kleine *Parisienne*! Man sieht sie sofort vor sich. Matrosenstreifen und kecke Baskenmütze. Der schwarze Bob, den Coco Chanel populär gemacht hatte. Der ungezwungene französische Straßenstil, unterwegs auf den breiten Boulevards, der einst von Designern wie Poiret und Patou geprägt wurde. Die *Parisienne* ist eine Kulturikone, und sie sitzt auf dem historischen Thron der Mode. Frankreich.

Als Verlagsmagnat der Modebranche wollte Condé Nast an dieses Erbe anknüpfen. Und als Mann auf der entschlossenen Suche nach Vermögenswerten wusste er, dass es ein strategischer Schachzug sein würde, in Paris Fuß zu fassen, der der *Vogue* in den Augen der Leserschaft in Großbritannien und Amerika neue Autorität verleihen würde. Ein Pariser Büro würde den Titelschutz weiter stärken, den Namen *Vogue* verbreiten und, was besonders wichtig war, den Mitarbeiterinnen und Mitarbeitern ermöglichen, Beziehungen zu führenden Designern auf ihrem eigenen Terrain zu pflegen. Der Zugang zu den saisonalen Modeschauen war überlebenswichtig, und eine Liste vertrauenswürdiger Muttersprachler auf Nasts Gehaltsliste wäre dabei eine große Hilfe. Verhandlungen mit Designern waren selten einfach, und wenn sie auf der schwarzen Liste landete, riskierte die *Vogue*, ohne Inhalte dazustehen. Eine französische Version würde der *Vogue* außerdem einen Vorteil gegenüber *Harper's Bazaar* verschaffen. Darüber hinaus war Nast sehr daran interessiert, die Pariser Modeillustratoren zu halten. Diese hochqualifizierten und äußerst gefragten Künstler waren für den Erfolg jeder Modezeitschrift unerlässlich, und Nast wollte die besten unter ihnen nicht mit *Harper's* teilen. Er wollte in diese neue Hauptstadt vordringen, sich die Macht des Ideals der *Parisienne* zunutze machen und den Einfluss des französischen Designs auf stilbewusste Frauen weltweit kontrollieren. Er wollte ein Monopol errichten. Je schneller, desto besser.

Edna Woolman Chase hatte das Fiasko bei der Brogue noch frisch im Gedächtnis (der Showdown mit Dody stand noch bevor, aber die Aufstellung des Magazins bereitete ihr Kopfzerbrechen) und stieß einen Seufzer der Verzweiflung aus, als sie hörte, dass Nast weiter expandierte.[1] Ihr war klar, dass der größte Teil der Arbeitslast auf ihren Schultern ruhen würde. Womit sie nicht gerechnet hatte, war der Einfallsreichtum der Franzosen, die Nast überredeten, mehr Zeitschriften zu kaufen, als er beabsichtigt hatte.

Während des Ersten Weltkriegs verschlechterte sich in Paris, wie in weiten Teilen Europas, die Lage für viele Branchen, auch in der Modeindustrie. Das führte dazu, dass die traditionelle Verehrung der französischen Kultur zwar immer noch vorherrschte, dass aber gleichzeitig auch das New Yorker Design prosperierte. In Amerika war die Wirtschaft stabil und genoss alle Vorteile des Maschinenzeitalters; dort entstand bereits ein Massenmarkt für Bekleidung. Wenn Paris im Spiel bleiben wollte, musste es die Kontrolle über die Haute Couture behalten, und die Couturiers setzten alles daran, ihre Nische zu besetzen. Paul Poiret war der erste Modeschöpfer, der sich selbst als Künstler bezeichnete, ein radikaler Schritt zu jener Zeit, als Designer auf eine Stufe mit Handwerkern oder geschickten Händlern gestellt wurden. Um diesen Standpunkt zu stärken, tat sich Poiret mit dem bekannten französischen Verleger Lucien Vogel zusammen und gründete eine umfangreiche, kunstvoll illustrierte und teure Zeitschrift: die *Gazette du Bon Ton*. Diese atemberaubende Zeitschrift steckte voller Kleidungsstücke, die die Leser davon überzeugen sollten, dass Mode mehr war als nur Stoff.

Vogel überredete eine Gruppe von Zeichnern, für ihn zu arbeiten, und er versprach ihnen eine Gewinnbeteiligung, wenn die Zeitschrift sich gut verkaufte.[2] Die Gruppe bestand aus acht affektierten Jungen aus guten Familien, die zusammen aufgewachsen waren und studiert hatten ... und die die erste Generation gut ausgebildeter Modeillustratoren in Paris seit der Zeit vor dem Ersten Weltkrieg bildeten.[3] Sie blieben Vogel treu, der für den Rest ihrer Karriere ihr Mentor war. Nast sicherte sich ihr Können, indem er eine Mehrheitsbeteiligung an der *Gazette* erwarb und damit erneut Hearsts Pläne durchkreuzte. So kam es, dass nach Ende des Krieges die amerikanischen Aktien auf dem Kontinent hoch im Kurs lagen und der *Vogue*, dank Nasts Verbindung mit Vogel, die besten Illustratoren zur Verfügung standen. Die Zeit war reif für eine französische Ausgabe der *Vogue*.

Sie erschien 1920 und erhielt von den Amerikanern den Spitznamen »Frog« (Frosch), analog zur britischen Brogue. Obwohl die Redaktion in Paris von den besten Illustratoren und Designern umgeben war, fand Woolman Chase, kritisch wie immer, dass die ersten Bemühungen unordentlich und fehlgeleitet waren und nicht ganz mit dem Hochglanzleitfaden mithalten konnten, den sie in New York herausbrachte.[4] Doch der eigentliche Konflikt zu Beginn der französischen *Vogue* hatte wenig mit dem Inhalt zu tun.

Nach der vorteilhaften Verbindung mit Condé Nast bemühte sich Vogel, dem amerikanischen Millionär einen weiteren Titel unterzuschieben. Vogel und seine Frau Cossette hatten seit einigen Jahren eine Modebeilage für die Mittelschicht herausgegeben, *L'Illustration des Modes*. Woolman Chase wollte Cossette Vogel abwerben und sie als erste Chefredakteurin der französischen *Vogue* einstellen.[5] Die gut vernetzte, erfahrene Cossette war perfekt, aber sie liebte *L'Illustration des Modes*. Sie reiste sogar nach New York, um Nast zum Kauf ihrer Beilage zu bringen, und es gelang ihr schließlich, Nast und Woolman Chase zu überreden, ihrem Drängen nachzugeben.[6] Nast kaufte *L'Illustration*, benannte es in *Le Jardin des Modes* um, und das Heft richtete sich weiterhin erfolgreich an Leserinnen mit mittlerem Einkommen, für die sich die *Vogue* selbst zu gut war. Schließlich nahm Cossette Vogel den Posten als erste Chefredakteurin der französischen *Vogue* an und leitete sie neben den Vogel-Nast-Zeitschriften, wobei sie von Mitgliedern ihrer Familie unterstützt wurde.

Cossette Vogels Beilage brachte Nast kontinuierlich Geld ein, das die französische *Vogue* dann prompt wieder verlor. Das Standardmodell der *Vogue,* das sich auf Werbung stützte, war in Frankreich nicht sehr nützlich, da die Schneider es vorzogen, direkt für ihre Produkte zu werben. Sie suchten sich eine in den Pariser Schickimickikreisen bekannte Prominente oder Aristokratin aus und machten sie zu ihrer Muse.[7] Auf diese Weise stellten die Designer sicher, dass ihre Kleider bei den richtigen Anlässen zu sehen waren, während sich die Modebotschafterinnen zu günstigen Preisen äußerst geschmackvoll kleiden konnten.

Während in den zwanziger Jahren die anderen Zeitschriften Geld einbrachten, spielten die großen Verluste der französischen *Vogue* keine Rolle. Doch mit der Zeit mussten die Vogels immer mehr für Nasts andere französische Interessen arbeiten, und schließlich konnte Cossette all ihre Aufgaben nicht mehr allein bewältigen. Es wurde notwendig, einen anderen Chefredakteur für die französische *Vogue* zu finden. Daraufhin ließen sie Michel de Brunhoff von der anderen Seite des Ärmelkanals zurückkommen, der sie im Jahr 1929 ablöste.[8]

Redakteure, Künstler, Fotografen, Models

Ein frühes Bild der Frog liefert Bettina Ballard, eine US-amerikanische Mitarbeiterin, die im Jahr 1935 nach Frankreich geschickt wurde. Die in Kalifornien aufgewachsene Ballard hatte in Paris studiert und zeichnete sich dadurch aus, dass sie fließend Französisch sprach. Woolman Chase wollte einige Mitarbeiterinnen und Mitarbeiter aus Paris zurückrufen, aber keine allzu große Lücke in den Reihen dort hinterlassen, und so schickte sie die einzige zweisprachige Kandidatin aus den USA – und ignorierte dabei, dass Ballard jung war und erst seit etwa einem Jahr bei der *Vogue* arbeitete.[9] In den glorreichen Zeiten war es üblich geworden, dass Beschäftigte den Arbeitsplatz tauschten oder von einem Land ins andere wechselten. Das lag zum einen daran, dass die *Vogue* ihren preisgekrönten Fotografen, Illustratoren und Redakteuren entgegenkommen wollte, und zum anderen daran, dass sie sich so die Einarbeitung neuer Mitarbeiterinnen und Mitarbeiter ersparte. Außerdem hielten diese Maßnahmen ältere wie jüngere Beschäftigte davon ab, zu *Harper's Bazaar* abzuwandern.

Ballard erlebte bei der französischen *Vogue* einen Kulturschock. Denn anders als in der amerikanischen Zentrale, wo Kameradschaft vorherrschte, gab es im Pariser Büro keine Freundschaften und »keine Spur der familiären Condé-Nast-Atmosphäre«.[10] Frankreich war in der Zwischenkriegszeit von wirtschaftlicher Unsicherheit geplagt sowie von politischen Allianzen, die zwischen links und rechts hin und her pendelten, was eine allgemeine Niedergeschlagenheit zur Folge hatte. Die Café-Gesellschaft der zwanziger Jahre verschwand in den dreißiger Jahren zusehends, als die Weltwirtschaftskrise alle aus den »Années folles«, den »Verrückten Jahren«, wachrüttelte.[11] Sie hielt auch die Studentinnen und Studenten, Touristinnen und Touristen, die die Stadt mit fröhlichem Leben erfüllt hatten, davon ab, Geld auszugeben.[12]

Dann gab es noch eher ortstypische Probleme. Die Franzosen nahmen ihre Lebensart sehr ernst. Ballard musste feststellen, dass ihre Kolleginnen und Kollegen zwar sehr höflich zu ihr waren, aber niemand etwas über sie wissen wollte.[13] Als sie eines Tages den Mut aufbrachte, eine der Redakteurinnen zum Essen einzuladen, antwortete diese: »Ich esse immer zu Hause. In Frankreich geht man zum Mittagessen nicht in Restaurants.«[14] Einige Monate später erwähnte sie ihrem Vorgesetzten gegenüber, dass sie in einem Arbeitercafé zu Mittag aß, und er reagierte sichtlich erschüttert.[15] Man ging davon aus, dass alle Pariser eine eigene Köchin im Haus hatten.

Weitere kleine Fehler führten dazu, dass Ballard sich als Außenseiterin fühlte. An ihrem ersten Arbeitstag kam sie in einem unmodischen Ensemble ins Büro und merkte schnell, dass sie mit nichts ihre überaus schicken Kolleginnen hätte mehr befremden können.[16] Einmal wies eine Respekt einflößende französische Dame sie darauf hin, dass es unangebracht sei, sich mit Männern zu treffen, es sei denn, es handelte sich

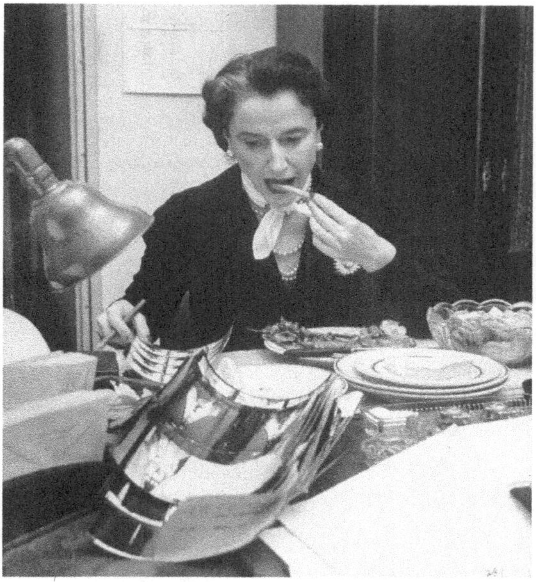

Bettina Ballard begutachtet die Entwürfe von Designern für die kommenden Modeschauen, Paris Februar 1951.

um einen Liebhaber.[17] Die Gesellschaft war so klüngelhaft, dass die einzigen Einladungen, die sie erhielt, von Designern stammten, die sich bereits mit allen anderen bei der *Vogue* zerstritten hatten und sie sich gefügig machen wollten. All das führte dazu, dass Ballard sich mutterseelenallein fühlte.[18]

Doch trotz der Differenzen meinten es die anderen Mitarbeiterinnen und Mitarbeiter nicht böse, und während sich Ballard einlebte, lernte sie die Abläufe einer anderen *Vogue* und die Gewohnheiten der Belegschaft kennen. Nach dem eleganten New Yorker Büro kam Ballard das schlecht beleuchtete, baufällige Pariser Büro allerdings unpassend vor, auch wenn es an den Champs-Élysées lag.

Der Hauptraum gehörte Michel de Brunhoff, dem pummeligen Chefredakteur. Er hatte strahlende Augen, trug einen Tweed aus der Savile Row und paffte Pfeife, ein Überbleibsel aus seiner Zeit in Großbritannien.[19] Er war warmherzig und charmant und hatte die natürliche Gabe, das kapriziöse Verhalten seiner Illustratoren und Fotografen steuern zu können. Er war nicht nur bei seinen eigenen Leuten, sondern in der gesamten Branche äußerst beliebt. Seine lebendige Art trug dazu bei, dass es Spaß machte, mit ihm zu arbeiten. De Brunhoff hatte eine Theaterausbildung absolviert, konnte sich aber laut Woolman Chase keine einzige Zeile merken.[20] Dennoch behielt er eine starke Vorliebe für komödiantische Einlagen und Mimik, und häufig alberte er mit einem seiner Lieblingskünstler, Christian »Bébé« Bérard, im Büro herum. Sie imitierten ihre Lieblingsdesigner oder besetzten die Hauptrolle in einem albernen Drama mit Bérards kleiner Malteserhündin Jasmin, die sie mit dem ausgefallensten Designerhut kostümierten, der zur Hand war.[21] Wenn er seine Kolleginnen und Kollegen ohne Bérard amüsieren wollte, führte de Brunhoff Stummfilme auf, wobei er alle Rollen selbst spielte und die ganze Zeit zitterte, um das Flimmern einer schlechten Vorführung nachzuahmen.[22]

Der zweite Raum im Gebäude gehörte offiziell der amerikanischen *Vogue*, die einen eigenen Mitarbeiterstab hatte, der mithilfe eines französischen Redakteurs Seiten zusammenstellte und in die USA schickte. Diese englischsprachigen Mitarbeiter hatten nur selten Kontakt zu ihren gallischen Kolleginnen und Kollegen. Im dritten Raum befand sich das Glanzstück der französischen *Vogue*, Michel de Brunhoffs rechte Hand und eine der wertvollsten Perlen von Condé Nast Publications.

Herzogin Solange d'Ayen war Ende der zwanziger Jahre entdeckt und zur Moderedakteurin gemacht worden. Den

Adelstitel hatte sie von ihrem Mann, der aus einer der ältesten Familien Frankreichs stammte und dessen Schloss von König Ludwig XIV. erbaut worden war. Die zierliche Herzogin d'Ayen rief ebenso viel Begeisterung und Verehrung hervor wie de Brunhoff. Woolman Chase, die mit Lob im Allgemeinen sehr sparsam war, bezeichnete sie als »charmant«.[23] Bettina Ballard nannte sie »aufregend« und »bezaubernd«.[24] Condé Nast traf vermutlich genau ins Schwarze, als er sagte: »Jeder, den ich treffe und der sie kennt, lobt sie in den höchsten Tönen für ihre charmante Persönlichkeit und ihre Intelligenz. Vieles davon mag auf die Tatsache zurückzuführen sein, dass sie hübsch und eine Herzogin ist!«[25]

Im letzten der vier Zimmer herrschte der Manager Iva Patcévitch, der mit einer britischen *Vogue*-Moderedakteurin verheiratet war. Die beiden waren ebenfalls ein elegantes Paar, bis seine Frau an Typhus erkrankte und die Zeitschrift daraufhin verließ. Nur Patcévitchs Sekretärin war ein Ausreißer. Eine unangenehme, korpulente Französin, die als besonders säuerlich riechend und trübselig beschrieben wurde. Sie trappelte mürrisch durch die Flure, um die Lichter auszuschalten und so bei den Nebenkosten zu sparen, und dank ihrer Art verbesserte sich am Ende sogar das Betriebsklima – eine ausgesprochene Abneigung gegen sie sorgte für Solidarität unter allen anderen.[26]

Wie üblich war Edna Woolman Chase von den ausländischen Arbeitsmethoden nicht begeistert, und die Pariser Delegation musste, wie alle anderen auch, ihre Einmischung ebenso hinnehmen. Deren Tagesplanung ergab für Woolman Chase keinen Sinn. Die französischen Redakteurinnen und Redakteure kehrten frühestens um 16 Uhr vom Mittagessen zurück und machten sich erst gegen 17 Uhr richtig an die Arbeit.[27] De Brunhoff war dafür berüchtigt, dass er bis in die frühen

Morgenstunden blieb, um einem Illustrator Zeichnungen zu entlocken oder selbst auf seinem eigenen Schreibtisch zahllose Seiten mit Skizzen zu füllen. Er hatte eine umständliche Art zu redigieren: Er konnte seine Ideen nur mit dem Bleistift zu Papier bringen und belegte ständig riesige Layout-Bögen mit Plänen für die nächste Ausgabe, wobei er immer wieder neue Entwürfe anfertigte, während alle anderen unaufhörlich plapperten. Er genoss die Verwirrung, die noch dadurch verstärkt wurde, dass eine Menge Leute herumliefen, hitzig über Bilder und Worte diskutierten und mit Papier herumwedelten.[28] De Brunhoffs nächtliche Sitzungen lebten davon, dass er einen Vorschlag eines Redakteurs aufgriff und ihn an Ort und Stelle in eine »große visuelle Produktion«[29] umsetzte.

All das gefiel der akribischen Woolman Chase gar nicht. Während der gesamten zwanziger Jahre hatte sie sich intensiv mit den britischen und französischen Büros beschäftigt, während sie sich stets bemühte, sie ihrem amerikanischen Vorbild anzugleichen. Und obwohl Woolman Chase Paris besser gefiel als London, waren ihre Kämpfe gegen die Pariser Arbeitsabläufe noch vergeblicher als ihre Bemühungen im Vereinigten Königreich. Sie bestand auf planmäßigen Redaktionssitzungen und zwang de Brunhoff dazu, »mit unglücklichem, trotzigem Gesicht alles in die engen Zeilen eines Planungsbogens zu notieren«.[30] Doch bevor auch nur eine Ausgabe vollständig fertiggestellt war, fiel diese sorgfältige Planung in sich zusammen, und die verworrenen Mitternachtssitzungen fanden wieder statt wie vorher.

Eine weitere französische Angewohnheit, die Woolman Chase in den Wahnsinn trieb, war die Verehrung für Designer. Ihrer Meinung nach überbewerteten ihre Kolleginnen und Kollegen die Ateliers und gingen zu sehr auf die Launen der altklugen Modeschöpferinnen und Couturiers ein. Coco

Chanels Wutanfälle, Main Bochers Drohungen, die unmögliche Paranoia von Madeleine Vionnet, all das wurde in Paris erwartet und sogar respektiert. Woolman Chase in New York war jedoch der Meinung, dass es ihre Mitarbeiterinnen und Mitarbeiter bei der Ausübung ihrer Arbeit behinderte, wenn sie auf diese künstlerischen Stimmungen eingingen. Der Zweck von Modemagazinen bestand im Allgemeinen darin, über Mode zu berichten, und nicht, sie zu kritisieren, und insbesondere die *Vogue* hat sich immer außerordentlich bemüht, die Branche zu unterstützen. Woolman Chase vertrat den Standpunkt: »Am Ende sind wir keine Redakteurinnen mehr, sondern werden nur noch von all diesen widersprüchlichen Interessen herumgeschubst, und unser ganzes Leben besteht darin, die Wünsche anderer Leute miteinander zu vereinbaren. Dagegen wehre ich mich ganz entschieden ... Meine Absicht ist es, diese Zeitschrift im besten Interesse der Leserschaft zu redigieren.«[31]

Bei der französischen *Vogue* nahm das Umgarnen der Designerinnen und Designer tatsächlich viel Zeit in Anspruch. Sie waren übermäßig empfindlich und konnten es nicht ausstehen, wenn ihre Modelle auf einer Seite mit denen der Konkurrenz zu sehen waren. Sie lehnten es auch ab, Outfits in einen redaktionellen Beitrag aufnehmen zu lassen, die sie der Öffentlichkeit noch nicht zeigen wollten. Sie argwöhnten immer, dass ihre Arbeit kopiert und in Massenproduktion hergestellt werden konnte. Einige führten dauerhaft Fehden mit bestimmten Fotografen, die sie nicht einmal in die Nähe ihrer Kleider lassen wollten. Wenn Designer ernsthaft vergrätzt waren, mussten die *Vogue*-Redakteurinnen und Redakteure damit rechnen, dass sie von den Modeschauen verbannt oder von bedrohlichen Hausmeistern aus den *Maisons* ausgesperrt wurden.

Die Designer ängstigten de Brunhoff, der es vorzog, sie der Herzogin d'Ayen oder einem anderen Redakteur zu überlassen. Er konzentrierte sich bei seiner Arbeit auf eine andere Gruppe von schwierigen Persönlichkeiten: die Künstler. De Brunhoff gelang es, berühmte Maler wie Dalí, Vertès und Cocteau zu Beiträgen zu überreden – ein echter Gewinn für eine Modezeitschrift. Er förderte auch hoffnungsvolle Illustratoren in ähnlicher Weise, wie Dorothy Todd angehende Schriftstellerinnen in London protegiert hatte, aber die Talente, die sich vor seinen Türen versammelten, waren wesentlich wilder, verrückter und schwieriger zu managen als alle, mit denen Dody zu tun gehabt hatte. André Durst war gerade auf dem Weg, ein fotografisches Genie zu werden, als seine Karriere durch den Zweiten Weltkrieg unterbrochen wurde, und am Ende trank er sich mit Whisky zu Tode.

Eine noch größere Herausforderung war der extravagante, offen homosexuelle Bérard. Seine Arbeiten waren lebendig und wunderschön, wenn er sie vor Bewunderern in einem gehobenen Restaurant auf ein Tischtuch zeichnete, doch es war äußerst mühselig, ihn dazu zu bringen, dass er etwas Relevantes produzierte. Woolman Chase hatte noch einen weiteren Kritikpunkt: Seine Skizzen waren nicht realistisch genug; anhand seiner Bilder konnten sich Frauen keine Kleider bestellen. Andererseits wollte sie ihn auch nicht feuern aus Angst, dass dann *Harper's Bazaar* ihn sich schnappte. Am Ende obsiegte ihr Konkurrenzdenken, und Bérard blieb.

Die Herzogin d'Ayen beschrieb ihre Beziehung zu Bérard als eine verdrehte Liebesbeziehung, in der sie ihn beschimpfte und anflehte, Ergebnisse zu liefern.[32] Bettina Ballard suchte tagelang in der ganzen Stadt nach ihm, um die notwendigen Zeichnungen für den nächsten Abgabetermin zu bekommen, einschließlich seiner Wohnung, in der er sich kaum aufhielt, der Bordelle, in denen er sich manchmal versteckte, seines geliebten Bistros, der Theaterproben und der Boudoirs berühmter Huren, wo man ihn gelegentlich beim Trimmen von Federn für einen Kostümball antreffen konnte.[33] Typischerweise kam er gegen 18 Uhr ins Büro, wo de Brunhoff ihm sanft ins Ohr raunte, dass er noch ein bisschen mehr tun solle, nur ein bisschen mehr, während er Bérard Zigaretten anzündete und die Pose des Models vorsichtig veränderte.[34]

Bérard zeichnete mit beiden Händen gleichzeitig, schwitzte stark auf die Blätter (er kaschierte die Schweißtropfen, indem er sie in das Bild einarbeitete und sie in Blütenknospen oder Schmetterlinge verwandelte) und wischte sich den Pinsel im Bart ab, in dem Spaghetti und kleine Käfer hingen.[35] Gelegentlich wurde er auf Partys während eines Opiumrausches ohnmächtig, aber seine Exzesse erstreckten sich auch auf Essen und Alkohol, insbesondere auf die gehaltvolle französische Küche. Wenn er wieder nüchtern war, brach er in selbstmörderische Weinkrämpfe aus, während deren er in einem Taxi durch die Stadt fuhr, angewidert von seinem eigenen Verhalten.[36] Als sein Ende kam, glaubten viele bei der *Vogue*, dass die feine französische Gesellschaft dabei ihre Hand im Spiel hatte. Sie bewunderte sein Talent, aber gleichzeitig verurteilte sie ihn dafür, dass er dieses Talent auf die kommerzielle Arbeit für Zeitschriften verschwendete. Dieser Konflikt zerriss ihn. Woolman Chase stellte eine alternative, bitterböse Theorie für seinen Tod auf: »Neben dem Opium und dem Alkohol hat er sich auch mit Brot vollgestopft … wie ein Tier im Fressrausch konnte er den Hals nicht voll genug kriegen.«[37]

Doch das war noch nicht alles. Die Fotografen waren Primadonnen, und die Mannequins sorgten mit ihren übergroßen Egos für endlosen Ärger. Der einzige Unterschied zwischen diesen beiden *Vogue*-Kreaturen und den Künstlern war, dass Erstere meist im Studio eingesperrt blieben und nicht frei durch die Straßen streiften.

Das Atelier in Paris war außergewöhnlich gut ausgestattet, und alle waren sehr stolz darauf.[38] Es war ein wichtiges Glied in der Kette der Condé-Nast-Autorität, denn es ermöglichte Mitarbeiterinnen und Mitarbeitern der *Vogue*, ihre Kontakte zu Schneidern, Modeschöpfern und Managern zu bündeln, um so schnell wie möglich an die neuesten Kollektionen zu kommen. Sobald sie die Boutiquen überredet hatten, ihnen die Kleidungsstücke zu leihen, konnten diese rasch ins Studio gebracht und von den besten Fotografen fotografiert werden. Danach wurden die Bilder bearbeitet und an die Publikationen verschickt, für die sie am besten geeignet waren (einschließlich der amerikanischen und britischen Ausgaben). So war die Bearbeitungszeit sehr kurz, und aufgrund der engen Beziehungen zu den Couture-Häusern hatte die *Vogue* das meiste Material zur Auswahl, sodass sie in der Lage waren, ihrer weltweiten Leserschaft die aktuellsten Styles zu präsentieren. Der Schatten von Condé Nast Publications war lang und fiel auf den größten Teil der französischen Modebranche.

Das Atelier befand sich an der Spitze des Champs-Élysées-Gebäudes und wurde von der winzigen goldbezahnten Madame Dilé geleitet.[39] Wenn die neuen Kollektionen herauskamen, arbeiteten die Redakteurinnen und Redakteure nachts, um Kleider, elegante Anzüge und haufenweise Schmuck zu fotografieren. Dies musste nach Ladenschluss geschehen, nachdem die Käufer die Sachen gesehen hatten und bevor sie am nächsten Morgen wieder in den Salons gebraucht wurden. Damals ging es noch so informell zu, dass die *Vogue* sich Luxusgüter ohne Sicherheitsvorkehrungen ausleihen konnte; Ballard erinnert sich, dass sie einmal nachts um 2 Uhr einem verschlafenen Concierge bei Cartier ganz beiläufig mehrere Taschen mit Diamanten hingestellt hatte.[40]

Die Komödien und Tragödien, die sich im Studio abspielten, stellten die Darbietungen von de Brunhoff und dem weißen Malteserhund im Büro in den Schatten. Ballard liebte die Arbeit im Studio und beschrieb die Atmosphäre des Misstrauens, der Rivalität und der Lethargie, die die Models erzeugten.[41] Die Luft roch wie in einer Turnhalle, da Deodorant noch nicht verbreitet war, und es herrschte eine schreckliche Anspannung ... bis schließlich das Temperament mit jemandem durchging.[42]

Für verschiedene berühmte Mannequins, zumeist russische oder schwedische, begann die Karriere bei der französischen *Vogue*, und sie wurden durch Fotografen wie Horst bekannt gemacht. Ludmila Feodoseyevna, kurz Lud, war die bekannteste – und die Furcht einflößendste. Die Russin lebte im Pariser Exil, verehrte Horst und lächelte für Madame Dilé, aber ansonsten beherrschte sie die Szene mit steinernem Blick.[43] Wenn man sie in ein Kleid zwang, in dem sie nicht posieren wollte, ruinierte sie das Bild absichtlich.[44] Sie tat außerordentlich viel dafür, um Perfektion zu erreichen, und ging sogar so weit, dass sie sich einen Teil ihrer Brüste und Oberschenkel wegschneiden ließ. Die Operation ging schief, und sie konnte von da an keine tief ausgeschnittenen Teile mehr tragen.[45]

Ein weiteres Supermodel von Horst war die Schwedin Lisa Fonssagrives. Wenn sie etwas unbedingt anziehen wollte, klimperte sie mit den Wimpern und hielt sich die Hand des Redakteurs ans Gesicht, wobei sie diesem flehend in die Augen blickte.[46] Nur einmal hatte sie einen Eifersuchtsanfall, als sie fand, Horst habe in einer Sitzung Inga Lindgren, einer anderen Schwedin, die verwegen per Fallschirm in Paris gelandet war, zu viel Aufmerksamkeit geschenkt.[47] Im Jahr 1938 sorgte

Madame Muth für Aufregung, als sie aus heiterem Himmel mit einem wunderschönen blonden Neugeborenen ins Büro kam.[48] De Brunhoff stürmte in Ballards Zimmer und brabbelte, sie müsse sich unbedingt die »Jungfrau Maria« und das »Jesuskind« ansehen. Wenige Monate später verlor das Kind seine Anziehungkraft, als es sich ausgiebig in ein Muster der Abendgarderobe von Lanvin einnässte.[49] Einigen dieser hinreißenden Mädchen sollte während des Zweiten Weltkriegs in den Händen der Gestapo Schreckliches widerfahren.

Vor dem Ausbruch des Zweiten Weltkriegs herrschte bei der französischen *Vogue* eine lustige Stimmung vor. Die Fotografen waren ein Albtraum, hielten aber alle auf Trab. Beaton improvisierte ständig und schuf Kulissen, die mal amüsant, mal episch sein konnten. Er fotografierte Models neben lebensgroßen Skizzen der von ihnen getragenen Outfits und stellte Haute Couture und Bauschutthaufen nebeneinander. Die blaublütigen Französinnen, die gelegentlich von der Herzogin d'Ayen zum Posieren überredet wurden, hatten die unangenehme Tendenz, einfach alles hinzuschmeißen.[50] Diese Ungewissheit faszinierte alle, und eine magische Aura umgab de Brunhoff, Ballard und die Herzogin d'Ayen, das Trio, das die ganze Nacht mit einem Retuscheur und einem Drucker im Studio blieb.[51] Irgendwann verband sie eine intime Freundschaft, die sich über die französischen Konventionen hinwegsetzte und bei eiligen Abendessen in der Dämmerung und verschlafenen Kaffees bei Sonnenaufgang gepflegt wurde. Sie waren so sehr damit beschäftigt, Schönheit zu zaubern, dass sie den Sturm, der sich in den Ländern um sie herum zusammenbraute, nicht bemerkten.

7

»MODE IST UNZERSTÖRBAR«

Zweiter Weltkrieg

Der Krieg wird angekündigt

Im Sommer 1939 bemühte sich Condé Nast, seinen britischen Geschäftsführer Harry Yoxall zu einem Umzug nach New York zu überreden.[1] Er wollte diesen scharfsinnigen Verbündeten unbedingt an seiner Seite haben. Als Engländer hatte Yoxall nicht vor, seine Landsleute in der Stunde der Not im Stich zu lassen; aber als Vater konnte er sich die Gelegenheit nicht entgehen lassen, seine Kinder in Sicherheit zu bringen, falls der drohende Krieg ernsthaft ausbrach. Schließlich richtete er seine Familie bequem in den USA ein, bevor er Nast überredete, ihn nach Hause zurückkehren zu lassen. Am 1. September 1939, einen Tag nach dem deutschen Überfall auf Polen, segelte er zurück nach Europa.[2] Großbritannien und Frankreich traten nur wenige Tage später in den Krieg ein.

Für die Briten war die Lage besonders düster. Das Land war noch von den Folgen des letzten Krieges gezeichnet, von Streiks und anhaltender Armut und erschöpft vom Gezänk der Politiker. Die amtierende Chefredakteurin Elizabeth Penrose schrieb fünf Monate vor der Kriegserklärung in weiser

Voraussicht an Woolman Chase und berichtete: »Das Leben in dieser Gegend ist ziemlich hektisch, und es bleibt kaum Zeit, das Nötigste zu erledigen … Auch während ich dies schreibe, dringt Hitlers Geschrei aus dem Radio.«[3] Als sich die Deutschen in Marsch setzten, drängte Penrose die Geschäftsleitung, alle ausländischen Beschäftigten nach Hause zu schicken, um sie in Sicherheit zu bringen, sie meinte damit auch sich selbst (Penrose war gebürtige Amerikanerin). Kurz bevor sie ihre Rückreise nach Amerika antrat, verbrachte sie ein sonniges Wochenende auf dem Land und hörte dort die »Großbritannien ist im Krieg«-Rede des Premierministers im Radio.[4] Unmittelbar danach heulten die ersten Luftschutzsirenen. Sie hatte sich ihre Rückkehr in die USA keinen Moment zu früh gesichert.

Auch Harry Yoxall, der unbestrittene Held und Schutzengel der britischen *Vogue*, hielt den Zweiten Weltkrieg schon Monate vor dem Ausbruch für unvermeidlich und wollte vorbereitet sein. Er setzte sich hin und schrieb genaue Anweisungen für jeden Einzelnen in der Belegschaft, was im Notfall zu tun sei, und steckte diese in versiegelte adressierte Umschläge.[5] Er nahm auch die Hauptbücher der letzten Monate, aktuelle Bürounterlagen, die Vorlagen für *Vogue*-Schnittmuster und Folien der Zuschneidetabellen mit und lagerte alles sicher im Keller seines Hauses in Richmond ein.[6] Er ließ sogar eine Kriegsausgabe der *Vogue* zusammenstellen und im Voraus an die Druckerei schicken.[7]

Bettina Ballard erfuhr am 3. September 1939 vom Ausbruch des Krieges, und zwar in ihrem Bett in Paris, wo sie eine Erkältung auskurierte.[8] Sie hörte die Erklärungen des britischen Premierministers und des französischen Präsidenten im Radio und war auf unangebrachte Art begeistert. Trotz der Ungewissheit lag Veränderung elektrisierend in der Luft. Im

Nachhinein betrachtet reagierte die Modewelt überraschend und erstaunlich naiv auf diese Nachricht. Kaum jemand hatte mit einem Krieg gerechnet, schon gar nicht die Pariser, die zu glauben schienen, dass die Deutschen es nicht wagen würden, ihre Armee anzugreifen. Die Mobilmachung änderte nichts an dieser Selbstgefälligkeit. Die Couture-Kollektionen liefen weitgehend normal weiter, und die *Vogue*-Mitarbeiterinnen und Mitarbeiter, die zu Besuch kamen, unter ihnen Woolman Chase und Horst, sahen sich die Modeschauen an, bevor sie gemütlich zu einem Gruppenurlaub nach Genf fuhren.[9] Der größte Teil der Belegschaft der französischen *Vogue* war ebenfalls im Urlaub – die wahre Bedeutung der Nachrichten wurde ihnen erst später klar. Dann versuchten die Touristen mit allen Mitteln, wieder nach Hause zu kommen, und während Woolman Chase ihren Rückflug früh gebucht hatte und rechtzeitig wegkam, kampierten andere Angestellte der amerikanischen *Vogue* in provisorischen Unterkünften und überboten sich darin, einen Platz auf einem Schiff zu ergattern.[10] Schließlich kam der Verkehr zum Erliegen. Schaufenster wurden mit Papier überklebt. Häuser wurden verrammelt. Überall kramten Männer ihre Militäruniformen unter Mottenkugeln hervor. Viele Pariser verließen die Stadt und krochen auf dem Land unter …

… und dann kehrten sie zurück. Ohne das lustige Treiben in Paris wussten die Stars der Café-Gesellschaft bald nichts mehr mit sich anzufangen. Schnell wurden gemütliche Abendessen bei Kerzenlicht populär. Maxim's Restaurant wurde als eine Art Flüsterkneipe neu eröffnet, und bald drängten sich dort wieder die Gäste. Sobald Woolman Chase nach New York zurückgekehrt war, schickte sie Nachrichten mit Fragen, wie die Modeschöpfer mit den Kriegsbedingungen umgingen, und bat um Berichte darüber, was die Schickeria in den Luftschutzkellern trug.[11] Die wichtigste Nachricht aus der Modewelt war, dass das Tragen von weißen Accessoires plötzlich »in« war, weil man darin während der Verdunkelung so verführerisch leuchtete. Was Ballard beschreibt, liest sich wie eine Geschichte über Kinder, die Krieg spielen. Ihre Berichte stecken voller Klatsch und Tratsch über private Luxusschutzbunker, die Prominente sich bauen ließen, und Beschreibungen eleganter Reisender, die in langsamen Zügen litten, und von den schicken Luftschutzanzügen des Designers Edward Molyneux. Sie dokumentierte sogar, dass die Pariser ein paar Wochen lang keine Hüte mehr trugen, bis Madame Suzy, die Hutmacherin, zurückkehrte und eine spezielle Kriegskollektion entwarf.[12]

Die Haltungen in Großbritannien und Frankreich hätten nicht unterschiedlicher sein können. Während die Londoner Belegschaft schrieb: »Wir ... spüren die Einschränkungen und die Angst vor dem Krieg«,[13] ließ der Gesellschaftsreporter John McMullin in Paris verlauten: »Wir leben im Ritz und halten Versailles an den Wochenenden offen.«[14] In anderen Berichten setzt sich die absurde Frivolität fort. Hermès stellte exquisite Lederetuis für Gasmasken her. Das Gerücht kam auf, dass Frauen keine Uniformen trügen, weil man sich nicht auf das Design einigen könne.[15] Männer reichten mit verschiedenen erfundenen Gründen Urlaub ein, um in die Stadt zurückzukehren, wobei die Mitarbeiter der *Vogue* ihren Urlaub während der Kollektionen nahmen, damit sie bei der Zeitschrift aushelfen konnten, wenn sie am meisten gebraucht wurden. Ballard tat alles als »Sitzkrieg« ab und verschwand im Dezember zum Skiurlaub in die Alpen.[16] Die Winterkollektionen fanden wie gewohnt statt, nur einige wenige Couturiers waren nicht anwesend, vor allem diejenigen, die befürchteten, von den Nazis direkt ins Visier genommen zu werden. Es herrschte der gewohnte französische Zynismus, und alle langweilten sich zu Tode, bis die Deutschen im Jahr 1940 einmarschierten, als wäre es ein Kinderspiel.

Britischer Gleichmut während des Blitzkrieges

Nachdem nun offiziell Krieg herrschte, unterschied sich der Arbeitstag des Geschäftsführers Harry Yoxall nicht mehr sehr von dem der Chefredakteurin. Zumal sie sich ein Büro teilten. Yoxall gondelte nun nicht mehr durch die Täler und über die Hügel Englands mit Kisten voller Zeitschriften im Schlepptau. Die Redakteurin frischte nun nicht mehr ihren Lippenstift auf der Damentoilette des Nobelhotels Claridge's auf, nachdem sie mit Cecil Beaton oder Elizabeth Arden zu Mittag gegessen hatte. Die Londoner Zentrale der *Vogue* wurde ausgebombt wie, so Yoxall, fast alles andere auch.[17] Im Jahr 1941 gab es einen besonders furchtbaren Bombenangriff auf London. Yoxall war bis morgens um halb sieben auf Patrouille, und als er nach Hause kam, rief die Sekretärin der Firma an und sagte, es habe einen Bombenangriff gegeben. Daraufhin fuhr er ins Stadtzentrum, um nach seinem Arbeitsplatz zu sehen – und dort sah es schlimm aus.[18] Yoxall begab sich so nah wie möglich an die Brände in der Fleet Street. Er duckte sich in Gassen und Gässchen, um fliegenden Kanaldeckeln auszuweichen (die durch die Druckwellen der Explosionen durch die Luft geschleudert wurden und die Feuerwehrleute mit solcher Wucht trafen, dass sie Knochen zertrümmerten), und schaffte es mit zusammengebissenen Zähnen bis zum *Vogue*-Gebäude.[19]

Dort waren ganze Stockwerke eingestürzt, die Wände bogen sich. Er verließ die noch rauchenden Überreste und machte sich auf die Suche nach den Wächtern der *Vogue*-Zentrale, die glücklicherweise unverletzt geblieben waren und ihm berichteten, dass die Sprinkleranlage im Inneren die Papiere gerettet hätten, bis eine unerwartete zweite Angriffswelle die Wasserleitungen zerstört hatte.[20] Sie hatten nicht nur Ziegel und Mörtel verloren, sondern auch 450 000 Muster und 400 000 Zeitschriften.[21] Ein unschätzbar wertvolles Archiv, das über Jahrzehnte hinweg aufgebaut worden war. Auch alle Geschäftsbücher waren verloren, mit Ausnahme der letzten, die Yoxall mitgenommen hatte, und ebenso die Liste der Abonnenten.

Der findige Yoxall trommelte einige Betriebsangehörige zusammen und schickte sie zu seinem Haus in Richmond, wo die Ausrüstung und die Zuschneidetabellen gelagert waren. Seine Anweisung lautete, im Keller des Hauses eine Arbeitsstation einzurichten, um die Herstellung kleiner Serien von *Vogue*-Mustern zu ermöglichen.[22] Geschäft war Geschäft. Das einzige andere Stück *Vogue*-Eigentum, das traurig und eingequetscht unter heißem Schutt gefunden wurde und gerettet werden konnte, war Kater Ginger, der offizielle *Vogue*-Mäusejäger.[23] Alle waren glücklich, als Ginger aus den Trümmern geborgen wurde, aber für den Kater selbst ging dieser Vorfall offenbar über die beruflich üblichen Gefahren hinaus. Nach dem traumatischen Erlebnis flüchtete er sich in einen nahen Milchladen und weigerte sich, die Büros der Zeitschrift noch einmal zu betreten.

Großbritannien hatte kaum drei Wochen unter Angriffen gelitten, als die britische *Vogue* eine neue Chefredakteurin brauchte. Elizabeth Penrose war nach Hause zurückgekehrt. Andere Mitarbeiter hatten sich zum Freiwilligendienst gemeldet oder waren eingezogen worden. Audrey Withers wurde Chefredakteurin, nachdem ein Kollege nach dem anderen verschwunden war und man schließlich sie bat, den Posten zu übernehmen, weil, wie Yoxall betonte, sonst niemand mehr da war.[24] Withers war Mitte dreißig, als ihr diese gewaltige Aufgabe übertragen wurde, und hatte fast ein Jahrzehnt lang für die *Vogue* gearbeitet. Wieder einmal war die *Vogue* über eine perfekte Führungspersönlichkeit gestolpert, die mit kühlem Kopf und Einfallsreichtum das Unternehmen durch den Sturm steuerte.

Withers war auf dem englischen Land aufgewachsen, in einem bibliophilen Haushalt. Ihre Eltern hatten den intellektuellen Geschmack ihrer Tochter kultiviert, nicht die Extravaganzen. Als begeisterter Briefeschreiber und Arzt im Ruhestand korrespondierte ihr Vater mit Persönlichkeiten wie A.E. Housman, und später erinnerte sich Withers an das Ritual des familiären Frühjahrsputzes, bei dem jedes einzelne der 3000 Bücher in der Bibliothek abgestaubt wurde.[25] Nach dem Internat und einem Abschluss in Philosophie, Politik und Wirtschaft in Oxford zog sie nach London, fand eine Stelle in einer Buchhandlung und träumte davon, im Verlagswesen zu arbeiten.[26] Doch es lief nicht wie geplant. Die Stadt befand sich bei ihrer Ankunft mitten in der Wirtschaftskrise, die der Erste Weltkrieg ausgelöst hatte, und immer wieder fielen Withers' Arbeitsplätze Einsparungen zum Opfer. Die monatelange vergebliche Jobsuche war zermürbend – sie verglich den Schmerz der Arbeitslosigkeit mit dem Tod eines geliebten Menschen.[27] Doch das Glück wendete sich endlich für sie, als sie auf eine Stellenanzeige als Korrektorin bei der *Vogue* mit einem Gehalt von 3 Pfund pro Woche antwortete.

Am 1. Dezember 1940 veröffentlichte die amerikanische Ausgabe einen Artikel mit dem Titel »Die britische *Vogue* segelt im Sturm«. Der Artikel, der Withers zugeschrieben wird, zeichnet ein derart nuanciertes und ergreifendes Porträt des

Lebens in Großbritannien, dass er immer noch berührt. Von dem leichten und eleganten Eröffnungssatz: »Eine Luxuszeitschrift in einem Blitzkrieg herauszubringen ist, als würde man sich im Dschungel für ein Dinner kleiden«,[28] bis hin zu den bedrohlichen Zwischenüberschriften wie: »Das Problem der Zeitbomben«, deckt Withers ein weites Feld ab. Man erfährt, dass Modelle schwer zu finden seien, weil ihre Ehemänner oder Verlobten an der Front sie drängten, aufs Land zu fliehen. Man liest, dass die abgestumpften Dorfbewohner auf dem Land, von denen viele durch Schrapnellwunden entstellt waren, sonntags auf dem Rücken im Feld lagen und beobachteten, wie Hunderte von deutschen Flugzeugen über sie hinwegflogen – darin bestand ihre einzige Unterhaltung. Withers beschreibt, dass in London ständig Gebäude in Flammen aufgingen und dass jede Abteilung der *Vogue* einen Koffer neben dem Schreibtisch bereithalten musste. Darin befanden sich nicht etwa Ersatzkleidung oder eine Zahnbürste, sondern wichtige Dokumente – Layouts bei den Artdirectors, Texte bei den Redakteurinnen und Redakteuren –, die sie schnappten und damit auf die Straße flüchteten, sobald die Sirenen ertönten, um sie an einen »sicheren« Ort zu bringen. Dort wurden die Koffer wieder aufgeklappt, damit keine Sekunde Arbeitszeit verloren ging.

Man kann sich kaum vorstellen, wie die matronenhafte Audrey Withers in Blazer und flachen Arbeitsschuhen ihre Notbelegschaft zum Luftschutzbunker marschieren ließ. Und doch passten sie sich dem Leben mitten im offenen Krieg an. Es dauerte ewig, bis sie sich in den Keller gedrängt hatten, nachdem die Sirenen ertönt waren, bis Withers ein neues System einführte. Sie setzte Späher aufs Dach, die Alarm geben sollten, kurz bevor die Geschütze das Feuer eröffneten, damit die *Vogue*-Mannschaft ihre Schreibtische nicht zu früh verließ und dadurch Zeit verschwendete. Am Ende war Withers so selbstgefällig, dass sie im Büro blieb und einfach die Gasmaske aufsetzte, während um sie herum mit ohrenbetäubendem Lärm Granaten fielen, die das Glas aus den Fenstern sprengten, und sie einfach weiterschrieb.

Der Aufenthalt im Keller war keine Entschuldigung dafür, mit der Arbeit aufzuhören. Nachdem sie sechs steinerne Treppen hinuntergeklettert waren und alles Mögliche mit sich getragen hatten, vom Briefpapier bis zu unbearbeiteten Fotos, von Schaufeln bis Sandwiches, ließ sich die Belegschaft auf Klappstühlen nieder und begann, Briefe zu diktieren. Die Sekretärinnen hämmerten auf Schreibmaschinen, die sie prekär auf den Knien balancierten. Sogar die Modeshootings fanden im Untergrund statt. Jeden Abend wurde das gesamte *Vogue*-Material in einem Wäschekorb in den Bunker

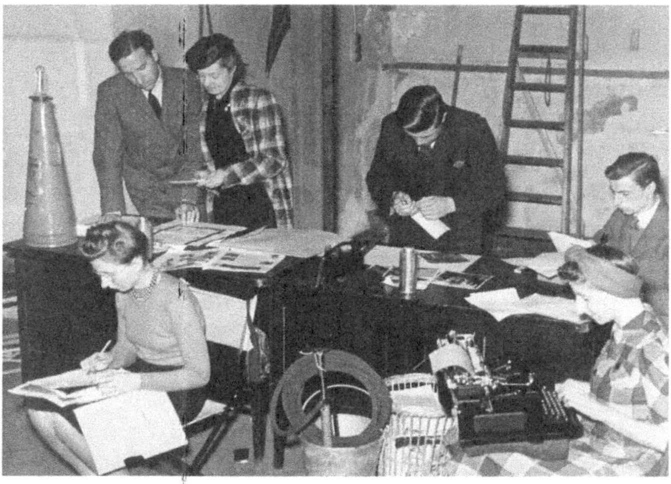

Die Redaktion während eines Bombenalarms im Keller des damaligen Bürohauses in der Old Bond Street, London.

hinuntergebracht und dort für die Nacht eingelagert. Langweilig wurde es nie, pausenlos gab es Lärm und Bewegung: Bomben prasselten herab, während Trümmer vom Aufprall aufgewirbelt wurden und ganze Straßenzüge erzittern ließen. Hin und wieder stürzte ein Haus in sich zusammen. Der Mitarbeiterstab dezimierte sich. Einige waren gestorben, andere verschwunden. Mehrere waren durch umherfliegende Glassplitter oder Sprengstoff verletzt worden.

Hier zeigt sich die berühmte britische Einstellung: »Bleib ruhig und mach weiter.« Withers' Artikel wurde mit Fotos illustriert, die so komisch wie herzzerreißend sind. Eines zeigt Harry Yoxall im Anzug bei einem Telefongespräch in seinem pompösen Büro, Schreibtisch und Fußboden sind mit dicken Glasscherben von zerbombten Fenstern übersät.[29] Auf einem anderen Bild ist zu sehen, wie die Belegschaft, wie Schulkinder im Kreis versammelt, eine Redaktionssitzung abhält, mit einer Spitzhacke neben sich, um sich auszugraben, falls der Luftschutzkeller einstürzte.[30] Der ständige Gasmangel war frustrierend (weil sie so nicht immer Wasser kochen konnten und es oft keinen Tee gab), und die Fahrpläne wurden nicht zuverlässig eingehalten (im Pendelverkehr gab es jeden Tag Störungen, sodass Fahrten von normalerweise 30 Minuten sich über Stunden hinziehen konnten und die Passagiere mehrfach umsteigen mussten, ganz zu schweigen von der Tatsache, dass die Chancen, auf dem Weg zur Arbeit getötet zu werden, ebenso hoch waren, wie lebend anzukommen).

Genügend Material für die Zeitschrift zu beschaffen war eines von Withers' Problemen, und so kam sie auf die überraschende Idee, ein paar hübsche Moderedakteurinnen in Stöckelschuhen und Hüten loszuschicken, um in den Ruinen Londons nach Luxusartikeln zum Fotografieren zu stöbern. Die Läden wurden immer wieder von Bomben getroffen und verloren ihre Schaufenster, sobald sie neu eingerichtet waren, zusammen mit allen Auslagen, und oft waren auch die Warenbestände weg. Withers schildert, wie innovative Schneider neue Möglichkeiten fanden, um ihre Waren zu präsentieren. Einige verdunkelten die Fenster, andere verstärkten die Scheiben mit Holzgittern und stellten in jedem neuen Quadrat kleinere Ausstellungsstücke auf. John Lewis eröffnete wieder, nachdem er völlig ausgebrannt war und fast nichts mehr zu verkaufen hatte. Viele unabhängige Designerinnen und Designer siedelten in ländliche Gegenden um und produzierten in den Hinterzimmern von Landhäusern und Herrenhäusern weiterhin Kleidung.

Die Inhalte zusammenzutragen war also ein buchstäbliches Minenfeld und ebenso die Suche nach den Leuten, die diese Inhalte arrangierten, und den Ressourcen, um sie fertigzustellen. Das Fotostudio wurde nicht nur überflutet, sondern brannte auch aus. Es gab nicht genug Strom für die Lampen oder dafür, die Abzüge zu trocknen, und nur wenige Mitarbeiter wussten, wie man Filmrollen entwickelt, da die meisten Fotografen in den Kampf geschickt worden waren. Dasselbe passierte mit den Künstlern – sogar den Frauen. Eine freie Mitarbeiterin saß zur Sicherheit auf der Treppe und zeichnete in den Pausen ihrer Ausbildung zur Krankenschwester, bis sie in den Einsatz geschickt wurde. Und dann kämpfte die Redaktion noch mit den Druckereien und Graveuren, Verzögerungen bei Transport, Post und Vertrieb, den ständigen Standortwechseln von Firmen und dem Zusammenbruch ihres umfangreichen Kontaktnetzwerkes. In den Kriegsjahren war die Zeitschrift mit einem kleinen Hinweis versehen: »Der Krieg bringt die Transportkapazitäten der Nation an ihre Grenzen, und es wird zweifellos zu Verzögerungen bei der Lieferung Ihrer *Vogue*-Exemplare kommen. Wir bedauern die Unannehmlichkeiten, aber dies liegt jenseits unserer Kontrolle.«[31] Jede Ausgabe war ein tödlicher Kampf zwischen der Entschlossenheit von Audrey Withers und den Mächten des Schicksals. In der Regel war es Withers, die gewann.

Was genau alle Beteiligten zu dieser Herkulesanstrengung motivierte, ist eine ganz andere Frage. Harry Yoxall, inzwischen Geschäftsführer, sagte über sich selbst, er sei von Natur aus übermäßig gewissenhaft.[32] Außerdem tendierte er dazu, den Ernst der Lage herunterzuspielen. Er schaffte es, sich seine berühmte Nonchalance während des Zweiten Weltkriegs zu erhalten. Herablassend wies er darauf hin, dass Bombengeschichten langweilig geworden seien, obwohl er sich die Mühe machte, den Großen Brand von Richmond im Jahr 1940 zu beschreiben, bei dem es in einer Nacht mindestens 27 Großbrände in der Stadt gab.[33] Die zitternde Erde unter ihnen, die flüssigen Sprengstoffe, die aus der Dunkelheit herabregneten ... nichts davon hielt Yoxall davon ab, durch eine Luke auf sein Dach zu klettern und zu versuchen, den Brand auf seinem eigenen Grundstück zu löschen, wobei er Witze über seine Frau riss. Sie war erst kürzlich aus Amerika zurückgekehrt, legte zum Abendessen immer noch Abendgarderobe an und verschüttete jedes Mal Wasser in ihr Dekolleté, wenn sie Yoxall frisch gefüllte Eimer reichte, mit denen er die Flammen löschen sollte.[34]

Der Mut und die manische Arbeit von Audrey Withers und ihren Mitstreitern spiegelten die Stimmung im Land allgemein. Die britische Öffentlichkeit befand sich in einer Art noblem Fieber, besessen von den Idealen, produktiv und unbesiegbar zu sein. Jeder wollte seinen Beitrag leisten, und die Mitarbeiterinnen und Mitarbeiter hatten wohl das Gefühl, dass sie mit der Fortsetzung der *Vogue*-Produktion ihren Teil zu dieser Anstrengung beitragen konnten.

Aber ganz egal, wie ihre persönlichen Umstände aussahen, konnten auch sie sich dem Einfluss der Politik nicht entziehen. Die Rationierungen wirkten sich unmittelbar auf das Verlagswesen aus; die Zeitungen wurden auf 60 Prozent ihrer Vorkriegsproduktion beschränkt.[35] Diese enorme Veränderung zwang die Publikationen, ihre Seitenzahlen zu reduzieren und Informationen auf kleinstem Raum unterzubringen. Die Graphikabteilungen sahen sich genötigt, ein neues Design zu entwickeln, während die Redaktionen die Wortzahl neu ansetzen mussten. Withers schreckte auch vor radikalen Entscheidungen nicht zurück. Papier war nun ein wertvolles Gut, noch knapper als Zucker, daher ließ sie das *Vogue*-Archiv einstampfen, um die Zeitschrift am Laufen zu halten – wodurch weitere Aufzeichnungen und historisches Material verloren gingen. Die Rationierung wurde schließlich so streng, dass erst ein Abonnent sterben musste, bevor ein neuer aufgenommen werden konnte.

Die Sparmaßnahmen wirkten sich auch auf die Mode aus. Ende 1941 begann mit dem Utility Clothing Scheme ein neues Rationierungsprogramm für Bekleidung, das dafür sorgen sollte, dass weniger Abfälle anfielen und weniger Rohstoffe wie Wolle und Leder verbraucht wurden. Durch den reduzierten Stoffverbrauch entstand eine leichtere, freiere Silhouette, die Withers als belebend empfand. Sie behauptete, das Programm habe der britischen Mode einen enormen Dienst erwiesen, die ihrer Meinung nach von der aufgezwungenen Schlichtheit profitierte.[36] Andere Vorschriften, wie das Verbot von Absätzen mit einer Höhe von mehr als fünf Zentimetern, führten dazu, dass auffällige Kleidung bald als Zeichen schlechten Geschmacks galt. Man ermutigte zum Tragen dunkler Farben, da sie für Trauer standen und pflegeleicht waren.

Für die britische *Vogue* waren die neuen Beschränkungen

nicht nur von Nachteil. Das Informationsministerium war innerhalb weniger Stunden nach Kriegsausbruch eingerichtet worden, um öffentliche Meinung, inländische Propaganda und Zensur zu überwachen und zu steuern. Anfänglich mangelte es dort an Führungskräften, doch als Brendan Bracken im Jahr 1941 zum Informationsminister ernannt wurde, wendete sich das Blatt. Bracken war ein persönlicher Freund von Winston Churchill und bekannter Zeitungsverleger, schnell erkannte er die Bedeutung von Frauenzeitschriften für die Meinungsbildung der Nation. Da die Männer im Krieg waren, bestand die Nation zu der Zeit aus Frauen. Mode- und andere Frauenzeitschriften erlangten dadurch eine neue Bedeutung.

Die *Vogue* entging Brackens Aufmerksamkeit nicht, und so wurden Withers und die Chefredakteure anderer populärer Medien zu Besprechungen eingeladen, wenn es darum ging, Informationen zu Themen wie Gesundheit, Ernährung und Kleidung zu vermitteln. Auch zu einer Regierungskampagne für kürzeres Haar zog man Withers hinzu.[37] Da Frauen jetzt zunehmend in Fabriken arbeiteten, verfingen sich ihre Haare in den Maschinen, und es kam zu immer mehr Skalpierungsunfällen. War die *Vogue* in der Lage, kurzes Haar schick zu machen? Sehr wohl, glaubte Withers und veröffentlichte einen Artikel, der Filmschauspielerinnen und eine prominente Fernsehmoderatorin mit ordentlich gekürzten Haaren zeigte, und bewies so, dass Stars und arbeitende Frauen gleichermaßen Kurzhaarfrisuren tragen konnten.[38]

Obwohl der Schwerpunkt eindeutig auf dem Praktischen lag, wurde dennoch Druck auf die Frauen ausgeübt, gut auszusehen. Die Pflege des eigenen Erscheinungsbildes war eine Möglichkeit, Hitler den Stinkefinger zu zeigen, weil man so bewies, dass die Bevölkerung nicht geschlagen war, und man bot den Jungs in Übersee etwas, wofür sie kämpfen konnten.

Roter Lippenstift war sehr beliebt und wurde zum Symbol für die Solidarität unter Frauen, die buchstäblich »ein tapferes Gesicht aufsetzten«. Viele färbten ihre Lippen mit Rote Bete, weil echter Lippenstift knapp war, dennoch brachten berühmte Marken neue Farbtöne mit Kriegsnamen heraus, um ihre Kundinnen zu verführen: Helena Rubinsteins »Regimental Red«, Elizabeth Ardens »Victory Red«. In den frühen vierziger Jahren verbreitete die britische *Vogue* die Botschaft »beauty is your duty«[39], kurz: Schönheit ist Pflicht. Im Jahr 1942 veröffentlichte die amerikanische *Vogue* den Brief eines Soldaten, in dem er schrieb: »Heutzutage unattraktiv auszusehen ist geradezu moralisch verwerflich und sollte als Verrat betrachtet werden.«[40]

Das erste Titelblatt der britischen *Vogue* nach der Kriegserklärung im September 1939 zeigte ein goldenes königliches Wappen, dessen Schriftzug und Hintergrund in den Farben Rot, Weiß und Blau des Union Jack gehalten waren. In dieser Ausgabe versprach die *Vogue*, »praktisch und nützlich« zu sein, indem sie ihrer Leserschaft half, »bei Kleidung und Körperpflege, Haushaltsführung, Kochen und Gartenarbeit« sparsam zu wirtschaften.[41] Sie wies darauf hin, dass dies dem Wunsch der Regierung entspreche, dass die Wirtschaft weitermachen solle, wo immer möglich. Und, so wurde angemerkt, die *Vogue* würde sie selbst bleiben, oder wie es dort stand: »charmant und zivilisiert, ein Stärkungsmittel für den Geist – unverzichtbarer denn je«.[42]

Je länger der Krieg dauerte, umso größer waren die Entbehrungen. Für die *Vogue* wie für die Regierung wurde es immer schwieriger, den leidenden Millionen Menschen zu sagen: »Kopf hoch«. Bis 1942 war aus der mutigen Anstrengung von »Schönheit ist Pflicht« ein mühseliges »Sich gerade so Durchschlagen« geworden. Die Zeit der »Sich behelfen und flicken«-Kampagne hatte begonnen. Die Machthaber im Parlament hofften, mit dieser verstärkten Konzentration auf häusliche Aufgaben und die Erfindungen neuer Arbeiten im Haus die entmutigte Bevölkerung zu beschäftigen. Mehrere Cover von *Vogue*-Musterbüchern verwiesen auf diese »Make Do and Mend«-Bewegung, die angesichts der strengen Rationierung für Sparsamkeit warb. Eine Illustration vom März 1942 zeigt keine Modelle, sondern die Utensilien, mit denen Kleidung gefertigt wird.[43] Die *Vogue* beabsichtigte damit offensichtlich, Nähwerkzeuge zu glorifizieren und sie den Leserinnen als edel, würdig und kämpferisch zu präsentieren – die natürliche Waffe der Frau im Krieg.

In einer Ausgabe vom Mai 1942 erschien eine Reportage mit dem Titel »General Sparsamkeit gibt den Tagesbefehl aus«,[44] in der die Abenteuer eines Zeichentricksoldaten, des »Generals«, geschildert wurden, der Stoffreste und einen Hut aus gefaltetem Zeitungspapier trug, um die »Sparsamkeit« in seinem Namen zu symbolisieren. Seine Befehle lauten unter anderem: »Jede Seite jeder Zeitung für die Wiederverwertung aufbewahren. Jedes Stückchen Flickgarn verwenden ... Wir wissen, dass unsere Stärke auf unserer Sparsamkeit beruht.«[45] Ein Cover aus dem Jahr 1943 ziert das Foto einer eleganten Frau, die ihren Hut verführerisch über die Augen gezogen hat.[46] Der Text enthält eine Stilberatung und wirbt nebenbei für Coupons.

Bei diesen wohlgemeinten Maßnahmen ging die *Vogue* mit gutem Beispiel voran. Der Modefotograf und inzwischen offizielle Kriegsfotograf Cecil Beaton opferte nicht nur sein eigenes Archiv, sondern auch sein riesiges Werk-Portfolio für die Wiederverwertung. In einem Artikel mit dem Titel »The Stuff of Vogue« (Der Stoff, aus dem die *Vogue* besteht) wird eine Collage seiner alten Fotografien veröffentlicht – große

Schönheiten, Society-Lieblinge, sogar Mitglieder der Königsfamilie –, die er alle zum Wohl der Kriegsanstrengungen zerstörte.[47] Immerhin gab es ein kleines Fünkchen Hoffnung, die Möglichkeit, dass diese ehemaligen Bilder einmal zu Seiten einer zukünftigen *Vogue* werden würden. Die physische Zeitschrift wurde so ebenso kurzlebig wie die Mode, die sie präsentierte.

Was wir heute »Recycling« nennen, bezeichnete man in den vierziger Jahren als »Wiedergewinnung«, es stand für Mangel und Mäßigung, wie es den Kriegszeiten entsprach. Die hohen moralischen Ansprüche passten hervorragend zur *Vogue* – deren Aufgabe, heute wie damals, darin besteht, fetischisierte Gegenstände zu präsentieren. Dabei mag es ebenso gut um Handtaschen und Hüte wie um Werte wie Ehre, Liebe und Loyalität gehen. Es ist möglich, alles auf Hochglanz zu trimmen. So konnte Withers für billige Outfits werben, die dem beschränkten Textilangebot, dem Leben mit kleinem Budget und einer schnellen Lösung von Haushaltsproblemen Rechnung trugen – alles im Namen der Nation. Niemals zuvor hatte die *Vogue* dafür werben können, eher weniger als mehr auszugeben.

Die Rettung der französischen *Vogue* vor den Nazis

Jenseits des Ärmelkanals hatte die Besetzung Frankreichs durch die Nazis den lang gehegten Wunsch der Deutschen wiederbelebt, Paris als Zentrum der Mode zu ersetzen. Während des Ersten Weltkriegs hatten sie französische Modemagazine plagiiert, sie in Wien herausgegeben und in Europa verteilt, in der Hoffnung, die Leserschaft würde nicht bemerken, dass sie statt der Pariser Couture nun minderwertiges deutsches

Design zeigten. Jetzt kamen sie auf die andere großartige Idee, einfach alle Designer sowie deren Angestellte, Lieferanten, Handwerker und so weiter nach Berlin zu holen und so das Modegeschäft ganz wörtlich zu versetzen. Glücklicherweise gelang es der französischen Couture, vertreten durch Lucien Lelong, die Deutschen mit dem logischen Argument davon abzubringen, dass die Modeproduktion bei einer solchen Verlagerung unterbrochen würde.[48]

Daraufhin verringerten die Nazis ihren Druck auf die Ateliers, hielten ihn bei den Verlagen aber unverändert hoch. Sie sahen in den Medien eine Möglichkeit, ihre Propaganda unters weibliche Volk zu bringen. Die neu gegründeten feindlichen Zeitschriften schrieben selbstgefällige Artikel über die glänzende Zukunft der Mode in Großdeutschland und behaupteten, das Pariser Erbe sei vernichtet worden.[49] Kurz darauf beschränkten sie die Zahl der zugelassenen französischen Modezeitschriften. Ihr Umgang mit der Presse war berechnend, systematisch und darauf ausgelegt, die Meinung der Zivilbevölkerung zu beeinflussen. Für Michel de Brunhoff und die Stammbelegschaft der französischen *Vogue* war nun die Gelegenheit gekommen, allen zu zeigen, was in ihnen steckte.

Aus dem sicheren New York schickte Condé Nast in weiser Voraussicht ein Telegramm an de Brunhoff. Darin stand: »Wir werden in Kürze voneinander abgeschnitten werden. Ich weiß, dass Sie lebenswichtige Entscheidungen zu treffen haben werden. Hiermit möchte ich Ihnen mitteilen, dass ich jede Entscheidung, die Sie im Namen von Condé Nast Publications treffen, im Voraus billige.«[50] Während der Massenflucht aus Paris nach dem Einmarsch der Deutschen im Jahr 1939 berichtete der Gesellschaftskolumnist John McMullin: »Biarritz ist in diesem Moment ein in der Welt einzigartiger Anblick ... *Alle* Reichen Europas sind hier.«[51] Doch während

McMullin von der fliehenden Aristokratie schwärmte, schlich sich der US-Amerikaner Thomas Kernan, der erst seit Kurzem Geschäftsführer der französischen Ausgabe war, heimlich davon. Er verließ die Stadt mit den Geschäftsbüchern der *Vogue* und dem Bargeld von Les Éditions Condé Nast.[52]

Um die Sicherheit der Dokumente zu gewährleisten, schlief Kernan nachts auf einem Feld, das Geld unter sich. Sein Ziel war ein verlassenes Schloss in der Nähe von Bordeaux, das mit Blick auf die drohende Katastrophe angemietet worden war.[53] Etwa 40 Personen, die mit der *Vogue* in Verbindung standen, suchten dort Zuflucht, bis sie in ihre Häuser in Paris oder im Ausland zurückkehren konnten.[54] De Brunhoff war mit Frau und drei Kindern dort, und auch die Vogels, um die man sich große Sorgen machte. Lucien Vogel hatte sich offen gegen Hitler ausgesprochen. Nachdem sie eine lange und verzweifelte Nacht lang eindringlich gebeten worden waren, um ihr Leben zu rennen, gelang den Vogels die Flucht, kurz bevor die Nazis an den Toren des Schlosses auftauchten.

Die Nazis waren gekommen, um das Schloss zu übernehmen und es selbst zu nutzen. Unter Aufbietung all seines Charmes überredete de Brunhoff sie allerdings weiterzuziehen, indem er darauf hinwies, dass das Schloss kaum möbliert war und sie auf Strohpaletten schlafen müssten.[55] Das war sein erster großer Coup, denn die Nazis ließen alle am Leben. Als de Brunhoff nach Paris zurückkehrte, holten ihn die Deutschen zu einem Gespräch über Zeitschriften ab. Sie planten, die meisten von ihnen zu schließen, sodass nur noch ein paar Luxuszeitschriften und ein paar Titel für den Massenmarkt übrig blieben. De Brunhoffs zwei Babys – die französische *Vogue* und *Jardin des Modes* – standen auf einer Liste, die sie vor der Schließung bewahrte.[56] Doch seine Freude währte nicht lange: Die Deutschen wollten diese Publikationen auf eine Liste von der Besatzungsmacht gelenkter Zeitungen setzen, was bedeutete, dass de Brunhoffs redaktionelle Entscheidungen diktiert werden würden. De Brunhoff verschwieg, dass Nast ihn in seinem Telegramm die Kontrolle übergeben hatte, und teilte den feindlichen Offizieren stattdessen mit, dass er rechtlich gesehen keine Verantwortung im Namen der Eigentümer in Amerika übernehmen könne.

Die Deutschen bedrängten de Brunhoff weiter und tauchten mindestens drei weitere Male auf, um ihn zu einem Neustart der *Vogue* zu bewegen, versuchten sogar, ihn mit einer Gewinnbeteiligung oder einem üppigen Gehalt zu bestechen.[57] Sie erkannten de Brunhoffs Erfahrung als Redakteur und seine langjährigen Freundschaften mit vielen Kreativen in der Modebranche als Fähigkeiten, die sie nicht ersetzen konnten. Am Ende wies sich de Brunhoff mit vorgetäuschten Symptomen selbst in ein Krankenhaus ein, um den zunehmenden Schikanen zu entgehen. Später erzählte er lachend, dass die Nazis bei ihren Besuchen oft an einer falschen Wand in seinem Büro gelehnt hatten, aber nie die *Vogue*-Unterlagen entdeckten, die er dort in Sicherheit gebracht hatte.[58] Thomas Kernan hielt mit gleicher Entschlossenheit durch. Als er von der Mission in Bordeaux in die Zentrale auf den Champs-Élysées zurückkehrte, fand er die Räume durchwühlt, den Tresor aufgebrochen und die Schreibtische umgekippt.[59] Vermutlich hatten die Deutschen nach den fehlenden Akten gesucht, die Kernan und de Brunhoff versteckt hatten. Dem raffinierten Paar war es zwar gelungen, die *Vogue*-Akten zu verbergen, aber das Hightech-Fotostudio war beschlagnahmt worden. Die Deutschen nutzten die *Vogue*-Ausrüstung für Propagandaaufnahmen, und Kernan hatte keinen Zutritt.[60]

Die französische *Vogue* befand sich im Besitz eines amerikanischen Unternehmens, wurde aber in Frankreich als eigenständige französische Publikation herausgegeben. Diese umständliche Geschäftsstruktur war sowohl Segen als auch Fluch. Kernan ging davon aus, dass es den Deutschen egal war, ob sie eine amerikanische oder eine französische Zeitung stahlen – für sie war alles Kriegsbeute –, aber wenn er mit diesem verwirrenden Umstand verhindern konnte, dass die Deutschen die Kontrolle über die französische *Vogue* übernahmen, dann würde er es versuchen. Er befürchtete, dass die Deutschen im nächsten Schritt die Zeitschrift zum herrenlosen Gut erklären und anfangen würden, sie selbst nachzudrucken. Kernan und de Brunhoff berieten sich und kamen zu dem Schluss, dass es das Beste sei, die Zeitschrift wieder in Betrieb zu nehmen oder zumindest so zu tun.[61] Damit wendeten sie die Gefahr der Herrenlosigkeit ab und konnten zumindest einige ihrer ehemaligen Beschäftigten vor dem Hungertod bewahren.

Kernan beantragte beim Propagandabüro die Erlaubnis zur Wiederaufnahme des Drucks und sah sich dort mit Leutnant Maier konfrontiert, einem gescheiterten Fotografen, den Kernan bei der *Vogue* schon mehrfach abgewiesen hatte.[62] Es war eine unangenehme Begegnung, bei der Maier die Umkehrung der Machtverhältnisse sehr genoss. Kernan erhielt eine ellenlange Liste von Regeln, die er zu befolgen hatte. Demnach musste er auch über alle Mitarbeiterinnen und Mitarbeiter, die er wieder einstellen wollte, vollständige biographische Angaben machen, für den Fall, dass sie jüdische Verwandte hatten.[63] Kernan zögerte diesen bürokratischen Akt so lange wie möglich hinaus und wartete darauf, dass die Deutschen das Interesse verloren. Als Gras über diese Sache gewachsen war, trafen Kernan und de Brunhoff eine weitere Maßnahme: Sie liquidierten alle verbliebenen Vermögenswerte von Les Éditions Condé Nast und bemühten sich darum, dass ein Verwalter für sie eingesetzt wurde. Inzwischen erreichten sie, dass das Unternehmen unter den Schutz des französischen Gerichts gestellt wurde.[64] Von da an schüttelte Michel de Brunhoff, wenn die Nazis herumschnüffelten, bedauernd den Kopf und erklärte, das Unternehmen stehe unter der Verwaltung des Tribunal de Commerce. Kernan und de Brunhoff waren sich darüber im Klaren, dass es das Ende der *Vogue* weltweit bedeuten würde, wenn die Nazis die französische *Vogue* in die Hände bekämen, denn dadurch würde der Name der Zeitschrift in den Augen der freien Welt unwiederbringlich befleckt, und das hätte einen langsamen Tod für das Unternehmen zur Folge. Ihnen fiel die Aufgabe zu, den gesamten Verlag Condé Nast Publications zu retten und seine Zukunft zu sichern.

Der Tod von Condé Nast und das Ende des Krieges

Die Vereinigten Staaten hatten es da leichter. Der Krieg schien weit entfernt, weit weg von ihrer Welt und ein wenig geschmacklos. Doch die Belegschaft der amerikanischen *Vogue*, die die Zeitschrift produzierten, sahen sich mit anderen Schrecken konfrontiert, denn es gab auch vor Ort beunruhigende Ereignisse.

Der Doppelschlag von Carmel Snows Verrat und Condé Nasts finanziellen Schwierigkeiten hatten ihn völlig aus der Bahn geworfen. Verzweifelt und überwältigt verlor er den Antrieb. Wäre er jünger gewesen, dann hätten diese Ereignisse ihn vielleicht noch einmal befeuert, aber in seinem fortgeschrittenen Alter waren sie wahrscheinlich der Grund dafür, dass er im Jahr 1942 – mitten im Zweiten Weltkrieg – einem längeren Herzleiden erlag. Vor seinem Tod verfasste er einen weitschweifigen letzten Brief an seine geliebte Chefredakteurin Edna Woolman Chase. Eine bedauerliche Kluft hatte sich nach und nach zwischen den beiden aufgetan und eine Partnerschaft beendet, die in einer freundlicheren und hoffnungsvolleren Zeit geschlossen worden war. Dennoch sind Nasts letzte Worte bewegend: »Edna, wir waren ein großartiges Team. Ich glaube, ich war ein hellwacher und intelligenter Verleger, aber ich bin der Erste, der sich selbst und der Welt eingesteht, dass ich die *Vogue* ohne dich niemals hätte aufbauen können.«[65]

Ohne es zu wissen, schrieb er diesen Brief auf seinem Sterbebett. 33 Jahre lang hatten sie wie besessen miteinander geschuftet und sich gegenseitig in ihren Wünschen und irren Ideen bestärkt. Im Büro bestand lebhaftes Interesse an der Beziehung zwischen Nast und Woolman Chase, und man war überzeugt davon, dass sie eine romantische Verbindung haben mussten, um sich so nahezustehen. Eine Mitarbeiterin antwortete auf eine dieser Vermutungen sarkastisch, die beiden seien so verliebt, dass sie sogar ein gemeinsames Kind hätten, das sie abgöttisch liebten.[66] Dieses Kind war die *Vogue*. Der Mensch Condé Nast mochte mitten in einem globalen Konflikt in aller Stille gestorben sein, aber das Unternehmen Condé Nast war eine wahrlich stattliche Hinterlassenschaft. Ungeachtet aller Kritik wurde die *Vogue* von einer Reihe tapferer Beschützer gefüttert, gemästet, aufgezogen, behütet und vor Schaden bewahrt. Die herzerwärmende Kameradschaft der *Vogue*-Mitarbeiter in Kriegszeiten und ihrem zweiten Vater Nast sind wie Sonnenstrahlen.

Auch die *Vogue*-Fotografen leisteten wichtige Arbeit im Namen der Kriegsanstrengung. Der in Großbritannien geborene Lieblingsfotograf der *Vogue* Cecil Beaton wurde als

Kriegsfotograf angeheuert, um vor allem die Amerikaner mit Bildern aus dem verwüsteten Ausland zur Unterstützung der alliierten Nationen zu bewegen. Er arbeitete weiterhin für die *Vogue*, schoss Bilder von neuen Ruinen in London für sie. Die architektonische Pracht der englischen Hauptstadt wurde bei den Luftangriffen zerstört. Doch selbst in einer tristen Szenerie sah Beaton Glanz und Theatralik. Nach einem Bombenangriff schwärmte er, dadurch entstünden »ganz bemerkenswert spektakuläre Piranesi-Effekte von Ruinen«.[67]

Bei einem legendären Shooting stellte er ein Model in einem schmal geschnittenen Kostüm mit dem Rücken zur Kamera auf. Um die Frau herum liegen Trümmerhaufen, die sie überragen, ein Durcheinander aus Ziegeln und zerbrochenen Balken. Nur ein Torbogen steht noch, und das Model blickt auf ein Schild, das dazwischen angebracht ist. Die Gedenktafel markiert eine Stelle, die zuvor beim Großen Brand von London zerstört worden war. Sie beweist, dass die Stadt schon einmal aus Ruinen wiederauferstanden war, und deutet an, dass sie dies nach dem Blitzkrieg wieder tun werde. Über diesem hoffnungsvollen Hinweis prangt die deutliche Botschaft des Fototitels: »Mode ist unzerstörbar«.[68]

Noch wichtiger waren die Beiträge von Model und Fotografin Lee Miller, die sowohl in der amerikanischen als auch der britischen *Vogue* veröffentlicht wurden. Lee Millers außergewöhnliche Karriere begann in Paris, wo sie eine Muse der Surrealisten und die Geliebte von Man Ray war. Sie war bereits mehrfach in der *Vogue* abgebildet worden und daher allen europäischen Redaktionen bekannt. Bei Kriegsausbruch beschloss Miller, sich auf die Fotografie zu konzentrieren, da sie sich unbedingt engagieren wollte. Das Ergebnis ist ein Portfolio mit den erschütterndsten Kriegsbildern aller Zeiten. Das umfangreiche Material, das Miller während des Zweiten

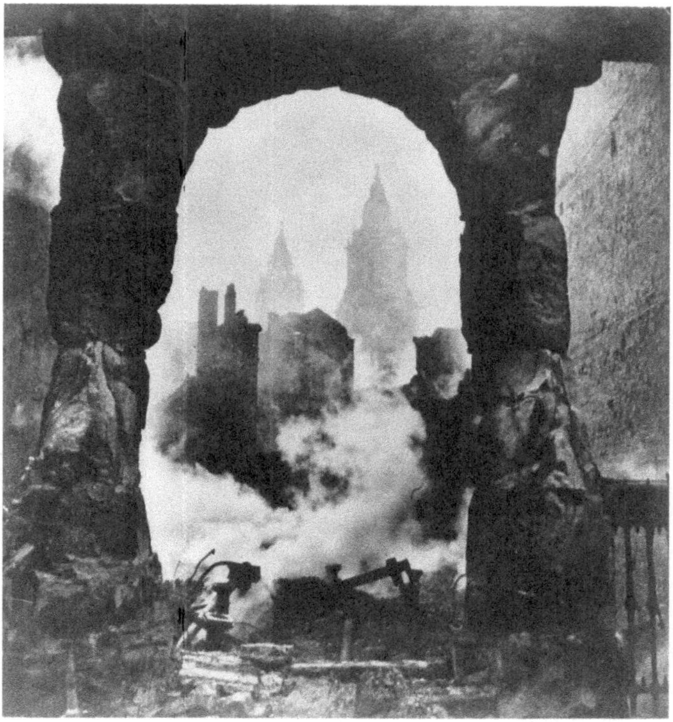

Cecil Beatons Blick auf das zerstörte London zeigt hier die westlichen Glockentürme der St Paul's Cathedral im Dezember 1940.

Weltkriegs ablichtete, zu analysieren, wäre eine kaum zu bewältigende Aufgabe. Denn zu ihren Kriegsaufträgen gehörten auch Fotoserien aus den Nazi-Konzentrationslagern Buchenwald und Dachau, wo viele Aufnahmen Sterbende oder Tote zeigen. Sie war eine weitere einzigartige Gottheit, die wie ein Komet das *Vogue*-Universum durchquerte.

Miller erntete viel Bewunderung von ihren Redakteuren, insbesondere von der britischen Chefredakteurin Audrey Withers. Withers sah, dass es zwar schön und gut war, die Standardmeldungen über Moral zu veröffentlichen, dass Miller die *Vogue* aber »direkt ins Herz des Konflikts« führte.[69] Miller wollte den Leserinnen klare Berichte liefern und bestand darauf, die Artikel zu ihren Fotos selbst zu schreiben. Frauen in Großbritannien hatten nur wenige Möglichkeiten, Nachrichten oder wahrheitsgetreue Berichte über den Kriegsverlauf in anderen Ländern zu bekommen. Dank Miller verschob sich der Inhalt der *Vogue* von Mode auf Zeitgeschehen.

Dass Miller eine Frau war, in einer Zeit, in der Kriegsberichterstatter ausschließlich Männer waren, war der wichtigste Aspekt. Miller verwendete in ihren Texten eindeutig weibliche Bezugspunkte, um Leserinnen anzusprechen, indem sie beispielsweise militärische Ausrüstung mit Korsetts verglich. Sie hatte eine heitere Persönlichkeit, und Withers tat sich sehr schwer, auch nur ein einziges Wort aus ihren Texten zu streichen, war aber aufgrund der Papierrationierung oft dazu gezwungen. Dank Millers Einblicken konnte Withers ihre Luxuszeitschrift als »Leitfaden für die intelligente Frau für Mode und viel mehr« bezeichnen.[70] Sie vergaß nie, wer ihrer Zeitschrift Tiefe verliehen hatte, und versuchte noch lange nach dem Krieg, die Starreporterin unterzubringen, obwohl Miller 1949 die Stammbelegschaft verließ. Auf Withers' Bitte hin lieferte sie gelegentlich weiterhin Beiträge, doch irgendwann schrieb Millers Ehemann schließlich an die Chefredakteurin und bat sie, keine Aufträge mehr zu schicken – er behauptete, die Arbeit würde Miller zu sehr aufregen.[71]

Im Jahr 1944 begann das Schiff der Briten zu sinken. Zwar veröffentlichte die amerikanische *Vogue* immer noch Artikel über das Leben dort, doch zeigt ein Artikel von Lesley Blanch, einer britischen *Vogue*-Redakteurin, wie ausgelaugt die Londoner waren. »Wir schlagen uns eher irgendwie durch, als dass wir leben«, schrieb sie. »Wir sehen alle ziemlich müde aus. Wir machen uns so hübsch, wie wir können, und es gibt immer noch Make-up und Friseure, aber es ist ein ziemlicher Kampf, so erschöpft und mangelernährt, wie wir sind. Das gräuliche ausgemergelte Aussehen kommt von der nervlichen Belastung.«[72] Withers hielt ihr Team in Schwung, so gut es ging, denn sie war die Chefredakteurin eines Luxusmagazins, die den ganzen Tag über seltene Diamanten sprechen konnte, um dann nach Hause zu gehen und ihren eigenen Boden zu wischen. Sie war berüchtigt für ihre Sparsamkeit. Sie nutzte lieber öffentliche Verkehrsmittel als Taxis, Sandwiches am Schreibtisch gab sie den Vorzug vor protzigen Abendessen auf Firmenkosten. Eine Zeit lang war sie eine überzeugte Labour-Anhängerin (sie gehörte zu den wenigen links wählenden Redakteurinnen und Redakteuren in der Geschichte der *Vogue*), und in ihren Achtzigern, lange nach ihrer Pensionierung, hatte sie immer noch genug politische Überzeugung, um sich ehrenamtlich für die Sozialdemokratische Partei zu engagieren. Withers war so stoisch, dass selbst Dior sie nicht vom Hocker riss; sie missbilligte seinen Stil, weil man ihn unmöglich im Bus tragen konnte. Später, im Jahr 1954, wurde sie für ihre Rolle im Zweiten Weltkrieg mit dem Order of the British Empire ausgezeichnet.

Mit dem Kriegsende im Jahr 1945 verbindet man eine freudige Atmosphäre, Partys, Paraden. Doch das Titelbild der *Vogue*, die im Oktober erscheint, ist seltsam ruhig. Es zeigt einen gemalten blauen, fast wolkenlosen Himmel mit dem Schriftzug »VOGUE« in weißen Lettern am oberen Rand. Kein einziger Mensch ist zu sehen, kein einziger Orientierungspunkt. Aber es war nicht bedeutungslos. Der leere Himmel zeichnete sich durch das klare Blau aus – keine Flugzeuge, keine Raketen, keine Zeitbomben mehr –, die Bombardierungen waren vorbei. Die Besonnenheit, mit der die britische Belegschaft das Kriegsende beging, war typisch für Withers, die perfekte Symbolträgerin der Pflicht. Jahre später antwortete sie auf die Frage, wo sie am Tag des Kriegsendes in Europa gewesen sei: »War es ein Wochentag? Wenn ja, dann war ich im Büro.«[73]

Auch die Nachbarn in Frankreich waren der Qualen müde. Bettina Ballard kehrte im Dezember 1944 nach ihrem Einsatz für das Rote Kreuz nach Paris zurück und fand dort Michel de Brunhoff mit seinem schwächelnden Team im neuen Jahr in der winzigen Zentrale von *Jardin des Modes* vor. Es herrschte eine bedrohliche Atmosphäre, der ganze Ort strahlte Grauen und Trostlosigkeit aus.[74] Ballard hatte den Eindruck, de Brunhoff sei in den vier Jahren, seit sie ihn das letzte Mal gesehen hatte, um Jahrzehnte gealtert. Er war gebeugt, sein Haar schlohweiß, sein Herz gebrochen. Sein heranwachsender Sohn war von der Gestapo gejagt und brutal ermordet worden. Von diesem sinnlosen Verlust sollte sich de Brunhoff niemals erholen.

Auch die Herzogin d'Ayen hatte unvorstellbares Leid erfahren. Ihr Mann war wegen seiner bekannten alliierten Gesinnung verhaftet worden, und daraufhin auch die Herzogin selbst. Sie verbrachte mehrere Monate in Einzelhaft im Gefängnis von Fresnes, wo sie tagelange Verhöre über sich ergehen lassen musste. Um nicht verrückt zu werden, tanzte sie in ihrer engen Zelle und verfasste imaginäre Artikel über Gefängnismode oder Grazie hinter Gittern. Sie spürte die Folgen der Mangelernährung und war bei ihrer Entlassung so aufgedunsen und mit Geschwüren übersät, dass ihre Tochter sie kaum wiedererkannte.[75]

Seit ihrer Entlassung versuchte die Herzogin d'Ayen, den

Aufenthaltsort ihres Mannes herauszufinden, folgte Gerüchten zu Gefängnissen und Konzentrationslagern in Frankreich und Deutschland. Als sie ihn das letzte Mal sah, wartete sie mit vielen anderen Ehefrauen und Müttern, weil sie gehört hatte, dass die Gefangenen über einen bestimmten Platz in der Stadt geleitet werden sollten. Schließlich tauchten die Männer auf, stolperten in Zweierreihen vorwärts, von Wachen umringt. Die Herzogin war auf sie zugerannt, doch ein deutscher Soldat hatte sie umgestoßen und ihr das Paket, das sie für ihren Mann mitgebracht hatte, aus der Hand geschlagen. In dem Gedränge erkannte sie gerade noch sein Gesicht und hörte ihn rufen: »Meine kleine Sol, ich bin hier!«[76] Dann war er weg. Er starb einen Tag, bevor sein Konzentrationslager befreit wurde. Ihr heranwachsender Sohn war wie der Sohn de Brunhoffs ebenfalls getötet worden. Die Herzogin d'Ayen kehrte nie mehr zur *Vogue* zurück.

Die Beschäftigten der französischen *Vogue* waren traumatisiert von dem, was sie durchgemacht hatten. Es zeugt von Michel de Brunhoffs Führungsqualitäten und seinem Mut, dass niemand die Frog aufgab. Sogar das amerikanische Büro war erstaunt, dass er so schnell wie möglich wieder veröffentlichen wollte, aber de Brunhoff blieb hartnäckig.[77] Er war entschlossen, das Blatt zu wenden. Im November 1944 sprachen Edna Woolman Chase, de Brunhoff und zwei stellvertretende Modeschöpfer über Funk miteinander. Woolman Chase war sehr emotional:

> **Für mich persönlich war es ein sehr bewegendes Ereignis. Ich zitterte, als ich am Mikrofon stand und darauf wartete, zum ersten Mal seit vier Jahren die Stimmen von Michel und Lucien Lelong zu hören … und dann erklang Michels Stimme.**

»Hallo, Edna, mein Herz rast.«
Dasselbe galt für meins.[78]

Die erste Ausgabe nach der Befreiung von Paris erschien im Januar 1945, wiederum dank der eisernen Entschlossenheit de Brunhoffs. Während des Krieges hatte er gewissenhaft alle sechs Monate gebundene Bände über die Couture-Mode herausgebracht und so die Entwicklung der Trends festgehalten (viele Couturiers waren in Paris geblieben und hatten ihre Kollektionen wie gewohnt zweimal im Jahr verkauft), er beschaffte auch persönlich alles Material. Öffentliche Verkehrsmittel und das Fahrrad waren nach der Befreiung die einzige Möglichkeit, sich fortzubewegen, und so kämpfte sich de Brunhoff auf einem Fahrrad durch den dichten Schnee zur Druckerei,[79] und er feilschte auf dem Schwarzmarkt mit Freunden um Tinte.[80]

Woolman Chase schrieb, er werde dafür mit einer wunderschönen Zeitschrift mit tonnenweise Werbung belohnt, die mit offenen Armen aufgenommen wurde.[81] Für de Brunhoff gab es viel Grund zur Erleichterung: Für Frankreich war der abscheuliche Krieg vorbei; Paris war wieder französisch; seine verbliebene Familie war in Sicherheit; seine Freunde kamen nach Hause; seine treuen Mitarbeiterinnen und Mitarbeiter würden erhalten, was sie sich redlich verdient hatten; viele seiner Künstler, Fotografen, Schriftsteller und Redakteure würden in die Stadt zurückströmen, um die Magie und die Kunst der Mode wiederzubeleben. Er blieb danach noch fast ein weiteres Jahrzehnt bei der französischen *Vogue* und feierte die Modeindustrie, zu deren Rettung er so viel beigetragen hatte.

8

DIE STARKEN JAHRE

Die Vogue *wird größer, reicher und raffinierter*

»New Look«, neue *Vogue*, neue Lebensweisen

Keine Modekollektion hat jemals den Beginn einer Epoche deutlicher markiert als Christian Diors »New Look« in der Mitte des 20. Jahrhunderts. Seine Debüt-Show am 12. Februar 1947 sollte den Ton für die nächsten zehn Jahre angeben. Aus der Düsternis und Schwere eines weiteren Weltkriegs rettete Dior die Frauen überall aus der Eintönigkeit und der Zweckmäßigkeit, aus den Rationierungen und Beerdigungen, aus den Ruinen der gerade gefallenen Städte. Inspiriert vom geliebten Granville-Garten seiner Kindheit verwandelte er Röcke in riesige, ausladende Ballkleider, die wie umgedrehte Blumensträuße aussahen. Die Taille war schmal, der Busen wohlgeformt, die Schultern konturiert, die Hüften ausgepolstert wie Blütenblätter.

Diese Frivolität war genau das, was Frauen brauchten, nach allem, was sie durchgemacht hatten. Dior schuf die Kollektion, um Freude zu verbreiten, und das ist ihm gelungen. Die Modemacher auf beiden Seiten des Atlantiks waren begeistert von dem neuen Stil. Er war teuflisch. Er war sittsam. Er war herzzerreißend delikat! Und er war der Katalysator für den Wandel, der die ultrafemininen fünfziger Jahre inspirierte. Ein *Vogue*-Redakteur, der bei der ersten Präsentation anwesend war, lobte Diors Arbeiten als umfassende Revolution.[1] Es ging nicht nur darum, dass reiche Damen Kleider kauften, der »New Look« wurde von Metzgern und Taxifahrern erkannt, er hielt Einzug in den modernen Wortschatz und verhalf Christian Dior zu persönlichem Ruhm. Zeitweise verdiente er mehr als alle anderen Pariser Modeschöpfer zusammen.

Dieser frische Wind wehte durch die *Vogue* und löste weitere Veränderungen aus, wenn auch nicht immer glückliche. Am Ende des Zweiten Weltkriegs war die beeindruckende Edna Woolman Chase Ende sechzig, und viele ihrer früheren Kolleginnen und Kollegen waren tot, im Ruhestand, verheiratet, im Krieg vermisst oder einfach weitergezogen. Besonders schwer war für sie der Verlust von Condé Nast selbst. Im Jahr 1950, sie plante gerade einen lang ersehnten Urlaub mit ihrem geliebten Ehemann, wurde dieser krank und starb ebenfalls.[2] Auch den Einzug in das neue Haus, das sie gebaut hatten, erlebte er nicht mehr. Ab diesem Zeitpunkt baute die unsterbliche Woolman Chase, die Grande Dame der *Vogue*, eindeutig ab. Über den Tod ihres Mannes schrieb sie tief betrübt:

> **Es wäre vielleicht naheliegend zu denken, dass eine Frau, die so sehr in ihre Karriere vertieft ist, wie ich es immer war, die so viel arbeitet und von so vielen Arbeitskollegen umgeben ist, einen Ehemann weniger vermissen würde als eine Frau, deren ganzes Interesse sich auf ihr Zuhause konzentriert, doch dem ist nicht so. 29 Jahre lang war Dick der starke, unveränderliche Faktor in meinem Leben, auf den ich mich verlassen konnte. Ich meine damit nicht, dass wir nie Meinungsverschiedenheiten hatten – wir hatten fürst-**

liche Kämpfe –, aber wir gehörten zusammen. Eine Frau zu sein ist eine traurige Angelegenheit, denn wir überleben, und das Überleben kann einsam sein.[3]

Auf den letzten Seiten ihrer Autobiographie beschreibt sie, wie sehr sich das Älterwerden im wirklichen Leben von dem glamourösen Alter unterscheidet, das sie in der *Vogue* darstellte. Sie beklagt, dass sich die Mode derart demokratisiert habe, dass es kaum noch tragbar sei, und dass die von ihr geschätzte Handwerkskunst verschwinde.[4] Dass diese Klagen typisch für ältere Menschen sein mögen, macht sie nicht weniger zutreffend. Designer lizenzierten (und kompromittierten) ihre Entwürfe tatsächlich, um mehr Profit zu machen. Die Herstellung billiger Textilien war im Kommen. Die Konsumentinnen und Konsumenten kauften mehr und achteten weniger auf Qualität. Dennoch blieb Woolman Chase und zog sich erst 1952, im Alter von 75 Jahren, von ihrem Posten als Chefredakteurin zurück. Insgesamt war sie 56 Jahre bei der *Vogue* tätig, davon 38 als Chefredakteurin. Länger als irgendjemand sonst in der gesamten Geschichte der *Vogue* bis heute. Sie hatte sich von einem Teenager, der Briefumschläge adressierte, zur Vorsitzenden des größten Modeverlags der Welt hochgearbeitet. Wer konnte so jemanden ersetzen?

Nach dem Verlust von Carmel Snow an den Konkurrenten *Harper's Bazaar* musste Woolman Chase bei der Suche nach einer Nachfolgerin ganz von vorne anfangen – und ihre neue Erbin war Jessica Daves, eine Redakteurin für Mode-Merchandising, die bereits 1933 bei der *Vogue* angefangen hatte. Nach dem Debakel mit Snow war Daves eine vernünftige Wahl. Snow war eine starke Persönlichkeit gewesen, hatte Biss und Elan gehabt, eine chaotische, unwiderstehliche Frau, die dafür berühmt war, dass sie nie etwas aß, sondern lieber drei Martinis zu Mittag trank. Daves war das genaue Gegenteil: ein pummeliges, gewissenhaftes, fleißiges Arbeitstier, das jeden Abend lange im Büro blieb. Daves war in einem strengen Südstaatenhaushalt aufgewachsen, die Enkelin methodistischer Geistlicher, und trug das Verantwortungsbewusstsein und die Unbeirrbarkeit in sich, die Woolman Chase durch ihre Quäker-Erziehung eingeimpft bekommen hatte. Sie war kein echter Modefan, aber sie war verlässlich. Bei Daves' Amtsantritt als Chefredakteurin war die *Vogue* ein globaler Gigant, eine wahre Modebibel. Das Unternehmen *Vogue* war außerdem sehr vermögend und machte Millionenumsätze. Daves' Aufgabe war es nun, dafür zu sorgen, dass es so blieb.

Glücklicherweise war Daves von einem außerordentlich starken Team umgeben. An die Stelle von Condé Nast als Präsident trat der charismatische Iva Patcévitch, und den Artdirector Dr. Agha ersetzte der Newcomer Alexander Liberman. Wenig überraschend sahen die Ausgaben aus den fünfziger Jahren anders aus, obwohl das ebenso viel mit Stiländerungen wie mit personellen Umstrukturierungen zu tun haben könnte. In keiner anderen Periode versprühen die Cover der *Vogue* so viel Glamour wie zur Jahrhundertmitte. Mit jedem Titelbild verändern sich die Pose des Models und die Typographie des Schriftzugs »Vogue«, doch leider wird dieser visuell aufregende Effekt in den sechziger und siebziger Jahren von eintönigen Porträtaufnahmen abgelöst.

Bei den Figuren auf den Titelseiten der fünfziger Jahre ragen schmale Füße unter voluminösen Röcken hervor, Diamanten glitzern, und manikürte Finger versinken in glänzenden Pelzstolen. Klassische Eleganz ist angesagt. Wespentaille, juwelenbesetzte Turbane, Pillbox-Hüte mit Netzschleier und zierliche Hände mit weißen Handschuhen sind allgegenwärtig. In Leitartikeln und auf Titelseiten tragen Männer Smokings. Gelegentlich vervollständigt ein Baby oder ein Welpe das schamhafte Porträt der Häuslichkeit. Keines dieser Models schmollt oder blickt finster drein, wie es heute Standard ist. Viele von ihnen lächeln, sei es verführerisch, schüchtern oder aus echter Freude. Das vermittelt den Eindruck, dass es sich um echte Menschen handelt und nicht um unerreichbare Schaufensterpuppen. Diese Models gaben einem das Gefühl, dass man selbst eine von ihnen sein konnte, wenn man das richtige Outfit hatte.

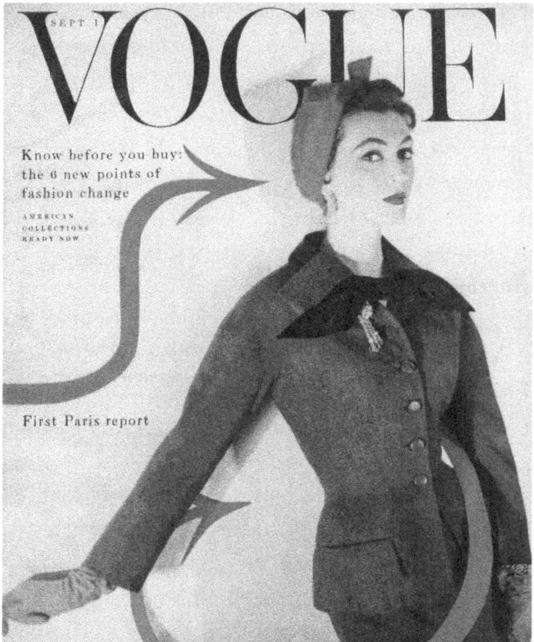

Die Vogue *im September 1953,*
gestaltet von Alexander Liberman.

Das Verdienst an diesen Titelseiten gebührt dem Artdirector Alexander Liberman, auch wenn er mit einigen der wunderbarsten Fotografen der Modegeschichte zusammenarbeiten konnte. Er entdeckte Irving Penn und seine dramatischen Schwarz-Weiß-Aufnahmen. Er vergab weiterhin Aufträge an Cecil Beaton mit seinen gedeckten, märchenhaften Szenen und arbeitete mit Horst P. Horsts filmisch anmutenden Bildern und Erwin Blumenfelds weichen, sepiafarbenen Nahaufnahmen. Kein Wunder, dass diese Ausgaben oft als Eckpfeiler des goldenen Zeitalters der Zeitschriften gepriesen werden. Die Farbfotografie setzte sich gerade durch und wurde zu einem wichtigen Instrument der *Vogue*, doch die berühmtesten Fotografen bedienten sich weiterhin einer sanfteren Farbpalette. Blumenfeld erklärte, die frühe Farbfotografie sei so erpicht darauf gewesen, zu beweisen, dass sie alle Schattierungen einfangen konnte, dass dabei oft eine kitschige Übersättigung herauskam. Bei den Arbeiten der berühmten *Vogue*-Fotografen ging es mehr um den künstlerischen Wert als um die Innovationen von Kodak.

Libermans Ideen entsprangen seinen Wurzeln in Russland, wo der Beruf des Künstlers einen höheren Stellenwert hatte als im Westen. Zugegeben, zu Beginn seiner Karriere hatte ihn der Gedanke an ein stabiles Einkommen verlockt, und so war er in der kommerziellen Welt der Modeverlage gelandet. Sein aufkeimendes Interesse an der Kunst verstärkte sich in den vierziger Jahren deutlich, als er anfing, sich intensiver mit moderner Kunst zu beschäftigen und sich mit den Theorien von Kandinsky und anderen auseinanderzusetzen. Laut seiner Stieftochter gelangte er zu der Überzeugung, dass es in der bildenden Kunst eine sakrale Dimension gab, die über Fotografie und Graphik hinausging.[5] Sie deutet an, er habe zunehmend verächtlich über seine Arbeit bei der *Vogue* gedacht und ihr gestanden, dass er sich selbst als wahren Künstler betrachtete und sich dadurch den Zeitschriften überlegen fühlte.[6] All dies hätte vielleicht nichts verändert, wenn er nicht von einem Freund ermutigt worden wäre, während eines Urlaubs in Frankreich das Atelier von Georges Braque zu fotografieren. Liberman ergriff die Gelegenheit und genoss das Projekt so sehr, dass er auch andere Künstlerateliers besuchte, Cézanne und Monet fotografierte und interviewte.

Dieses private Hobby, das ursprünglich zu seiner eigenen Befriedigung gedacht war, färbte auf die *Vogue* ab. Im Jahr 1952 überredete ihn Irving Penn, einige seiner Essays in der Zeitschrift zu veröffentlichen, und das Feature »Künstler im Atelier« wurde zu einer regelmäßigen Rubrik, in der sich Liberman eingehend mit den Gewohnheiten und dem Leben moderner Meister befasste.[7] Im Jahr 1955 wurden Beiträge über Berühmtheiten wie Chagall und 1956 über Picasso veröffentlicht. Doch schon vor dem Erscheinen dieser Serie hatte sich die Kunst auf die Seiten geschlichen. Im Jahr 1951 hatte Liberman ein redaktionelles Shooting von Cecil Beaton konzipiert, bei dem die Models Versionen des »New Look« von Dior trugen, die von lokalen amerikanischen Schneiderinnen abgekupfert worden waren, und vor Leinwänden von Jackson Pollock posierten. Damit wurde nicht nur eine neue Verwendung von Kunst als Werbeträger eingeführt, sondern auch eine Verbindung zwischen der Welt der Mode und dem heiligen Boden der bildenden Kunst hergestellt.

So atemberaubend die Kleider auch sein mögen, die Epoche ist von einer zunehmenden Massenproduktion geprägt, die das Handwerk und die persönliche Note auszulöschen droht. In der Americana-Ausgabe der *Vogue* von 1947 wird die Textilindustrie der USA bejubelt, die im Jahr zuvor mehr als eine Billion Kleidungsstücke hergestellt hatte,[8] tatsächlich allerdings war die *Vogue*, in der die Couture König war, der große Gegner der Konfektionsmode. Die Americana-Ausgabe mag mit der amerikanischen Industrie geprahlt haben, aber das Image der Marke (und damit auch ihr Einkommen) beruhte darauf, den Reichsten und Schönsten den größten Luxus zu präsentieren. Wenn die Mode demokratisiert wurde, wie konnte man dann weiterhin Exklusivität verkaufen? Und doch standen auf der Gehaltsliste der *Vogue* auch Verfechter des Prêt-à-porter, nicht zuletzt Jessica Daves. Sie erkannte in den Umständen eine Chance und betrachtete die *Vogue* als Mittel zur Formung des öffentlichen Geschmacks.[9] Sie war davon überzeugt, dass Geschmack etwas Demokratisches war, das zum Nutzen aller, nicht nur der Elite, gelehrt und gelernt werden konnte.[10]

Daves wollte Mode zugänglich machen, wie der Titel des Features »Mehr Geschmack als Geld« zeigt. Darin wird Geschmack als die höchste Macht in der Mode dargestellt. Eine Kolumne beginnt sogar mit der Zeile: »Man braucht einen Blick für das, was neu und gut ist, und die Lust, es zu tragen. Und beides findet man nicht im Portemonnaie.«[11] Sie stellte Stil über den Preis und setzte sich damit für Konfektionskleidung ein. Diese Kleidung, die so überlegen geschmackvoll war, wurde ins Arsenal der *Vogue* aufgenommen, und Liberman beschrieb sie in den redaktionellen Seiten immer häufiger als das neueste Must-have. Dahinter stand die Absicht, eine neue gesellschaftliche Unsicherheit darüber zu erzeugen, ob man Geschmack hatte oder nicht. Dies trug dazu bei, die Auflage zu erhöhen; niemand wollte geschmacklos sein.

Die Kunst war zum Kern der New Yorker Gesellschaft geworden, und die Menschen scharten sich um charismatische Händler und Institutionen wie das Museum of Modern Art. Im Jahr 1945 widmete sich eine ganze *Vogue*-Ausgabe dem

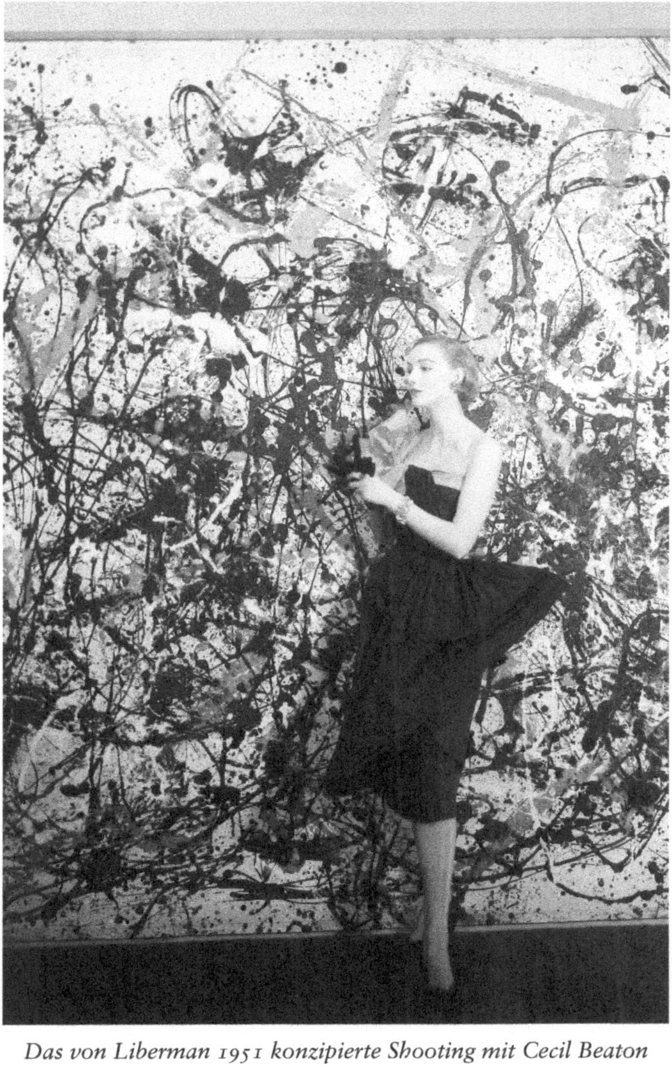

Das von Liberman 1951 konzipierte Shooting mit Cecil Beaton zeigt die Models vor Jackson Pollocks Bildern.

MoMA.[12] Nach der Zerstörung von Paris hatte sich die Kunstszene der Nachkriegszeit in Richtung New York davongemacht. Wohlhabende Amerikanerinnen und Amerikaner wurden dazu verlockt, Geld für private Sammlungen auszugeben, während der Ruf von Künstlern wie Dalí, die in Europa kaum beachtet wurden, gestärkt wurde. Die Mode konnte mehr Autorität beanspruchen, wenn sie als anspruchsvoll galt. Die Kunst wurde sichtbarer, wenn sie modisch war. Und Künstler übernahmen zunehmend kommerzielle Arbeiten, die zuvor unter ihrer Würde gewesen wären; Dalí gestaltete in den vierziger Jahren nicht weniger als drei *Vogue*-Cover. Geschmack zu kultivieren, einen Blick für Stil zu entwickeln, den Geist zu bilden – das waren die neuen Werte, nach denen die *Vogue* die oberen Ränge der Gesellschaft definierte. Kleidung konnte sich nun jeder leisten, aber Kunst nur wenige.

Es gab noch andere, weniger subtile Hinweise darauf, wie groß der Einfluss der Modemedien geworden war, wobei der »New Look« immer noch im Mittelpunkt vieler Veränderungen stand. Seit Diors bahnbrechende Show Schlagzeilen gemacht hatte, schenkten Journalisten weltweit der Mode mehr Aufmerksamkeit. Kurse für Modejournalismus sprossen wie Pilze aus dem Boden, und ab 1952 bot die Parsons School of Design in Zusammenarbeit mit der New York University (NYU) einen Bachelor-Studiengang für Mode an.[13] Die Anzahl der Pressevertreter, die über die Couture-Kollektionen berichteten, schnellte in die Höhe: Im Jahr 1949 berichteten mehr als 300 internationale Journalisten über die Pariser Schauen; 1957 waren es 500, plus etwa 800 Einkäufer.[14] Sinkende Flugpreise ermöglichten häufigere Reisen, während wirklich erfolgreiche Kommentatorinnen neue Höhen erklommen. Die ehemalige britische *Vogue*-Redakteurin Alison Settle ließ ihre Kolumnen syndizieren, ebenso wie Eugenia Sheppard, die berühmte

Modeinstanz, die sich mit ihren geistreichen Kommentaren in ganz New York einen Namen machte. Mitte der fünfziger Jahre hatte sich in den USA eine robuste Wirtschaft entwickelt; die amerikanische Bevölkerung verfügte über eine beträchtliche Kaufkraft und wollte diese durch den Genuss von Luxus zum Ausdruck bringen. Die USA waren erneut Hauptabnehmer der Pariser Couture, und so wurden die Ateliers gestärkt, indem französisches Design in den amerikanischen Medien beworben wurde. Die Amerikaner und Amerikanerinnen unterstützten auch neue Modemetropolen wie Italien, das seinen eigenen wirtschaftlichen Aufschwung erlebte und dank der Aufmerksamkeit, die ihm die amerikanische Werbung verschaffte, seine eigene Riege international anerkannter Designer wie Simonetta und Pucci etablieren konnte.

Die Berichterstattungen von Modemagazinen und Zeitungen unterschieden sich zunehmend voneinander. Die Zeitschriften hatten Mühe, unparteiisch zu bleiben, und ergaben sich den Forderungen der Werbekunden nach positiven Bewertungen. Die Zeitungen konnten kritische Kommentare veröffentlichen. Mit dem neuen Prestige der Branche und der Formalisierung des Modejournalismus veränderte sich auch der Ton. Die Stimme der *Vogue* sagte den Frauen genau, was sie zu welchem Anlass wie tragen sollten und welche Accessoires jeweils perfekt passten. »Einzelne, frei kombinierbare Kleidungsstücke« wurden im Rahmen des aufkommenden Marktes für Freizeitkleidung immer beliebter. Diese Kleidungsstücke waren etwas Neues, und die Zeitschriften sahen sich veranlasst, den Frauen beizubringen, wie sie diese Stücke zu kompletten Outfits zusammenstellen konnten. Anleitungen, Garderobenplanung und Regeln für das Urlaubsgepäck, ob man nun zum Segeln mit der Jacht ging oder zum Skifahren, wurden schnell ein Muss.

Die Diskussion über Farben erreichte nun auch die Kleidung. Im Jahr 1949 zeigten drei aufeinanderfolgende *Vogue*-Titelbilder eine Regenbogenpalette, und Ende April tauchte »Farbe in Ihrem Leben« als Schlagwort auf einem Titelblatt auf.[15] Zeitgenössische Designer waren der Meinung, Frauen hätten keine Ahnung, wie sie sich kleiden sollten, und ein Mitarbeiter einer Fachzeitschrift ging so weit, Kaufhäuser zu bitten, Farbberater einzustellen, die Frauen Tipps geben sollten, welche Farbtöne ihnen schmeichelten.[16] Die Flut von Anleitungen in der *Vogue* erfüllte entweder ein extremes allgemeines Bedürfnis oder übernahm die angesagte diktatorische Haltung der Gesellschaft gegenüber der Weiblichkeit. Frauen sahen sich dem neuen Druck ausgesetzt, mit einem gepflegten Äußeren aufzutreten, gesellschaftlich erfolgreich und vor allem gehorsam zu sein.

Bei aller Raffinesse und Pracht der Bilder in der *Vogue* hatte der Inhalt eindeutig patriarchalische Untertöne, einschließlich beiläufiger Verweise auf häusliche Gewalt. Ein unangenehmer Artikel legt nahe, dass Fragen wie »Sind Sie ein Snob?« und »Haben Sie schon aufgehört, Ihre Frau zu schlagen?«[17] zum höflichen Tischgespräch gehörten. Ein Artikel in der Ausgabe von 1956 beschäftigt sich mit der Frage, was Frauen erinnerungswürdig macht: Schönheit oder Charme? Hatte man per Geburt keins von beidem zu bieten, bestand die einzige Hoffnung darin, sich gut zu kleiden.[18] In einem Abschnitt, der sich an Männer richtete, wurde mit Nachdruck erklärt, dass hübsche Frauen die besten seien, da niemand eine unattraktive Partnerin wolle. Sinnlichkeit hingegen sei vulgär, und zu viel Schönheit sei protzig und geschmacklos.[19]

Die *Vogue* verbreitete diese Vorstellungen, aber inwieweit sich die Zeitschrift dadurch schuldig gemacht hat, ist schwer zu beurteilen. Hat sie sich die verzerrten gesellschaftlichen

Werte zunutze gemacht, um ihr Produkt zu verkaufen? Ja. Waren sich die Herausgeber dessen bewusst, dass sie es taten? Wahrscheinlich nicht. Immerhin erteilte die *Vogue* zeitweise sogar Männern strenge Vorgaben. In einem erheblichen Teil der Berichterstattung ging es um Diäten, einschließlich Rezepten und Tipps zum Kalorienzählen, und diesem Druck konnten sich auch Männer nicht entziehen. Ein Artikel stellte ein neues Gerät vor, eine Art ausklappbares Bett mit Motor, das Männer ins Büro mitnehmen und dadurch Gewicht verlieren konnten, indem sie sich einfach darauf hinlegten. Viele Werbeagenturen warben mit Produkten für die Gewichtsabnahme wie etwa Hightech-Körperwaagen. Im Spätfrühling 1954 wurden in einem Artikel die Vorzüge einer Sommerfigur (ein Vorläufer der Bikinifigur) erörtert, die durch den Kauf von strukturierten Badeanzügen verbessert werden könne, die eventuelle Wölbungen eindämmten, ähnlich wie die heutige Formwäsche.[20]

Von Frauen wurde erwartet, dass sie dem Ideal der Superehefrauen entsprachen, dennoch spiegelt sich auf den Seiten der *Vogue* der allgemeine Wunsch nach einem schönen Leben wider, und sie zeigen sehr amerikanische Ängste vor dem Scheitern. Die neuen Reisegewohnheiten führten zu seitenlangen Berichten über Strandurlaube, Landhauspartys und Kreuzfahrten. In der Zeitschrift fand man das richtige Outfit für einen Hubschrauberflug über die Wolkenkratzer von New York. Oder um mit einem Reiseführer in der Hand durch ein französisches Schloss zu schlendern. Sport war beliebt, vor allem Golf und Tennis. Gleiches galt für Badeorte oder Besuche auf den Anwesen von Freunden, all dies erforderte eine sorgfältig abgestimmte Kleidung (wenn man beispielsweise das Gewächshaus des Gastgebers besichtigen wollte, waren kurze Bermudas die angemessene Kleidung). Diese Themen wurden durch zahlreiche Werbeanzeigen für Reisebüros und Designergepäck ergänzt. Solche hochklassigen Vergnügungen waren nicht nur für junge und abenteuerlustige Menschen gedacht. Auch Mrs Exeter, eine der einzigartigen Erfindungen der *Vogue*, reiste ebenso viel wie alle anderen.

Die 1948 erstmals auftauchende Mrs Exeter war ein Produkt der Marketingabteilung und sollte älteren Leserinnen umfassende Ratschläge geben. Die *Vogue* hatte seit ihren Anfängen eher herablassende Artikel für ältere Damen geschrieben, doch Mrs Exeter war eine radikale Neuerung, die endlich die Bedeutung der Frauen über dreißig anerkannte: ihre Kaufkraft, ihre gesellschaftliche Stellung, ihre zunehmende Langlebigkeit und Vitalität. Hier wurde auch, vielleicht zum ersten Mal, offen über das Altern gesprochen und gezeigt, dass es möglich ist, stilvoll zu bleiben, auch wenn sich der Körper der Frau im Laufe der Zeit verändert. Die Mrs-Exeter-Episoden sind nicht namentlich gekennzeichnet und in der dritten Person verfasst, als würden sie über die Erlebnisse einer realen Person berichten. In einer Ausgabe wird sie als Frau eines gewissen Alters beschrieben,[21] in einer anderen ist sie eine Heldin von über 50 Jahren.[22] Die Texte sind eine angenehme Überraschung, denn Mrs Exeter ist gescheit und sympathisch. Durch ihre eigene Persönlichkeit zeigt die *Vogue*, dass soziale Fähigkeiten und kulturelles Kapital für eine Frau von Vorteil sind und dass ihre Identität nicht von einem (nie erwähnten) Ehemann oder ihrem Vermögen abhängen muss. Sie ermutigt dazu, sparsam zu haushalten, ohne sich etwas zu versagen; sie schreibt über die Stile ihrer Jugend und liefert nostalgische Modeschnappschüsse; an einigen Stellen wirbt sie für Prêt-à-porter. Früher hätte die Wortwahl vielleicht hochnäsig empfohlen, »schwierige Stellen« zu »bedecken« oder »zu kaschieren«; Mrs Exeter bot den Blickwinkel, dass sich ihr Geschmack lediglich weiterentwickelt habe und von Natur aus eleganter geworden sei.

Mrs Exeter war so beliebt, dass sie einen Ableger in der britischen *Vogue* bekam, obwohl die beiden Mrs Exeters unterschiedliche Stimmen hatten. *Harper's Bazaar* folgte dem Beispiel und führte eine ähnliche Kolumne mit dem Titel »In meinem Alter« ein, die allerdings kritischer war und eher Listen mit unpassenden Kleidungsstücken enthielt als hilfreiche Tipps. Mrs Exeter hielt sich so lange wie Jessica Daves, die als praktisch veranlagte Person, die ursprünglich aus der Marketingabteilung stammte, wahrscheinlich nicht unwesentlich an ihrer Entstehung beteiligt war. Bei der *Vogue* waren viele Kräfte am Werk, die manchmal in unterschiedliche Richtungen zogen. Jessica Daves wünschte sich Gleichberechtigung in der Mode, also kämpfte sie für Stil statt Geld, funktionale Mode und Mrs Exeter als Symbol gegen Altersdiskriminierung. Artdirector Alexander Liberman hingegen trat ein für Luxus und Stil als elitäre Mittel, Mode als Kunst und Frauen als eindimensionale Schönheitsschablonen. Diese gegensätzlichen Ideologien machten die amerikanische *Vogue* jedoch keineswegs verwirrend und widersprüchlich. Sie machten die Zeitschrift zu einer eigentümlich schönen und vielseitigen Publikation.

Von den Leserinnen der *Vogue* wurde erwartet, dass sie ein Leben der Muße führen. Aber für die Beschäftigten der *Vogue* war diese Vorstellung lachhaft. Die rasante Entwicklung der Mode brachte neue Verantwortlichkeiten mit sich und forderte ihnen Tag und Nacht harte Arbeit ab. Im Jahr 1951 veröffentlichte die Zeitschrift *Life* einen Artikel mit dem Titel »Bettina's Busy Day« (Bettinas betriebsamer Tag)[23], der detailliert den Zeitplan der amerikanischen *Vogue*-Redakteurin Bettina Ballard während der Pariser Modewoche beschrieb: Um 8 Uhr hielt sie in ihrem Hotelzimmer eine Morgenkonferenz ab. Um 9.15 Uhr wurde sie in einem Balenciaga-Kostüm bei einer Balenciaga-Show erwartet. Um 10.15 Uhr war sie bei einer Schiaparelli-Schau und trug einen Schiaparelli-Mantel, um das Balenciaga-Kostüm darunter zu verdecken. Dann zog sie sich komplett um, tauschte das Balenciaga-Kostüm gegen ein schwarzes Dior-Kostüm und nahm bei der Dior-Eröffnung Platz. Die Kleider, in die sie hinein- und wieder herausschlüpfen musste, um die Designer nicht zu beleidigen, lagen in dem Wagen bereit, der sie rasant durch den Verkehr manövrierte und zu den Schauen fuhr, und oftmals zog sie sich umständlich auf dem Rücksitz um. Heutzutage können Zeitschriften Kleider ausleihen und sie zum Fotografieren in verschiedene Länder schicken, aber 1951 kamen die Redakteure nur an Bilder, wenn sie sie in nächtlichen Studio-Sessions aufnahmen. Das bedeutete, dass Bettina Ballard und der Fotograf John Rawlings um Mitternacht gerade erst anfingen, die Models am Set in Position zu bringen. Um 2 Uhr morgens snackte Ballard einen Teller Pommes, immer noch ihre Perlen tragend, und begutachtete die Fotos, die sie gemacht hatten, bevor sie entschied, welche davon sie an die Zentrale schickte. Erst dann konnte sie ins Bett gehen, und am nächsten Tag ging alles wieder von vorn los.

Obwohl Bettina Ballard nach diesem strengen Zeitplan arbeitete, galt sie eher als kreativ denn als praktisch. Die geschäftsführende Redakteurin Mildred Morton (von der gesagt wurde, sie habe »das kälteste, grausamste Herz, das man sich vorstellen kann«[24]), die für die Verbindung zwischen Anzeigenkunden und Redaktion zuständig war, wachte stets darüber, dass Ballard die geschäftliche Seite der *Vogue* nicht gefährdete, indem sie hart erkämpfte Abmachungen zwischen Marken und Zeitschrift nicht einhielt. Auch zwischen Ballard und der Chefredakteurin Jessica Daves gab es Differenzen;

Ballard war der Meinung, sie hätte den Posten der Chefredakteurin bekommen sollen. Generell wurde Daves wegen ihres unattraktiven Aussehens heftig kritisiert. Ein angeblicher Freund verglich ihr Gesicht mit einem Bratapfel,[25] ein anderer Redakteur meinte, »alles an ihr war unsympathisch«.[26] Auf Libermans Weihnachtsfeiern wurde Daves ausgelacht, weil sie unbeholfen Canapés mampfte und kaute, bis ihr Hut nach vorne rutschte und der Schleier, den sie trug, in Thunfischfüllung oder Leberpastete getunkt wurde.[27]

Noch schlimmer war in den Augen der *Vogue*-Mitarbeiterinnen jedoch, dass sie sich für Prêt-à-porter einsetzte und sogar ein extrem fachlich-formelles Buch mit dem Titel *Ready-Made Miracle: The American Story of Fashion for the Millions* [etwa: Wunder von der Stange: Die amerikanische Geschichte der Mode für Millionen, Anm. d. Ü.] verfasste. Sogar in diesem trockenen Text scheint ihre Meinung durch; sie bezeichnet Unternehmer als »Helden«, die einen dringend notwendigen Wandel in der wechselhaften Bekleidungsindustrie herbeigeführt hatten.[28] Diese Einstellung muss Experten wie Ballard und Liberman abgestoßen haben, die glaubten, Mode sei das Feld der Träume, nicht der Zahlen. *Vogue* war und blieb ein versnobter Arbeitsplatz. Die Nachwuchskräfte rekrutierten sich nach wie vor aus den Töchtern der Wohlhabenden, und die Gehälter waren so niedrig, dass sie als »Taschengeld« bezeichnet wurden.[29] In einem internen Witz sagt eine Nachwuchskraft zu einer anderen: »Ich muss mir jetzt einen richtigen Job suchen. Daddy kann es sich nicht mehr leisten, mich zur *Vogue* zu schicken.« Es gab auch massenhaft langbeinige Blondinen, die kurzfristig ins Büro kamen, nur um es gleich wieder mit einem Ring am Finger zu verlassen. Für viele Töchter oder Exfrauen der Reichen war die *Vogue* ein Übergangsritual. Die gelangweilten Erbinnen, die uninspirierten Models, die Exehefrauen von Staatsmännern, Sportlern, Playboys und Hollywood-Schauspielern, die sich ihre Unterhaltszahlungen und Scheidungsvereinbarungen gesichert hatten, gingen bei der *Vogue* ein und aus. Sie war ihr natürlicher Haltepunkt; sie wussten nicht, wohin sonst sie sich zwischen Ehemännern und Ferien wenden sollten.

Daves passte nicht in dieses Schema. Sie war durch und durch eine arbeitende Frau aus der Mittelschicht, da ist es durchaus überraschend, dass es ihr gelang, die *Vogue* trotz all dieser Spaltungen in den fünfziger Jahren im Griff zu behalten. Doch dann brach eine neue Ära an, und wie es der Zufall wollte, kündigte der exotische Redaktionssuperstar Diana Vreeland ihren Job bei *Harper's Bazaar*. Bei der *Vogue* horchte der Artdirector Alex Liberman auf. Er erklärte, die *Vogue* brauche Hilfe bei ihren Moderubriken, behauptete, Daves sei nicht kreativ, sondern eine bloße Verwalterin.[30] Daves' Titel wurde im Impressum von Chefredakteurin auf redaktionelle Beraterin geändert – ein reiner Alibititel, der immer an ausscheidende Chefredakteure vergeben wurde –, und ihr letztes Dienstjahr war 1964. Daves loszuwerden war einer der ersten Schritte, die Liberman unternahm, als er zunehmend die Kontrolle über das Unternehmen erlangte. Um das besser zu verstehen, ist es notwendig, etwas mehr über die neuen Eigentümer der *Vogue* zu wissen.

Neue Eigentümer: Die Newhouses

Condé Nast Publications wurde im Jahr 1959 für fünf Millionen Dollar von Samuel Irving Newhouse sr. gekauft, der das Medienimperium Advance Publications aus dem Nichts aufgebaut hatte. Die Legende besagt, dass seine kleidungsverrückte Frau Mitzi eines Morgens von ihrer Lektüre aufgeschaut und gesagt haben soll: »Liebling, vergiss nicht, mir heute die *Vogue* zu kaufen.« Newhouse sr. verstand das falsch und erwarb das Unternehmen, obwohl sie nur die neueste Ausgabe der Zeitschrift haben wollte.[31] Newhouse sr. war das älteste von acht Kindern jüdischer Einwanderer in New York City. Mit 13 Jahren musste er wegen des schlechten Gesundheitszustands seines Vaters die Stelle des Familienoberhaupts übernehmen, er ging von der Schule ab und suchte sich Arbeit, um seine Familie zu unterstützen, wobei er die ganze Zeit auf eine gute Gelegenheit wartete.

Sie kam in Form einer schwächelnden Lokalzeitung, die seinem Chef in die Hände fiel. Sein Arbeitgeber erkannte den Unternehmergeist des jungen Mannes und ging das Risiko ein, ihm die Verantwortung über die Zeitung zu übertragen. Wenn er das Blatt rettete, sollte er eine Beteiligung erhalten. Newhouse sr. erkannte schnell, dass ein nachlässiger Umgang mit Werbung das Problem der Zeitung war. Er brachte sie in Rekordzeit wieder in die Gewinnzone, erkannte, dass sein Konzept auch anderswo funktionieren konnte, und investierte daraufhin auch in andere verlustbringende Publikationen. Sein Modus Operandi war, eine günstige Tageszeitung in einer wachsenden Gemeinde zu finden und zuerst sie und danach auch die zweitwichtigste Zeitung vor Ort zu kaufen. Anschließend stellte er eine der beiden Zeitungen ein und errichtete so ein Monopol, das es ihm ermöglichte, die Anzeigenpreise so hoch anzusetzen, wie er wollte. Der Milliardär und Investor Warren Buffett nannte diese Strategie eine Mautstelle mit eigenen Regeln.[32] Mit diesem System, das Newhouse sr. mehrfach wiederholte, häufte er eines der größten und glanzvollsten Vermögen Amerikas an.

Sein Sohn Samuel Irving Newhouse jr., genannt Si, war in

völlig anderen Verhältnissen geboren und aufgewachsen und an Luxus gewöhnt. Im Gegensatz zu seinem nüchtern veranlagten Vater zeigte Si Newhouse schon als junger Erwachsener ein großes Interesse an den Künsten. Leider fiel es ihm schwer, aus dem Schatten von Newhouse sr. herauszutreten. Der etwas introvertierte Junge brach das College ab und ließ sich in Manhattan nieder. Nach einer gescheiterten Ehe, drei Kinder inklusive, lebte Si Newhouse im mittleren Alter in einer Junggesellenbude und wechselte zwischen verschiedenen Positionen bei den Zeitungen seines Vaters hin und her. Erst als er bei Condé Nast Publications aufschlug, erkannte er, wo er hingehörte.

Si Newhouse schlich sich still und leise in die *Vogue*-Büros und setzte während Jessica Daves' Amtszeit seinen Besitzanspruch durch. Anfangs hatte ihn die Vorstellung, einen »geschmacklosen« offiziellen Titel anzunehmen, entsetzt, doch ließ er sich schließlich von Liberman überreden und wurde ab 1964 Herausgeber der US-*Vogue* – im selben Jahr, in dem Daves ausrangiert wurde.[33] Nun könnte man es sich einfach machen und Si Newhouse den Ruhm und die Schuld für jeden Erfolg und Misserfolg der *Vogue* bis zu seinem Tod im Jahr 2017 zuschreiben. Aber die *Vogue*, vor allem die neue *Vogue*, die von den überquellenden Newhouse-Kassen gestützt wurde, verfügte über unerschöpfliche Mittel, Prestige und Glamour … und eine begrenzte Anzahl offener Stellen. Das sorgte kaum überraschend für brutale Kämpfe zwischen den leitenden Angestellten und eine geschickte Beeinflussung von Si Newhouse durch diejenigen, die mutig genug waren, es zu versuchen.

Kurz bevor Condé Nast starb, diktierte er einen Brief an seine rechte Hand Iva Patcévitch, in dem er ihn zum nächsten Präsidenten des Unternehmens ernannte. Patcévitch war ein Weißrusse, der in der Armee des Zaren gedient hatte, bevor er nach Amerika geflohen war. Er war gebildet und zierlich, ein begnadeter Sportler, ein Finanzgenie, ein wundervoller Pianist, der Liebhaber von Marlene Dietrich und Nasts persönlicher Vertrauter. (Was nicht heißt, dass er nicht auch jene törichte Extravaganz besaß, die für Modeleute so typisch ist: Die meiste Zeit seines Lebens trug er einen goldenen Sektquirl von Cartier in der Tasche, um überschüssige Bläschen aus seinem Champagner zu entfernen.)[34] Patcévitch hatte den Verkauf der *Vogue* an die Newhouses abgewickelt – eine Entscheidung, die er später bitter bereuen sollte, als er von ihnen ausgebootet wurde. Bei anderen monumentalen Entscheidungen ließ er sich von dem anderen Titanen hinter den Kulissen allzu sehr beeinflussen: Liberman.

Liberman sorgte dafür, dass Jessica Daves gefeuert wurde, Liberman drängte darauf, Diana Vreeland als ihre Nachfolgerin einzustellen, und Liberman war kurze Zeit später dafür verantwortlich, dass sie wieder rausgeworfen wurde, als sie ihm nicht mehr passte. Vreeland hatte den Ruf, eine wilde und aufregende Redakteurin zu sein, und Liberman war eine Zeit lang sehr angetan von ihr. Im Rückblick auf die Zeit, als Jessica Daves die US-amerikanische *Vogue* verließ und Diana Vreeland ankam, behauptete Liberman, die Newhouses hätten gewollt, dass er den Posten des Chefredakteurs von Daves übernahm, aber er habe abgelehnt, weil Männer Manager sein und sich nicht mit Mode befassen sollten.[35] Stattdessen wurde er zum Editorial Director ernannt, ein neuer Titel, der ihm die allmächtige Kontrolle über alle Zeitschriften bei Condé Nast einräumte. In der Mitteilung, mit der Vreelands Ernennung bekannt gegeben wurde, hieß es, sie werde eng mit Liberman zusammenarbeiten. Als er sich Jahre später daran erinnerte, bemerkte er mit einem Augenzwinkern: »Sie wollten, dass ich sie kontrolliere. Aber Vreeland war unkontrollierbar.«[36]

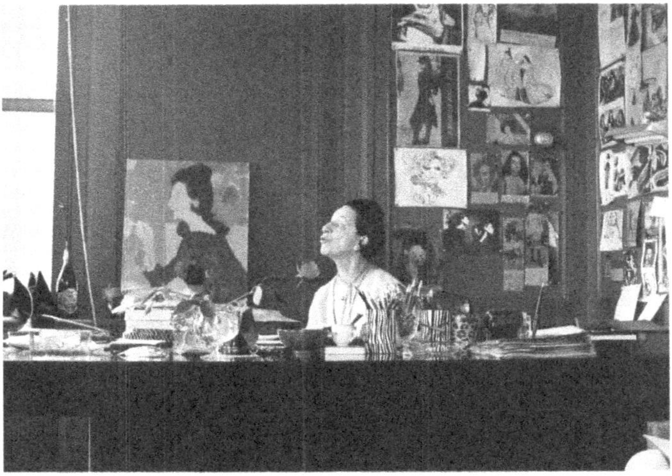

Diana Vreeland 1968 in ihrem Büro.

Der Familie Newhouse ist es auch zu verdanken, dass eine der bevorzugten unternehmerischen Vorgehensweisen von Condé Nast wiederbelebt wurde: expandieren, expandieren, expandieren. Nast hatte es geliebt, sich marode Zeitschriften zu schnappen und die *Vogue* und ihre verschiedenen Ableger im Ausland zu lancieren, und den Newhouses ging es offenbar genauso. Ihren ersten Vorstoß ins Ausland wagten sie fast sofort mit dem Start der *Vogue* in Australien.

Australien war lange Zeit den englischen Trends unterworfen gewesen, die trotz der großen Entfernung ihren Weg aus Europa fanden. Größtenteils mit Nachkommen von Briten und Iren bevölkert, hatte es sich bei Stilfragen schon immer am verregneten Vereinigten Königreich orientiert. Die Bewohner des jungen Landes waren mit wilder Natur, der noch unterentwickelten Infrastruktur und dem tropischen Klima konfrontiert, was praktische Arbeitskleidung erforderte. In den späten fünfziger Jahren wurde Australien jedoch kultivierter und verfügte über eine recht solide Wirtschaft. Die Australier reisten, lernten andere Lebensstile kennen und kauften im Ausland schöne Waren. Für die Newhouses hörte sich das gut an, zumal der einzige Konkurrent eine Zeitschrift namens *Flair* war.[37] Eine einheimische Publikation hatte kaum eine Chance, denn sie musste es mit den blaublütigen Verbindungen, der hochwertigen Ausrüstung und den erstklassigen Fotos der *Vogue* aufnehmen. Zu diesem Zeitpunkt hatte die *Vogue* bereits einen großen Vorsprung.

Zur Unterstützung zogen die Newhouses Bernard Leser hinzu, einen in Deutschland geborenen Juden, der vor den Nazis geflohen war und später ein geselliger Schuhverkäufer auf den Antipoden wurde. Seine Karriere im Textil- und Schuhgeschäft brachte ihn mit Reggie Williams in Kontakt, dem damaligen Vorsitzenden und Geschäftsführer von Condé Nast UK, der von Lesers Energie, wenn auch nicht von seiner Erfahrung, beeindruckt war. Bei einem geschäftlichen Aufenthalt in London wurde Leser gebeten, bei der Gründung eines neuen Ablegers der Zeitschrift mitzuarbeiten – ein Vorschlag, den er gerne annahm. *Vogue Australia* wurde im Jahr 1959 als Abteilung des britischen Unternehmens gegründet. Die Beilage erschien dreimal im Jahr, und die Verkaufszahlen waren so hoch, dass schließlich eine eigene Ausgabe der *Vogue Australia* grünes Licht bekam. Mithilfe der couragierten Redakteurin Sheila Scotter steigerte sich das Luxusmagazin auf eine Rekordauflage von mehr als 60000 Exemplaren. Später brachte Leser eine australische *Vogue Living* auf den Markt mit ähnlichem Erfolg.[38]

Das erste Titelbild der *Vogue Australia* wurde von Norman Parkinson fotografiert: eine Porträtaufnahme einer umwerfenden Blondine mit ruhigem, sanftem Gesichtsausdruck.

Die Weichzeichneraufnahme verlieh dem Cover einen feinen goldenen Schimmer, der zu dem heißen, sandigen Kontinent passt. Die Besessenheit der Nachkriegszeit mit Farben zeigt sich auch hier, wie die Bildunterschrift belegt: »FRÜHLINGS-LEUCHTEN. Farben, Kleider, Kosmetika«. Der frühe Erfolg von *Vogue Australia* ist Bernard Leser zuzuschreiben. Er leistete Pionierarbeit, kämpfte mit sturen einheimischen Unternehmen um Werbung und warb für Australien als spannenden Markt, der keineswegs nur langweilige Provinz war. Der beste Beweis für Lesers Einfluss ist der glanzvolle Weg, den er für sich selbst geebnet hat. Sein australisches Pilotprojekt war so erfolgreich, dass er im Jahr 1976 zum ersten nicht britischen Geschäftsführer von Condé Nast UK und 1987 zum ersten nicht amerikanischen Präsidenten des gesamten Unternehmens Condé Nast Publications in den USA ernannt wurde.

Der nächste internationale Schritt der *Vogue* wurde nicht so sehr von einer einzelnen Person vorangetrieben, sondern entwickelte sich als natürliches Nebenprodukt wirtschaftlicher, historischer und kultureller Faktoren.

Wann, so könnte man sich fragen, wurde »Made in Italy« zum Synonym für Stil? Nach dem Zweiten Weltkrieg erlebte das Land eine bemerkenswerte Phase der Kreativität, die sich auf Architektur, Kunst, Kino, Fotografie und natürlich auf die Alta Moda, die italienische Haute Couture, auswirkte. Bis etwa in die siebziger Jahre hinein war Italien mit seinem bewusst schnörkellosen Luxus und der Popularisierung von Sportbekleidung der Motor der Szene. Die französische Couture dagegen war von strengen Stilvorschriften geprägt und wenig alltagstauglich. Auch Italien lag in Trümmern, aber es sah die Chance, das eigene Schicksal zu wenden, wenn es sich mit den boomenden USA verbündete. Bald wurden amerikanische Filmstars zu Botschaftern des italienischen Schicks, und amerikanische Touristen füllten die Taschen der Einheimischen von Capri bis Perugia. Eine florierende Textilindustrie wurde durch amerikanische Dollars befeuert. Die Italiener waren der Meinung, dass sie diese Bargeldspritze verdient hatten: Schließlich hatten die amerikanischen Streitkräfte ihr früheres Regime zerschlagen und die Wahlen im Land nach dem Krieg überwacht.

Aus der Region Piemont begannen kleine Händler wie Loro Piana ihre fein gesponnene Wolle zu exportieren. Textilfabriken wurden wiederbelebt, von der Mailänder Baumwollindustrie bis zur lombardischen und toskanischen Seidentradition. Die flott arbeitenden Fertigungslinien, die sich wie Arterien durch die Dolomiten und die venezianische Lagune, die Berici-Hügel bis zu den Füßen der Po-Ebene zogen und alle unter der Herrschaft von La Serenissima – dem alten Namen für Venedig – standen, wurden wieder angeworfen. Schon bald gewannen sie durch Produktinnovationen und die Entwicklung von Kunstfasern ein eigenes Profil. Italien wurde als Alternative zu Paris und der Riviera beworben und war plötzlich mit Audrey Hepburns *Ein Herz und eine Krone* und später mit *Das süße Leben* und *Es begann in Neapel* auf der Leinwand zu sehen.

So traten eine Reihe intelligenter, raffinierter und sportlicher italienischer Designerinnen und Designer hervor, von denen viele eine aristokratische Herkunft und ein Gespür für Publicity hatten sowie über einen wachen Verstand und eine scharfe Zunge verfügten. Ihre Visitenkarte waren das erstklassige Garn und die unkomplizierten Schnitte. Germana Marucelli stammte aus einer Florentiner Handwerkerfamilie und machte leichte Tuniken populär, die nach Mönchen und Bischöfen benannt waren. Weitere prominente Designerinnen und Designer waren Irene Galitzine, eine Prinzessin, die

Sandalen mochte,[39] Simonetta Colonna und Emilio Pucci mit seinen leuchtenden, kaleidoskopischen Stoffen. Diese erste Generation ebnete den Weg für viele zukünftige italienische Designer: Prada, Gucci, Fendi, Ferragamo, Missoni, Valentino, Versace. Als Italien in den Blick der Weltöffentlichkeit trat, begann man auch bei Condé Nast Publications nachzudenken. Wie wäre es mit einer eigenen *Vogue* für diesen neuen Markt?

Auf dem italienischen Markt gab es bereits zahleiche Magazine, daher beschlossen die Newhouses, langsam vorzugehen. Im Jahr 1961 schlossen sie eine Partnerschaft mit einer anderen Zeitung und führten das Produkt unter dem Namen *Novità* im Markt ein, um zu verhindern, dass der Name *Vogue* im Falle eines Misserfolgs beschädigt würde. Im Jahr 1965 wurde die Zeitschrift in *Vogue + Novità* umbenannt und erst 1966 wurde sie zu *Vogue Italia*. Wie bei vielen Schwesterpublikationen, darunter die britische *Vogue* und die *Vogue Paris*, wurden auch die Anfänge der *Vogue Italia* von mehreren Redakteurinnen und Redakteuren aus der New Yorker Zentrale begleitet. Es sollte noch Jahrzehnte dauern, bis die *Vogue Italia* wirklich eigenständig wurde, sich einen Namen als radikale Dissidentin machte und so die hohen Tiere in Angst und Schrecken versetzte.

9

JUGENDBEBEN

Skandal in Paris,
Swinging Sixties in London

Rassismus im Nachkriegsfrankreich

Bei der *Vogue Paris* blieb Michel de Brunhoff bis Mitte der fünfziger Jahre Redakteur und war damit ein weiterer Mitarbeiter auf Lebenszeit bei Condé Nast Publications. Trotz seines fortschreitenden Alters war de Brunhoffs Gespür für die Redaktion so ausgeprägt wie eh und je, und er hatte immer noch den instinktiven Finger am Puls der Mode. Er war sogar an den ersten Karriereschritten von Christian Dior beteiligt.

Dior hatte in Paris eine bescheidene Kunstgalerie geleitet, die in der Weltwirtschaftskrise von 1929 in Konkurs gegangen war. Da er nicht wusste, wie er seinen Lebensunterhalt bestreiten sollte, fertigte er einige Modeskizzen an und brachte sie zu de Brunhoff, der sie zwar nicht gut genug fand, um sie in der *Vogue* zu verwenden, allerdings stellte er für Dior entscheidende Kontakte zur Couture her. Er verstand intuitiv, dass Dior ins Designgeschäft gehörte. Ein solcher Kontakt führte zu einem Job, bei dem Dior einen Großteil seiner ersten Berufserfahrungen im Bereich Mode und Design sammelte. Später entdeckte de Brunhoff Yves Saint Laurent, machte ihn mit Dior bekannt und leitete damit auch dessen Karriere ein.

Aber die Zeiten hatten sich geändert, und die französische *Vogue* war nicht mehr an der vordersten Modefront von Condé Nast. Zuvor hatte sie alle Modeseiten für die britische und amerikanische *Vogue* produziert, jetzt kamen amerikanische Redakteurinnen nach Paris und produzierten die Seiten selbst. De Brunhoff hatte nichts dagegen, im Gegenteil, er schien froh zu sein, die Verantwortung abgeben zu können.[1] Er vermied notwendige Diskussionen über Konfektionskleidung, die er ablehnte. Er legte viel Wert darauf, dass seine Töchter mit ihm arbeiteten und später seinen Platz einnahmen, was eigentlich gegen die Unternehmensregeln von Condé Nast verstieß, nach denen Vetternwirtschaft nicht gern gesehen wurde. Sein Enthusiasmus ließ zweifellos nach. Das Unternehmen stand tief in seiner Schuld dafür, dass er die französische *Vogue* vor den Nazis gerettet hatte, trotzdem brauchte man einen Redakteur für die aktuelle Zeit. Seine langjährige Weggefährtin Bettina Ballard erinnerte sich, wie sie Mitte der fünfziger Jahre, kurz vor de Brunhoffs Eintritt in den Ruhestand, dessen Büro betrat und den normalerweise überfüllten Schreibtisch völlig leer vorfand.[2] Wie Edna Woolman Chase starb auch de Brunhoff nur wenige Jahre nach seinem Ausscheiden bei der *Vogue*.

Die Frau, die im Jahr 1954 seine Nachfolge antrat, entsprach ganz dem erstaunlichen Überfluss an Kriegshelden, die die *Vogue* aufzuweisen hatte. Edmonde Charles-Roux stammte aus einer Diplomatenfamilie und war in der intellektuellen Elite verschiedener europäischer Hauptstädte aufgewachsen. Ihr Nationalgefühl war jedoch so stark, dass sie bei Kriegsausbruch mit 19 Jahren den Dienst als Krankenschwester antrat. Sie wurde zweimal verwundet, zunächst bei einem Bombenangriff auf ein Krankenhaus, als sie Soldaten vor den Flammen rettete, und ein weiteres Mal als Mitglied der Résistance. Sie kehrte mit militärischen Auszeichnungen in ihre Heimatstadt Marseille zurück und musste dort feststellen, dass das gesellschaftliche Umfeld ihrer Eltern eine Frau, die an der Front gewesen war, missbilligte. Wegen ihrer allzu liberalen Ansichten geächtet, beschloss sie, einen Neuanfang in Paris zu wagen. Auf dem Weg in die Hauptstadt traf sie einen wohlhabenden Reeder, der in die Zeitschrift *Elle* investieren wollte. Die Zeitschrift war neu, eine von vielen, die gegründet wurden, um die Marktlücke zu füllen, die entstanden war, nachdem die Deutschen einige Zeitungen und Zeitschriften stillgelegt hatten. Zwei Jahre lang sammelte sie bei der *Elle* erste Erfahrungen und wechselte dann 1948 zur französischen *Vogue*.

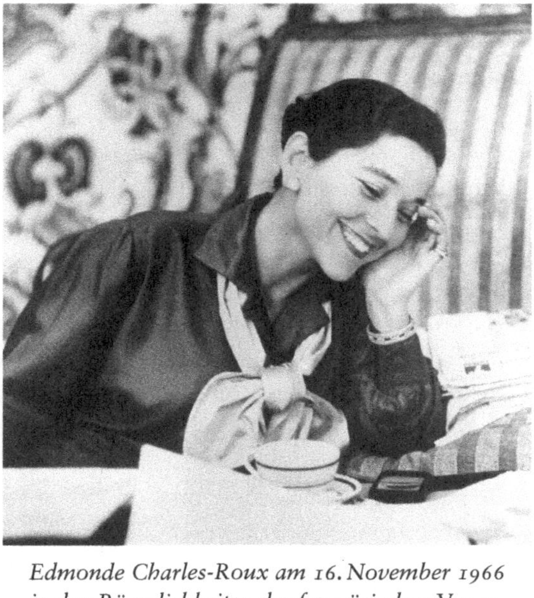

Edmonde Charles-Roux am 16. November 1966 in den Räumlichkeiten der französischen Vogue.

Sechs Jahre waren eine kurze Zeitspanne, um sich von einer Anfängerin zur Herausgeberin einer *Vogue*-Edition zu mausern, aber Charles-Roux hinterließ bleibenden Eindruck. Mit ihr am Ruder änderte sich der Blickwinkel schlagartig. Im Gegensatz zu de Brunhoff, der sich von Elan und Kreativität bezaubern ließ, betrachtete Charles-Roux Mode nicht als Kunstform. Für sie war Mode ein Mittel für sozialen Wandel und entscheidend für die Wiederbelebung der französischen Exportwirtschaft nach dem Krieg. Auf den Seiten der französischen *Vogue* wurden Prêt-à-porter-Kleider neben Pop-Art gestellt. Große Namen standen neben jungen und unerfahrenen Autoren und Fotografen. Sie setzte sich dafür ein, dass Luxus erschwinglich wurde, und ihr gesunder moralischer Kompass war bei ihrer Redaktionsarbeit die wichtigste Stütze. Die Newhouses standen ihrer Politik jedoch misstrauisch gegenüber.

Im Jahr 1966 wollte Charles-Roux das afroamerikanische Fotomodell Donyale Luna auf der Titelseite zeigen. Die Newhouse-Familie in New York erfuhr davon und schickte Alexander Liberman, um ihr das auszureden. Liberman hatte eine enge Verbindung mit Charles-Roux. Ihre Brüder waren auf dieselbe Schule gegangen wie er, ihre Familien verkehrten in denselben gehobenen Kreisen wie Liberman, als er in Paris lebte, und der versnobte Liberman schätzte besonders, dass sie aus einer angesehenen Familie stammte. Libermans Stieftochter sagte, er habe Charles-Roux bis zu ihrer Entlassung als »einen seiner zwei oder drei engsten Freunde« bezeichnet.[3] Dennoch hatte er eine schwierige Botschaft zu überbringen: Die Newhouses wollten kein Schwarzes Covergirl, da dies die konservativen Inserenten in Frankreich abschrecken konnte. Die Details lassen sich schwer bestätigen, doch scheint es sich hierbei um rassistische Zensur zu handeln. Charles-Roux ließ sich von Libermans Überredungskünsten allerdings nicht beirren; sie wollte Luna auf dem Titelblatt haben.[4] Wegen dieser Verweigerung wurde sie gefeuert, erfuhr aber erst von dieser Entscheidung, als sie in der Buchhaltung ihren Gehaltsscheck abholte und man ihr dort mitteilte, dass es ihr letzter sein würde. Donyale Luna schaffte es nie auf das Cover der französischen *Vogue*, doch sie war das erste Schwarze Fotomodell auf dem Cover der britischen *Vogue*.

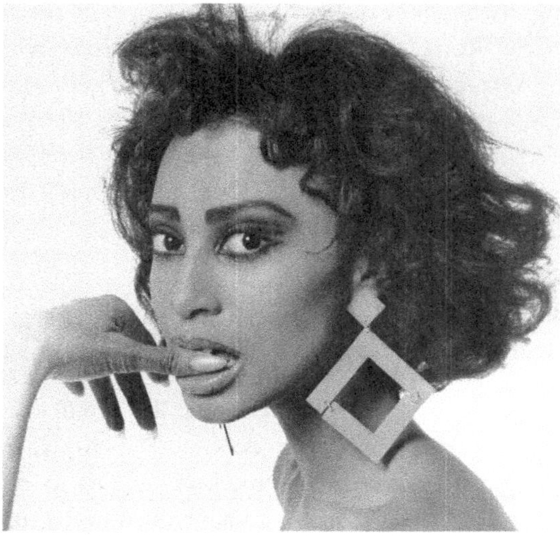

Donyale Luna bei einem Modeshooting im März 1966. Sie gilt als das erste Schwarze Supermodel.

Eine Redakteurin wie Edmonde Charles-Roux wüsste man heute zu schätzen, eine »königliche Figur«,[5] die von Integrität geprägt war. Für sie war Mode nicht ihr Ein und Alles, sondern sie war eine ernst zu nehmende Schriftstellerin, deren erster Roman wenige Monate nach ihrem Weggang von der

Vogue erschien und in Frankreich die höchsten literarischen Auszeichnungen erhielt. Liberman hatte den Schaden davon, dass er diese bemerkenswerte Frau aus seinem Leben verloren hatte, und ihr späterer Ruhm traf ihn tief. Seine Stieftochter analysierte: »Edmonde stand in der europäischen Gesellschaft für alles, was Alex hätte erreichen können, aber entweder nicht erreichen konnte oder wollte: rigorose intellektuelle Disziplin, wahre intellektuelle Errungenschaften.«[6]

In späteren Jahren versuchte Liberman, seine widersprüchlichen Wünsche unter einen Hut zu bringen, doch die Episode mit Charles-Roux zeigt seine eher unangenehme Seite. Und obwohl Alexander Liberman einer der scharfsinnigsten Artdirectors war, die je bei der *Vogue* arbeiteten, wird er auch als der Abgesandte in Erinnerung bleiben, der bereit war, die Drecksarbeit der Direktoren von Condé Nast um jeden Preis zu erledigen.

Redaktionsarbeit im Nachkriegsgroßbritannien

Wer in den fünfziger Jahren durch eine der Londoner Kunstgalerien schlenderte, vielleicht durch die National Portrait Gallery oder die Royal Academy, konnte dort gelegentlich zwei Damen sehen, die sich vor Lachen krümmten und sich offen über die Porträts lustig machten. Audrey Withers und Bettina Ballard schlichen sich bei Ballards Kurzbesuchen auf der anderen Seite des Atlantiks gern aus den *Vogue*-Büros, um sich über die pompösen Gesichter an den Wänden der Museen zu amüsieren.[7] Erwartet hätte ein solches Verhalten von diesen beiden eleganten Vertreterinnen der Hochglanzpresse, die in Couture-Kostüme gekleidet waren, mit makellosen Accessoires sowie einem Hauch von Lippenstift, sicher niemand. Ballard zog ihre Besuche gerne in die Länge, weil die Firma sie im Claridge's unterbrachte und die Kosten für Verabredungen zum Mittagessen im Le Caprice übernahm. Sie war sich der demonstrativen Oberflächlichkeit ihrer Welt durchaus bewusst.[8]

Withers hat die lächerlichen Aspekte ihres Berufs nie kritisiert oder eine Abneigung gegen die Heuchelei gezeigt, auch nicht in den fünfziger Jahren, als die Briten noch unter den Folgen des Zweiten Weltkriegs litten. Die *Vogue* schrieb zwar wieder über Strümpfe und Petticoats, aber aufgrund der Nachkriegsrationierung waren diese Dinge noch gar nicht erhältlich. Viele Frauen trugen immer noch die kastenförmigen Kostüme der vierziger Jahre, während überall sonst auf der Welt Mädchen in den neuen Röcken von Dior durch die Straßen wirbelten. Das staatliche Programm für praktische Kleidung während des Krieges hatte die Mode bis zu einem gewissen Grad demokratisiert, doch nun, da der Krieg vorbei war, tobte der Klassenkampf erneut. Die Couture war unerreichbar und nur für die Schönen erhältlich, während die Konfektionsmode im Vereinigten Königreich mit Problemen kämpfte. In einer beliebten Anekdote trifft ein Einkäufer auf einen Bekleidungshersteller und fragt: »Wie läuft das Geschäft?« Die Antwort des Herstellers: »Schwierig. Plötzlich sollen beide Ärmel gleich lang sein.«[9]

Nach Friedensbeginn füllten sich die Büros der *Vogue* wieder bis unter die Decke mit ehemaligen Models und Töchtern reicher Männer. Ein Journalist aus der Fleet Street erinnert sich, wie diese Redakteurinnen in den Salon eines Designers eindrangen, »bewaffnet mit den großen, aufgerollten Regenschirmen, die damals ein angesagtes Modeaccessoire waren … und auf gewöhnliche Sterbliche sehr einschüchternd wirkten«.[10] Withers veröffentlichte derweil voller Stolz Werke von Stars der Literaturszene wie Kingsley Amis und Dylan Thomas, stellte Literatur, die aus der Mitte der Gesellschaft kam, neben unerschwingliche, nur für die Oberschicht erhältliche Kleidungsstücke. Um 1960 wollte sich Withers zur Ruhe setzen und reisen. Sie arbeitete inzwischen seit 20 Jahren als Chefredakteurin. Sie war gerade lange genug geblieben, um mitzuerleben, wie sich der selbstbewusste, selbstgefällige Status quo zur lächelnden, mit den Zehen wippenden Teenagerkultur wandelte, die Twiggy verkörperte.

Die Swinging Sixties schlugen ein wie ein Blitz. Plötzlich verkehrten Gangster und Schlagersänger mit Prominenten und Filmstars. Streng aussehende Damen mit Handschuhen wurden durch Models mit Babygesichtern wie Jean Shrimpton und Pattie Boyd ersetzt; allseits bekannte Namen, nicht namenlose Wäscheständer. Die Modefotografie wurde von David Bailey, einem Schulabbrecher aus der Arbeiterklasse, und Lord Snowdon (Antony Armstrong-Jones), dem Schwager der Königin, dominiert. Beide stammten von unterschiedlichen Enden des sozialen Spektrums und waren der *Vogue* treu ergeben. Dass sie nebeneinander arbeiteten, zeigt, dass das alte Regime bröckelte. Der Status spielte keine Rolle mehr, allein der Stil zählte.

Bei der Brogue war eine Menge los. Zunächst gab es Ärger um Aktien und Anteile. Das Geheimnis, dass Lord Camrose in den dreißiger Jahren Condé Nast Publications erworben hatte, wurde gelüftet, als er sein Unternehmen, Amalgamated Press, im Jahr 1959 an die Mirror Group veräußerte.[11] Der Präsident von Condé Nast, Iva Patcévitch, hatte in Amerika eilends nach jemandem gesucht, der die *Vogue* und ihre Schwesterzeitschriften freikaufen konnte, bevor sie in den Besitz einer britischen Boulevardzeitung übergingen. Diesen Streit zwischen London und New York beendeten die Newhouses, indem sie das Unternehmen aufkauften und die Oberherrschaft übernahmen.

Gleich zu Beginn des Jahrzehnts wurde im Jahr 1960 Ailsa Garland als Nachfolgerin von Audrey Withers eingestellt. Sie hatte bisher vor allem als Redakteurin für Frauenthemen bei Zeitungen gearbeitet. Sie hatte einzigartige Einblicke in den Journalismus, der damals eine Männerdomäne war und gerade erst begann, die Bedürfnisse der weiblichen Leser zur Kenntnis zu nehmen. Zu dem Zeitpunkt, als Garland die Leitung übernahm, hatte die Brogue ihre Unabhängigkeit von der amerikanischen Ausgabe erlangt und ließ sich keine Inhalte mehr aus den USA schicken. Das war ein enormer Erfolg, denn fast ein halbes Jahrhundert lang war die britische *Vogue* sorgfältig von den Adleraugen der New Yorker Oberschicht kontrolliert worden. Für Garland war der Wechsel von der Zeitung zur *Vogue* eine der schwierigsten Entscheidungen ihres Lebens, auch wenn sie keine Anfängerin in Sachen Zeitschriften war. Sie hatte sich bei Condé Nast die ersten Sporen verdient; ihren ersten Job als Journalistin hatte sie beim *Vogue Book of British Exports* gehabt. Diese Tochterpublikation hatte Geschäftsführer Harry Yoxall ins Leben gerufen, um die Einnahmen während des Krieges zu steigern. Die vierteljährlich erscheinende Fachzeitschrift sollte britische Exporte bei einem weltweiten Netzwerk von Käufern bekannt machen und schwemmte willkommene Werbeeinnahmen in die Kassen der Brogue.

In ihrer Jugend war Garland Teil des kleinen Teams gewesen, das diese bodenständigere Version der *Vogue* einem internationalen Publikum präsentieren sollte. Das Teambüro befand sich damals direkt über dem Hauptbüro der *Vogue* am Golden Square 37, und die Atmosphäre war äußerst formell. Alle Moderedakteurinnen trugen Hüte, selbst wenn sie an ihren Schreibtischen saßen, und hatten die Schleier unten, während sie an der Schreibmaschine arbeiteten.[12] Das Umfeld war einschüchternd, aber Garland lernte, wie wichtig es war, sich für die *Vogue* korrekt zu kleiden, und sie erwarb sich ein enzyklopädisches Wissen über das Bekleidungsgeschäft.

Bei ihrer Rückkehr als Redakteurin zur britischen *Vogue* war ihr neuer Arbeitsplatz an der neuen Adresse am Hanover Square. Mit dem Umzug in dieses imposante Gebäude, heute Teil der Mayfair Conservation Area, hatte sich die Organisation für eine Großraumlösung entschieden. Das Büro der Redakteurin war ein quadratischer Raum mit Glaswänden, die nicht ganz bis zur Decke reichten.[13] Das Ergebnis entnervte Garland. Es war nicht möglich, sich den Lippenstift aufzutragen oder einen Strumpf hochzuziehen, ohne beobachtet zu werden.[14] Sie konnte niemandem aus dem Weg gehen und auch keine Gespräche unter vier Augen führen. Einmal wies sie ihre Sekretärin an, eine Mitarbeiterin zu ihr zu holen, um sie zu rügen, und musste feststellen, dass die betreffende Frau sie belauscht und sich kurzerhand krankgemeldet hatte.[15] »Ich fühle mich unwohl in einem Goldfischglas«, schrieb sie in ihren Memoiren.[16]

Es war ein anderes Umfeld als bei den Tageszeitungen, und auch ihre Aufgabe war eine andere. Bei den Zeitungen bestand die redaktionelle Zielsetzung darin, zu informieren und zu unterhalten. Garland schrieb, zur Arbeit bei der *Vogue* gehöre es, »sich Gedanken über Werbung zu machen, von der Branche als Autorität anerkannt zu werden, das Image der *Vogue* aufrechtzuerhalten, Führungsfähigkeiten zu beweisen«.[17] Die Beiträge auf den Seiten sollten die Frauen verschönern, und die Redakteurin, die diese Seiten betreute, musste die Marke hochhalten. Als Fackelträgerin war es Garlands Aufgabe, Lösungen für die Probleme der sechziger Jahre zu finden, von denen das dringendste eines war, mit dem sie es noch nie zu tun gehabt hatte.[18] Es hieß Budgetieren.

Als Iva Patcévitch Garland umwarb, hatte der Präsident des Unternehmens sie gefragt, warum sie glaube, die *Vogue* könne sie sich leisten. Bei dieser Taktik hatte Garland keine andere Wahl, als zu sagen, dass es ihr nicht um ein hohes Gehalt gehe, sondern um eine anspruchsvolle Position. Sie sei bereit, eine Gehaltskürzung in Kauf zu nehmen, um den Redaktionsposten bei der *Vogue* zu bekommen. Gerissene Geschäftsleute wussten schon immer, wie sie ihre Angestellten dazu bringen können, sich ihr eigenes Grab zu schaufeln. Garland war also auf die heikle Finanzfrage bei der britischen Ausgabe hingewiesen worden. Dabei war es nicht so, dass sie kein Geld verdienten, sondern eher eine Vorsichtsmaßnahme aufgrund der instabilen Wirtschaftslage in Europa. Dennoch saßen ihr die Budgets im Nacken. Sie beschrieb sie als eine »schreckliche Angelegenheit«, bei der jeder Posten, vom Fotokopierpapier bis zu den Briefmarken, gezählt und geschätzt werden musste, um eine voraussichtliche Bedarfszahl zu ermitteln, die dann am Ende jedes Monats mit den tatsächlichen Kosten verglichen wurde.[19] Lily Davies, die verantwortliche Mitarbeiterin, kümmerte sich um alles, von den Buchungen über die Reisevorbereitungen bis hin zu den Launen, die diese Kreativen mit sich brachten. Ihre wichtigste Aufgabe war es jedoch, dafür zu sorgen, dass alle ihre Budgets genau einhielten.

Bevor es das Internet gab, hatten Redakteurinnen und Redakteure hektische Arbeitstage. Der erste Teil des Tages bestand darin, die Post durchzulesen, Einladungen zu beantworten und Modeinformationen an die Moderedaktion weiterzuleiten.[20] Termine mussten mit einer Sekretärin abgesprochen werden, die sie wiederum mit anderen Sekretariaten absprach. Als Nächstes folgten die Besprechungen für die

Shootings. Eine Abteilungsleiterin rollte mithilfe von jungen Nachwuchskräften ihre Auswahl heran, arrangierte sie auf der Stange und präsentierte sie dann zu verschiedenen Beurteilungen von »Wunderbar!« bis »Das kann ich nicht ausstehen«.[21] Ein wichtiger Aspekt war, ob der Hersteller der Kleidung für Werbung bezahlte. Wenn ja, wurden die Stücke beworben. Wenn nicht, überlegte man es sich zweimal. Die Textredakteure übernahmen den Text, kritzelten darin herum, strichen durch, arrangierten um und redigierten. Die Moderedakteurinnen diskutierten hitzig darüber, welchen Fotografen, welches Studio oder welche Location sie auswählen und woher die Requisiten kommen sollten.[22] Alle warfen Ideen in den Raum, der Fotograf schlug womöglich etwas Kompliziertes vor, wie ein Shooting auf der belebten Portobello Road mit Models und allen erdenklichen Hunderassen. Möglicherweise hatte jemand einen Welpen zu Hause, vielleicht bot jemand das Haustier des Nachbarn an. Alles drehte sich darum, sich einzubringen.

Als Nächstes eilte die Redakteurin in die Graphikabteilung, um sich Layouts anzusehen, wobei sie den Platz mit Blick auf Budgets und Anzeigenkunden einteilte – wenn man einer Marke mehr Platz einräumte, konnte man eine andere damit brüskieren.[23] Dann ging es wieder zurück ins eigene Büro – nicht mehr der Glaskasten –, wo inzwischen mehrere Mitarbeiter ordentlich in der Schlange warteten, um mit Garland eine Vielzahl von Themen zu besprechen, darunter Werbeaktionen, Schönheit, Werbeanzeigen, Tippfehler, Veranstaltungen, Farben, Krankmeldungen oder Pläne fürs Mittagessen.[24] Garland selbst nahm das Mittagessen draußen ein, stets in Begleitung des Vorsitzenden oder Geschäftsführers eines namhaften Unternehmens.[25]

Nach dem Essen wurde mit allen Abteilungsleiterinnen und -leitern die übernächste Ausgabe besprochen, Ideen wurden gesammelt und Aufgaben verteilt. Eine Romantik-Ausgabe konnte rosafarbene Dessous, Auslandsreisen in abgelegene Buchten, Modestrecken mit Liebespaaren bedeuten.[26] Eine verantwortliche Mitarbeiterin machte sich dann auf, um Fotografen, Models und Visagisten zu buchen.[27] Es gab immer wieder neue Listen mit Honoraren und Kontakten, die man vielleicht mit einem Gefallen à la *Vogue* locken konnte. Zeitpläne wurden erstellt und ausgeteilt. Da meist an mindestens drei Ausgaben gleichzeitig gearbeitet wurde, war diese ganze Organisation von entscheidender Bedeutung. Berühmte Mitwirkende mussten verhätschelt werden, damit sie sich von der Firma geschätzt fühlten und in der Welt draußen all ihren wichtigen Freunden berichteten: »Die Redakteurin? Oh, welch ein charmantes Wesen!«[28]

Eines ist klar: Um den Job zu behalten, brauchte man viel Energie. In Garlands Autobiographie findet man immer wieder kleine Hinweise auf den hohen Druck, dem man in diesem Leben ausgesetzt war. Nach jedem Tag in Paris, an dem sie sich die Kollektionen ansah, »fiel sie ins Bett«.[29] Am Ende der Woche hatte sie vor Nervosität oder Müdigkeit keine Stimme mehr.[30]

Garland räumt ein, dass der Job »ausgefüllt und anstrengend« war, aber es gab natürlich auch lustige Momente. Einmal begleitete sie ihr Team für Fotoaufnahmen nach Barbados und nahm ihren fünfjährigen Sohn als Spielkameraden für die Tochter des Assistenten des Fotografen mit. Die Insel war von der *Vogue*-Kavallerie so beeindruckt, dass eine Steelband ihnen zu Ehren einen eigenen Calypso komponierte, in dem es in einer Strophe hieß: »Man liest von Mode aus der Ferne, / Wie wird mein Tag schön? Die Tipps hat Frau gerne … / Alles durchdacht von Miss Garland mittendrin. / Für eine Kostprobe lesen Sie das *Vogue*-Magazin.«[31]

Die Macht der Jugend

Mitte der sechziger Jahre war die soziale Landschaft Londons auf den Kopf gestellt worden. Die Ära von Rock 'n' Roll, Miniröcken, dem Weltraumzeitalter und den Mods war in vollem Gange. Die Baby-Boomer waren in Scharen unterwegs, und sie standen auf Beehive-Frisuren, die Beatles, LSD und Ledercatsuits. Glamour und Privilegien waren keine gültigen Währungen mehr. Wie zum Beweis führte Jonathan Aitken, ein Reporter, noch keine dreißig, der für den *Evening Standard* arbeitete (und konservativer Abgeordneter war, der jedoch in Ungnade fiel), eine Reihe von Interviews mit etwa 200 Personen, die die Szene irgendwie neu definierten. Das Ergebnis dieses anthropologischen Dokuments ist ein Buch mit dem Titel *The Young Meteors* (1967), in dem Persönlichkeiten aus so unterschiedlichen Bereichen wie Fotografie, Musik, Politik, Kunst, Fernsehen und sogar Glücksspiel und Prostitution vorgestellt werden. Die Sammlung zeigt eine neue Elite, die aus dem tiefen Londoner East End hervorging und die Kreativität über Geburtsrecht stellte.

Fotografen wie David Bailey mussten sich den konventionellen Erfolg nicht mehr ein halbes Leben lang hart erarbeiten. Die jungen Leute hatten plötzlich ihr eigenes Geld, sogar Frauen konnten etwas verdienen – und taten es gelegentlich auch. Rund um die King's Road in Chelsea kam eine neue Riege von Designerinnen hoch, darunter Jean Muir und Mary Quant. Außerdem änderte sich, wer die Gesellschaft repräsentierte. Die frühere Vorherrschaft des Adels schwand und wurde von der jugendlichen Flutwelle, die über die Insel schwappte, überrollt. Dies war die erste Teenager-Generation, die nicht mehr zum Militärdienst eingezogen wurde und das

Leben in vollen Zügen genießen konnte. Die Geburtenzahl war im Vereinigten Königreich nach dem Zweiten Weltkrieg sprunghaft angestiegen, im Jahr 1947 gab es schätzungsweise 880 000 Neugeborene (zum Vergleich: das Office for National Statistics verzeichnete 1941 nur knapp 580 000 Geburten).[32] Die Millionen Heranwachsender, die aus diesem Boom hervorgingen, waren die Zukunft des Landes.

Ailsa Garland wusste bei ihrem Amtsantritt, wie wichtig Alter war. Um die Töchter der *Vogue*-Leserinnen anzusprechen, hatte Audrey Withers in den frühen fünfziger Jahren die Reihe »Young Idea« eingeführt, die jedoch erst Garland zu einer regelmäßigen Rubrik ausbaute. In den Anfangsjahren wurde Jugend als das Alter zwischen 17 und 25 Jahren definiert, und formelle Kleider im Debütantinnenstil mit passenden Handschuhen waren an der Tagesordnung.[33] Als Garland die Leitung übernahm, fand sie, dass die Seiten immer noch zu »debby« waren und nicht in die moderne Zeit passten.[34] Damals stellten nur wenige Firmen geeignete Kleidung für jüngere Mädchen her, und die meisten trugen vereinfachte Versionen der Garderobe ihrer Mütter. Als sich dies in den sechziger Jahren nach und nach änderte, beeilte sich Garlands *Vogue,* über diese Neuheiten zu berichten. Bald wurde »Young Idea« zu einer triumphalen Visitenkarte für Innovationen im britischen Design.

Die Fotografien in dieser Rubrik standen im Widerspruch zum Rest des Magazins; sie waren dynamisch, voller Action und zeigten natürliche Gebärden. Mode-Storys mit hochmütiger Pracht und statischen, feierlichen Porträts, in denen die Models wie dreißig aussahen, obwohl sie zwanzig waren, durften in der Zeitschrift immer noch nicht fehlen. Der Großteil der Leserschaft gehörte immer noch zur älteren Generation, und es wäre töricht gewesen, sie zu verprellen, bevor man die Kinder wirklich auf seine Seite gezogen hatte. Stattdessen wollte die *Vogue* beide Gruppen ansprechen, indem sie den Inhalt geschickt aufteilte, um so nach und nach eine neue Generation zu verführen, die schließlich ihre Eltern als zahlende Abonnenten ablösen würde.

In den fünfziger Jahren hatten die Fotografen große Probleme damit, Bilder von Konfektionskleidung zu machen. John French, der Mentor von David Bailey, stopfte leere Klopapierrollen auf der Rückseite der Kleidungsstücke in die Gürtel, um ihnen Form zu geben. Das war nicht sein einziger Trick: Er hatte stets Wäscheklammern dabei, um übergroße Jacken zusammenzuklammern.[35] Sein Einfallsreichtum wurde bei schlecht sitzenden Kleidungsstücken von der Stange auf die Probe gestellt, aber vor allem die Models brauchten viel Geduld. Die Aufnahmen dauerten lange, und sie mussten in der umständlich angepassten Kleidung eine Pose halten, oder sie wurden als Hilfestellung an einen Pfosten gebunden, damit sie stillhielten. Dies verbesserte sich in den sechziger Jahren, als sich Design und Kameras weiterentwickelten. Ein schelmischer David Bailey umrundete seine Musen manchmal und knipste dabei drauflos.

Der Fotograf Norman Parkinson gehörte zu den Ersten, die Models wie Menschen behandelten statt wie starre Modepuppen und ihnen Gesichtsausdrücke erlaubte. Er war auch der Erste, der Mädchen beim Rauchen oder Essen fotografierte. Dass er seine Modelle in Bewegung brachte, war zukunftsweisend, doch die reifere Leserschaft fand es unpassend. Er ebnete den Weg für frische Köpfe wie Tony Armstrong-Jones (später Lord Snowdon), der bei Fotoshootings die Models mal auf Bananenschalen ausrutschen, mal aus dem Fenster stürzen ließ.[36] Seine Arbeit ist eine wilde Mischung aus frenetisch und kinetisch. Armstrong-Jones war so verrückt nach

Bewegung, dass er der Legende nach die Mädchen rennen ließ, wenn man einen seiner Aufnahmetermine als »Sitzung« bezeichnete.[37]

Aber noch einmal zurück zu David Bailey: Er begründete seinen Ruf durch einen großen Auftrag für die *Vogue* in New York, den er an Land gezogen hatte und zu dem ihn Lady Rendlesham, eine der wichtigsten Redakteurinnen, begleitete. Die Mode-Story, über die sie berichteten, wurde 1962 unter dem Titel »Young Idea Goes West« veröffentlicht und zeigte seine Muse (und Flamme) Jean Shrimpton, wie sie durch die düsteren Seitenstraßen von Manhattan schlenderte. Sie freuten sich ungemein, so weit von zu Hause wegzukommen; für Jugendliche aus der Arbeiterklasse war es damals unerhört, irgendwohin zu reisen, geschweige denn, Kontinente zu überqueren. Jahrzehnte später tat er diese Erfahrung in einem Interview ab und sagte, es sei so kalt gewesen, dass ihm die Kamera an die Hände gefroren sei und Lady Rendlesham ununterbrochen geweint habe.[38]

Die Riege britischer Designerinnen, die in den sechziger Jahren hervortraten, wurde dringend gebraucht. So wie David Bailey und Lord Snowdon den Ruf der britischen *Vogue* aufpoliert hatten, weil sie die ersten *Vogue*-Künstler waren, die durch sie den großen Durchbruch schafften, so brachten Marken wie Mary Quant, Jean Muir und Biba den britischen Stil wieder auf die Landkarte. Durch geometrisch gemusterte Tuniken und Miniröcke sowie eine Reihe verspielter Kleidungsstücke wie Go-go-Stiefel und metallische Hotpants fühlte sich die Mode der sechziger Jahre an, als stammte sie aus einer Kostümkiste für Kinder. Es war der erste echte Versuch der Briten, Mode von der Stange zu tragen, und sie hielten es einfach.

Das Fotomodell Tania Mallet, das später als Bond-Girl in

Goldfinger auftrat, hat den drastischen Einstellungswandel dokumentiert. Als sie in ihren späten Teenagerjahren mit dem Modeln begann, waren junge Models noch die große Ausnahme. Eindringlich beschreibt sie ihre Unerfahrenheit, als sie zum ersten Mal das Vogue House besuchte. Sie war durch den Regen gestapft, trug alte Hosen, und die tropfnassen Haare klebten ihr im Gesicht, als sie dort ankam.[39] Sie stolperte in einen Raum voller Models mit aufwendig hergerichteten Gesichtern, die alle bereits in den fünfziger Jahren gemodelt und die Haare zu perfekten Beehives getürmt hatten: lebende Imitationen von Modezeichnungen. Mallet fühlte sich verlegen und fehl am Platz und verkroch sich in eine Ecke mit dem Gefühl, sich lächerlich gemacht zu haben, aber ein komisch aussehender Fotograf streckte den Kopf durch die Tür und wählte zu ihrer großen Überraschung sie für den Job aus.[40] Mallet verkörperte die liebenswerte Naivität eines Kindes – genau das, wofür diese neue Welt sprechen wollte.

Im Jahr 1965 berichtete »Young Idea« über die Eröffnung des 21Shop, einer der führenden Boutiquen, die aufstrebende britische Designer wie Ossie Clark oder Foale und Tuffin propagierte. Die Models wurden in dynamischen Posen neben jungen Männern abgelichtet. Diese Jungs bildeten eine ausgewählte Gruppe »junger Meteoren«, und zu ihnen gehörten Kenneth Tynan, der im zarten Alter von 28 Jahren zum Theaterkritiker des *Observer* ernannt worden war, sowie der Modefotograf Terence Donovan und Vidal Sassoon. Sie überschritten die Grenzen ihrer Fachgebiete, indem sie als männliche Models für eine *Vogue*-Doppelseite arbeiteten, und verkörperten so ein weiteres Klischee der sechziger Jahre: den kreativen Cross-over. Die Leute aus Chelsea und der Carnaby Street arbeiteten oft in austauschbaren Rollen, ebenfalls eine bahnbrechende Idee. Nie zuvor hatten die Menschen es gewagt, von dem abzuweichen, was sie als ihren rechtmäßigen Platz ansahen, doch auch das änderte sich. Barbara Hulanicki, die Gründerin des legendären Modehauses Biba, war Moderedakteurin bei *Nova* und Modeillustratorin bei der *Vogue* und übernahm einfach Jobs, die sie ansprachen.

Inzwischen hatte »Young Idea« 14 Seiten zu füllen. Auch die Graphikabteilung wurde immer mutiger. Die Titelseiten der britischen *Vogue* aus den sechziger Jahren sind weitaus experimenteller als die des amerikanischen Pendants und illustrieren eine neue, gefragte Mischung aus Hochkultur und Popkultur. Auch der Ton im Innern der Zeitschrift veränderte sich und spiegelte eine gewisse Leichtigkeit und Verspieltheit wider. Sie erteilte keine Befehle mehr wie in den Kriegsjahren. Stattdessen wurden in den Texten nun Fragen aufgeworfen: »Ist Couture-Kleidung ihr Geld wert?«[41] Nach heutigen Maßstäben ist das keine gewagte Frage, aber noch nie zuvor hatten Zeitschriften ihre Autoritätsposition aufgegeben und eine Diskussion eröffnet.

Auch die Freude am Konsum war kein Tabu mehr, und eingängige Slogans wie »Was Britannien gut tragen kann« und »Kaufen Sie nichts, bevor Sie die *Vogue* kaufen« trafen den Zeitgeist. Selbst die trendigsten Konkurrenten der *Vogue* konnten nicht mit dem Hochglanzmagazin konkurrieren, das sich für britisches Design starkmachte und mit Primärfarben und innovativen Vorschlägen aufwartete. Hinter den gedruckten Seiten gab es viele brillante Nachwuchskräfte in Praktikum und Ausbildung, die durch den Vogue Talent Contest aufgestiegen waren oder Chancen bei Shootings und laufenden Aufträgen erhalten hatten. Fürs Erste herrschte eine ermutigende Leistungsgesellschaft.

Eine Frage der Klasse

Letztendlich war Garland nicht für das Leben bei Condé Nast geschaffen. Das komplexe Geflecht der *Vogue*-Welt war erdrückend, unmöglich zu entwirren. Nur vier Jahre nach ihrem Einstieg verließ sie 1964 völlig erschöpft das Unternehmen wieder und kehrte zu den Zeitungen zurück. Ihre Nachfolgerin, Beatrix Miller, war aus härterem Holz geschnitzt. Sie war eher eine Intellektuelle und hatte einen journalistischen Hintergrund, war in ihren ersten Berufsjahren jedoch als Sekretärin des MI6 bei den Nürnberger Prozessen tätig gewesen. Miller hatte einen interessanten Weg zu den Hochglanzmagazinen zurückgelegt, der mit einer Anfängerstelle bei *Queen* begann, einer avantgardistischen englischen Zeitschrift, die sie 1956 verließ, um eine Stelle als Werbetexterin bei der amerikanischen *Vogue* anzunehmen.

Queen wurde im Jahr 1957 von Sir Jocelyn Stevens, einem Publizisten und Zeitungsmanager (und Großvater von Poppy und Cara Delevingne), als Geburtstagsgeschenk für sich selbst gekauft. Stevens wollte Miller unbedingt zurückhaben und rief sie mitten in der Nacht an: »Sie wissen nicht, wer ich bin, aber ich rufe an, um Ihnen den Job als Chefredakteurin von *Queen* anzubieten.« Miller antwortete: »Es ist 4 Uhr morgens. Sie sind verrückt.« Dann legte sie auf.[42] Als sie die Stelle doch annahm, wurde sie Teil der Umwandlung des Magazins in eine exzentrische Anthologie, die sich einen hohen Status in der Chelsea-Szene verschaffte und die *Queen*-Journalistinnen und -Journalisten selbst populär machte. Sie waren so beliebt, dass die *Vogue* sie haben wollte. Im Jahr 1963 wechselte die Redakteurin Marit Allen, und 1964 wurde Beatrix Miller ebenfalls von Condé Nast abgeworben.

Für eine englische Zeitschrift war die britische *Vogue* bedeutend, aber im Vergleich zu amerikanischen Magazinen war sie nichts. In New York gab es die großen Budgets, die super organisierten Arbeitsabläufe und die Mitarbeiter, die nötig waren, um wie ein Industriebetrieb zu arbeiten. Miller hatte ein oberlehrerinnenhaftes Auftreten und war durchaus fähig, eine ganze Ausgabe in die Tonne zu kloppen, wenn sie unzufrieden war. Das Regime bei der Brogue war lockerer: Die Beschäftigten kamen eher um 10 Uhr als um 9 Uhr morgens, gönnten sich zu Mittag ein Drei-Gänge-Menü im Café, wo sie stundenlang plauderten, und um 18 Uhr gingen alle wieder nach Hause, auch Miller selbst, die um Punkt 17.30 Uhr in ihren Jaguar stieg.

Grace Coddington – die spätere Creative Director der amerikanischen *Vogue* – kam 1968 zunächst zur britischen *Vogue*, als ihre Modelkarriere sich dem Ende neigte. Das Vogue House befand sich immer noch an der illustren Adresse Hanover Square 1, aber Coddington fand das Innere enttäuschend. Die Lobby war ein wenig beeindruckender, holzgetäfelter Raum, während die oberen Stockwerke aus einem Wirrwarr von chaotischen Großraumbüros bestanden. Die Möbel sahen aus, als kämen sie aus einem Müllcontainer; der Boden war mit Kork ausgelegt, matt und fleckig. Coddington beschrieb ihren ersten Eindruck so: »Die Aufzugstüren öffneten sich – und welch eine Enttäuschung!«[43] Es gab immer noch viele gut vernetzte Frauen aus gutem Hause bei der Zeitschrift, auch wenn sie in untergeordneten Positionen arbeiteten. Eine von Coddingtons Assistentinnen war ein »Mädchen mit eigenem Vermögen«, das sich die Haare magentafarben färbte, mit ihrem Mercedes fast so schnell fuhr wie Beatrix Miller mit dem Jaguar und am Ende einen Polospieler heiratete.[44] Diesen schneidigen *Vogue*-Frauen der frühen siebziger Jahre, die in ihren Sportwagen rücksichtslos Gummi geben, haftete etwas Aufregendes an.

Miller war im Moment des Cross-overs bei den Zeitschriften angekommen, als die Klassenschranken gerade fielen. Sie war intelligent und originell genug, um das zu nutzen. Sie mochte gut ausgebildete Autorinnen und Autoren und akzeptierte keine halbgaren Texte, gleichzeitig unterstützte sie auch aufstrebende Schriftstellerinnen und sorgte dafür, dass eine große Zahl von Aspiranten den Weg in die Zeitschrift fand. Marina Warner, heute Dame Marina Warner, Kritikerin, Romanautorin, Journalistin und erste weibliche Präsidentin der Royal Society of Literature, wurde als frischgebackene Hochschulabsolventin auf Millers Betreiben hin eingestellt. Zu Millers weiteren Hauptinitiativen gehörte der Vogue Talent Contest. Sie rekrutierte großzügig aus den Shortlist-Teilnehmenden und denjenigen, die beim Wettbewerb gewannen, ermutigte sie, sich bei ihr zu bewerben, und gewährte ihrer Phantasie eine gewisse redaktionelle Freiheit. Als sich Neuling Sandra Boler in einem Brief beschwerte, die *Vogue* sei immer noch elitär, gab Miller ihr eine regelmäßige Kolumne mit dem Titel »More Dash Than Cash« [etwa: Mehr Elan als Geld, Anm. d. Ü.].

In der Miller-Ära gab es eine perfekte, wunderbar respektlose Bildstrecke, die sich über die britische Etikette aus Nancy Mitfords Buch *Noblesse oblige* (1956) lustig macht. Eine von Mitfords Regeln lautete, dass eine Dame erst nach dem Frühstück Modeschmuck, bunte Unterwäsche oder Diamanten tragen sollte.[45] Daher wurde das Model Cathee Dahmen abgebildet, wie sie alle drei Sünden begeht, wobei eine Aufnahme zeigt, wie sie sich die Zähne putzt und dabei ein riesiges Strass-Kropfband trägt, das nicht verbergen kann, dass sie außerdem oben ohne ist. Ebenfalls in dieser Zeit ging eine unscharfe Nahaufnahme eines Models mit einer orangeroten Haarmähne in Druck, die folgende Bildunterschrift zierte: »›Gefärbt ist vulgär!‹ *Ach wirklich?* / ›Trage niemals sich beißende Rottöne‹ *Warum nicht?*«[46]

Noch gewagter war das Fotomodell Gala Mitchell, in einer goldfarbenen Seidenlatzhose, orangefarbenen Strumpfhosen und gelben Plateauschuhen mit einem Kinderwagen im viktorianischen Stil durch den Hyde Park rennend. Das war im Jahr 1971, und dennoch ist sie auf dem Bild umgeben von makellos gekleideten Kindermädchen der Reichen, in voller Uniform mit weißen Häubchen und Schürzen über schlichten Kleidern, das Haar zurückgesteckt. Sie führten die Erben von Chelsea und Kensington zum Morgenspaziergang aus. Kaum zu glauben, dass in den siebziger Jahren noch so viele Hausangestellte beschäftigt wurden, geschweige denn, dass man ihnen einheitliche Dienstmädchen-Outfits verpasste. Millers Zwischenüberschrift lautete: »›Ist es geschmacklos, sich extravagant oder protzig zu kleiden, wenn man sich unter Menschen begibt, die alle schlicht gekleidet sind?‹ *Ist schlechter Geschmack etwas Schlechtes?*«[47]

Sie hinterfragte die Überreste der strengen, klassenbasierten Gesellschaft Englands und zeigte damit, dass Mode genutzt und untergraben werden und dass man mit ihr spielen konnte, um Leserinnen dazu zu bringen, über die Welt, in der sie leben, nachzudenken. Miller mochte Fotoshootings in Gärten besonders gern, denn das fühlte sich für sie echt englisch an. Sie war sehr mütterlich (Coddington erinnert sich, dass sie einmal auf einer Reise in Ohnmacht gefallen war und Miller daraufhin stets Süßigkeiten in der Handtasche dabeihatte, um ihren Blutzuckerspiegel wieder in die Höhe zu treiben, falls dies noch einmal passierte[48]); und sie wusste dekadent zu sein, mit ihrem obligatorischen Negroni zu Mittag und den Dinnerpartys mit Elizabeth Taylor, Richard Burton, Prinzessin Margaret und Paul und Linda McCartney.[49] Als sie in den Ruhestand ging, war dies das Ende einer erfolgreichen Amtszeit von 1964 bis 1984. Es sollte sehr, sehr lange dauern, bis die britische *Vogue* wieder gesellschaftliche Normen infrage stellte.

10
TEURE UNTERHALTUNG

Verrat und Big Business

Diana Vreelands Phantasiewelt

Hoch oben in den Anden mit ihren grünen moosigen Hochebenen, ihren Gipfeln, die so hoch sind, dass sie sich in tintenblauen Schatten auflösen, mit spiegelglatten Lagunen, die von tauenden Gletschern geschaffen wurden, und einem Panorama, das von wandernden Wolken weiß überzogen ist, hatte sich auf einer Höhe von 6000 Metern eine seltsame kleine Gruppe versammelt. Kaum jemand hätte damit gerechnet, dass der britische Fotograf John Cowan hier eine Fotostrecke für die amerikanische *Vogue* erstellen würde. Und doch war er in den späten sechziger Jahren dort und versuchte, das fröhliche Tänzeln einiger Nerz tragender Models zu verewigen. Bei diesem frostigen Abenteuer begleiteten ihn auch der berühmte Stylist Ara Gallant und die Moderedakteurin Babs Simpson, die unter massiver Höhenangst litt.[1]

Cowan hatte eine aufwendige Fotoserie geplant: Mit der schneebedeckten Bergkette, dem düsteren Grün und den Inka-Ruinen im Hintergrund sollte der Eindruck entstehen, als ob die Models selbst – in unzähligen Outfits aus Wildleder,

Schals, Westen und Trachten sowie einer Fülle an Pelzen von Chinchilla bis Luchs – abheben und durch die wolkenverhangene Landschaft schweben würden. Der Hubschrauberpilot, der sie abgesetzt hatte, schärfte ihnen ein, dass sie um spätestens 17 Uhr wieder gehen müssten; wenn sie länger blieben, müssten sie gerettet werden.[2] Aber die vereinbarte Uhrzeit kam und ging, der Pilot flog ohne sie ab, und die Nacht brach herein. Schließlich musste die Gruppe selbst den Abstieg wagen, die Models immer noch in Stöckelschuhen, bis sie eine Höhle fanden und es schafften, ein Feuer anzuzünden.[3] In die Pelze gewickelt, verbrachten sie dort kauernd die Nacht. Als sie am nächsten Tag aufwachten, wurden sie von wütenden

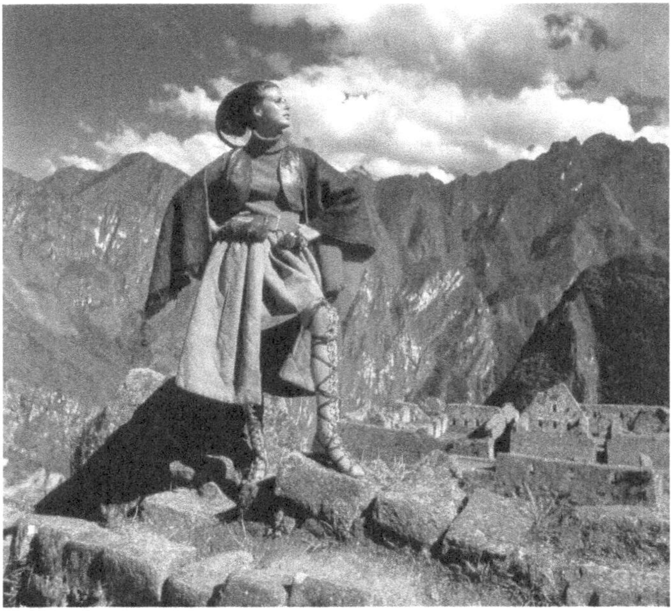

Model Francoise Rubartelli in Peru, Oktober 1968.

peruanischen Soldaten begrüßt, und um ihr Versteck herum waren Spuren von Berglöwen zu sehen.[4] Sie mussten eilig das Land verlassen.

Diese Fotoserie schaffte es in den Druck und wurde in der Oktober-Ausgabe der amerikanischen *Vogue* von 1968 veröffentlicht,[5] wobei es – dank der neuen Chefredakteurin Diana Vreeland – noch unzählige andere »teure Pannen«[6] gab, die nicht das Licht der Welt erblicken sollten. Das surreale, dalíeske Peru-Abenteuer war keineswegs eine einmalige Sache. Einmal schickte Vreeland David Bailey nach Indien, um weiße Tiger zu fotografieren, nur um dann die Bilder nie zu veröffentlichen. Eine andere Serie mit dem Model Penelope Tree wurde von Vreeland abgelehnt, weil sie sich darüber beschwerte, dass man »kein Schmachten in den Lippen« erkenne.[7] Neuaufnahmen standen häufig auf dem Programm – ebenso wie Wutausbrüche. Exotische Shootings waren zwar reizvoll, erforderten aber monatelange Vorbereitungen. Die Visa mussten vom Außenministerium genehmigt werden. Für den Zoll musste der Mitarbeiterstab ein Carnet mit jedem einzelnen Gegenstand der Reise zusammenstellen, bis hin zu den kleinsten Accessoires, um zu gewährleisten, dass alles, was das Land verließ, auch wieder zurückkam.[8] Eine Redakteurin erinnert sich, dass sie auf einer Reise in den Iran ihre Abende damit verbrachte, Hunderte von antiken französischen Gardinenquasten zu entwirren, die für einen »ornamentalen Look« verwendet werden sollten.[9] Bei einer anderen Gelegenheit entschied Vreeland plötzlich, dass ein riesiger Hut bei einem Fotoshooting im Himalaya dabei sein sollte. Damit der Hut rechtzeitig beim Team ankam, das bereits nach Asien aufgebrochen war, musste er – in seiner Hutschachtel – mit dem Auto, dem Jeep, dem Kamel und schließlich mit dem Esel einen Berg hinaufgekarrt werden, um den abgelegenen Ort zu erreichen. Es war geradezu zwingend, Bügeleisen, Bügelbretter und Nähutensilien überallhin mitzunehmen, wo auch immer sich die Kleidung gerade befand, denn es war oft nötig, die teuren Stücke an Ort und Stelle auszubessern und zu ändern.

Es war mühsam, einen von Vreelands »Looks« zu kreieren. Stoffmuster mussten angefordert, geliefert, ausgewählt und zurückgeschickt werden; Kleider wurden dann in Auftrag gegeben, geändert, verworfen und neu bestellt; Friseure, Visagistinnen, Models, Redakteure, Assistenten, Stylistinnen und Fotografen mussten eingearbeitet, eingestellt und gefeuert werden. Alle Schritte wurden auf Polaroid festgehalten, damit jeder im Team die Änderungen nachvollziehen konnte.[10] Allein die Kosten für die Filmentwicklung waren unglaublich. Und natürlich ist Vreeland diejenige, die den Rekord für das teuerste Fotoshooting der Geschichte hält. Im Herbst 1966 erschien »Die große Pelz-Karawane« in der *Vogue* und nahm sage und schreibe 26 Seiten ein.[11] Das Team – zu dem auch ein über zwei Meter großer Sumo-Ringer gehörte – verbrachte fünf Wochen in Japan, wo sie 15 Kisten mit Kleidungsstücken auf schneebedeckte Berge schleppten. Die in Szene gesetzten hohen Hermelinstiefel, weißen Hermelinmäntel, Fäustlinge aus Chinchilla und russischem Luchs stammen ganz eindeutig aus einer Zeit vor PETA. Vom legendären Richard Avedon fotografiert, von der Moderedakteurin Polly Mellen betreut und mit dem Supermodel Veruschka in Szene gesetzt, soll die Fotostrecke eine Million Dollar gekostet haben. Das würde heute etwa 7,5 Millionen Dollar entsprechen.

»Die große Pelz-Karawane« wird als »Modeabenteuer« und das Team dahinter als »Charakterbesetzung« bezeichnet.[12] Es war damals auch üblich, ein Fotoshooting »Story« zu nennen. Dieses Vokabular erklärt in gewisser Weise, wie *Vogue* unter Vreelands Leitung über Mode dachte. Vreeland, die um die Jahrhundertwende geboren wurde, sprach wehmütig von den spektakulären Kleidern, die die Grandes Dames von Paris Anfang des 19. Jahrhunderts trugen. Durch ihre Jugend in den Goldenen Zwanzigern bekam sie die Veränderungen, die mit den beiden Kriegen einhergingen, unmittelbar mit, sodass sie zur Kronzeugin der erstaunlichen Umwälzungen in der Mode wurde. Sie positionierte sich selbst als die letzte verbliebene wahre Ästhetin und eine Art Modegelehrte, die auf den Seiten von *Vogue* Phantasie und Geschichte zusammenbrachte.

Vreeland verzichtete auf die damals in Frauenzeitschriften üblichen Rezepte und Haushaltstipps, weil sie die Romantik Russlands und Chinas für wichtiger hielt. Sie kannte all die flüchtigen Trends, die unser Leben verändern, und es war dieser magische Instinkt, der aufwog, dass sie sonst schwierig und von fragwürdiger geistiger Gesundheit wirkte. Das Problem mit Vreelands Träumen war, dass sie immer mit einem sehr realen Preisschild versehen waren. Wer würde das alles letztlich bezahlen?

Alex Libermans Abenteuer als Speichellecker

1903 als Tochter einer Gesellschaftsdame und eines Börsenmaklers geboren, schaffte Diana Vreeland es bereits als Debütantin in die Klatschspalten. Auch wenn sie nicht gerade dem konventionellen Schönheitsideal entsprach (ihre Mutter nannte sie »mein hässliches kleines Monster«[13]), ging sie eine prominente Heirat mit einem gutaussehenden Bankier ein, der mit der Familie nach London zog, wo sich ihr Hang zur Exzentrik weiter verfestigte. Sie schminkte sich kalkweiß, mit dicken Flecken von schlecht verteiltem Rouge auf ihren

Wangen. Sie lernte Rumba, anstatt ihre Kinder zu versorgen, und führte ein Dessous-Geschäft, in dem Wallis Simpson angeblich Kundin gewesen sein soll. Als sie nach New York zurückkehrte, wurde sie von Carmel Snow, der Chefredakteurin von *Harper's Bazaar*, beim Tanzen auf der Dachterrasse des St. Regis Hotels entdeckt und bekam aufgrund ihres beeindruckenden Outfits einen Job angeboten. Die Vreelands lebten in maßloser Extravaganz und hatten nie Geld, also nahm sie den Job an, um nicht in finanzielle Schwierigkeiten zu geraten. Sie verbrachte 26 Jahre unter Snow, die sie schnell zur Moderedakteurin beförderte.

Eine Zeit lang hatte Vreeland eine Kolumne mit dem Titel »Warum nicht …«. Darin gab sie extravagant verrückte Ratschläge wie: »Warum nicht … violette Samtfäustlinge zu allem tragen?«,[14] oder »Warum nicht … eine gigantische Muschel statt eines Eimers benutzen, um Ihren Champagner zu kühlen?«.[15] Als Moderedakteurin hatte sie ein gutes Auge, unter ihrer Ägide entstanden die Fotoshootings, die *Harper's Bazaar* den Ruf einbrachten, modisch auf der Höhe der Zeit zu sein, auch wenn die *Vogue* die feste Größe blieb. Ein Kollege von *Bazaar* erinnert sich, dass sie während der Rationierung von Schuhen im Zweiten Weltkrieg für die Popularisierung von Ballettschuhen verantwortlich war, was dem Hersteller Capezio eines jener aberwitzigen amerikanischen Vermögen einbrachte.[16] Eine Freundschaft mit Jackie Kennedy führte dazu, dass die First Lady sie um Rat fragte, was sie bei der Amtseinführung ihres Mannes tragen sollte. Vreeland verlieh der gesamten Branche einen berauschenden künstlerischen Touch, die Frauen in Traumwelten entführte. Aufgrund ihrer Genialität war sie aber auch unberechenbar, weshalb Carmel Snow sie an der kurzen Leine hielt, um sie nicht unbeaufsichtigt zu lassen. Als sich die Chefredakteurin zur Ruhe setzte, ging die Beförderung über Vreelands Kopf hinweg an Snows Nichte. Diese Demütigung war zu viel für Vreeland, die *Harper's* bald darauf den Rücken kehrte. Liberman holte sie zur *Vogue*, in der Hoffnung, die neuen Eigentümer damit zu beeindrucken.

Diana Vreeland nannte 1962 »das Jahr des Jetflugzeugs und der Pille«.[17] Obwohl die Swinging Sixties ihren Ursprung in London hatten, passte Vreeland genau in diese Zeit. Sie war von den neuen Gesichtern und Veränderungen begeistert und erfand den Begriff »Youthquake« [etwa: Jugendbeben, Anm. d. Ü.].[18] Ihre Neigung zu Exzentrik und Opulenz bestimmte weiterhin ihr Leben. Ihr Wohnzimmer, als »Höllengarten« bezeichnet, war vom Teppich bis zu den Vorhängen in chinesischem Rot gehalten und mit orientalischen Diwanen, Schnupftabakdosen, Büchern und Kissen in weiteren Rottönen vollgestopft. Sie hatte ein Dienstmädchen, das sie ankleidete, die Innenseiten ihrer Handtaschen reinigte und ihre Fünf-Dollar-Scheine bügelte.[19] Berühmt war sie für ihre einschlägigen Einzeiler wie: »Der Bikini ist das Wichtigste seit der Atombombe!«[20]; »Rosa ist das Marineblau Indiens!«[21]; »Ein bisschen schlechter Geschmack ist wie eine schöne Prise Paprikapulver!«[22] Am besten war jedoch ihr kryptischer Befehl an einen Fotografen: »Suchen Sie nach der Zigeunerkönigin, die in Milch badet und die schönste Haut der Welt hat!«

In den Büros der *Vogue* machte sich eine übermütige Stimmung breit: Vreelands Assistentin beschreibt, wie eine außer Kontrolle geratene Dogge bei einem Shooting ein Stück aus einem Abendkleid herausbiss.[23] Studios beschwerten sich, dass die Models zu bekifft waren, um überhaupt noch aufrecht stehen zu können. Eine Fotostrecke über Bademode wurde zurückgezogen, weil das Model von ihrem Heroinkonsum über den ganzen Arm verteilt Einstichstellen aufwies.[24] Models »bekamen Wutanfälle und stahlen Pelzmäntel«.[25] Ein Designer bestand bei seinem Besuch darauf, jedem aus der Hand zu lesen, bevor er seine Kleider präsentierte.[26] In der Dokumentation *Diana Vreeland: Das Auge muss reisen* (2011) erklärt ein Mode-Insider: »Sie war das Teuerste …, was die Newhouses je hatten. Sie kostete ein *Vermögen*!«[27]

Viele Jahre lang bestand eine enge Freundschaft zwischen Iva Patcévitch, dem Präsidenten von Condé Nast, und Alexander Liberman, dem Artdirector. Beide stammten aus Familien, die vor der Russischen Revolution geflohen waren, beide hatten in Paris gelebt. Es war Patcévitch, der Liberman beförderte und ihn zum jüngsten Artdirector New Yorks machte. Doch über genau diese enge Freundschaft von 27 Jahren setzte sich Liberman ungerührt hinweg, um sich nach dem Verkauf an Samuel Newhouse bei Si Newhouse anzubiedern. Als der neue Eigentümer, der mit Patcévitch aneinandergeraten war, Liberman fragte, ob jener gute Arbeit leiste, gab sich der Artdirector keine Mühe, den Mann zu verteidigen, der vor all den Jahren seine eigene Zukunft gesichert hatte. Sobald Patcévitch aus dem Weg geräumt war, konnte sich Liberman bei Si Newhouse einschmeicheln. Aus der ehemaligen Belegschaft von Condé Nast berichtet man:

> **Liberman fand einen schüchternen, etwas unterbelichteten Typen namens Si Junior vor und nahm ihn unter seine Fittiche … Er machte ihn mit einer anderen Welt bekannt. Niemand hatte jemals viel Zeit mit Si verbracht oder großes Interesse an ihm gezeigt. Deshalb hielt Si Alex nicht nur für einen talentierten Menschen, sondern auch für jemanden, der sich für *ihn* interessierte, jemand, der Zeit mit ihm verbrachte.**[28]

Der Zauber, den er auf Si Newhouse ausübte, ermöglichte es Liberman, für das nächste Vierteljahrhundert die dominierende Stimme bei Condé Nast zu werden. So talentiert er auch war, ohne seine Gerissenheit, seine Kälte und seinen berechnenden Verstand hätte er seine Position nicht halten können. Die vollendete Höflichkeit in Person, benutzte er den Ausdruck »lieber Freund«,[29] kurz bevor er eine scharfe Beleidigung aussprach. Liberman, der in späteren Jahren den Spitznamen »Silberfuchs«[30] erhielt, schien bereit zu sein, alles zu tun, um an der Spitze der *Vogue* zu bleiben, wobei er nicht nur das Personal kontrollierte, sondern sogar sich selbst kompromittierte. Er war bereit, sich zu verschulden, indem er sich ständig von der Bank und seinen Freunden Geld lieh, um seinen der *Vogue* angemessenen Lebensstil aufrechtzuerhalten. Das Gleiche erwartete er von anderen Beschäftigten (wobei schwierig zu entscheiden ist, wer hier mehr Schuld trägt – *Vogue*, weil sie ihre Mitarbeiterinnen und Mitarbeiter nicht anständig bezahlte, oder Liberman, weil er glaubte, sie seien nicht engagiert genug, wenn sie nicht bereit waren, für ihre Anstellung hohe Schulden anzuhäufen). Lord Snowdon bemerkte: »Er war der anstrengendste Selbstdarsteller überhaupt, sehr schmierig – wie ein Aal –, und mauschelte stets in seinem eigenen Interesse.«[31] Sogar Si Newhouse, der vier getreue Jahrzehnte an Libermans Seite verbrachte, war gezwungen zuzugeben, dass in dessen Persönlichkeit viel Eigennutz steckte.[32]

Liberman profitierte sehr von seiner Freundschaft mit Si Newhouse: Als dieser Mitte der sechziger Jahre zum Vorsitzenden von Condé Nast ernannt wurde, erhöhte er Libermans Gehalt auf eine halbe Million Dollar (1980 wurde daraus eine ganze Million pro Jahr).[33] An den Wochenenden nahm Si Newhouse Liberman als seinen inoffiziellen Berater in die Galerien mit, um Werke von de Kooning und Rauschenberg ausfindig zu machen. Selbst von diesen künstlerischen Streifzügen profitierte er – Newhouse kaufte nämlich auch eine Reihe von Libermans eigenen Kunstwerken.

Doch so gern Liberman die Gelder von Newhouse zu seinem eigenen Vergnügen abschöpfte, so sehr missbilligte er Vreelands ähnlich kriecherische Bemühungen. Bei aller Liebe zu Kurzlebigkeit und Mystik hegte Vreeland auch eine tiefe Zuneigung zu Geld. Sie kannte ihre Position gut genug, um ihr eigenes Spiel zu spielen und die Newhouses zu verführen, sodass sie zu einer festen Größe auf den Partys von Mitzi Newhouse wurde. Ein Kollege erinnert sich, dass Vreeland nach den Laufstegshows zu Mitzi eilte, sich praktisch auf sie warf, um sie mit Komplimenten zu überschütten.[34]

Vreeland war bereits die selbstherrliche Redakteurin aus der Hölle – noch lange vor Anna Wintour. Dem Film *Der Teufel trägt Prada*, ein kaum verhohlenes Porträt von Wintour aus der Sicht einer ehemaligen Praktikantin, ging das Musical *Ein süßer Fratz* mit Audrey Hepburn voraus, in dem die Figur der Zeitschriftenredakteurin auf Vreeland basiert. Ihr Regime bei der amerikanischen *Vogue* war anstrengend und unkonstruktiv, darauf ausgerichtet, Menschen gegeneinander auszuspielen. Sie erteilte ihre ersten Befehle vom Bad aus und fegte mittags ins Büro, wobei sie eine Duftwolke von Räucherstäbchen hinterließ, die so dicht war, dass die Sekretärinnen daran zu ersticken drohten. Zum Mittagessen aß sie ein Erdnussbuttersandwich mit einer halben Schale geschmolzenem Eis; danach erschien eine Krankenschwester, um ihr eine Vitaminspritze zu geben.[35] Vreeland hatte von Jessica Daves ein Büro übernommen, das wie am Schnürchen lief. Unter Vreeland wurde daraus ein hässlicher Zirkus. Vreelands damalige Assistentin Grace Mirabella verglich ihr System mit einem römischen Gladiatorenkampf:

> Bei Vreelands Redaktionsdurchgängen ging es oft zu, als würden die Lämmer dem Löwen zum Fraß vorgeworfen … Es gab viele Tränen, viele Opfer. Mehr als eine Redakteurin drohte nach einer Besprechung mit Vreeland, sich aus dem Fenster zu stürzen. Von allen Seiten kündigten Sekretärinnen … Redakteurinnen rangen um die Gunst von Vreeland und versuchten dabei, sich gegenseitig zu untergraben. Ständig hörte ich Schreie aus der Besenkammer.[36]

Da sich alle um die Gunst Vreelands bemühten und sich dabei gegenseitig sabotierten, gerieten die Dinge schnell außer Kontrolle. Liberman schaffte es gerade noch, seinen Mund zu halten, als sich Vreeland in den sechziger Jahren auf dem Höhepunkt ihrer Popularität befand. Doch als das Jahrzehnt zu Ende ging, erkannte er seine Gelegenheit: Frauen brauchten zunehmend praktische, nüchterne Kleidung, die den wirtschaftlichen Abschwung widerspiegelte. Vreeland reagierte nicht auf diese neuen Umstände, sondern zeigte im Magazin weiterhin lila Regenmäntel, Lackblusen und Bodystockings, anstatt auf die praktischen Bedürfnisse von Frauen einzugehen. Die wiederum reagierten mit der Stornierung von Abonnements. In den ersten drei Monaten des Jahres 1971 ließ der Verkauf von Anzeigen um fast 40 Prozent nach.[37] Mirabella räumt ein, dass die Werbung in der gesamten Branche als Reaktion auf den allgemeinen Konjunktureinbruch zurückgegangen war, doch als Liberman und Si Newhouse »auf die Zahlen schauten, sahen sie Vreelands Gesicht«.[38] Man kann Libermans Frustration in Bezug auf Diana Vreeland nachvollziehen. In einer seiner vielen Ermahnungen an sie, mit dem Budget vernünftiger umzugehen, schockierte sie ihn mit der Antwort: »Alex, letztendlich handelt es sich bei alldem doch nur um Unterhaltung.« Si Newhouse, dessen Familie ein modernes amerikanisches Imperium aufgebaut hatte, gefiel das überhaupt nicht, denn für ihn war die *Vogue* keine Unterhaltung, sondern ein Geschäft.[39] Als Vreeland 1971 endlich gefeuert wurde, verlangte sie von Liberman eine Erklärung oder zumindest, dass er die Verantwortung übernahm. Dieses Kräftemessen führte zum letzten ihrer berühmten Bonmots, die sie bei der *Vogue* geprägt hatte: »Wir alle haben viele zaristische Russen gekannt und auch ein paar kommunistische. Aber Alex, du bist der einzige feige Russe, den ich je kennengelernt habe.«[40]

Die beigen Jahre von Grace Mirabella

Den Thron von Diana Vreeland zu übernehmen würde nicht einfach werden. Nachdem sie fast ihr ganzes Leben in der Branche verbracht hatte, war sie mit einigen schillernden Spitznamen bedacht worden, die den halbreligiösen Eifer verdeutlichen, den sie auslöste: Heiliges Monster. Hohepriesterin der Mode. Kaiserin. Orakel. Die päpstliche Geheimhaltung, mit der die Wahl der Nachfolgerin abgehalten wurde, machte die endgültige Entscheidung noch überraschender. Liberman hatte sich auf Grace Mirabella festgelegt, eine pragmatische, goldblonde 40-Jährige mit einem lockeren, modernen amerikanischen Stil.

Die Modewelt war davon kein bisschen begeistert. Für Insider war Mirabella ein Mauerblümchen. Andy Warhol sagte bissig, sie sei eingestellt worden, weil »*Vogue* Richtung Mittelklasse gehen wollte«.[41] In der *Newsweek* wurde sie öffentlich ein »nine-to-five girl« genannt,[42] also jemand, der nichts Außergewöhnliches tut und sich strikt an die Bürozeiten hält. Andere scharfe Zungen bei *Vogue* gaben ihr den Spitznamen »die Sekretärin«.[43] Gianni Bulgari stattete ihr einen Besuch ab, um zu erläutern, wie sich die »Vulgarisierung« der *Vogue* auf seine Werbung auswirken würde. Ein Haufen berühmter Fotografen, Designer und auch ihre eigenen Kolleginnen und Kollegen bei der *Vogue* kamen in Mirabellas Büro, um sie über ihre Absichten ins Kreuzfeuer zu nehmen und die anstößige *Normalität* dieser Kreatur zu beglotzen. Die Botschaft der Modewelt war klar: Mirabella war der *Vogue* nicht würdig.

Niemand, weder damals noch heute, scheint Mirabella viel Anerkennung dafür zu zollen, dass sie unter diesem Druck nicht zusammengebrochen ist. Als jemand, die ihr Leben der *Vogue* verschrieben hatte, war Mirabella seit ihren frühen Zwanzigern bei der Zeitschrift tätig und hatte sich bis zur Stellvertreterin Vreelands hochgearbeitet. Niemand war näher am Geschehen oder verstand deren Denkweise besser als sie. »Ich war Vreelands Schatten, ihr Alter Ego ... Das Bild, das sie meinte, der Welt präsentieren zu müssen, mochte ich nicht ... Aber ich liebte sie, ja, betete sie als Person mit einer Leidenschaft an, die ich nur mit der Schwärmerei eines Schulmädchens vergleichen kann«, schrieb Mirabella in ihrer Autobiographie.[44] Als Vreelands Herrschaft endete und Condé Nast Publications anrief, war Mirabella bei einem Fotoshooting in Kalifornien. Diese Situation muss sehr unangenehm gewesen sein und wurde durch die Tatsache noch verschlimmert, dass Vreeland – sie selbst untröstlich – für weitere sechs Monate als beratende Redakteurin im Verlag blieb. Mirabella gibt freimütig ihre eigene Feigheit zu und erklärt, dass sie sich nicht dazu durchringen konnte, mit Vreeland reinen Tisch zu machen, und sie stattdessen völlig mied.[45]

In einem Punkt hatte die viele Kritik bei Mirabella jedoch recht: Sie sorgte tatsächlich für Veränderung. Mirabella, deren Spezialgebiet Sportbekleidung war, war um etwa 30 Jahre jünger als Vreeland. Sie hatte den Finger am Puls der siebziger Jahre und war bestens dafür geeignet, um der »Neuen Frau« und allen großen Themen des Jahrzehnts gerecht zu werden: Feminismus, die durch Watergate ausgelösten politischen Umwälzungen, Proteste gegen den Vietnamkrieg, der Einsatz für die Rechte von Homosexuellen, der wirtschaftliche Abschwung und die Ölkrise – all das hatte Mirabella auf dem Schirm. Sie kannte vielleicht nicht jedes verfassungsrechtliche Detail, aber sie wusste, was Frauen in der vordersten Reihe einer Demonstration oder an ihrem ersten Tag im College tragen wollten. In der Modegeschichte haben die siebziger Jahre einen schlechten Ruf. Mit der wirtschaftlichen Rezession kam auch die Länge der Röcke zurück, sodass zu Beginn des Jahrzehnts der Midirock den Mini bei den Pariser Modeshows ablöste. In Amerika galt der Midirock als übermäßig konservativ und altmodisch. Dieser Streit färbte absurderweise auf die Geopolitik ab, und die Demokraten, die gegen Nixon waren, wurden zu unerwarteten Befürwortern des Minis, da sie ihn als Symbol der amerikanischen Freiheit werteten, während der Midi als Werkzeug des diktatorischen Europas abgetan wurde.

Die kontroverse Diskussion über die Saumlänge führte dazu, dass die Frauen Mitte der siebziger Jahre das Thema komplett umgingen und sich massenhaft Hosen zulegten. Die zweite Welle des Feminismus hatte zur Folge, dass sich viele von den Trends abwandten und begannen, die Mode als Instrument der Unterdrückung zu betrachten. Gegenkulturen wie die psychedelische Drogenszene und die sexuelle Revolution fanden weite Verbreitung und wurden in die Konsumgesellschaft aufgenommen. Blue Jeans, einst hauptsächlich für Arbeiter, wurden mit der Entstehung von Designer-Denim-Marken zum Mode-Statement. Der Einfluss der Musik – von Punk über Glam Rock bis hin zu Hip-Hop –, die zunehmende Sichtbarkeit von Afroamerikanerinnen und Afroamerikanern in Filmen und das Aufkommen des Street-Style bedeuteten, dass die Mode nicht mehr von den Pariser Modehäusern bestimmt wurde, sondern auch aus Orten wie der Bronx kam.

Mirabella war vielleicht nicht diejenige, die den Street-Style bei der *Vogue* einführte, aber sie war die richtige Frau dafür, um eine kuratierte *Vogue*-Version über diese Themen vorzulegen. Als Tochter eines Alkoholimporteurs aus Newark war sie in den fünfziger und sechziger Jahren oft genug von ihren Kolleginnen und Kollegen herablassend behandelt worden, doch die siebziger Jahre schienen wie für sie gemacht. Als erfolgreiche Karrierefrau, die lange unverheiratet blieb, konnte sie mit anderen Frauen mitfühlen, die versuchten, ihren eigenen Weg zu gehen. Vreeland war in einem begüterten Elternhaus aufgewachsen und fühlte sich wohl unter Menschen mit einem ähnlichen Hintergrund. Selbst ihre Models, wie Veruschka und Penelope Tree, stammten entweder aus Familien mit Geld oder aus dem Adel. Im Gegensatz dazu wollte Mirabella die Erste sein, die in der amerikanischen *Vogue* Menschen präsentierte, die wirklich etwas geleistet hatten. Neue Gesichter, wie die politisch aktive Gloria Steinem, erschienen auf den Seiten, während mädchenhafte Models mit Kätzchencharme wie Twiggy verschwanden. Mirabella war auch die erste amerikanische Redakteurin, die ein Schwarzes Model, Beverly Johnson, auf das Cover setzte.

Als weiteren mutigen Schritt öffnete sich die *Vogue* für Themen aus Bereichen wie Politik, Gesundheit und Wohlbefinden. Die Artikel dieser Zeit reichten von ernsten Angriffen auf Senatoren[46] bis hin zu Neuigkeiten aus der Medizin, in denen die Vorteile von Vitamin E angepriesen werden.[47] Es wurde über die bahnbrechende Entwicklung des Pap-Abstrichs berichtet, mit dem sich frühe Anzeichen von Gebärmutterhalskrebs erkennen lassen.[48] Diese Themen hatten zuvor, wenn überhaupt, nur selten ihren Weg in Frauenzeitschriften gefunden. Der neue Ton, der weder albern ist noch »undamenhafte« Fakten beschönigt, wirkt seriös, ohne übertrieben zu sein. Hirn und Wohlbefinden waren nun sexy, und erwachsene Frauen mit einer eigenen Meinung waren sogar sehr, sehr sexy.

Dafür, dass diese *Vogue* ein heiles, typisch amerikanisches Ideal vertrat, war Sex ziemlich präsent. Die Werbeanzeigen können nur mit obszön beschrieben werden. Bei Zigaretten werden Länge und Größe erörtert, bei Lippenstiften werden Nässe und Feuchtigkeit angepriesen und in der Urlaubswerbung geht es um Wildnis und Hitze. Die Bilder zeigen männliche Körper, flirtende Frauen und aufreizendes Lächeln. Hier hatte die sexuelle Befreiung eindeutig schon stattgefunden. Mirabella reagierte mit Skepsis, als sich immer mehr Sex ins Heft schlich, und gab Liberman und seinem Interesse an *Playboy* und *Penthouse* die Schuld daran, dass es gelegentlich etwas zu weit getrieben wurde.[49] Wo immer möglich, wollte sie, dass das sexuelle Element eine befreiende Wirkung auf die Frauen hatte und nicht in die Befriedigung des männlichen Blicks überging.

Auch die Mode wurde überarbeitet. Vorbei waren die Gogo-Stiefel und die falschen, mit Pailletten besetzten Wimpern. Vorbei die mit Tonnen von Haarspray gefestigten Betonfrisuren und das maskenhafte Make-up. Mirabellas *Vogue* ist köstlich stilvoll. Große, schwungvolle Blondinen stolzieren über die Seiten, zünden sich entschlossen Zigaretten an, schenken sich verführerisch Wein ein und richten Ohrringe in ihren eigenen Ankleidezimmern. Sie durchqueren mit kraftvollen Schritten schöne Räume und fahren schnelle Autos, während die Haare im Wind wehen. An den Stränden faulenzen sie mit ihren Freundinnen statt den Ehemännern, und oft erscheinen etwas ältere Frauen Seite an Seite mit jüngeren – beide sehen äußerst gepflegt und professionell aus und verleihen dem Alter eine neue Würde. Endlich kommen Frauen auch alleine klar – und wirken dabei auch noch höchst elegant.

Bei den Models strebte Mirabella nach dem gesunden, lächelnden, typisch amerikanischen Ideal. Die Kleider sind glamourös, lassen aber Bewegungsfreiheit zu. In den fünfziger und auch noch in den sechziger Jahren hing ein großer Teil der Mode davon ab, dass ein Mann in der Nähe war, um den Reißverschluss des Kleides hochzuziehen, oder ein Dienstmädchen, das das Arrangement zurechtrückte. Lange Zeit war es für eine Frau erstaunlich kompliziert, sich eigenständig anzuziehen. In den siebziger Jahren konnten endlich alle Frauen – von Teenagern, die sich für die Schule schnell eine Jeans anziehen, über Schreibkräfte, die sich fürs Büro fertig machen, sogar bis hin zu den verwöhnten Erbinnen mit ihren dicken Scheckbüchern – selbst die Kontrolle übernehmen. Dies bedeutete einen grundlegenden Wandel im Leben der Frauen. Die stilvolle, praktische Kleidung, die starke Betonung amerikanischer Designer gegenüber den traditionellen europäischen Häusern und die offene, neue Stimme katapultierten die *Vogue* in unbekannte Höhen. Obwohl die Leserinnen aus dem Bible Belt ihre Abonnements kündigten, weil sie sich von der großen Präsenz von Sex im Heft gestört fühlten, spielte das kaum eine Rolle, denn Mirabella brach mit ihrer Zeitschrift Rekorde.[50] Während ihrer Amtszeit verdreifachte sich die Auflage von rund 400000 auf 1,3 Millionen, und die Bruttoeinnahmen stiegen entsprechend von 9,1 Millionen auf 26,9 Millionen Dollar.[51]

Dieser äußerliche Erfolg bedeutete jedoch keineswegs, dass das Leben hinter den Kulissen auch nur um ein Stück einfacher geworden war. In den achtziger Jahren stellte sich bei Mirabella eine zunehmende Desillusionierung ein. Da die Modeindustrie immer mehr Presse und Medien anzog, waren die Modeschauen gezwungen, einem immer größeren Publikum gerecht zu werden. Die in vertrautem Kreis stattfindenden Präsentationen von einst wurden zu den bombastischen Laufstegen von heute. Einem kleinen Publikum kann man Kleidung aus nächster Nähe zeigen, um dem Design gerecht zu werden, aber die großen Menschenmengen, die nun zu den Laufstegshows strömten, mussten unterhalten werden.

Die Marken reagierten darauf, indem sie Musik und Licht hinzufügten und nicht zuletzt die Kleidung ordentlich aufpeppten. Mirabella verabscheute die karnevaleske Wende und hegte einen besonderen Hass gegen Christian Lacroix, den sie anscheinend weitgehend für diese Bewegung verantwortlich machte.[52] Die opulenten, unpraktischen Kleider, die er produzierte, standen im Widerspruch zu allem, was sie als Pionierin angestoßen hatte. Auch die Konsumenten hatten sich verändert: »Ich war es gewohnt, von Leuten umgeben zu sein, die etwas *taten* … Diese Leute jedoch waren bereits in den achtziger Jahren aus der Mode gekommen. Eine ›neue Aristokratie‹ aus Investmentbankern und ihren dünnen Ehefrauen war entstanden«, schrieb sie.[53]

Doch nicht nur in Hinblick auf die neuen Trends hatte Mirabella das Gefühl, den Anschluss verloren zu haben. Auch die Distanz zu Liberman wuchs. Sie hatten etwa 20 Jahre lang eng zusammengearbeitet, aber mit der Zeit wurde Mirabella unzufriedener. Dass Liberman bei der *Vogue* allgegenwärtig war, machte das wohl kaum besser. Als Mirabella die Redaktionsleitung übertragen wurde, geschah dies nur unter der Auflage, dass sie »unter der Gesamtleitung von Mr Liberman, Redaktionsdirektor von Condé Nast« arbeiten sollte, genau wie es bei Vreeland der Fall gewesen war.[54] Wieder einmal hatte er das letzte Wort bei allem, auch bei der Frage, wer eingestellt oder gefeuert wurde. Das bedeutete, dass Mirabella oft mit einem Team zurückblieb, dessen Visionen nicht mit ihren übereinstimmten. Obwohl die *Vogue* eine Zeitschrift war, die hauptsächlich von Frauen für Frauen gemacht wurde, waren es die Männer, die auf der geschäftlichen Ebene alle Entscheidungen trafen und gut verdienten, während die Frauen in der Redaktion nur ein Taschengeld bekamen – und das begann Mirabella zu wurmen. Dabei war auch nicht zuträglich, dass Si Newhouse sie nie konsultierte, sondern sich ausschließlich mit Liberman beriet. Sie war es leid, übergangen, herabgesetzt und ignoriert zu werden.

Als Mirabella einen Beitrag zu Brustkrebs bringen wollte, entgegnete Liberman: »*Vogue*-Leserinnen interessieren sich mehr für Mode als für Brustkrebs«;[55] Mirabellas scharfe Erwiderung lautete: »Ich bin schon länger eine Frau als Sie und sie interessieren sich für beides.«[56] Als sie über die Abtreibungsbewegung berichten wollte, sagte Liberman: »Das interessiert keinen«,[57] und als sie einen Artikel über die sich verändernde Stellung der Frau in der Gesellschaft vorschlug, war seine Antwort: »Sie brauchen nicht noch einen Beitrag über arbeitende Frauen zu schreiben. Frauen sind billige Arbeitskräfte und werden es immer sein.«[58]

Mit Mitte vierzig heiratete Mirabella einen angesehenen Chirurgen, der das Rauchen strikt ablehnte, weil er die langfristigen Auswirkungen davon auf die Lunge direkt mitbekam. Mirabella verzichtete schon bald auf ihre gewohnten 40 Zigaretten am Tag und versuchte, das Bewusstsein für die Gefahren von Zigaretten zu schärfen – ein Vorgehen, das bei den zahlreichen Tabakunternehmen, die für ihre Werbung Millionen in die *Vogue* steckten, eine heftige Gegenreaktion auslöste. Mirabella setzte Liberman unter Druck, die Löhne in der Redaktion zu erhöhen, und wies darauf hin, dass Frauen jetzt andere Möglichkeiten hätten und sich nicht mehr mit mickriger Bezahlung abspeisen lassen müssten.[59] Was sie selbst betraf, so wollte Mirabella einen Platz im Vorstand haben, um neben Liberman an den Gesprächen teilnehmen zu können, die über die Zukunft der *Vogue* entschieden. Die deprimierende Meinung von Si Newhouse lautete jedoch: »Frauen haben in den Vorständen nichts zu sagen, Grace.«[60] Tatsächlich konnte die Männerclubatmosphäre in den oberen Rängen von Condé Nast anscheinend nur von einer einzigen Frau durchbrochen werden; derselben Frau, die Mirabella verdrängen sollte: Anna Wintour.

11

DIE WINTOUR NAHT

Anfangsjahre einer Ikone

Anna Wintour und die britische *Vogue*

Anna Wintour ist in dieser Branche ein Unikat. Der Schrecken, die Faszination, die nervöse Aufregung, die sie selbst bei Menschen auslöst, die sich nicht für Mode interessieren, zeugt vom Kult um ihre Person. Aber auch Anna Wintour wurde nicht an einem Tag erschaffen. Wie genau diese britische Moderedakteurin es geschafft hat, sowohl Alexander Liberman als auch Si Newhouse um den Finger zu wickeln, werden wir nie erfahren. Grace Mirabella erinnert sich daran, wie sie bei der amerikanischen *Vogue* plötzlich auftauchte, ein dünnes, unzugängliches Geschöpf.[1] Der Modelegende zufolge wurde Wintour einst an Mirabella für die Besetzung einer neuen Stelle weiterempfohlen. Als Mirabella fragte, welchen Job sie haben wolle, soll Wintour hinter ihrer schwarz verdunkelten Sonnenbrille lässig geantwortet haben: »Ihren.«[2]

Wintour wurde 1949 in London geboren und war eines von fünf Kindern. Sie erlebte schon früh eine Tragödie, als ihr ältester Bruder im Alter von zehn Jahren bei einem Fahrradunfall ums Leben kam. Ihr Vater war der unbeugsame Charles Wintour, langjähriger Redakteur beim *London Evening Standard*. Die Vorliebe zum Journalismus ist nicht die einzige Eigenschaft, die sie von ihm geerbt hat, auch Wintours eisige Art muss von ihrem Vater stammen – er war in der Londoner Fleet Street als Chilly Charles [etwa: Kalter Karl, Anm. d. Ü.] bekannt.

Eine ehemalige Angestellte wurde einmal gewarnt: »Wenn man Charles Wintour zum ersten Mal trifft, wird man erst von seiner eisigen, harten Schale abgeschreckt, aber wenn man ihn dann besser kennenlernt, merkt man, dass das nur die Spitze des Eisbergs ist.«[3] Anna Wintour wuchs in der grünen Enklave von St. John's Wood auf und wurde auf eine Reihe von Mädchenschulen im Norden Londons geschickt, die so piekfein waren, dass die Schülerinnen vom Chauffeur dorthin gefahren wurden. Eigenwillig und schwierig, wie sie war, bekundete sie unverhohlen ihr Desinteresse an allem Akademischen. Ihre Klassenkameradinnen kümmerten sie nicht im Geringsten, und sie schwänzte den Unterricht, wann immer sie konnte.

Gerüchten zufolge war Anna Wintour erst 14 Jahre alt, als sie eine Seite über Kurzhaarfrisuren aus der britischen *Vogue* herausriss und in einen Salon in Mayfair ging, um sich ihre Locken abschneiden zu lassen.[4] Seitdem ist sie bei ihrem charakteristischen Bob geblieben. In Jerry Oppenheimers inoffizieller Enthüllungsbiographie (2005 veröffentlicht) wird das Bild einer lieblosen und provokanten Frau vermittelt, die sich über Übergewichtige lustig macht und alleinstehende oder verwitwete Lehrerinnen verspottet.[5] Gleichzeitig achtete sie wie besessen auf ihre Figur und ließ ihr Gesicht einmal wöchentlich in einer Privatklinik der Baker Street behandeln. Sie dürfte dort die jüngste Kundin überhaupt gewesen sein – und zwar mit einem Abstand von mehreren Jahrzehnten. Obwohl die Familie Wintour konservative Werte vertrat, scheint sie ihrer klamottenvernarrten Tochter erstaunlich viele Freiheiten gelassen zu haben. Im Alter von 15 Jahren ging sie zu Hause ein und aus, wie es ihr passte, womit sie ein recht unabhängiges Leben führte und die Abende in Clubs oder beim Tanzen verbrachte. Ihr Ziel dabei war es oft, einfach nur gesehen zu werden. Diejenigen, die sich an sie erinnern, beschreiben sie als unglaublich dünn, schweigsam und scheinbar schüchtern, was sie jedoch nicht davon abhielt, unermüdlich mit älteren Männern zu flirten. Im Alter von 16 Jahren hatte Wintour eine finale Meinungsverschiedenheit mit ihrer Schule wegen der Uniform, die sie hässlich fand. Da sie sich weigerte, sich zu fügen, verließ sie die Schule und kehrte nie wieder zurück.

Es gibt keine Hinweise darauf, dass Wintour sich in ihrer späten Jugend oder im frühen Erwachsenenalter besonders für Zeitschriften interessierte, allerdings zeigte sie ein angeborenes Gespür dafür, was ihr gut stand und was sie tragen musste, um eine Reaktion darauf zu bekommen. Als ihre Eltern zu ihrem 21. Geburtstag für sie eine Feier im Savoy veranstalteten, war sie bereits die Nutznießerin zweier großer Erbschaften von entfernten Verwandten aus dem Ausland, und die Summe aus diesen Geldern reichte aus, um sie mit luxuriösen Wohnungen und teuren Autos zu versorgen.[6] Doch viel wichtiger war, dass sie sich damit eine Designer-Garderobe zu leisten vermochte, die sie ohne weiteres jede Saison auffrischen konnte.

Zu Beginn der Disco-Siebzigerjahre spielte Wintour zum ersten Mal eine Rolle im Verlagswesen. Das herrschaftliche *Harper's Bazaar* UK sollte mit der rebellischen Zeitschrift *Queen* zusammengeführt werden, und dafür wurde nach Mitarbeitern gesucht. Wintour hatte zwar keine Erfahrung, wurde jedoch wegen ihrer Outfits eingestellt. Die Bezahlung war mickrig, aber das war natürlich irrelevant, denn sie brauchte den Lohn nicht, sondern wollte einfach nur zu den trendigen

Leuten gehören. Obwohl sie betonte, sie würde keine besonderen Ziele verfolgen, stellte sich das ganz anders dar, als 1971 bei der Vorbereitung der Dezember-Ausgabe von *Harper's & Queen* jeder Mitarbeiter sein perfektes Weihnachtsgeschenk aufschreiben musste. Angeblich schrieb Wintour, sie wolle Chefredakteurin der *Vogue* werden.[7] Ihre Vorgesetzten bei *Harper's* hielten das nicht für drucktauglich.

Als Modeassistentin bei *Harper's & Queen* hatte Wintour mäßigen Erfolg. Wenn es um Fotoshootings ging, hatte sie originelle Ideen, konnte große, unübersichtliche Gruppen organisieren und wusste, wie man mit launischen Fotografen umgeht. Sie hatte angefangen, eine Sonnenbrille zu tragen, und schien an ihrer Persönlichkeit zu feilen, wobei das noch nicht ganz so von Erfolg gekrönt war: Die Leute fanden sie herrisch und etwas lächerlich, weil sie es ablehnte, sich nach der Arbeit mit Leuten aus ihrem Team zu unterhalten oder sich mit ihnen privat zu treffen. Außerdem gibt es Berichte über einige jüngere Mitarbeiterinnen, die sich durch Wintours systematische Garstigkeit zur Kündigung getrieben fühlten.[8]

Obwohl Wintour kompetent und zielstrebig war, tat sie nur, was ihr beliebte. Erschwerend kam hinzu, dass sich die Moderedakteurinnen und -redakteure zu diesem Zeitpunkt nur mit der eigentlichen Fotografie und nicht mit den Texten befassten, Wintour jedoch nicht in der Lage war, den Autorinnen und Autoren ihre Vorstellungen zu vermitteln. Trotzdem wurde sie zur stellvertretenden Moderedakteurin befördert, sodass man sich fragen muss, inwieweit man den Berichten über ihre Vergangenheit tatsächlich trauen kann.

Es ist schwierig, ihre jüngste Geschichte zu analysieren, da sich in ihrem Umfeld einiges an Frust angehäuft hat. Eine Tatsache scheint jedoch unwiderlegbar: Wintour war ehrgeizig. Als die Moderedakteurin von *Harper's & Queen* abgelöst werden sollte, scharrte Wintour mit den Hufen. Der Manager suchte nach jemandem mit Schreiberfahrung, doch Wintour hatte kaum Erfahrung in irgendetwas – sie arbeitete ja erst seit ein paar Jahren –, dennoch wollte sie sich unbedingt bewerben. Als die Stelle dann an die erfahrene Journalistin Min Hogg ging, konnte Wintour das nicht ertragen. Ihre ständigen Versuche, Hogg zu untergraben, sorgten immer wieder für Meinungsverschiedenheiten, bis Wintour 1975 schließlich die Redaktion verließ und nach New York zog.

Mit 25 Jahren in New York angekommen, legte sich Wintour natürlich ein ähnliches soziales Umfeld wie in London zu. Bislang hatte sie die Wochenenden auf schicken Anwesen und die Nächte im noblen Nachtclub Annabel's verbracht. Obwohl sie in der eleganten Upper East Side von New York lebte, war sie schon bald Teil der Downtown-Szene mit ihren flippigen Lofts und Dachterrassen-Cocktails; eine Szene, in der Künstlerinnen und Künstler und britische Auswanderer sehr bewundert wurden. Schon bald ergatterte sie den Posten der Junior-Moderedakteurin bei *Harper's Bazaar*. Auch hier war Wintour wieder diszipliniert, kreativ und kompromisslos, und wieder ging das ihren Kolleginnen und Kollegen gegen den Strich. Ihre mangelnde Bereitschaft, Fotoshootings umzustellen, um sie den redaktionellen Anweisungen anzupassen, verdutzte ihre Vorgesetzten, die es nicht gewohnt waren, infrage gestellt zu werden. Sie glaubte, es besser zu wissen. *Harper's Bazaar* wiederum glaubte, ohne diese Scherereien auskommen zu können: Nach neun Monaten wurde sie gefeuert.

Der Rausschmiss war ein Schock, aber er änderte nichts an ihrem Verhalten. Dank der Unterstützung einiger Freunde kam Wintour bei der Zeitschrift *Viva* unter, die von Bob Guccione und seiner Frau Kathy Keeton herausgegeben wurde. Guccione war der Gründer und Herausgeber von *Penthouse*, einem Softcore-Männermagazin, und *Viva* wurde als weibliches Gegenstück dazu eingeführt – sozusagen ein Begleitblatt, das sich auf Erotik für Frauen konzentrierte. Jeden Tag musste Wintour durch die mit Postern halb nackter Frauen gepflasterten Flure von Gucciones Porno-Imperium gehen, um zu ihrem Büro zu gelangen. Später wird sie ihre Zeit bei den »Penthouse Pets« geflissentlich übergehen, wenn man sie nach ihrer Berufserfahrung fragte. Dennoch zeugt es von Wintours Entschlossenheit, dass sie in diesem alles andere als geschmackvollen Umfeld durchhielt und bei wachsenden Spannungen mit ihren Chefs Modeseiten produzierte, bis die Zeitschrift aufgegeben wurde. Wieder war sie arbeitslos.

Ihre Karriere durchlief weiter Höhen und Tiefen. Im Jahr 1980 wurde sie als freie Mitarbeiterin bei einer neuen Zeitschrift namens *Savvy* eingestellt und erhielt ein so niedriges Gehalt, dass es selbst dem Geschäftsführer peinlich war.[9] Als Entschädigung bat sie um mehr Platz für ihre Layouts, in der Hoffnung, dass ihre Arbeit ein besseres Jobangebot von einem anderen Herausgeber nach sich ziehen würde. Ein ganzes Jahr lang passierte nichts, bis sie 1981 über ihre Kontakte eine weitere Stelle als Moderedakteurin errang, diesmal beim Magazin *New York*. Hier konnte sie endlich ihre Vorstellungen umsetzen. Ihr Ansatz mit sexlastiger Haute-Couture traf den richtigen Nerv bei der neuen Generation von gut verdienenden, konsumfreudigen Yuppie-Pärchen. Die Leserschaft des *New York*-Magazins war breiter gefächert als die der anderen Zeitschriften, für die sie bislang gearbeitet hatte, sodass Wintours Arbeit nun mehr Aufmerksamkeit bekam. Das zog bald Werbekunden an, die von der Kauflust der Leserschaft profitieren wollten.

Typisch für Wintours stilisierte Modestrecken waren tief gebräunte, muskulöse Frauen, die vor einer Kulisse mit Wolkenkratzern drapiert waren, maskuline Hemden mit nichts darunter trugen und Aktentaschen mit sich herumschleppten. Neben dieser für die achtziger Jahre typischen Power-Frau-Ästhetik blitzte hier und da auch etwas Kreativität auf: Für eine denkwürdige Modestrecke beauftragte sie zeitgenössische Künstler aus New York, darunter Jean-Michel Basquiat, ihre Interpretation der neuesten Kollektionen zu zeichnen. Diese besondere Verbindung von Kunst und Mode hatte einen Effekt, von dem Wintour bisher nur träumen konnte: Sie erregte die Aufmerksamkeit von Alexander Liberman, dem Sprössling von Condé Nast, der sie zu einem Treffen einlud.

Die hohen Tiere bei Condé Nast waren noch nicht bereit, Anna Wintour etwas so Konkretes wie die Redaktion einer Zeitschrift anzubieten. Stattdessen erfanden sie eine Art Zwischenrolle: 1983 sollte sie im Impressum als »Creative Director« genannt werden, ein Titel, der bis dahin noch nie verwendet worden war. Die amtierende Chefredakteurin der amerikanischen *Vogue*, immer noch Grace Mirabella, war empört, insbesondere als Wintour begann, sie in Redaktionssitzungen zu kritisieren. Mirabellas Wut erreichte ihren Höhepunkt, als Wintour ein Interview für die Fachzeitschrift *Adweek* gab, das in einer zuckersüßen Darstellung von Wintour als hochgelobte Innovatorin des Verlagswesens mündete.[10] Alle unangenehmen Wahrheiten wurden praktischerweise ausgelassen, vor allem ihre fehlende Hochschulbildung ... stattdessen wird in der Lobeshymne vorsichtig eine Liebe zur englischen Literatur angedeutet.

Heute, da Anna Wintour als Ikone der Modebranche gilt, fällt es leicht, sie für jede noch so kleine Verfehlung zu verurteilen. Obwohl Wintour daran gewöhnt war, sich die Abneigung ihrer Kolleginnen und Kollegen durch ihr eisiges und schroffes Auftreten zuzuziehen, konnte sie nicht mit den daraus resultierenden Konsequenzen umgehen. In ihren früheren Jobs hatte sie mit ihrer Penetranz Ergebnisse erzielt, aber Condé Nast war ein Unternehmen, in dem es viele große Fische gab. Aus allen Richtungen kamen jede Menge Anfeindungen; jede Chefredakteurin, der Vorstand, Geschäftsführung und Verleger drängte und schob in einem spannungsgeladenen Machtkampf. Es herrschte ein heftiger Wettbewerb; alle waren auf den eigenen Vorteil bedacht. Mirabella konnte Wintours Einmischung vielleicht nicht leiden, doch auch für Wintour war dies nicht gerade das ideale Arbeitsumfeld. Aufgrund der unklaren Position, die Liberman ihr gegeben hatte, gehörte Wintour keiner bestimmten Abteilung an. Sie konnte die Ideen der anderen abblocken, aber die wiederum konnten sie ebenfalls untergraben.

Wintour, gewöhnt an die Arbeit in vergleichsweise kleinen Modeabteilungen, neigte dazu, die Produktion zu übernehmen, doch die *Vogue* war ein gut organisiertes Unternehmen, das genau durchgetaktet arbeitete, und Fotoshootings waren ihre Spezialität. Die Teams waren riesig, allerdings hatte Wintour mit dieser Größenordnung einfach keine Erfahrung. Mit ihrer unkooperativen Einstellung machte sie die Sache noch schlimmer. Ihr Lieblingstrick war es, Mirabella ganz einfach zu ignorieren, während sie Liberman stets zu Diensten war. Damit gelang es ihr, Mirabella vor den Kopf zu stoßen, die wiederum Liberman das Leben schwer machte. Die Feinheiten dieser endlosen Fehden sind kaum nachvollziehbar, und sie nehmen kein Ende. Man fragt sich, wie man in diesem Arbeitsumfeld überhaupt produktiv sein konnte.

Letzten Endes musste Liberman Wintour verbieten, die Modeseiten auch nur anzufassen, da die Feindseligkeiten überhandnahmen. Das war eine große Belastung für Wintour und schottete sie von ihrem geliebten Thema ab – der Kleidung selbst. Mehrere damalige *Vogue*-Mitarbeiterinnen bezeugen, sie in Tränen ausbrechen gesehen oder sie schluchzend am Telefon mit ihrem zukünftigen Ehemann David Shaffer angetroffen zu haben.[11] Shaffer war Kinderpsychiater, was ihn definitiv zu einer guten Anlaufstelle machte, doch die meisten Experten schreiben ihm noch weitaus mehr zu und geben zu verstehen, dass er sich ihr gegenüber eher wie ihr persönlicher Lebensberater verhielt denn wie ihr Liebhaber. Wintour – von Shaffer ermutigt – gab sich besonders Mühe, um ihren Kolleginnen und Kollegen zu zeigen, dass sie es bitterernst meinte. Ein anderer Bericht aus derselben Zeit behauptete, Wintour sei keineswegs beim Weinen ertappt worden, sondern sie sei vielmehr eine Tyrannin, die alle Wände in den Büros durch durchsichtiges Glas ersetzt habe, weil sie den Gedanken von Untergebenen, die hinter verschlossenen Türen über sie tuschelten, nicht ertragen könne.[12] Diese Version der Ereignisse schaffte es bis ins *New York Times Magazine*, in der kolportiert wurde, dass sie es nicht leiden konnte, wenn irgendetwas versteckt wurde – abgesehen von, wie es scheint, ihrem eigenen Gesicht, das hinter ihrem Pony und der berühmten Sonnenbrille verborgen war.

Wände hin oder her, Wintour brannte darauf, sich zu revanchieren. Es bestand kein Zweifel daran, dass sie darauf wartete, dass Mirabella in die Wüste geschickt wurde, um die Chefredaktion übernehmen zu können. Selbst innerhalb von Condé Nast begann man davon auszugehen, dass sie früher oder später die nächste Chefredakteurin der amerikanischen *Vogue* werden würde. Stattdessen – und völlig unerwartet – fiel ihr die britische Ausgabe in den Schoß. Als Beatrix Miller, die damalige Redakteurin der Brogue, ihren Ruhestand ankündigte, sah Liberman eine Gelegenheit, seinen konfrontativen Schützling zu entfernen, ohne ihn dabei zu verlieren. In

Anbetracht ihrer Unbeliebtheit sah sich Wintour gezwungen, den neuen Plan zu akzeptieren, der für sie bei Condé Nast ausgeheckt worden war, aber es fiel ihr schwer. Shaffer, inzwischen ihr Ehemann, musste aus beruflichen Gründen in New York bleiben, den kleinen Sohn jedoch, den sie erst ein paar Monate zuvor zur Welt gebracht hatte, nahm sie mit. Viele frischgebackene Mütter hätten das Handtuch geworfen, aber Hartnäckigkeit ist eine Hauptkomponente in Wintours Persönlichkeit. Die kurze Zeit, in der sie den Posten innehatte, sollte – in mancher Hinsicht zu Unrecht – als »Nuclear Wintour« in Erinnerung bleiben, in dem die britische Ausgabe praktisch dem Erdboden gleichgemacht wurde.

Anna Wintour und die amerikanische *Vogue*

Wenn New York eine Achterbahn war, muss London im Vergleich wie ein Verkehrsstau gewirkt haben. Wintour empfand die britische *Vogue* als nicht hip und Beatrix Miller fast schon als verkalkt. Als Wintour 1985 die Leitung übernahm, war sie von der avantgardistischen Haltung und stoischen Art ausgesprochen unbeeindruckt. Ihre Aufgabe war es, Frauen Stil zu vermitteln, aber sie schien nicht zu glauben, dass die englische Hauptstadt überhaupt einen solchen besaß. In New York gab es nur Vollgas *oder* Stillstand, Vorankommen *oder* Durchdrehen, kreischende gelbe Taxis, junge Kerle, die über die Bürgersteige stürmen, ein ehrgeiziges Glitzern in den Augen. Dazu gesellte sich neuerdings eine Armee von Karrierefrauen, die mit Starbucks-Bechern umhermarschierten. Ihre Rüstung bestand aus Schulterpolstern, Haarspray und Hoffnung, doch sie würden mehr brauchen, um sich einen Weg in die Unternehmensstrukturen zu ebnen. Wintour juckte es in den Fingern, Frauen nach diesem New Yorker Rummel zu kleiden. Stattdessen musste sie damit anfangen, Personalgespräche mit der Belegschaft der Niederlassung zu führen, um festzustellen, ob es irgendjemanden gäbe, den sie für wert hielt dazubleiben.

Sie brauchte nicht lange, um Änderungen vorzunehmen. Der liebenswerte Spitzname Brogue, der sich von Beginn an gehalten hatte, wurde abgeschafft. Wie ihrerzeit die Amerikanerin Woolman Chase fand auch Wintour die europäischen Arbeitsgewohnheiten schockierend. Ihr eigener, bis ins kleinste Detail geplanter Tagesablauf ist allgemein bekannt: Wintour steht zwischen 4 und 5 Uhr morgens auf und quetscht noch eine Stunde Tennis rein, bevor sie sich für ihren täglichen Auftritt bei der *Vogue* um 8 Uhr morgens frisiert und schminkt.[13] Im New York der achtziger Jahre war bereits das ganze Gebäude voll, wenn sie ankam. Ein Londoner Kollege erinnerte sich daran, wie frustriert Wintour war, und bemerkte: »Ich weiß wirklich nicht, wie Anna das überlebt hat. Es herrschte keine lebendige Atmosphäre, keine Entschlossenheit, alles wurde als ›unmöglich‹ oder mit ›Oh, ich denke nicht‹ abgetan, und die Lösung für die meisten Probleme war ›Mmmm, lass uns eine Tasse Tee trinken‹.«[14]

Grace Coddington – die später die hohe Position des Creative Directors bei der amerikanischen *Vogue* haben sollte – war eine der wenigen, die unter Wintour im Vereinigten Königreich eine Beförderung erhielt. Kurz nach Coddingtons Ernennung zur Moderedakteurin wurden die Büros einer Komplettrenovierung unterzogen. Die Wände wurden weiß gestrichen, Glastrennwände eingebaut, wurmzerfressene Schreibtische gegen stählerne Le-Corbusier-Tische ausgetauscht, alte Teppiche herausgerissen und helle Dielenböden verlegt – passend zum Stil der neuen Chefin.[15] Tatsächlich war genau das Wintours Gesamtkonzept: zu modernisieren und amerikanisieren. Vorbei waren die Fotoshootings auf Schlössern. Tschüss Tweed. Die exzentrische englische Note der Zeitschrift wurde glattgebügelt. Kein Hauch von sarkastischem Humor. Keine sentimentale Laune. Jetzt gab es Wiederholung und Regelmäßigkeit.[16] Perfekte, professionell aussehende Aufnahmen von muskelbepackten Amazonen, die die berufstätige Frau der Thatcher-Ära repräsentieren sollten.

Als Nächstes waren die Mitarbeiter der *Vogue* an der Reihe. Bei ihrer Debüt-Ausgabe fehlten bereits zwei Moderedakteure im Impressum, ein Redakteur für Lebensfragen, ein stellvertretender Feuilletonredakteur, ein Ernährungsredakteur und der Restaurantkritiker. Bald darauf folgte die Entlassung von Milton Shulman, der Theaterkritiker, und seiner Frau Drusilla Beyfus, die Feuilletonredakteurin war. Auch der Filmkritiker Alex Walker wurde abgesägt. Sie alle waren Familienfreunde der Wintours und langjährige Kollegen von Annas Vater, Charles Wintour, beim *Evening Standard*. Obwohl die Kündigung von Journalisten, die sie schon von Kindesbeinen an kannte, ziemlich hart erscheint, sind die Entlassung des Mitarbeiterstabs eines Vorgängers und die Einstellung eigener Leute durch die neue Chefredakteurin nichts Ungewöhnliches. Wintour hielt sich an ein altehrwürdiges Protokoll, verständlicherweise schäumten die Betroffenen dennoch vor Wut.

Selbst diejenigen, die blieben, waren unzufrieden oder zogen sich schließlich höflich zurück, um einem Zerwürfnis vorzubeugen. Grace Coddington war eine von ihnen und kündigte 1987, um Design Director bei Calvin Klein zu werden. Eine andere leitende Angestellte, Liz Tilberis, wurde ebenfalls abtrünnig. Sie war eine der ersten Gewinnerinnen des *Vogue*-Talentwettbewerbs von Beatrix Miller gewesen und hatte alle so begeistert, dass sie auch nach ihrem Praktikum bei der Zeitschrift blieb, 1974 Moderedakteurin und dann 1984 leitende Moderedakteurin wurde. Wintour hatte sie unerwartet befördert und ihr eine Gehaltserhöhung gegeben, doch die Feindseligkeit in der Redaktion machte Tilberis zu schaffen, bis sie es schließlich nicht mehr aushielt. Obwohl Wintours Regime ihr finanzielle Vorteile verschafft hatte, habe sie, so berichtet Tilberis, deren Auftreten bei Mitarbeiterversammlungen als so unangenehm empfunden, dass sie regelmäßig Asthmaanfälle bekam.[17] Wintours amerikanische Art zu arbeiten – härter und mit weniger Freude – zehrte an den Nerven. Sie führte Arbeitssysteme ein, die aus betriebswirtschaftlicher Sicht zweifellos logisch waren, aber für eine Entfremdung aller sorgte. Es wäre hilfreich gewesen, wenn Wintour charmant und versöhnlich gewesen wäre, doch das war sie nicht.

Schließlich erhielt Tilberis, die bei der *Vogue* sehr beliebt war, ein Angebot von Ralph Lauren und beschloss, es anzunehmen. In der Zwischenzeit war Wintour zunehmend unruhig geworden und drängte wieder auf eine Stelle in New York. Die Anrufe bei Liberman und Newhouse wurden immer häufiger und dringlicher. Zu allem Überfluss kam noch hinzu, dass sich weder die Auflage noch die Werbeeinnahmen in irgendeiner Weise sichtbar verbesserten, was den Unmut in die Höhe trieb, weil ihre Mitarbeiter das Gefühl bekamen, dass sich das neue strapaziöse System nicht mal auszahlte. In der Zwischenzeit hatte die britische Presse ihren Spaß daran, Wintour fertigzumachen. Sie gaben dieser Periode im Leben der britischen *Vogue* die Spitznamen »Wintour of Discontent« [eine Anspielung auf den »Winter der Unzufriedenheit«, der sich, wiederum Shakespeare zitierend, auf den für Großbritannien politisch schwierigen Winter von 1978/79 bezog; Anm. d. Ü.] und den bereits erwähnten »Nuclear Wintour«. *Private Eye* erhielt ständig Insider-Informationen aus dem Hause *Vogue* und berichtete genüsslich über die Details von Wintours Bezahlung inklusive Sonderleistungen und die totale Kontrolle, die sie über den Inhalt haben wollte.[18] Der Schmuckdesigner Tom Binns entwarf eine Brosche mit der Aufschrift »VAGUE VOGUE VOMIT« [etwa: Vages *Vogue*-Würgen, Anm. d. Ü.], und wenn man Gerüchten Glauben schenken darf, trug der Style-Redakteur von *Fashion Weekly* Thom O'Dwyer eine solche. Sogar die Zeitung von Wintours Vater, die *Evening Standard*, stellte fest, sie habe eine »Angewohnheit, durch Redaktionsjobs zu brechen, als wären sie Ziegelmauern, und dabei ein zerfetztes Loch und einen Hauch von Chanel zu hinterlassen«.

Wintour geriet bei der britischen *Vogue* so in Bedrängnis, dass Newhouse und Liberman bald klar war: Wenn sie nicht schnell handelten, war die beliebte Zeitschrift in Gefahr. Im Jahr 1987 beschlossen sie, Wintour die Leitung von *House & Garden* zu übertragen, nachdem sie den Chefredakteur Louis Gropp nonchalant vor die Tür gesetzt hatten. Da es sich dabei um ein exklusives Wohn- und Gartenmagazin handelte, war Wintour als Chefredakteurin eine etwas seltsame Wahl, aber immerhin wartete die neue Aufgabe wieder in den USA. Wintour hatte die Nase voll vom Exil in London und vom Aufrechterhalten einer Fernbeziehung, wobei Letzteres besonders schwierig war, da sie gerade ihr zweites Kind zur Welt gebracht hatte. Nichtsdestotrotz zeigte sich Wintour bei *House & Garden* von ihrer gewohnten Seite, wiederholte ihre früheren unpopulären Methoden, entließ massenhaft Mitarbeiter, organisierte Arbeitsabläufe neu und vernichtete Berichten zufolge Aufträge in Millionenhöhe.

Wintour kürzte den Namen auf ein trendiges *H&G* ab, optimierte das Format und verwandelte die Zeitschrift in üppige Modeszenarien. Anstelle von Möbeln und Deko waren die Seiten plötzlich mit langbeinigen Models übersät. Kritiker nannten das Ergebnis spöttisch »Haus & Garderobe« und »Frisierkommode«. Alteingesessene Abonnenten und Werbekunden fühlten sich missverstanden, und die Verkaufszahlen stürzten ab. Die *New York Times* äußerte erneut ihre Meinung und machte sich über Wintour lustig, weil sie Parallelen zwischen Mode, Design und Dekoration ziehen wollte.[19] Aus heutiger Sicht erscheint dies in Anbetracht der zahlreichen Modemarken, die im lukrativen Bereich der Inneneinrichtung tätig sind (Missoni, Versace, Ralph Lauren usw.), bemerkenswert zukunftsorientiert, doch damals kam es nicht gut an. Was aber aus dem Artikel hervorgeht, ist, dass Anna Wintours Wunsch, bei der *Vogue* zu arbeiten, allgemein bekannt war; der Autor beschreibt ihre Amtszeit bei *H&G* als eine weitere Hürde auf dem »Kreuzzug« zur Chefredakteurin der *Vogue*.

Nur acht Monate später, nachdem Wintour dort fertig war, war *H&G* so heruntergekommen, dass die Zeitschrift eingestellt wurde. Wintour dürfte das wenig bekümmert haben. Ab Juni 1988 wurde sie zur neuen Chefredakteurin der amerikanischen *Vogue* ernannt. Für Mirabella, die sich bis dato verzweifelt gehalten hatte, war dies ein besonders bitterer Moment. Die Atmosphäre bei Condé Nast war stets von Misstrauen und Doppelzüngigkeit geprägt gewesen, doch der Gipfel war erreicht, als Mirabella eines Tages zu Hause ihren aschfahlen Ehemann vorfand: Er hatte gerade eine Nachrichtensendung gesehen, in der Anna Wintour als ihr Ersatz angekündigt wurde. Sicher, dass es sich um einen Irrtum handeln müsse, rief Mirabella die Eigentümer von *Vogue* an, die ihr bestätigten, dass sie tatsächlich entlassen worden war und das auch noch über das Fernsehen erfahren hatte.

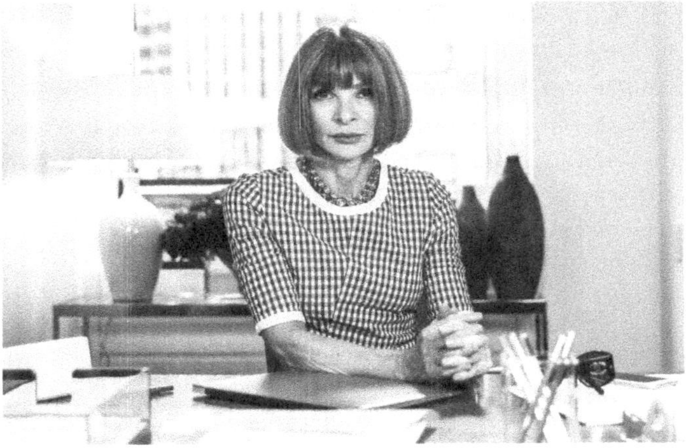

Anna Wintour im Mai 2015.

Diese Art der Schockentlassung sollte zum Markenzeichen von Si Newhouse werden. Im Laufe der nächsten Jahrzehnte sollte er sich einen Ruf für brutale und manchmal scheinbar willkürliche Entlassungen erarbeiten. 17 Jahre hatte Mirabella als Chefredakteurin durchgehalten und war insgesamt mehr als doppelt so lange bei der *Vogue* tätig – nun war ihre Zeit abgelaufen, und Condé Nast Publications würde sich nie wieder mit ihr befassen. Für Anna Wintour war der Aufstieg nicht einfach gewesen, doch endlich war sie angekommen.

12

EIN LEBEN FÜR DAS KLEID

Politik in der Mode und unmodische Politik

Fotografen in Paris: Kunst und Erotik

Die Arbeit als Redakteurin oder Redakteur einer Zeitschrift ist mit viel Prestige und persönlichem Ruhm verbunden. Einige genossen es, sich durch ihre Arbeit bei der *Vogue* einen prominenten Namen zu machen. Andere zogen es vor, sich als Gurus und Wegweiser zu geben, indem sie kreativen Menschen und Projekten eine Plattform boten, während sie hinter den Kulissen Regie führten, aber sich nie ins Rampenlicht stellten. Francine Crescent, die die französische *Vogue* von 1968 bis 1987 leitete, gehörte zur zweiten Kategorie.

Sie war so diskret, dass sie praktisch nie ein Interview gab, und so zurückhaltend, dass in der amerikanischen *Vogue* nie über sie berichtet wurde. Crescent wahrte gekonnt die Balance zwischen ihren amerikanischen Arbeitgebern und den französischen Werbekunden. Was ihren Kleidungsstil betraf, hielt sie jedoch nichts von Diskretion: Sie trug gerne nicht aufeinander abgestimmte Outfits; so kombinierte sie ihr konservativ blondes Haar mit kanariengelben Anzügen.[1] Später sollte

Crescent den übergewichtigen italienischen Playboy und ehemaligen Gigolo Massimo Gargia heiraten. Doch wofür sie am meisten in Erinnerung geblieben ist, ist ihr Einfluss auf die Modefotografie.

Von Anfang an tobte ein Kampf zwischen dem klassischen Produktfoto, das die Kleidung für die potenziellen Käuferinnen klar und deutlich zeigte, und der stimmungsvollen Fotostrecke, die Atmosphäre erzeugte und die Leserinnen in sehnsuchtsvolle Welten entführte. Unterschiedliche Redakteure hatten verschiedene Meinungen darüber, wie sich Kleidung besser verkaufen ließe. Es bildeten sich zwei Lager; das eine war der Meinung, Produktfotos seien authentisch und zeigten den Leserinnen, was sie wirklich bekommen würden; das andere glaubte, Frauen kauften nicht wegen der Kleidung selbst, sondern wegen der Assoziationen, die damit verbunden seien – Schönheit, Klasse oder ein bestimmter Lebensstil.

Francine Crescents Stärke lag darin, die talentiertesten Fotografen auszuwählen und ihnen ein noch nie da gewesenes Maß an Freiheit zu gewähren. Mit ihrer Unterstützung entwickelten Legenden wie Helmut Newton und Guy Bourdin ihre Fotografie zu einer vollwertigen Kunst. In jenen Jahren hatten die Fotografen völlig freie Hand: Crescent gab nur selten Anweisungen und teilte dem Fotografen nur mit, wie viele Seiten er zu fotografieren hatte, überließ ihm dann die Entwicklung des Konzepts und die Einstellung des Teams. Diese Entscheidungsfreiheit erlaubte es Newton, die dunkleren Seiten der Sexualität auszuloten und Werke mit BDSM-Untertönen zu produzieren: über die Schultern geworfene Jacken, zerknitterte oder zerrissene Kleider, teils verdeckt von ausgestreckten Gliedmaßen – in Szene gesetzt durch komplizierte psychosexuelle Montagen. So entstand 1975 eine seiner berühmtesten Fotostrecken, die ein Model mit nach hinten gegelten

Haaren in einem maskulinen Anzug von Yves Saint Laurent zeigt.[2] In einem weiteren provokanten Bild steht ein weibliches Model neben einer anderen Frau auf der Straße – sie ist völlig nackt und verletzlich. Mit seinem Werk, das in der Regel aus Hochglanz-Schwarz-Weiß-Aufnahmen besteht, kreierte er eine stimmungsvolle Mischung aus Dragkings, geschlechtlicher Zweideutigkeit, Fesselspielen und Fetisch, was ihm den Spitznamen »King of Kink« [etwa: König des Fetischs, Anm. d. Ü.] einbrachte.[3] Berichten zufolge hassten seine Models die Arbeiten, die, wie Helmut Newton zugab, vom sogenannten goldenen Zeitalter der Pornographie in den späten sechziger und siebziger Jahren beeinflusst waren, und die Models verließen die Fotosessions deprimiert und ausgelaugt.

Guy Bourdin, der zweite Superstar dieser Zeit bei der französischen *Vogue*, bezog seine Inspiration aus dem Surrealismus. Seine suggestive Art, Frauenschuhe in trostlosen Landschaften, auf Bahngleisen oder in leeren Schwimmbecken zu fotografieren, erzeugte eine unheimliche Spannung, die an ein Filmdrama oder einen Tatort erinnerte. In seinem späteren Werk verzichtete Bourdin komplett auf den weiblichen Körper und setzte stattdessen auf Andeutungen von Gewalt. In einem berühmt-berüchtigten Bild platziert er auf dem Bürgersteig ein Paar rosafarbene Schuhe neben Blutflecken und einem Kreideumriss einer Leiche;[4] in einem anderen Bild steht eine rote Keilabsatzsandale neben einer Steckdose, aus der Blut sickert.[5] Diese fesselnden Bilder sind eine clevere Form der Werbung: Der Blick geht sofort zum Produkt.

Newton und Bourdin reagierten auf die Umgebung, indem sie zeitgenössische Motive in künstlerischen Ausdruck verwandelten. Pornos hielten Einzug in den Mainstream wie nie zuvor, da die Filmemacher das Potenzial erkannt hatten, mit sexuell explizitem Material den Verkauf von Filmen anzukurbeln. Im gleichen Maße kamen Horror- und Exploitationfilme auf die Leinwand, die ein Massenpublikum auf der Suche nach einem billigen Nervenkitzel ansprachen.

Sosehr Francine Crescent für ihre gewagte Unterstützung der Fotografie verehrt wurde, gab es genauso viele Redakteure, die sie verunglimpften. Besonders herablassend sind die Kommentare von Joan Juliet Buck (1994 wurde sie Chefredakteurin der französischen *Vogue*), die in ihren Memoiren Crescent und ihre Zeitschrift wiederholt als banal, schlaff, leer und schal abtut.[6] Sie weist ausdrücklich darauf hin, wie unbeliebt die *Vogue* war, und behauptet, dass die Designer und Angestellten der Zeitschrift es gehasst haben, dort zu arbeiten.[7] In diesem Zusammenhang ist sicherlich erwähnenswert, dass Joan Juliet Buck einst von Crescent für einen Job abgelehnt wurde.

Auf jeden Fall war es ein gemütliches Umfeld, und ein Großteil der Belegschaft war sogar zusammen aufgewachsen. Jeder Nachkomme eines prominenten Aristokraten, jede ehemalige Künstlermuse, die sich in der Mode versuchte, landete irgendwann bei der *Vogue* – von Winston Churchills Enkelin bis hin zu verschiedenen Supermodels in ihren Anfangsjahren. Dieser illustre Haufen tendierte dazu, konservativ und betont französisch zu sein, gerade in Anbetracht der Angst Frankreichs vor einer Amerikanisierung in den siebziger Jahren. Sie veranstalteten Fotoshootings in Luxushotels und füllten das Büro mit Labradoren, Cockerspaniels und Dackeln, die in Körben unter ihren Schreibtischen dösten. In einem zunehmend politisch eingestellten Frankreich scheuten sie sich, Partei zu ergreifen. Als dann doch eine politisch bewusste Redakteurin auftauchte, lenkte sie den Fokus über die rein französischen Angelegenheiten hinaus, um aus der *Vogue* eine wirklich globale Modezeitschrift zu machen.

Aufruhr in Paris: Rassismus und Spiritualität

Wenn sich die Gelegenheit bietet, ein Unrecht wiedergutzumachen, ist Colombe Pringle, Autorin und ehemalige Chefredakteurin der französischen *Vogue*, davon überzeugt, dass es einen Versuch wert ist. Ein Vorfall, der sich einige Jahrzehnte zuvor ereignete und eine befreundete Schriftstellerin und Redakteurin betraf, ist ihr fest in Erinnerung geblieben. »Es gab eine Art Skandal in Frankreich ... etwas ziemlich Schockierendes«, erzählt sie mir.[8] Sie bezog sich auf den plötzlichen Weggang von Edmonde Charles-Roux bei Condé Nast, angeblich dadurch ausgelöst, dass sie versuchte, ein Schwarzes Model auf die Titelseite der Zeitschrift zu bringen. Das war im Jahr 1966. »Die amerikanische *Vogue* wollte keine Schwarze Frau auf der Titelseite haben, die englische *Vogue* ebenso wenig. So war die Gesellschaft zu dieser Zeit. Also dachte ich mir, dass ich für meine erste Ausgabe eine Schwarze Frau fragen würde!«[9] Sie unterstreicht diesen Satz mit einem rauen, kehligen Lachen. »Ich hatte das Büro von Edmonde Charles-Roux, wissen Sie«, fügt sie wehmütig hinzu, »das war ein sehr hübsches kleines Büro.«[10]

Wir schreiben das Jahr 1987, aber Pringles Haltung wäre auch dann noch als radikal bezeichnet worden. Es gab einen Engpass an Schwarzen Models, selbst wenn man eines hätte engagieren wollen. Aus der Sicht eines Casters war es kommerziell sinnvoll, Bewerberinnen aus Minderheiten zu ignorieren, da die französische *Vogue* bisher noch keinen Schwarzen Star für die Titelseite engagiert hatte und dies vielleicht auch nie tun würde. Die Schönheitsideale waren nur auf Weiß- und Dünnsein ausgelegt. Mit diesem Wissen im Hinterkopf schmiedete Pringle einen Plan. Um unangenehmen Fragen ihrer Vorgesetzten zu entgehen und eine größere Wirkung ihrer Botschaft zu erzielen, hob sie sich ihre Idee für Weihnachten auf. In den siebziger Jahren hatte die französische *Vogue* die Tradition etabliert, einen Gastherausgeber einzuladen, um an der Gestaltung einer speziellen Dezember-Ausgabe mitzuwirken. Hinter jedem Gastherausgeber stand eine Legende: 1971 war es Salvador Dalí, 1972 Federico Fellini, 1973 Marlene Dietrich, 1974 Alfred Hitchcock, um nur ein paar zu nennen. Mit diesen Titelseiten wurde die übliche Modeverkaufsstrategie mit dem hübschen Mädchen gegen die jeweilige Cause célèbre eingetauscht, wodurch den Winterausgaben ein deutlich anspruchsvoller Charakter verliehen wurde. Keine andere Zeitschrift hatte Zugang zu Berühmtheiten von solchem Kaliber.

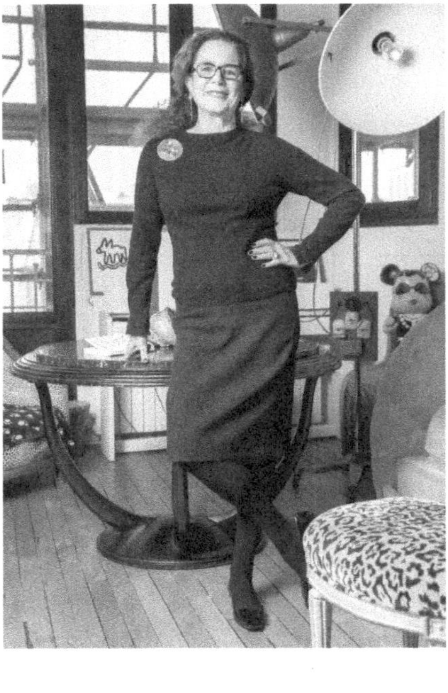

Colombe Pringle in ihrer Wohnung, Paris 2016.

Da die Weihnachtsausgabe die wichtigste Ausgabe der Zeitschrift war – sowohl im Hinblick auf die Werbung als auch auf die prominenten Mitwirkenden –, dachte sich Pringle, dass eine erfolgreiche und einflussreiche Schwarze Persönlichkeit als eine Art Schlupfloch für das ungeschriebene Verbot Schwarzer Models auf dem Titelblatt dienen könnte. Als Hauptdarstellerin wählte Pringle Barbara Hendricks, eine afroamerikanische Opernsopranistin und Absolventin der renommierten Musik- und Schauspielhochschule Juilliard. Pringle kannte sie bereits, wodurch es einfacher war, Kontakt aufzunehmen: »Sie war äußerst erfreut und erstaunt und fühlte sich geehrt«, erinnert sich Pringle.[11] Die daraus entstandene Ausgabe ist ein Sieg über den Rassismus in der Mode, ein Schlussstrich unter die Angelegenheit, die Edmonde Charles-Roux so sehr am Herzen gelegen hatte, und eine Quelle enormer persönlicher Genugtuung für Pringle. Hendricks wirkt auf dem Titelbild wie eine gebieterische Göttin in einem wogenden lila- und königspurpurfarbenen Gewand.[12] Ihre Haltung ist aufrecht, ihre Stirn leicht gerunzelt; sie trägt roten Lippenstift und einen schimmernden Kopfschmuck. Der Schriftzug »*VOGUE*« erstreckt sich hinter ihr in großen goldenen Lettern. Hendricks erscheint in majestätischer Erhabenheit; ihre Kraft wird nicht dadurch geschmälert, dass man sie albern lächeln und die neuesten Trends tragen ließ.

Nicht, dass Pringle jemals so verblendet gewesen wäre, zu glauben, diese Ausgabe allein würde ausreichen, um Schwarze Gesichter in Zeitschriften zu normalisieren. Um am Ball zu bleiben, engagierten sie und die Moderedakteurin Irène Silvagni (ihre Komplizin und Freundin, die mit ihr von der *Elle* zur französischen *Vogue* übergelaufen war) die 18-jährige Naomi Campbell für das August-Titelbild von 1988.[13] Selbst dann ließen ihre Chefs bei Condé Nast die Ausgabe nur erscheinen, als ein Top-Designer drohte, seine Werbeanzeigen zurückzuziehen, sollten sie Campbell zensieren. Mode wurde schon oft als politisches Mittel eingesetzt: für Solidarität, bei Aufmärschen, um sich mit bestimmten Gruppen zu positionieren. Doch die Art und Weise, wie wir Kleidung verwenden, hat nicht unbedingt etwas mit den Zielen der Modeindustrie zu tun. Diese Branche ist eher dafür bekannt, die unbequemen Wahrheiten des Lebens zu beschönigen. Mode ist eine Illusion, in die wir uns gerne flüchten, aber was wäre, wenn sie den Anstoß zur sozialen Gerechtigkeit geben und nicht nur das Nebenprodukt sein könnte? Die Debatte darüber, ob Mode politisch ist – oder sein sollte –, hält noch immer an. Man sollte sich jedoch an die bahnbrechenden Redakteurinnen der *Vogue* erinnern, die hinterfragten, wofür eine Luxuszeitschrift eigentlich steht, und die ihre mutige Haltung gelegentlich teuer bezahlen mussten.

Als ich bei Pringle nachhakte, wie sie es geschafft habe, die Beteiligung der namhaften Prominenten zu sichern, die die *Vogue* Jahr für Jahr zu Weihnachten beehrten, hielt sie inne, um nachzudenken: »Ich war sehr hartnäckig«, sagte sie schließlich, »das muss man auch sein.«[14] Die nächste Sonderausgabe nach der mit Barbara Hendricks aus dem Jahr 1987 wurde von dem asiatischen Autorenfilmer Akira Kurosawa als Gastherausgeber herausgegeben, wofür Pringle mehrere »verrückte« Wochen in Japan verbrachte.[15] Danach konnte sie den Cellovirtuosen Mstislaw Rostropowitsch für sich gewinnen. Martin Scorsese machte die Ausgabe von 1990, da er nun leichter zu überzeugen war, nachdem er die Bemühungen seines filmischen Kollegen Kurosawa gesehen hatte. Den spanischen Maler und Kunsttheoretiker Antoni Tàpies schließlich für die Gastausgabe zu ergattern, bezeichnet Pringle als »Glücksfall« – sie erreichte ihn über eine Bekanntschaft mit

Picassos Sohn und einen Zufall, der mit einem Keramikstudio zusammenhängt.[16] »Ich bin einfach reingekommen«, überlegt sie, »wenn man einmal ein Ende zu fassen bekommen hat, kann man immer weiter daran ziehen.«[17] Das zeigt, welche Vorteile es haben kann, wenn jeder jeden über sechs Ecken kennt. Im Jahr 1992 übertraf Pringle sich selbst, indem sie Seine Heiligkeit, den 14. Dalai Lama, als Gastherausgeber gewann.

»Der Dalai Lama war großartig«, bemerkt Pringle.[18] Kurioserweise wurde die Tür zum Dalai Lama durch ein verschlungenes Netz von Verbindungen innerhalb der Modebranchenelite geöffnet. Nicholas Vreeland – Enkel von Diana Vreeland, der Ehrfurcht gebietenden ehemaligen Redakteurin der amerikanischen *Vogue* – war ein enger Freund von Pringle und zudem ein vollordinierter tibetisch-buddhistischer Mönch. Seit er Mitte der achtziger Jahre konvertiert und in ein Kloster eingetreten war, hatten Pringle, ihr Ehemann und Nicholas Vreeland die Angewohnheit, über Spiritualität zu diskutieren, wobei Pringles Mann sogar einige Zeit in Indien verbracht hatte, um den Lehren seines Gurus zu folgen. Das Ergebnis war eine Beschäftigung mit Yoga- und Meditationspraktiken, lange bevor sie in der westlichen Welt populär wurden. Auf einen Hinweis von Nicholas Vreeland hin besuchten Pringle und ihr Verleger, Jean Poniatowski, den Dalai Lama während eines Aufenthalts in Straßburg.

Die beiden Vertreter der französischen *Vogue* fanden sich in einem Raum wieder, umgeben von weiß gewandeten Mönchen und buddhistischen Anhängern, die leise »Om« intonierten. Auf zwei winzigen goldenen Stühlen sitzend, beobachteten sie den Dalai Lama bei seinem Rundgang. Pringle war im dritten Monat schwanger, litt unter der Hitze und schleppte Exemplare aller *Vogue*-Weihnachtsausgaben von Gastherausgebern mit sich herum, an denen sie bisher gearbeitet hatte. Nachdem sie ihm die Ausgaben gezeigt hatte, sah sie ihm in die Augen und fragte Seine Heiligkeit, ob er für den kommenden Winter ihr Redakteur sein würde. Seine Antwort lautete: »Kommen Sie mit 100 Fragen nach Dharamsala.«[19] Als Termin dafür legte er den September fest. Pringles erster Gedanke war: »*Scheiße.* Im September werde ich im siebten Monat schwanger sein.«[20] Letztendlich hielt sie das aber doch nicht auf. Sie flog zurück nach Paris und verkündete freudig: »Wir haben ihn!« Dann absolvierte sie eine Art Crash-Kurs in tibetischem Buddhismus, indem sie mit Mönchen sprach und alle möglichen Leute befragte, was sie gern vom Dalai Lama wissen würden, wenn sie ihm eine Frage stellen könnten. Als zusätzliche Vorsichtsmaßnahme nahm Pringle Alexandre Adler als Helfer hinzu, einen anerkannten politischen Journalisten in Frankreich. »Komm mit mir«, sagte sie, »und bring 50 Fragen über China mit!«[21]

Kaum waren sie nach dem langen Flug im Norden Indiens gelandet, ging es mit dem Zug weiter in die Berge bis ins Kangra-Tal. Als Begleitung für die hochschwangere Pringle kamen der Kunstredakteur, ein Fotograf, ihr Freund Adler und weitere Kollegen mit, sodass sie eine sechsköpfige Gruppe bildeten. Sie waren im Haus des Bruders vom 14. Dalai Lama untergebracht, das noch aus der Kolonialzeit stammte und Kashmir Cottage genannt wurde. Pringle beschreibt es wie folgt: »Genau wie bei Beatrix Potter. Überall liefen kleine Tiere herum, und es wuchsen englische Rosen. Alles war *so* merkwürdig.«[22] Jeden Morgen pilgerten sie rüber, um mit Seiner Heiligkeit und seinem engsten Kreis von Mönchen zu sprechen. Sechs Tage lang stellte der kleine Pariser *Vogue*-Außenposten seine Fragen zu Freiheit, Angst, Feinden, Ego, Hass, Abtreibung, Frauen, Menschenrechten und Politik, Politik,

Politik. Danach begannen sie mit dem eigentlichen Interview. Sie sprachen mit seinem Arzt, machten sich bei Debatten unter Mönchen Notizen und schossen Fotos. Pringle fand in einem Geschenkartikelladen eine Postkarte mit einem kitschigen Porträt vom 14. Dalai Lama – er steht grinsend vor den schneebedeckten Gipfeln des Himalayas, während sich ein Regenbogen über seinem Kopf erstreckt. Diese offensichtliche Fotomontage, die einen »seltsamen Frieden und Liebe« verströmte, sollte auf der Titelseite der Pariser *Vogue* erscheinen, dem Inbegriff würdevoller Eleganz und zurückhaltenden Glamours.[23] Pringles abschließende Frage am letzten Tag lautete: »Eure Heiligkeit, warum 100 Fragen?« Er drehte sich überrascht zu ihr um und antwortete: »Oh! Aber das war doch ein Scherz!«[24]

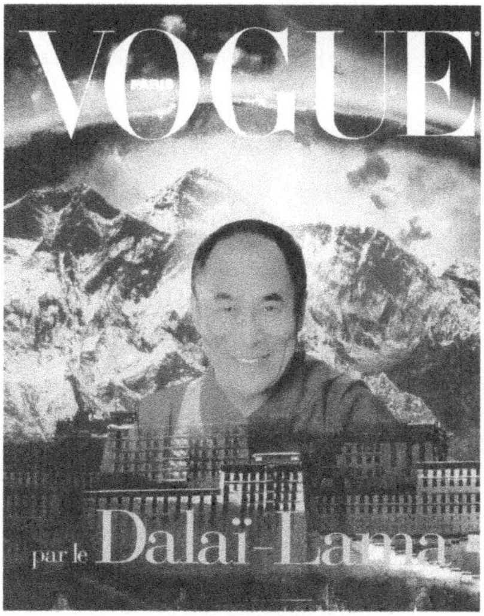

Der Dalai Lama auf dem Cover der Vogue Paris, *Dezember 1992.*

Pringle macht keinen Hehl daraus, dass sie die *Vogue* als Instrument dafür benutzt hat, Themen zu erforschen, die sie persönlich interessiert haben. Als ich sie frage, ob sie während des Besuchs beim Dalai Lama an ihre Leser und deren Anliegen gedacht hat, schnaubt Pringle verächtlich: »Darüber habe ich nicht *im Geringsten* nachgedacht! Man kann nicht an das Publikum der *Vogue* denken, wenn man mit einer spirituellen Persönlichkeit spricht.[25] Man kann über Schönheit sprechen – das haben wir auch –, aber es ist tiefgründiger als das, und das muss es auch sein.«[26] Obwohl Pringle behauptet, dass sie einige Modethemen aufgenommen hätten, sind die Artikel, auf die sie sich bezieht, immer noch zu nachdenklich und meditativ, um sie mit der Kaufen!-Kaufen!-Kaufen!-Mentalität der meisten Verbrauchermagazine vergleichen zu können. In einem Artikel zog sich ihr Freund Nicky Vreeland Lage um Lage aus, um sich von Pringles Ehemann fotografieren zu lassen, der mitgenommen worden war, falls bei Pringle die Wehen einsetzen sollten.[27] Dieser Beitrag wurde unter dem neckischen Titel »Die Schönheitsregeln eines Mönchs« veröffentlicht. So flapsig dies auch klingen mag, der Text bietet einen tiefen Einblick in buddhistische Kleidungs- und Pflegegewohnheiten.

Insgesamt ging es in den Modebeiträgen des Dalai-Lama-Hefts eher darum, zu lernen, mit dem, was man hat, zufrieden zu sein. Den Leserinnen der Pariser *Vogue* muss diese Botschaft völlig fehl am Platz erschienen sein, immerhin herrschte damals ein Klima des hemmungslosen Konsums. Der steigende Aktienmarkt in den USA brachte massenhaft Yuppies hervor. Ein leichter Abwärtstrend in Europa trug nicht dazu bei, den Kaufrausch der Konsumentinnen und Konsumenten zu dämpfen. Die Leute kündigten noch nicht ihre verhassten Jobs, um sich zu Pilates-Trainern umschulen zu lassen;

stattdessen strebten sie danach, Investmentbanker zu werden und Boni abzugreifen. Noch hatte keiner gelernt, ein gutes Leben dem Einkommen vorzuziehen. Für diejenigen, die sich hinsetzten und die Ausgabe aus jenem Dezember mit der Absicht aufschlugen, nach schicken Designerkleidern für den Silvesterabend zu stöbern, müssen die Lehren des spirituellen Oberhaupts von Tibet ans Unverständliche gegrenzt haben. Doch Pringle spielte mit dem Feuer, wenn sie sich über die Wertvorstellungen der *Vogue* hinwegsetzte. Sie war nicht die Eigentümerin der Zeitschrift, sondern war bei ihr angestellt. Ihre Vorliebe, große Themen anzusprechen, die Kunst zu fördern und gegen unterdrückerische Systeme zu kämpfen, muss die Chefetage vom französischen Condé-Nast-Team mehr als nur nervös gemacht haben.

Der Tropfen, der das Fass zum Überlaufen brachte: Mandela in der französischen *Vogue*

Herauszufinden, was nach dem Dalai Lama noch kommen könnte, war wirklich knifflig. »Irgendwann habe ich an Madonna gedacht ... Michael Jackson wäre auch lustig gewesen«, erinnert sie sich.[28] Beide erscheinen wahrscheinlicher als Nelson Mandela, der erste Schwarze Präsident Südafrikas, die Personifizierung der Anti-Apartheid, dessen lebenslanger Aktivismus und fast 30-jährige Inhaftierung in einem Friedensnobelpreis im Jahr 1993 gipfelten. »Ich war schon ein bisschen verrückt«, überlegte Pringle, aber ob verrückt oder nicht, sie machte das Unmögliche möglich und arrangierte eine Zusammenarbeit mit Nelson Mandela persönlich.

Sie beteuerte, dass sie sich nie einer bestimmten politischen Einstellung zugeordnet hat und es auch nie darauf angelegt habe, kontrovers zu sein. Doch als sie sich näher mit Mandelas Geschichte befasste, entdeckte sie die Geschichte eines Landes, die so sehr von Ausbeutung geprägt war, dass sie ihren Stift weglegte und nach Südafrika flog.

»Bei dieser Sache hat mir niemand geholfen, das können Sie mir glauben«, resümiert sie – und über die Reaktion ihrer *Vogue*-Kolleginnen und -Kollegen erzählt sie: »Sie waren sich sicher, dass es nicht dazu kommen würde. Sie hatten Angst.«[29] In Südafrika angekommen, musste Pringle sich sofort ins Zeug legen. Es handelte sich um einen gewagten Auftrag in einem angespannten und konfliktreichen Land, meilenweit entfernt von den Kollektionen des Laufstegs oder einer entspannten Mittagspause in Paris. »Das war wie in einem Konzentrationslager, es war einfach entsetzlich. Ich stand wirklich unter Schock«, schildert Pringle.[30] Sie hatte die Townships besucht und sich aus erster Hand ein Bild von den verheerenden Zuständen und den grauenvollen Folgen der Rassentrennung gemacht. Als sie sich schließlich mit Mandela in Johannesburg traf, überreichte sie ihm ein Exemplar der Dalai-Lama-Ausgabe und sagte: »Ich möchte Ihnen helfen.«[31]

Mandela stimmte zu, und Pringle kehrte in ihr Hotelzimmer zurück, um ein Fax an die Hauptgeschäftsstelle der französischen *Vogue* zu schicken, in dem sie jubelnd ihren neuesten Coup verkündete. Aufsässig fügte sie noch eine kratzbürstige Anweisung hinzu: »Und ich habe die Townships gesehen, also sagen Sie ja oder nein, und zwar JETZT.« Die Chefetage in Frankreich stimmte zu, und eine ganze Woche lang wurde Mandela von einer winzigen *Vogue*-Delegation begleitet, die fortwährend schrieb und fotografierte. Sie wanderten durch die Natur, besuchten Mandela in seinem Haus und nahmen an Demonstrationen teil. In Kapstadt arbeiteten sie morgens mit Mandela zusammen an der Ausgabe, wenn er von seinem 5-Uhr-Lauf zurückkehrte. Was Pringle vor allem bewegt hat, waren die Demonstrationen und die Erfahrung, in einer Gruppe von 50000 Schwarzen und nur zehn weißen Menschen umgeben zu sein, »*in diesem Moment* kann man ein paar Dinge darüber verstehen, was es heißt, eine Minderheit zu sein«.[32]

Die daraus resultierende Ausgabe ist keine leichte Lektüre. Sie enthält einen Beitrag über Desmond Tutu, den anglikanischen Geistlichen und Bürgerrechtler, und die Gemälde von Willie Bester, einem südafrikanischen Künstler, dessen Werke sich mit dem kulturellen Erbe, der Menschenwürde und der Verantwortung der Regierung befassen. Zu den Fotoreportagen gehört eine Serie mit dem Titel »Gewalt«, auf der zwei Frauen vor einer Autoexplosion davonlaufen.[33] Eine andere hat den Titel »Mandela ist frei! Freude« und zeigt einen Südafrikaner, der in die Luft springt und eine Trompete schwenkt. Trauer und Jubel. Schmerz und Sieg. Ein allumfassender Bericht. Pringle ging sogar so weit, die Regeln der Apartheid abzudrucken und sie in kontrastierenden Blöcken aus schwarzem und weißem Text abzubilden. Diese Gesetze verboten es, die Milch der Kuh eines Weißen mit der Milch einer Kuh zu mischen, die einem Schwarzen Menschen gehörte. Es gab Gesetze, die es Schwarzen Menschen verboten, auf der Straße auf den Schatten eines weißen zu treten. All diese Grausamkeiten und all dieser Irrsinn schafften es in die *Vogue*. Für das Titelbild engagierte Pringle den Künstler Tommy Motswai, der aus Johannesburg stammt. Motswai, der gehörlos und stumm geboren wurde und ein glühender Anhänger von Mandela ist, war zu Tränen gerührt. So entstand seine blau getönte Pop-Art-Illustration des Anführers, der freundlich lächelt und seine Hände zum Gebet zusammenhält.[34]

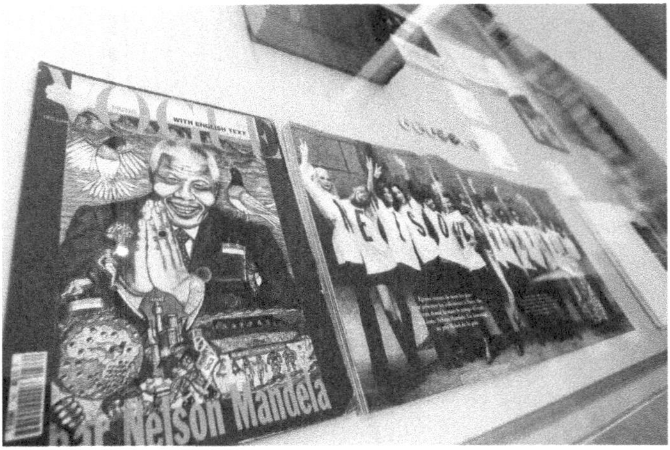

Nelson Mandela ziert die Vogue Paris *im Dezember 1993. Rechts sehen wir die damalige Supermodel-Riege in T-Shirts mit Nelson-Mandela-Schriftzug.*

»Es war kein typisches *Vogue*-Cover«, gibt Pringle zu.

Als das Team nach Paris zurückkehrte und mitten in der Fashion Week landete, nutzte Pringle die Chance, die Supermodels vom Dienst – darunter Naomi Campbell, Claudia Schiffer und Yasmeen Ghauri – von Peter Lindbergh fotografieren zu lassen, alle grinsend, viele halten zwei Finger als Zeichen des Friedens hoch. Sie tragen weiße T-Shirts, auf denen jeweils ein schwarzer Buchstabe steht, die zusammen den Schriftzug »NELSON MANDELA« ergeben.[35] Dieses markante Bild, das als dreiteilige Ausklappseite angelegt ist, wurde am Ende der Ausgabe eingefügt, die insgesamt einen stolzen Umfang von über 250 Seiten hatte.

Sollte die Reaktion ihrer Kollegen bei *Vogue* etwas kühl ausgefallen sein, so war das nichts im Vergleich zur eisigen Feindseligkeit, die von den Designermarken ausging. »Ein

Schwarzer kommunistischer *Revolutionär*?! Auf der Titelseite der *Vogue*?! Sie wollten ihre Werbeanzeigen zurückziehen«, verrät mir Pringle.[36] Wie um alles in der Welt sollten sie für üppige Ausgaben für Weihnachtsgeschenke werben, wenn es in der Zeitschrift nur so von Verweisen auf Gleichberechtigung wimmelte und die Aufmerksamkeit auf Geschichten über den Machtmissbrauch weißer Männer gelenkt wurde? Wieder einmal erwies sich Pringle als hartnäckig.

Sie hielt ein Treffen mit den Verantwortlichen von De Beers ab, dem Diamantenkonzern, der seine Diamanten überwiegend aus südafrikanischen Minen bezog, und prangerte ihn geradeheraus an. »Hören Sie zu, ich weiß, dass Sie Schwarze Menschen ausbeuten, um in Ihren Minen Diamanten zu schürfen, aber Mandela *wird* gewählt werden.«[37] Sie kam direkt auf den wunden Punkt des Konzerns zu sprechen. »Damals gab es noch keinen Kampf gegen Rassismus. Es war *so* abartig. Dennoch bereue ich es nicht, ich bin so stolz. Wenn ich auf etwas stolz sein müsste, dann auf das.«[38]

Etwa zeitgleich mit dem Erscheinen der Ausgabe wurde Mandela mit dem Friedensnobelpreis ausgezeichnet. Das brachte der französischen *Vogue* mit ihrem polarisierenden Thema einen Hauch von institutioneller Anerkennung ein. Dann widmete die *Sunday Times* Pringles Mandela-Ausgabe einen Artikel, in dem sie von einem für ein Modemagazin überraschenden, aber lobenswerten Schritt sprach.[39] In der Führungsetage von Condé Nast war man jedoch alles andere als begeistert, sondern warf die Frage auf, ob sie nun endgültig zu weit gegangen sei.

Gleich in ihrer Anfangszeit bei der *Vogue* hatte Pringle die Vorteile des Lebens auf dem Planeten *Vogue* erkannt. Der Name *Vogue* war wie ein geheimes Passwort, mit dem sich selbst die undurchdringlichsten Türen öffnen ließen. Die Bereitschaft von Staatsoberhäuptern und Primadonnen gleichermaßen, mit der Zeitschrift zusammenzuarbeiten, zeigt, wie gut ihr Ruf auch außerhalb der Modebranche war. Im Artikel der *Sunday Times* über die Mandela-Ausgabe wird behauptet, dass er und seine politischen Berater der Zusammenarbeit mit Pringle zustimmten. Nicht weil sie an Luxus glaubten, sondern weil ihnen die Art der Berichterstattung zusagte. Mit ästhetisch ansprechenden Bildern konnte man eine andere Seite der Politik aufzeigen.

Es gibt noch eine andere Möglichkeit, womit das Engagement des Afrikanischen Nationalkongresses erklärt werden kann: Während die meisten Zeitungen eine klare links- oder rechtsorientierte Richtung vertreten, kann sich eine Modezeitschrift neutraler geben. Was Pringle betrifft, so war sie sich darüber im Klaren, dass sich die Gelegenheit, das weibliche Publikum mit aktuellen Themen über die Pariser Seifenblasenwelt hinaus vertraut zu machen, vielleicht nie wieder bieten würde. Sie nutzte die Gunst der Stunde wie eine Aktivistin, die plötzlich auf die Bühne gestoßen wurde. Dabei bediente sie sich der Ressourcen von Condé Nast, wohl wissend, dass sie früher oder später zur Verantwortung gezogen und das Ganze dann ein Ende haben würde. »Vielleicht dachten sie: ›Sie ist nicht für diese Zeitschrift geeignet‹«, so Pringle, »und ich stimme ihnen zu.«[40]

Während manche Berichterstattung unterstellt, dass Pringles normale Ausgaben einen sich wiederholenden Charakter hatten, wurden die von den Gastherausgebern herausgegebenen Ausgaben schnell zu Sammlerstücken und verdoppelten die Auflage jedes Mal, wenn sie an den Zeitungsständen auftauchten, wobei ein Spitzenwert von 100 000 Exemplaren verzeichnet wurde.[41] Doch diejenigen, die die Dezember-Ausgabe kauften, gehörten nicht unbedingt zur gewünschten Zielgruppe der *Vogue*, vor allem, wenn sie sie nur einmal im Jahr kauften. Neben den Weihnachtsausgaben hatte Pringle während ihrer siebenjährigen Laufbahn versucht, die Zeitschrift einer Generalüberholung zu unterziehen, indem sie sich bemühte, den Ton zu ändern und auch über zeitgenössische Kunst, Künstlerateliers und klassische Musikerinnen und Musiker zu berichten. Sie unterstützte die Arbeit aufstrebender avantgardistischer Fotografen wie Peter Lindbergh, dessen intimer Schwarz-Weiß-Stil noch nicht zum Mainstream gehörte. Und obwohl die Geschichte der *Vogue* gezeigt hat, dass Redakteurinnen dafür ans Kreuz genagelt werden können, wenn sie sich zu kulturinteressiert zeigten, glaubt Pringle immer noch, dass sie auf dem richtigen Weg war. »Jeder arbeitet jetzt mit Künstlern zusammen, holt sich Künstler als Gastdesigner für Handtaschen und so weiter. Mode reicht nicht aus, wenn es sich nur um Mode allein handelt. Man kann nicht immer nur kaufen, man muss auch träumen.«[42]

Irène Silvagni, die Moderedakteurin von Pringle, verpasste es allerdings, an den Dalai-Lama- und Nelson-Mandela-Ausgaben mitzuarbeiten. Die Führungskräfte von Condé Nast befanden, dass in ihren Fotoshootings die Kleidung nicht deutlich genug herausgestellt wurde, und befürchteten negative Reaktionen seitens der Werbekunden. Sie wurde gefeuert, obwohl sie Weltklassefotografen wie Paolo Roversi für die *Vogue* verpflichten konnte. Pringles Ansatz passte nicht zu den Abonnentinnen, die »sehr konventionell« waren.[43] Letzten Endes mutmaßt sie: »Ich glaube, dass ein paar Leserinnen etwas gesagt haben müssen, weil ich nicht bei der *Vogue* bleiben durfte.«[44] An diesem Punkt bricht Pringle in Gelächter aus. Es tut ihr nicht leid, dass sie rausgeschmissen wurde, und im Gegensatz zu anderen Redakteurinnen kam sie ungeschoren davon.

Ihre Abfindung war hoch genug, um sie ein Jahr lang zu finanzieren, sodass sie zu Hause bleiben, ein Buch schreiben und Zeit mit ihrem kleinen Sohn verbringen konnte. Als sie zum Journalismus zurückkehrte, wurde sie Chefredakteurin bei *L'Express*, einer bekannten französischen Wochenzeitung mit politischem Einschlag. Was sie betraf, so verhielt sich die Firma Condé Nast »sehr elegant« bei der Handhabung ihrer Entlassung.[45] Und wenn Pringle etwas nicht vermisste, dann das Froufrou der Modewelt.

13

DIE »CONDÉ NASTIES«

Chefredakteurinnen werden zu Berühmtheiten

»Nuclear Wintour« vs. »Millionen Dollar Liz«

Der Veranstaltungskalender von New York ist vollgepackt mit Ausstellungseröffnungen, Theatervorstellungen, Filmpremieren und Wohltätigkeitsbällen, doch nichts ist so begehrt wie eine Einladung zur Met Gala. Jedes Jahr im Mai, wenn sich eine tiefblaue Abenddämmerung über die Beaux-Arts-Fassade des Metropolitan Museum of Art legt, wird der rote Teppich ausgerollt. Oscar-Preisträger, internationale Tycoons, IT-Milliardäre und rehäugige Supermodels schreiten langsam die Stufen hinauf, während ihr einstudiertes Lächeln vom Blitzlichtgewitter Hunderter Kameras verewigt wird. Sogar die anwesende Presse muss einen Smoking tragen. Im Grunde genommen handelt es sich um eine Eröffnungsfeier für die jährliche Modeausstellung des Costume Institute (Teil des Metropolitan Museum of Art), dessen Motto für die Ausstellung auch den Dresscode vorgibt. Sie bietet sowohl den Prominenten als auch den Designern die Möglichkeit, die Aufmerksamkeit eines weltweiten Publikums auf sich zu ziehen, während sie versuchen, sich gegenseitig mit ihren Outfits zu überbieten. Die Galerien, in denen das Bankett abgehalten wird, sind üppig dekoriert. Für das Motto »AngloManie« von 2006 wurde der Hof in einen englischen Garten mit Apfelbaumhecken, 35 000 Narzissen, 12 000 Hyazinthen auf einem frisch verlegten Rasenteppich verwandelt.[1] Im Jahr 2007, bei der Gala »Poiret: König der Mode«, rahmten zwei lebende Pfauen in fünfeinhalb Meter großen Vogelkäfigen den Eingang.[2] Und für die Gala »China: Hinter den Spiegeln« wurde 2015 ein Wald aus 6 000 Bambusrohren von Puerto Rico und Hawaii nach Amerika verschifft, um die Korridore zu säumen.[3]

Das Costume Institute ist die einzige kuratorische Abteilung des Met, die sich selbst finanzieren muss, und bei Eintrittspreisen von rund 30.000 Dollar pro Nase trägt die Gala gewaltig dazu bei. Laut der *New York Times* hat die jährliche Benefizveranstaltung mehr als 145 Millionen Dollar eingebracht, seitdem Anna Wintour in den späten neunziger Jahren dauerhaft miteingestiegen ist.[4] Die Gala entstand in den vierziger Jahren, um unauffällig und im Smoking finanzielle Unterstützung anzuwerben. Aber es war Diana Vreeland, die das Event in den siebziger Jahren aus den muffigen Speisesälen der Hotels holte und in das Herz des Museums verlegte, um so den Abend zu einem exklusiven Ereignis zu machen, zu dem Promis wie Andy Warhol, Diana Ross und Cher erschienen. Dank der Vermögen, die während des Börsenbooms an der Wall Street gemacht wurden, fand überschüssiges Geld seinen Weg ins Philanthropische, und Kultureinrichtungen waren plötzlich der letzte Schrei. Das Met, von der Verbindung mit Vreeland profitierend, wurde mit Spenden überhäuft. Anna Wintour schlug Kapital aus diesem von ihrer Vorgängerin gelegten Grundstein, und unter ihrer Leitung hat sich diese lokale Wohltätigkeitsveranstaltung in eine Parade des ausgefallenen Designs verwandelt, die von der Elite der Elite aufgesucht wird. Doch selbst die muss erst von Wintour abgesegnet werden. Der Vorsitz beim Met Ball ist nur eine weitere Masche von Wintour, die gesamte Modeindustrie zu überwachen und zu dirigieren. Bevorzugte Marken können darauf hoffen, beworben zu werden, während anderen Marken ein möglicher Ausschluss droht; die Berichterstattung in den Medien wird überwacht, und die Journalisten werden überprüft. Manche erhalten eine Zulassung, andere kommen auf die schwarze Liste. Oftmals liegt die endgültige Entscheidung darüber, welche Designer welche Gäste einkleiden, bei Wintour. So wertvoll die Gala für das Met ist, für die *Vogue* ist sie von noch größerer Bedeutung.

Bevor Wintour de facto zur Gastgeberin avancierte, war sie lediglich eine Chefredakteurin, die vom Museum angesprochen wurde. Nun sollte sie 1995 für das Costume Institute die Gala ausrichten. Nach Vreelands Tod 1989 musste sich das Museum neu orientieren, und Wintour packte die Gelegenheit beim Schopfe. Doch im darauffolgenden Jahr, also 1996, fragten sie Liz Tilberis. Wie auch Wintour war Tilberis Chefredakteurin einer bekannten amerikanischen Zeitschrift, *Harper's Bazaar*, und hatte Erfahrungen bei der *Vogue* gesammelt. Sie stammten beide aus England – und sie waren beide ehrgeizig. Aber während Wintour sich nur mit Männern anfreundete, konnte Tilberis mit allen gut. In dem Jahr, in dem Tilberis Gastgeberin war, holte sie Dior als Sponsor ins Boot. Der Mann, der die Marke gerade gekauft hatte, der französische Magnat Bernard Arnault (der später das Luxuskonglomerat LVMH gründete), hatte kurz zuvor in einem medial viel diskutierten Schritt John Galliano zum künstlerischen Leiter der Marke ernannt. Dieses Enfant terrible des Designs ließ seine gewagte Kollektion auf der Met Gala von Tilberis mit einem Kleid im Négligé-Stil aus tiefblauer Seide mit schwarzer Spitze debütieren, das von niemand anderem als dem Ehrengast getragen wurde: Ihrer Königlichen Hoheit, Diana, Prinzessin von Wales. Die Fotos, die in der Boulevardpresse auftauchten, zeigen fast alle Prinzessin Di an der Seite von Liz Tilberis, die Köpfe verschwörerisch zusammengesteckt und schelmisch über private Scherze grinsend. Das ungleiche Paar war gut befreundet, und es gibt nichts Besseres, als eine Prinzessin zu einer Party mitzubringen, um so die Feier unvergesslich zu machen. Das Lob, das Tilberis für ihre Gala erntete, stellte die von Wintour ausgerichtete Party im Jahr zuvor in den Schatten. Tilberis' ehemalige PR-Agentin merkte an, dass die beiden sich gegenseitig genau im Auge behielten und die Met Gala dabei als ihre persönliche Plattform nutzten.[5]

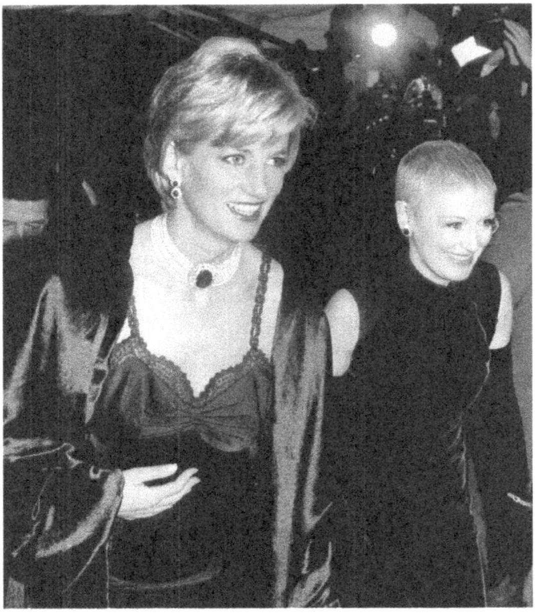

Lady Di und Liz Tilberis auf der Met Gala 1996.

Nur wenige erinnern sich an die Rivalität zwischen Anna Wintour, Chefredakteurin der amerikanischen *Vogue*, und Liz Tilberis, der damaligen Chefredakteurin von *Harper's Bazaar*. In London hatten sie beide bei der *Vogue* gearbeitet, wobei sie sich entweder gegenseitig die Köpfe eingeschlagen oder nur widerwillig kooperiert hatten. Doch mit Tilberis' Umzug nach New York war Wintours wachsender Einfluss zum ersten Mal ernsthaft bedroht. Als Chefredakteurinnen der zwei führenden Hochglanzzeitschriften wurden sie immer wieder miteinander verglichen – die amerikanischen Medien taten alles, um eine Fehde zu befeuern, und sie gingen dabei so weit, dass sie sensationslüsterne Berichte über imaginäre Streitigkeiten schrieben. Wintour galt als distanziert und unsympathisch. Tilberis hingegen war erfolgreich und überall beliebt. Doch trotz ihrer völlig verschiedenen Persönlichkeiten waren sie beide gewieft genug, um zu erkennen, dass das Aufpolieren ihres Images ihren Wert steigern würde. Eine Person des öffentlichen Interesses zu sein würde ihnen eine größere Verhandlungsmacht geben und sie möglicherweise sogar vor der geringschätzigen Behandlung schützen, die andere in der Modebranche erfuhren. Und so fing es an, dass Redakteurinnen und Redakteure zu Berühmtheiten wurden.

Als sie London verließ, hatte Anna Wintour bereits damit gerechnet, dass Tilberis ihre Nachfolge bei der britischen Ausgabe antreten würde, und tatsächlich nutzte Tilberis diese Gelegenheit, Chefredakteurin zu werden. Ihr Ziel war es, wieder für mehr Ruhe in der Redaktion zu sorgen und die Zeitschrift stilistisch irgendwo zwischen Beatrix Miller, deren Redaktionsarbeit sie als eine Form von Magie betrachtete,[6] und Wintours aggressiver, hyper-amerikanischen Herangehensweise anzusiedeln. Aber bereits nach wenigen Jahren erregte ihre

Arbeit die Aufmerksamkeit von *Harper's Bazaar* in New York. Dort war die Lage alles andere als rosig: Ab Mitte der achtziger Jahre stagnierte die Zahl der Werbeanzeigen, und im Jahr 1988 waren sie um dramatische elf Prozent gesunken.[7] Unterdessen hatte die *Vogue* unter der Leitung von Mirabella mehr Seiten mit Werbeanzeigen als jede andere Monatszeitschrift in den Vereinigten Staaten.[8] Das war eine enorme Diskrepanz zwischen zwei Publikationen, die sich einst fast ein Kopf-an-Kopf-Rennen geliefert hatten. Doch es kam noch schlimmer: Die Auflage von *Harper's* ging so stark zurück, dass sie sogar von Neuerscheinungen überholt wurde, also musste die Geschäftsführung schnell handeln, bevor die Zeitschrift völlig von der Bildfläche verschwand.

Tilberis wurde zum ersten Mal 1991 angesprochen, und nach mehreren streng geheimen Treffen, für die sie wie ein blinder Passagier in Flugzeuge rein- und wieder rausbugsiert wurde, um zu verhindern, dass die Medien Wind davon bekamen, einigte sie sich mit Hearst, der Muttergesellschaft von *Harper's Bazaar*. Tilberis wollte eine Veränderung, und sie wollte eine Herausforderung. Als Chefredakteurin von *Harper's Bazaar* wäre sie wieder in derselben Stadt wie Wintour, nur in einem anderen Team. Vielleicht weil sie wusste, dass dies für Aufsehen sorgen würde, oder vielleicht um sich die Sympathien des Publikums zu erspielen, entschied sich Tilberis dafür, ihr Debüt in New York auf der größten Party zu geben, die Anna Wintour je veranstaltet hatte: die Feier zum 100-jährigen-Jubiläum der *Vogue* 1992.

Bei dem exklusiven Event, das in der New York Public Library stattfand, trat Wintour in ihrem ärmellosen elfenbeinfarbenen Etuikleid wie eine Königin auf. Ausnahmsweise hatte sie sogar auf ihre Sonnenbrille verzichtet. Für Wintour war es der Höhepunkt ihrer Karriere; nach all den mühsamen

Jahren bei der britischen *Vogue* und *House & Garden* hatte sie endlich ihren rechtmäßigen Platz bei der amerikanischen *Vogue* erhalten und als Chefredakteurin die Zeitschrift wieder auf Erfolgskurs gebracht. Die legendäre Jubiläumssonderausgabe zum 100-jährigen Bestehen zeigte zehn Supermodels auf der Titelseite,[9] die alle dank Wintour zu Stars geworden waren, darunter Christy Turlington, Naomi Campbell, Cindy Crawford, Claudia Schiffer und Linda Evangelista. Von Patrick Demarchelier fotografiert, trugen sie weiße Jeans und weiße Hemden. Es soll die bis heute meistverkaufte Ausgabe der *Vogue* sein.

Doch als Wintours Jubiläumsparty in die Schlagzeilen kam, musste sie sich die Bühne mit Liz Tilberis teilen, die die Veranstaltung nutzte, um ihren eigenen plötzlichen Eintritt in den VIP-Bereich der Mode zu verkünden. Die Welt wartete nur darauf, dass die beiden die Krallen ausfahren würden, und in der Berichterstattung dominierte schon bald die Sensationsgier. Zum einen lag das an der alten Feindschaft zwischen *Vogue* und *Harper's Bazaar*. Zum andern lag es auch daran, was für perfekte Gegnerinnen Tilberis und Wintour abgaben. Tilberis hatte vorzeitig weiße Haare bekommen und trug einen Pixie-Cut – Wintour ließ sich ihre Haare schokoladenbraun färben und trug einen Bob. Tilberis war rund, Wintour dagegen kantig. Tilberis lächelte stets und trat umgänglich auf, Wintour war missmutig und reserviert. In einem Artikel heißt es: »Die eine wird mit dem Königshaus verglichen, die andere mit einem Kindermädchen. Die eine kauft Haute Couture, die andere bei GAP. Die eine hat eine modisch konforme Größe 34, die andere eine unbekümmerte 44. Die eine ist gelassen, die andere redselig. Die eine wird beneidet, die andere gemocht. Eine ist bekannt als die Königin und die andere ist hinter ihrer Krone her.«[10]

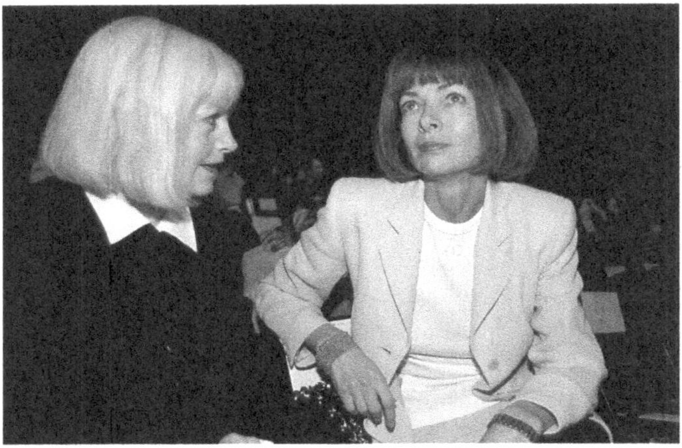

Tilberis und Wintour bei einer Donna Karan Modeschau, 1994.

Ein anderes Foto der beiden auf der Jubiläumsparty der *Vogue* zeigt Tilberis in Schwarz mit weißem Haar, Wintour in Weiß mit schwarzem Haar. Die Bildunterschrift lautet:

> **Und hier sind die beiden Rivalinnen: Ganz links in einem Abendkostüm von Chanel ist Elizabeth Tilberis zu sehen. Frisch aus England, wird sie bald *Harper's Bazaar* leiten. Daneben, in einem perlenbesetzten Kleid von Geoffrey Beene, Anna Wintour, die Kaiserin der *Vogue*. Die Waffen beider: ein erzwungenes Lächeln. Das Schlachtfeld: Hochglanzmagazine. Und – natürlich – die Beute: die Modekrone der Welt. Tilberis ist die große Hoffnung von Hearst. Wintour, von Condé Nast unterstützt, hatte noch nie einen ernsthaften Herausforderer. Ihre Rivalität hat gerade erst begonnen.**[11]

Glaubt man den Erinnerungen, war Tilberis bei Kolleginnen und Kollegen so beliebt, wie Wintour verhasst war. Grace

Coddington sagte über Tilberis, es mache »so viel Spaß, mit ihr zu arbeiten, sie ist eines dieser fröhlichen englischen Mädchen, die gerne Witze machen«.[12] Scott Baldinger, Mitarbeiter bei *Harper's Bazaar*, sah in ihr die Idealverkörperung einer mütterlichen Beschützerin,[13] während der Fotograf Bruce Weber sie als so mitreißend charmant beschrieb, dass »sie einen vor Freude hüpfen lassen konnte«.[14]

Doch in den späten achtziger und frühen neunziger Jahren war das in, wofür Wintour stand. Geschniegelte Karrierefrauen mit superdünnen, superathletischen Körpern. Grace Mirabellas Motto »Dress for Success« aus den siebziger Jahren wurde durch eine neue Erotik unter dem Banner der Gesundheit und des Körperbewusstseins ersetzt. Wintours erstes Titelbild war bahnbrechend.[15] Die November-Ausgabe von 1988 zeigte eine Taillenaufnahme des Models Michaela Bercu, unbeschwert eine Straße entlangschlendernd, mit Fältchen an den Augen, das von einem breiten, natürlichen Lächeln herrührt, und blonden, vom Wind zerzausten Locken. Zwischen einer 50-Dollar-Jeans, die mit chlorgetränkten Bimssteinen ausgewaschen wurde, und einem mit Juwelen besetzten 10.000-Dollar-Pullover von Christian Lacroix blitzt ihr Bauch hervor.[16] Dies war eine so große Abweichung von den perfekten Studionahaufnahmen, bei denen jedes Haar an seinem Platz war, dass die Druckerei im Büro anrief, um nachzufragen, ob es sich um einen Fehler gehandelt habe. Das Bild war eine Sensation, als es an den Zeitungsständen auftauchte; niemand zuvor hatte Nobel- und Billigwaren bisher in einem »Look« gemischt. Es war hip und sexy, mehr Street-Style war für die *Vogue* wohl kaum möglich.

Wintour ging weiterhin neue Wege, indem sie anstelle von Models prominente Persönlichkeiten auf ihre Titelseiten packte – angefangen bei Madonna.[17] Dies war ein Vorbote für die Entwicklung der Promikultur. »Modevorbilder« waren gerade dabei, zu einem bekannten Phänomen zu werden, von Nancy Reagans »Power Gang« bis zu Hollywoods »Brat Pack«. Die frischgebackenen Berühmtheiten machten sich mit Fernsehsendungen wie *Lifestyles of the Rich and the Famous* und durch Boulevardzeitungen wie *People* bekannt. Sie gaben ihr Privatleben preis und boten den Marken eine neue Möglichkeit, Umsätze zu machen. Wenn Kate Moss Calvin Klein trug, dann konnten die Konsumentinnen – zumindest ihrer Vorstellung nach – auch wie sie sein, wenn sie ebenfalls Calvin Klein besaßen. Wintour verstand es, all diese Begehren zu kanalisieren und in geschäftlichen Erfolg umzuwandeln.

Das erste Titelbild von Liz Tilberis für *Harper's Bazaar* war das genaue Gegenteil von Wintours Ästhetik – eine Aufnahme von Linda Evangelista in einem schwarzen perlenbesetzten Bodysuit, mit dem Unterarm die eine Gesichtshälfte verdeckend. Der Rest war rein weiß gehalten und bot nur eine einzige Schlagzeile: »Enter the Era of Elegance« [etwa: Betreten Sie die Ära der Eleganz, Anm. d. Ü.].[18] Es unterschied sich so sehr vom Ansatz der *Vogue*, dass die Medien das Narrativ von der Gegensatzrivalität gut aufrechterhalten konnten. *Harper's* hatte sich mit einem Paukenschlag zurückgemeldet. Tilberis' Ansatz stellte den künstlerischen Ruf von *Harper's* als Zeitschrift mit einer ganz eigenen Bildersprache wieder her. Eine naheliegende Möglichkeit, eine Identität für eine Zeitschrift zu schaffen, besteht darin, die Titelseiten stilistisch immer gleich zu gestalten, also erhielt sie den Eindruck von purer Eleganz aufrecht. Doch um ihre neue Errungenschaft anzureichern, brauchte Tilberis fähige Mitarbeiterinnen und Mitarbeiter, und die Besten der Besten waren bei der *Vogue*.

Als Tilberis begann, deren Fotografen und Models anzusprechen, kamen rasch Instruktionen von Condé Nast: Wer mit

Harper's Bazaar zusammenarbeitete, würde nie wieder einen Auftrag von einer *Vogue*-Ausgabe, von welchem Land auch immer, erhalten. Einmal flog Tilberis nach Paris, um den Fotografen Peter Lindbergh zu einem Vertragsabschluss zu bewegen. Am Flughafen lief sie Si Newhouse in die Arme, der die gleiche Idee gehabt hatte. Tilberis konnte Lindbergh und Patrick Demarchelier für *Harper's* gewinnen, aber bei Steven Meisel zog sie den Kürzeren, ihm waren 2 Millionen Dollar geboten worden, damit er bei der *Vogue* blieb.[19] Tilberis hatte mit Wintour zusammengearbeitet und wusste deren Schwächen für sich zu nutzen: Wintour liebte Kontrolle, doch die Fotografen liebten kreative Freiheit. Sie wurden mit dem Versprechen weggelockt, dass sie sich nach Belieben entfalten könnten, wenn sie zu *Harper's* kamen. Diese Bieterduelle, bei denen jede Redakteurin den Einsatz ständig erhöhte, waren mit hohen Kosten verbunden, die die Eigentümer überforderten. Es heißt, Tilberis und Wintour hätten ihre Budgets um Millionen überzogen.[20] Denn so unterschiedlich sie auch waren, in manchen Dingen waren sie sich auch ähnlich: Beide waren ehrgeizige Chefredakteurinnen von legendären Zeitschriften.

Jedes Projekt bei der *Vogue* hatte perfekt ausgearbeitet zu sein. Jeden Monat musste ein Statement gesetzt werden, das wiederum jede Menge Dramatik bieten sollte. Dank Wintour handelte es sich nun um Inszenierungen von epischem Ausmaß. »Alles hier ist eine große Sache«, berichtete der britische Geschäftsführer von Condé Nast, Nicholas Coleridge, der Zeitschrift *New Statesman*. Der Artikel beschreibt die Condé-Nast-Reihe bissig als Publikationen, die »den Lebensstil der irrsinnig Reichen« erforschen.[21] Niemand in der Mainstream-Presse hatte etwas Nettes zu sagen. In einer Kolumne über den Ball zum 100-jährigen Jubiläum der amerikanischen *Vogue* werden die Gäste spöttisch als »erwähnungssüchtig« bezeichnet,[22] während »Condé-Nasties« zu einer beliebten Bezeichnung für alle Angestellten wurde. Es sorgte für Unmut, dass Condé Nast Geld verschwendete, während das Land die Wirtschaftskrise der frühen neunziger Jahre durchlebte.

In einem Interview während der New Yorker Modewoche 1992 äußerte Tilberis ihr Erstaunen über die Aufmerksamkeit, die ihr zuteilwurde.[23] In London hatte niemand ihren Namen gekannt; in Amerika sprachen sie wildfremde Leute auf der Straße an. Nachdem die Mode in den achtziger Jahren immer mehr zum Mainstream wurde und Prominente sich in den neunziger Jahren zu einem ausgereiften kulturellen Phänomen entwickelten, gerieten auch die Zeitschriftenredakteurinnen unerwartet ins Rampenlicht. Tilberis erlebte die Anfänge dieser Entwicklung. Dank ihrer herkulischen Bemühungen wurde *Harper's Bazaar* 1993 mit zwei National Magazine Awards ausgezeichnet, doch gegen Ende ihres ersten Jahres bei der Zeitschrift wurde bei Tilberis Eierstockkrebs diagnostiziert. Dennoch hörte sie nicht auf, dem verstaubten Magazin Leben einzuhauchen, obwohl ihr eigenes sich dem Ende neigte. Selbst während der Chemotherapie arbeitete sie weiter und hatte stets Layouts oder Bildbearbeitungen auf dem Schoß. Sie verstarb im April 1999.

Schon damals, als ihre Übernahme der Redaktionsleitung bei *Harper's Bazaar* bekannt gegeben wurde, sagte Tilberis den Reportern, dass die *Vogue* ein harter Konkurrent sei.[24] Die Wettbewerbsidee birgt dabei den Wunsch, alle anderen an der Spitze der Hochglanzwelt hinter sich zu lassen. In einem überraschend bewegenden Nachruf der *Vogue* spricht Wintour ebenfalls über den Konkurrenzkampf und preist ihn als das Feuer an, das sie dazu trieb, besser zu werden. Das ist es auch, was sie am meisten an Tilberis' Ableben beklagt und sogar mehrfach wiederholt hat. So schreibt sie: »Liz war eine starke Konkurrentin, und selbst als sie schwer krank war, brachte sie eine Zeitschrift heraus, die uns auf Trab hielt«, und: »Ich ... werde ihre herausfordernde Konkurrenz vermissen.«[25]

Der Konkurrenzkampf in den Hochglanzmedien

Die Medienbranche wartete mit weiteren Schwierigkeiten auf. In der hart umkämpften Welt der amerikanischen Zeitschriften gab es nicht zwei, sondern sogar vier High-Fashion-Magazine, und sie alle hatten Mühe, sich mit der neuen Situation zu arrangieren. Die schwache Konjunktur und die scheinbar über Nacht aus dem Boden geschossenen Konkurrenten brachten die Truppe von Condé Nast um ihren Schlaf. Im Jahr 1985 war die aus Frankreich stammende *Elle* mit einem Schlag auf den Markt gekommen. Mit ihrem Ansatz, Mode im leichten, lockeren Plauderton zu präsentieren, erreichte sie innerhalb weniger Monate eine Auflage von über 800 000 Exemplaren und überholte damit *Harper's Bazaar*, das zu dem Zeitpunkt noch nicht unter Tilberis saniert worden war.[26] Bis 1992 stieg die Zahl auf 935 000 Exemplare an, womit sie bereits an zweiter Stelle hinter der *Vogue* lag (die mit ihrer beeindruckenden Auflage von 1,2 Millionen Exemplaren immer noch der Spitzenreiter war).[27] Dennoch bereitete *Elles* Sprung nach oben der *Vogue* Unbehagen: Es war zu schnell gegangen. Als dann auch noch *Harper's Bazaar* begann, zu den beiden aufzuschließen, schrillten bei Condé Nast die Alarmglocken. Und dann gab es da noch das Problem mit *Mirabella*.

Als Wintours Vorgängerin bei der Chefredaktion, Grace Mirabella, gefeuert wurde, galt sie – obwohl von der *Vogue* ausgemustert – als eine führende Expertin mit einer ordentlichen Liste an Kontakten. Rupert Murdoch wandte sich an sie, um mit ihr eine konkurrierende Zeitschrift namens *Mirabella* zu gründen. An die etwas älteren Frauen gerichtet, zeichnete sich die Zeitschrift durch ihren kultivierten, seriösen Ton aus und kam 1989 in die Zeitungsstände. Obgleich *Mirabella* mit einer Auflage von nur 400 000 Exemplaren den kleinsten Marktanteil hatte,[28] wurde sie von der Presse sowie den Leserinnen am höchsten geachtet. Weder Grace Mirabella noch ihre Zeitschrift wurden jemals dem Tadel, den Sticheleien oder dem kritischen Zerpflücken ausgesetzt, die alle anderen über sich ergehen lassen mussten. Ein weiteres Problem mit der *Mirabella* bestand darin, dass sie einen Großteil der bei der *Vogue* ausgebildeten Fachkräfte in den Bereichen Redaktion, Kunst und Schreiben abgezogen hatte, da viele Mitarbeiterinnen ihrer alten Chefin in ihr neues Unternehmen gefolgt waren. Zudem wurde der Kampf um Werbegelder immer brutaler, weshalb 1992 auch als das Jahr des »großen Aussortierens« bezeichnet wurde.[29] Vorhersagen darüber, wer aus dem Rennen wohl ausscheiden würde, gab es viele, und sie folgten schnell aufeinander. Einige rechneten damit, dass es *Mirabella* treffen würde, da sie die kleinste Auflage hatte, aber die Zeitschrift war ein solcher Favorit, dass niemand ihren Niedergang unterstützen wollte. *Harper's Bazaar*, so meinten einige, könnte in einem Jahr erledigt sein, wenn Tilberis das Ruder nicht herumzureißen vermochte. In diesem mörderischen Wettbewerb blieben die Verlierer auf der Strecke, während die Gewinner gekrönt würden.

Als Marktführer hatte die *Vogue* theoretisch nicht viel zu befürchten. Doch das änderte nichts daran, dass Schockwellen durch das Management gingen. Alexander Liberman war inzwischen zum kulturellen Zaren geworden.[30] Da er als Einziger mit der schwierigen Persönlichkeit von Si Newhouse, dem Milliardär und Eigentümer, umzugehen wusste, hatte er sich einen immensen Einfluss innerhalb des Unternehmens verschafft. Im Jahr 1962 überzeugte er seinen Chef und Schüler, mit dem bislang üblichen Management-Stil zu brechen. Anstatt den Chefredakteurinnen und -redakteuren der jeweiligen Zeitschriften die kreative Kontrolle zu überlassen, sollten nun alle einem Redaktionsleiter unterstellt sein. Für diese Rolle der Kontrolle und Homogenisierung aller Condé-Nast-Publikationen hatte sich Liberman natürlich selbst vorgesehen. Anfang der neunziger Jahre war er schon 80 Jahre alt, eingebildet, selbstsicher, schnell, schwierig und doppelzüngig. Er herrschte immer noch an der Seite von Si Newhouse, der zugab, dass sie eine »unkomplizierte« Unternehmensstruktur hatten:[31] Sie bestand aus Newhouse als Eigentümer, Liberman als Redaktionsleiter und Bernard Leser als Präsident des Unternehmens. Eine Dreifaltigkeit alter Männer brachte jedes Jahr Tausende von Zeitschriften heraus, die sich an junge Frauen richteten.

Newhouse war als Führungskraft stets unsicher, hatte sich nur mit Liberman an seiner Seite weiterentwickelt und auf Marktforschung, Statistiken und Umfragen verlassen, um sich so Informationen über seine Leserschaft zu verschaffen. Doch als er begann, sich in seinem Chefsessel wohler zu fühlen, entwickelte er etwas, das der Schriftsteller Thomas Maier als das »Newhouse-Konzept« bezeichnete:[32] Unterm Strich sollte jedes Element der Zeitschriftenherstellung profitabel sein, was bedeutete, dass *alles* zur Steigerung des Gewinns beitragen musste. Oberflächlich betrachtet also veröffentlichte Condé Nast weiterhin schöne Kunstbände, die vor Phantasie und Kreativität nur so strotzten, aber unter alldem war die Botschaft an die Leserinnen nicht Stil, sondern: »KAUFE«. Heute nennen wir diese Art der unablässigen Werbung »Native Advertising«.

Es sollte nicht lange dauern, bis Werbeanzeigen zu Advertorials und Produktplatzierungen in Artikeln zur Normalität wurden. Die Grenze zwischen PR-Kampagnen und authentischen Geschichten verwischte. Heutzutage rechnet man an jeder Ecke damit, in den achtziger und neunziger Jahren jedoch wurde das als niederträchtige Manipulation der Konsumentinnen empfunden, bei der die Glaubwürdigkeit der *Vogue* dazu diente, finanziellen Gewinn zu erzielen. Jahrelang hatte die Society of Professional Journalists in Amerika diesen »hybriden« Ansatz gemieden,[33] aber für Newhouse, Liberman, Wintour und andere Führungskräfte von Condé Nast waren moralische Bedenken wie diese überholt. So viel zum Konkurrenzkampf außerhalb der *Vogue*. Die interne Konkurrenz war weitaus dramatischer und heimtückischer.

Die Newhouse-Familie, der Condé Nast Publications immer noch gehört und damit auch die *Vogue*, ist von Rätseln umgeben. Si Newhouse hatte den Besitz von seinem Vater geerbt und kam im mittleren Alter zum Luxusverlagswesen. Sein Hang zur Geheimnistuerei war ihm angeboren. Er stellte Familienmitglieder ein, weigerte sich, Fragen zu seinem Leben zu beantworten, und überwies die Gehälter hochrangiger Redakteurinnen und Redakteure anscheinend von zahlreichen Konten verschiedener Tochtergesellschaften innerhalb des Newhouse-Konzerns aus.[34] Sein Bedürfnis nach extremer Privatsphäre ging so weit, dass er vor Tagesanbruch im Büro eintraf und in seinen Socken herumlief, damit niemand ihn hören konnte. Viele – von seinen Biographen bis hin zu seiner ehemaligen Schülerin Tina Brown – nannten ihn »Kaiser Augustus«.[35] Er war der Herrscher, der Wohltäter und derjenige, der stets das letzte Wort hatte. Und Condé Nast war sein altes Rom.

In den neunziger Jahren besaß die Familie Newhouse ein geschätztes Privatvermögen von 12 Milliarden Dollar. In dieser goldenen Ära konnten die Redakteurinnen und Redakteure, die unter dem Dach von Newhouse arbeiteten, mit sechsstelligen Gehältern rechnen; dazu kamen noch Autos, Chauffeure und Sonderleistungen wie beispielsweise kosmetische Behandlungen oder tägliche Restaurantbesuche. Als Wintour bei der britischen *Vogue* war, bezahlte das Unternehmen alle Concorde-Flüge für ihre Besuche bei ihrem Ehemann in New York. Das Taschengeld für Kleidung belief sich auf etwa 25.000 bis 50.000 Dollar pro Jahr. Einem Gerücht zufolge engagierte Newhouse, als einem Redakteur die Büroeinrichtung nicht gefiel, einen Feng-Shui-Meister, um es neu einzurichten.[36] Reisekosten ins Ausland wurden übernommen und beinhalteten Aufenthalte in Fünf-Sterne-Hotels. Um Beschäftigten den Einstieg in den Immobilienmarkt zu erleichtern, wurden ihnen zinslose Hypotheken angeboten. Für die Außenstehenden waren die »Condé-Nasties« lächerliche, verwöhnte Geschöpfe; Ikonen des Exzesses. Aber das Geld, das für sie ausgeschüttet wurde, war nicht völlig vergeudet: Wenn man von seinen Angestellten erwartete, sich unter die gesellschaftliche Elite zu mischen, mussten sie auch mit dieser Elite mithalten können. In New York gab es die Donna Karans und die Donald Trumps, die Rockefellers und Rothschilds. Die Redakteurinnen und Redakteure brauchten mehr als nur eine Einladung zu einer Party, um die nötigen Beziehungen zu knüpfen. Viele würden sich später beklagen, dass sie nie wussten, wie gut sie es eigentlich hatten, denn dieser Lebensstil war nur eine Leihgabe. So schnell, wie Si Newhouse seine Großzügigkeit gewähren konnte, so schnell konnte er sie auch wieder entziehen, und in der Hinrichtungskammer von Condé Nast war genauso viel los wie auf den Spesenkonten.

Die Vorgehensweise, wie Si Newhouse Leute entließ, hat es in die Annalen geschafft. Da Entlassungen so verblüffend unsentimental und aus heiterem Himmel erfolgten, veröffentlichte das *Time*-Magazin 1990 sogar eine fotografische

Aufstellung der abgetrennten Köpfe von Newhouse-Redakteuren in einem Porträt;[37] auch das *New York*-Magazin lieferte eine ähnliche Zeittafel der entlassenen Mitarbeiter mit dem Titel »The Sacking Solstice« [etwa: Die Sonnenwende der Entlassungen, Anm. d. Ü.].[38] Ein Fall betraf bereits 1971 Margaret Case, die seit den Zeiten von Edna Woolman Chase Society-Redakteurin war. Nach über 40 Jahren in diesem Beruf kam sie eines Morgens in ihr Büro, nur um Umzugshelfer vorzufinden, die ihre Sachen ausräumten. Sie sollte sich nie wieder davon erholen. Sie nahm sich das Leben, indem sie sich aus dem Fenster ihres Hauses in der Park Avenue stürzte – ein Ausweg, der allgemein als würdevoller galt als die Art und Weise, wie Si Newhouse sie vor die Tür gesetzt hatte.

Die Angst vor dem Damoklesschwert sorgte für eine angespannte Atmosphäre inmitten des Geldregens und der Menge an Gutscheinkarten für das New Yorker Luxuskaufhaus Barneys. So mussten sich die Abteilungsleiter ständig fragen: »Ist unsere Leistung gut genug? Wird das Management zufrieden sein?« Obwohl die Hauptmotivation von Si Newhouse eindeutig der Umsatz war, hatte er gleichzeitig Lieblinge, denen auch Finanzdelikte verziehen wurden. Für Wintour, zum Beispiel, scheint es keine Konsequenzen wegen des Untergangs von *House & Garden* gegeben zu haben. Viele sagen, dass Si Newhouse sich sehr für seinen Status interessierte und den Luxus liebte. Andererseits hatte Grace Mirabella bei der *Vogue* Erfolg, weil sie auf weniger Luxus setzte. Was genau also waren die Regeln? Um die Nase vorn zu haben, war es von entscheidender Bedeutung, einige Liberman-Newhouse-Methoden zu erkennen und zu berücksichtigen. »Gesteuerter Wettbewerb« war Tina Brown zufolge, ein weiterer Superstar von Condé Nast, der Grundstein dafür.[39] Das bedeutete, dass im Hintergrund ständig interne Machtkämpfe wüteten – befeuert und geschürt, wo man es für nötig hielt; man glaubte nämlich, dass dies dafür sorgen würde, dass die Mitarbeiter dann härter arbeiteten. Außerhalb von Condé Nast hatte Anna Wintour Liz Tilberis als Widersacherin. Intern war es Tina Brown, die 1983 *Vanity Fair* wiederbelebt hatte.

Brown war als weiterer Newhouse-Liebling Wintour auf den ersten Blick erschreckend ähnlich. Beide stammten ursprünglich aus England und privilegierten Verhältnissen, waren in ihren Dreißigern und mit älteren, angesehenen Männern verheiratet. Tina Brown, eine kecke Blondine, hatte als Redakteurin von *Tatler* in England eine Sensation geschaffen. Ihr Markenzeichen war es, anspruchsvolle und triviale Inhalte zu mischen, sodass eine Klatschspalte über Goldie Hawn neben einem aufschlussreichen politischen Essay über Gorbatschow stehen konnte. Das war Wintours Mischung aus billiger und teurer Mode nicht ganz unähnlich – beide Ansätze wurden als radikal angesehen. Genau wie Wintour konnte Brown »kalt« und »bissig« sein.[40] Der Hauptunterschied zwischen den beiden schien darin zu bestehen, dass Wintour eine stille, ruhige Art hatte, Brown hingegen dreist und überheblich war.

Wintour und Brown aneinander zu messen, genoss die Presse ebenso sehr, wie Wintour und Tilberis zu vergleichen. Die Schlagzeilen von der *New York Times* über die *Chicago Tribune* bis hin zur *Washington Post* stürzten sich allesamt auf das Thema dieser Zwillingsaushängeschilder[41] des Newhouse-Verlagsimperiums. In den Massenmedien wurde die »britische Invasion« in das amerikanische Verlagswesen diskutiert, wofür Wintour, Brown und Tilberis als Beispiele dienten. Ein Artikel im Magazin *Spy* erschien unter der Überschrift: »Wie das amerikanische Verlagswesen von Leuten mit charmantem Akzent und schlechten Zähnen übernommen wurde«.[42] Mit ihrer zur Schau gestellten Feindseligkeit erwiesen Wintour und

Brown ihren Chefs, der Presse und dem begeisterten Publikum einen Gefallen. Jeden Tag saßen sie zwar am selben Ort, doch an getrennten Tischen beim Mittagessen.

All diese Aufmerksamkeit hatte auch einen Nebeneffekt auf die beiden Redakteurinnen. Sie stiegen als Repräsentantinnen des Magazins, das sie leiteten, zur Berühmtheit auf, aber da sie selbst starke Persönlichkeiten waren, überstrahlten sie bald die Zeitschrift. Die Magazine verkörperten am Ende die Persönlichkeit von Brown beziehungsweise Wintour. *Vogue* wurde zu einer verführerischen, sportlichen, cleveren und sexy Version ihrer selbst; *Vanity Fair* stand für Klatsch und Hochkultur, war unerschrocken, klug und stark. Während Brown jedoch auf Basis des enormen Erfolgs von *Vanity Fair* die klare Spitzenreiterin bei Condé Nast zu sein schien, konnte sie Newhouse und Liberman nicht mit der gleichen Geschicklichkeit umgarnen wie Wintour. Im Laufe der Jahre nahm Browns Lächeln im Kreis ihrer prominenten Freunde manische Züge an, derweil sich Wintour hinter den Kulissen profilierte. Als Liberman 85 wurde, erreichten die Spekulationen über seine Nachfolge neue, ohrenbetäubende Ausmaße.

Im Januar 1994 ernannte das Unternehmen den gebürtigen Briten James Truman, einen 35-jährigen Goldjungen, zu Alexander Libermans Nachfolger für den begehrten Posten des Redaktionsleiters. Dieser Schritt fand ungewöhnlich wenig Medienecho. Niemand war daran interessiert, die Tatsache unter die Lupe zu nehmen, dass man bei Condé Nast einen relativ unerfahrenen männlichen Neuling gegenüber zwei Frauen bevorzugte, von denen jede fast zwei Jahrzehnte mehr Erfahrung hatte als er. Wintour würde bis zu ihrer nächsten Chance warten, aber Brown, die 1992 zu *The New Yorker* gewechselt war, fiel bald in Ungnade und wurde schließlich ein weiteres Opfer von Condé Nast.

14

SÜCHTIG NACH *VOGUE*

Condé Nast als abschreckendes Beispiel

Eine Amerikanerin bei der *Vogue Paris*

Bei der französischen *Vogue* musste die Ordnung wiederhergestellt werden. Wieder einmal hatte sich eine wichtige Ausgabe in die falsche Richtung entwickelt: Colombe Pringle hatte kontroverse Weihnachtsausgaben produziert, indem sie auf gesellschaftspolitische Inhalte setzte, und den Modeteil, der doch die eigentliche Stärke der *Vogue* darstellt, schwer vernachlässigt. In der Hauptstadt der Haute Couture war so etwas inakzeptabel; die Herausgeberin der französischen *Vogue* musste die großen Designermarken beruhigen, überzeugen, bezirzen und beschwatzen – also die Spielchen der Mode-Egos mitspielen. Pringle hatte kein Interesse an diesem Anbiederungssystem, bei dem Marketingabteilungen massenhaft Blumen von eifrigen PR-Fachleuten ins Büro schickten und große und kleine Marken die Redaktion mit Geschenken überhäuften, um die Zeitschrift *sanft zu ermutigen*, sie wohlwollend zu erwähnen. Und beim Mittagessen in schicken Restaurants sollten in zuckersüßem Ton freundliche Absprachen getroffen werden. Also musste Condé Nast jemanden finden, der eher geneigt war, sich mit einer Stadt voller Fashionistas anzufreunden.

Dafür war es sinnvoll, jemanden zu wählen, der ihnen bekannt war. Das traf auf Joan Juliet Buck zu, denn sie war bereits Teil des *Vogue*-Imperiums mit seinen unvorstellbaren Privilegien. Sie war reich genug geboren, um bei der britischen *Vogue* mit einem typisch niedrigen Gehalt angestellt zu werden, und hatte lange genug für das Unternehmen gearbeitet, um mit den Führungskräften einen vertrauten Umgang zu pflegen. Ihr die Redaktion der französischen *Vogue* anzubieten war sicherer, als auf einen anderen Neuzugang zu setzen, dessen Loyalitäten woanders liegen könnten.

Als Tochter eines Hollywood-Filmproduzenten und dessen Supermodel-Gattin war Buck ein amerikanisches Mädchen, das in einem rosafarbenen Palast am Rande von Paris aufgewachsen war. Als sie noch ein Kind war, waren in ihrer Familie Prominente wie Lauren Bacall und Peter O'Toole regelmäßig zu Gast beim Abendessen, und ihre erste beste Freundin war Anjelica Huston. Im zarten Alter von 17 Jahren lernte Buck Tom Wolfe kennen, der sie zum Gegenstand eines Essays mit dem Titel »*The Life & Hard Times of a Teenage London Society Girl*« [Das Leben und die Schwierigkeiten eines jugendlichen Londoner It-Girls, Anm. d.Ü.] machte. Sie zog nach New York City, denn sie wollte in seiner Nähe sein, und brach das College ab, um Rezensentin für *Glamour* – ebenfalls eine Condé-Nast-Publikation – zu werden, als sie gerade einmal 20 Jahre alt war. Von da an ging ihre Karriere steil nach oben.

Buck arbeitete hart, effektiv und auch international; sie räumte mit den Giganten des Journalismus auf. Mit 23 wurde sie Feuilletonredakteurin der britischen *Vogue*, dann die Londoner Korrespondentin für Andy Warhols Zeitschrift *Interview*, Korrespondentin für *Women's Wear Daily* in London und Rom, stellvertretende Redakteurin des *London Observer*, mitwirkende Redakteurin bei der amerikanischen *Vogue*, *The New Yorker* und *Vanity Fair*. Diese unbeschwerten Jahre der Rastlosigkeit und des schönen Scheins bestanden aus vielen Flugreisen, rauschenden Partys und experimentellen Liebschaften. Sie hatte eine Romanze mit Donald Sutherland. Leonard Cohen bat sie, mit ihm durchzubrennen. Jackie Kennedy, Yves Saint Laurent, Hélène Rochas sowie Karl Lagerfeld zählten zu ihrem Freundeskreis. Überflüssig zu erwähnen, dass die Seiten ihrer Memoiren großzügig mit Geschichten über amerikanische und europäische Prominente aus den Bereichen Mode, Politik und Unterhaltung gespickt sind; sie sind so voll von Erwähnungen, dass ganze Absätze Gefahr laufen, zu reinen Auflistungen zu werden. Obgleich Buck in einen exklusiven Kreis hineingeboren wurde, ist ihr Erfolg gleichermaßen auf Talent wie auch auf Glück zurückzuführen. Buck war – und ist es immer noch – eine versierte Autorin, vielseitig und verspielt. Die *Vogue Paris* gab ihr die Möglichkeit, sowohl ihren flippigen Stil als auch ihre Kreativität auf einer breiteren Ebene auszuleben.

Es war 1994, als Joan Juliet Buck ihre Verträge unterzeichnete und sich auf eine neue Tätigkeit als Chefredakteurin bei der französischen *Vogue* einließ. Dabei musste sie es nicht nur der unternehmensorientierten Familie Newhouse recht machen, sondern auch ein aufsässiges und unempfängliches Team managen und lernen, Mitarbeiterinnen und Mitarbeiter zu entlassen und einzustellen. Buck hegte einen Groll gegen Francine Crescent, eine ehemalige französische Chefredakteurin, die sich geweigert hatte, sie an Bord zu holen, und hatte sich damals häufig über deren ruhige, unverbindliche Art ausgelassen. Nun musste Buck selbst ihr Pokerface aufsetzen und wohl oder übel auf ein nichtssagendes Lächeln zurückgreifen, was ihr einziger Schutzschild gegen eine Lawine von PR-Agenturen, neuen Marken, alten Marken, Modelagenturen, aufstrebenden Fotografen, bewährten Fotografen, Autoren, Stylisten und allen anderen war, die sie als Chefredakteurin der *Vogue* anerkannten und ihr keine Ruhe mehr ließen.

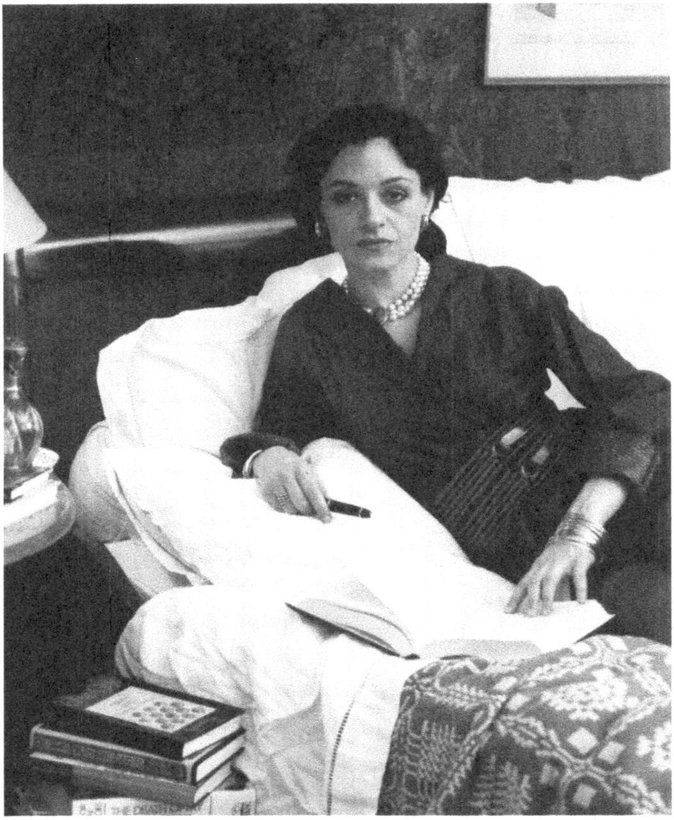

Joan Juliet Buck porträtiert für das Magazin House & Garden, *März 1990.*

Buck war schon früher für diese Position umworben worden. Der Verleger der französischen *Vogue* Jean Poniatowski hatte sie zu einer Zeit ins Maxim's zum Mittagessen eingeladen, als das noch nicht zum Trend geworden war. Damals lebte sie in einer sorgfältig konstruierten Boheme, nahm freiberufliche Aufträge an und arbeitete an Romanen. Abends ging sie zu intimen Abendessen mit feingeistigen Intellektuellen. Dank ihrer entsprechenden Kontakte konnte sie sich Haute Couture ausleihen, wann immer ihr danach war, und war zufrieden damit, regelmäßig für die amerikanische *Vogue* und *Vanity Fair* Artikel über die französische Kultur zu schreiben. Sie lehnte also Poniatowskis Angebot ab.

Einige Jahre später, als sie wieder nach New York zurückgekehrt war, hatte sie eine Reihe an schwierigen Ereignissen in ihrem Privatleben zu meistern. Dazu begann die stetige Desillusionierung über den hemmungslosen Glanz ihrer Welt an ihr zu nagen. »Ich lebte von einer adrenalingeladenen Nachtschicht kurz vor Redaktionsschluss zur nächsten«,[1] schrieb Buck, »ich betete, dass etwas passieren würde, was mich aus dem höllischen Kreislauf des Artikelschreibens, um neue Kleider für alte Partys zu bezahlen, befreien würde.«[2] Als Liz Tilberis die britische *Vogue* verließ, rief Buck Si Newhouse an und fragte nach dem Job. Er war bereits vergeben worden. Newhouse zeigte sich überrascht, dass Buck sich für die Redaktionsarbeit interessierte, woraufhin sie erwiderte, sie wolle unbedingt aus New York weg.[3] Diese Ankündigung muss gesessen haben, denn nicht lange danach meldete sich Anna Wintour und warnte Buck vor, dass sie einen Anruf von Jonathan Newhouse, dem Chef von Condé Nast International, zu erwarten habe.[4] Es wurde ein Treffen arrangiert, und Buck bat um eine Zusendung von Exemplaren der *Vogue Paris* aus dem gesamten letzten Jahr. Sie schlug sich die ganze

Nacht in ihrem Hotelzimmer um die Ohren, überflog die Seiten, kritisierte sie und kritzelte alles mit Notizen voll.[5] Als Buck Jonathan Newhouse traf, betonte sie, dass eine der größten Schwächen des Magazins die mit Sex durchsetzten Softporno-Fotoshootings nach Helmut-Newton-Manier seien. Frauen sollten ihrer Meinung nach mit mehr Respekt behandelt werden.[6] Es folgte sechs Monate langes Schweigen, bis der Anruf von Newhouse kam, bei dem er ihr dann die Position der Chefredakteurin anbot.

Genau wie andere, die plötzlich ins Rampenlicht einer *Vogue*-Redaktion katapultiert worden waren, war Buck von der Realität des Jobs schockiert. Überall tauchten Hindernisse auf. Zunächst einmal musste sie die alte Belegschaft ausmustern und ein neues Team zusammenstellen – ein Problem, für das Jonathan Newhouse eine kuriose Lösung empfahl: die Abwerbung aus anderen Condé-Nast-Unternehmen.[7] So kam der Artdirector Donald Schneider von der deutschen *Vogue*, während für die Moderedaktion die Pariser Lieblinge Carine Roitfeld und Delphine Treanton hinzugezogen wurden, die davor bei *Glamour* gewesen waren. Solche zusammengewürfelten Gruppen hatten ihre ganz eigenen Probleme. Die französische Belegschaft misstraute ihr und gab fiese Seitenhiebe darauf ab, dass sie Amerikanerin war und deshalb kein Recht habe, französischen Frauen irgendetwas beizubringen. Sie verdächtigten Buck, die Spionin von Anna Wintour zu sein, und redeten mit ihr auf Englisch, obwohl sie fließend Französisch sprach.

Man wies ihr ein beengtes, zweitklassiges Büro zu, und über mehrere Tage hinweg war kein Stuhl für sie zu finden, sodass sie gezwungen war, sich unbequem über den Schreibtisch zu beugen. Diese Beeinträchtigungen kamen zur ohnehin schon überwältigenden Mammutaufgabe hinzu, eine Zeitschrift neu zu ordnen, und es überrascht nicht, dass Buck Patzer unterliefen. Ein Artdirector, den sie schon seit Tagen entlassen wollte, verschwand immer wieder, und schließlich feuerte sie ihn dann ohne Umschweife auf einer stark frequentierten Treppe – ein schrecklicher Fauxpas, wie die Klatschbasen meinten, denn nur allzu deutlich zeige sich da die schlechte Erziehung von Amerikanern.[8] Ein anderer Vorfall wäre lustig gewesen, wenn er nicht so böswillig gegen Buck ausgelegt worden wäre. Sie hatte in ihrem Büro Räucherstäbchen aus Zedernholz verbrannt, in dem Versuch, den Raum von schlechter Energie zu befreien, als ein Personalleiter auftauchte, der herumschnupperte und Andeutungen machte, dass jemand im Gebäude einen Joint geraucht haben müsse.[9] Peinlich berührt gestand Buck nicht, lediglich Zedernholz angezündet zu haben; in ihr keimte das Gefühl auf, dass Gründe zusammengetragen wurden, um sie loszuwerden, bevor sie überhaupt richtig angefangen hatte.

In der Zwischenzeit verhielten sich die Models so selbstbezogen wie immer, und diversen Egos musste geschmeichelt werden. Buck berichtet von ermüdenden Vorfällen mit dem Fotografen Mario Testino, der in seinem ständigen Bedürfnis nach Bestätigung die frustrierende Tendenz hatte, in ihrem Büro zu sitzen, ganz egal, wie beschäftigt sie war, um darauf zu bestehen, dass er der Inbegriff der *Vogue* sei.[10] Da die Budgets der französischen *Vogue* klein waren, konnten selbst Starfotografen keine großen Honorare erwarten, weshalb die Leute stattdessen bestochen, umgarnt und wie Götter behandelt werden mussten, da sie Buck letztlich in gewisser Weise jedes Mal einen Gefallen erwiesen. Und dann war da noch die ständige Überhäufung mit Geschenken und Bestechungsgeldern von den Pariser *Maisons*, die Buck Luftküsse zuwarfen, Händchen halten wollten und ihr Komplimente ins Gesicht sagten, aber hinter ihrem Rücken Gerüchte verbreiteten. Der brodelnde Kessel an schlechten Gefühlen, der seinen Dampf ungehindert durch die Korridore verbreitete, vergiftete die Beziehungen im Kollegium untereinander und nährte die toxische Atmosphäre. Inmitten von alldem musste Buck immer noch jeden Monat eine Zeitschrift herausbringen. Ihr Privatleben schmolz auf ein Nichts zusammen. Wie so viele andere Redakteurinnen erinnert sie sich nur noch an den unerbittlichen Arbeitsrhythmus, an die 18-Stunden-Tage. Was ihr aus den meisten Jahren im Gedächtnis geblieben ist, beschränkt sich darauf, wie sie am Ende des Tages halb tot einschlief, nur um ein paar Stunden später wieder aufzuwachen und von vorne anzufangen.[11]

Skandale erschüttern die Modewelt

Einer der Gründe, warum Bucks Redaktionsarbeit einen so holprigen Start hatte, war ihre Nationalität. Von den etwa 27 Ländern, die eine *Vogue*-Ausgabe herausbringen, ist *Vogue Paris* die einzige, die nach der Stadt und nicht nach dem Land benannt ist. Paris versteht sich nicht nur als die Hauptstadt Frankreichs, sondern auch als die Hauptstadt der Mode und war schon immer auf den Status als Heimat der Haute Couture bedacht.

Das Land ist auch für seine ausgezeichnete Küche, die feinen Weine, schöne Sprache und seine klassische Literatur bekannt. Es gibt noch andere kulturelle Eigenheiten, darunter eine weitere Pariser Institution: *la conversation*. Im 18. Jahrhundert erfreuten sich wortgewandte Konversationen in Cafés, Salons und Privathäusern großer Beliebtheit. Schlagfertigkeit, elegante Formulierungen und ein umfangreiches Allgemeinwissen zeugten von der Bildung des Gesprächspartners und sollten seine Intelligenz unter Beweis stellen. Auch jetzt noch spielt das eine größere Rolle, als man auf den ersten Blick meinen könnte. Bis heute ist Philosophie ein Pflichtfach im französischen Lehrplan und lehrt die Schülerinnen und Schüler von klein auf, wie man einen Gedanken formuliert. Frankreich vertritt seit jeher die Auffassung, dass die Fähigkeit zur kritischen Reflexion ein Zeichen von Zivilisation ist. Das Ergebnis ist ein selbstbewusstes Verständnis von der eigenen Nation als Zentrum der Hochkultur, mit den Parisern als von Natur aus anspruchsvollen Trendsettern. Ähnlich wie die *Vogue* steht Paris für das Beste vom Besten – in der Theorie. In der Praxis haben die Beschränkungen dieser Echokammer schon vor langer Zeit jegliche Originalität unterdrückt und die Pariser in ihrem Snobismus isoliert zurückgelassen.

Ironischerweise war es Buck, die die Identität des Magazins wiederherstellte und ihm wieder diesen authentisch wirkenden, typisch französischen Anschein gab. Die Essenz der temperamentvollen natürlichen Schönheit und der lässigen Eleganz, die den Pariser Chic geprägt hatte, drohte, verloren zu gehen. Das Land befand sich in einer Phase der politischen Uneinigkeit, in der die Zugehörigkeit zu entweder rechten oder linken Parteien die Gesellschaft spaltete. Buck kam zu dem Schluss, dass die Redaktion der *Vogue Paris* vor ihrer Ankunft gehofft hatte, diese Rivalitäten zu übergehen, indem sie sich auf politisch neutralere Damenunterwäsche konzentrierte. Denn Blazer und Bleistiftröcke galten als schamlos konservativ; Designerjeans und abgewetzte Burberry-Mäntel hingegen waren die Markenzeichen eines Champagnersozis.[12] Kleidung jeglicher Art schien mit Konnotationen vorbelastet zu sein, also zogen die Modezeitschriften ihre Models einfach aus. Als Buck sich die früheren Ausgaben ansah, hatte sie das

Gefühl, dass diese *Vogue* billiger, dicker und dümmer war als jede andere *Vogue* – glänzend, aalglatt und praktisch inhaltsleer.[13] Buck machte es sich zur Aufgabe, ihre *Vogue Paris* zu einer Verkörperung Frankreichs und einem Spiegelbild von Frankreichs größten Errungenschaften zu machen.[14]

Die erste vollständige, von Buck herausgegebene Ausgabe im September 1994 war eine Ode an die französische Frau, »La Femme Française«.[15] Das Titelbild war ein Aufruf zur Schlichtheit: Das statuenhafte Model, im locker geschnittenen schwarzen Hosenanzug und mit schwarzem Haarschopf, strahlte die Leserinnen an. Verschwunden waren der erotische Schmollmund und die SM-Komponente. Ein Beitrag widmete sich der Schauspielerin Kristin Scott Thomas; es wurden humorvolle Horoskope eingeflochten und Kleidungsstücke unterschiedlichen »Typen« französischer Frauen zugeordnet. Turbane passten zu Simone de Beauvoir, Turnschuhe zu Jane Birkin, Perlenketten zu Chanel, Push-up-BHs zu Brigitte Bardot und so weiter. Die Poster der September-Cover wurden an den Seiten der Kioske in der ganzen Stadt aufgehängt, und Buck zufolge verkaufte sich diese Ausgabe besser als die vorherigen des Magazins, obwohl hin und wieder jemand eine spitzfindige Bemerkung machte oder aus unerklärlichen Gründen lachte, als er das Motiv sah.[16] Erst viel später erfuhr Buck, dass »La Femme Française« wie ein Schlachtruf zum Rechtsextremismus wirkte und das Cover sogar wie eine Werbung für den Front National aussah.[17] So viel zu ihrem Versuch, politische Neutralität zu wahren.

Als der Dezember stetig näher rückte, musste Buck sich langsam die überaus wichtige Frage nach einem Gastherausgeber stellen. Aber jemanden zu finden, der auf Nelson Mandela folgen könnte, war nahezu unmöglich. Am Ende beschloss Buck, die Weihnachtsausgaben mit Gastherausgebern abzuschaffen. Stattdessen sollten sie intern mit mehreren Mitwirkenden erstellt und nach Möglichkeit gemeinsam mit den Fotografen geplant werden.

Das ehrgeizige Thema, das Buck für Dezember 1994 auswählte, lautete »Cinéma«.[18] Dafür wurde die Geschichte des Films von den Brüdern Lumière an dargestellt und die Blockbuster-Meisterwerke in Modegeschichten aufgearbeitet. Es war ihr gelungen, ihr Team in volle Begeisterung zu versetzen. Thierry Mugler erklärte sich bereit, ein Roboterkostüm aus Metall zu schicken, das er einmal in einer Show verwendet hatte, es wurde jedoch vom US-Zoll beschlagnahmt. Dem Fotografen Enrique Badulescu und einem Redakteur gelang es, illegal Aufnahmen im Grand Central Terminal Bahnhof in Manhattan zu machen. Anschließend stellten sie jedoch fest, dass das belichtete Filmmaterial versehentlich in der Sonne liegen gelassen und damit ruiniert worden war. Das Team begann von vorne, fotografierte Bond-Girls in weißen Pelzmänteln und parodierte Filme vom Sci-Fi-Thriller *Blade Runner* bis hin zum opulenten Filmdrama *Die Spielregel* von Jean Renoir, das Mario Testino mit Isabella Rossellini nachstellte. Buck behauptet, dass Si Newhouse, als sie ihm das Ergebnis in New York präsentierte, sehr verblüfft war.[19] Das sind zumindest ihre Worte.

Die von Joan Juliet Buck erstellten Ausgaben sprudeln nur so vor Heiterkeit. Wie die besten Redakteurinnen hatte sie eine Art, instinktiv nicht nach Schema F zu denken, sie verpackte alte Ideen neu, um sie wieder zum Strahlen zu bringen. Aber es sieht so aus, als ob sie trotzdem ständig von Pech und verwirrenden Komplikationen verfolgt wurde. Die Weihnachtsausgabe von 1995 feierte 75 Jahre *Vogue Paris* und veröffentlichte nostalgisches Material aus den Archiven,[20] doch während man nach außen hin die Vergangenheit feierte, wurden Buck und die in Amerika geborene Verlegerin Gardner Bellanger in geheime Treffen mit Anwälten abberufen, um ihre Zukunft im Unternehmen zu besprechen.[21] In Frankreich herrschte nämlich eine schwere Wirtschaftskrise, und Zeitschriften lösten sich in Luft auf. *Vogue* versuchte, einige derjenigen mit gutem Ruf, die ihren Job verloren hatten und über langjährige Arbeitserfahrung verfügten, zu engagieren. Außerdem stellten sie Überlegungen an, wen aus der Belegschaft man abservieren könnte, ohne die- oder denjenigen direkt zu entlassen.

Es kursierten Gerüchte, dass *Vogue Paris* als eine von vielen der Krise zum Opfer fallen würde. Das war zwar nicht der Fall, aber vier andere Zeitschriften von Condé Nast in Frankreich mussten aufgeben, darunter die französische *Glamour*. Buck, Bellanger und andere leitende Angestellte waren damit beschäftigt, sich fröhlich und zuversichtlich zu geben, damit die Werbetreibenden nicht nervös wurden und ihre Anzeigen zurückzogen.[22] Und kaum war der eine Sturm überstanden, wehte ein kalter Wind aus einer anderen Richtung, und schwarze Wolken zogen erneut über ihnen auf. Auch der ständige Personalwechsel erschwerte ein systematisches Arbeiten. Außerdem gab es noch das Problem, dass die amerikanische *Vogue* immer Vorrang hatte. Wenn man sich dort plötzlich für ein Kleid, ein Interview mit einem bestimmten Prominenten oder einen Fotografen interessierte, mit dem eigentlich die *Vogue Paris* bereits arbeitete, musste das französische Team seine Pläne aufgeben und wieder bei null anfangen.[23]

Im Dezember 1996 nahm Buck das Thema Musik in Angriff und versuchte, der *Vogue Paris* etwas vom Schneid der Rave-Kultur aus den neunziger Jahren zu verleihen, aber der Plan ging nicht auf.[24] Im September 1997 gab sie ein Interview mit Madame Claude in Auftrag, einer berüchtigten Zuhälterin, die damals bereits über siebzig war und den Begriff »Callgirl« erfunden hatte, weil sie die Mädchen direkt zu den Kunden sandte, anstatt ein Bordell zu unterhalten.[25] Da sie ausschließlich die obere Schicht der Gesellschaft bedienten, wurden ihre Mädchen in Sprache und Benehmen geschult, lernten, niemals Parfüm zu tragen, weil es auf der Kleidung der Männer haften bleiben könnte, und eine Perücke mit sich zu führen – falls sie keine Zeit gehabt hatten, vor einem Stelldichein zum Friseur zu gehen. Der Ausflug ins Rotlichtmilieu brachte Buck zahlreiche eindeutige Angebote männlicher Bekannter ein, die sich tatsächlich fragten, ob Buck vielleicht an Orgien oder Sexclubs interessiert sei.

An der Schwelle zum neuen Jahrtausend dachte Buck über Ideen für die Ausgabe Dezember 1999/Januar 2000 nach. Das Thema, für das sie sich schließlich entschied, war die Quantenphysik.[26] Das Resultat ist ein faszinierendes Experiment. Es umfasste etwa ein Paco-Rabanne-Kleid aus Plastikschuppen als Nachbildung des ersten Wirbeltieres, eine Ralph-Lauren-Krokodiljacke, stellvertretend für das erste Reptil, und ein Göttinnenkleid von Primavera als Sinnbild für die Ankunft des Homo sapiens. Sie fotografierten den *Garden of Cosmic Speculation* des Landschaftsarchitekten Charles Jencks und spielten mit Motiven zum Klonen und zu optischer Täuschung. Doch wieder einmal ging es für Joan Juliet Buck nicht nur einen Schritt voran, sondern auch zwei Schritte zurück: In einem Interview mit dem *Wall Street Journal* über die Wissenschaftsausgabe – mit dem offiziellen Titel »Archive der Zukunft« – wurde Buck gefragt, ob sie mit Pariser Designern auch privat Zeit verbrachte. Sie machte versehentlich eine geringschätzige Bemerkung, die schlecht aufgenommen wurde und die Pariser wieder hinter vorgehaltener Hand tuscheln ließ.[27]

Inzwischen hatte sich die verkaufte Auflage seit Beginn ihrer Tätigkeit als Chefredakteurin im Jahr 1994 fast verdoppelt – von 60000 auf 120000.[28] Die Werbeumsätze stiegen von 1998 bis 1999 um 16 Prozent.[29] Trotzdem wurde Bucks Arbeit nicht leichter. Mario Testino verließ das Unternehmen, und es folgten noch weitere Kündigungen von Mitarbeiterinnen und Mitarbeitern. Die Modeartikel wurden erst öde und kamen dann ins Stocken, denn auch die Star-Stylistin Carine Roitfeld war zu neuen Ufern aufgebrochen. Buck hatte ein Händchen für geistreiche und spielerische Themen und bediente sich eines breiten Spektrums von Theater bis Wissenschaft. Dies barg allerdings die Gefahr, dass das Ganze nach einer Weile marktschreierisch wirken konnte und die Werbekunden frustrierte, die einfach nur ihre Kleidung normal präsentiert sehen wollten. Bucks Probleme verschlimmerten sich, als sie mit ihrer Verlegerin aneinandergeriet.

Als Buck die Stelle als Chefredakteurin angetreten hatte, hatte sie Gardner Bellanger, eine andere gebürtige Amerikanerin, die in Paris lebte, mit an Bord geholt. Bellanger hatte für die amerikanische *Vogue* den Posten als stellvertretende Herausgeberin in Europa innegehabt; sie war kompetent, tatkräftig und kannte sich bei Condé Nast gut aus. Anfangs hatten sie sich gemeinsam durchgebissen, zusammen gegen die Gezeiten angekämpft und sich gegenseitig über den holprigen Weg hinweg gestützt. Über diese Zeit schrieb Buck: »An manchen Tagen fühlte es sich an, als ob Gardner und ich Rücken an Rücken stünden und die Feinde mit Säbeln abwehrten.«[30] Doch im Laufe der Jahre kam ihre Vertrautheit ins Wanken, und sie richteten die Säbel gegeneinander.

Im Jahr 1999 wurde Bellanger zur Präsidentin von Condé Nast in Frankreich befördert und war im Zuge dessen anscheinend machtbesessen geworden. Buck begann, mit einem abgebrühten Banker auszugehen, dem besten Freund von Jonathan Newhouse. Die neue Beziehung gab ihr ein trügerisches Gefühl von Sicherheit, sodass sie glaubte, auf die Loyalität des Unternehmens zählen zu können. Bedauerlicherweise führte dieses Selbstvertrauen dazu, dass die Auseinandersetzungen mit Bellanger weiter zunahmen. Türen wurden zugeschlagen, schrille Flüche hinterhergerufen, es kam sogar zu Erpressungen und Drohungen. Es war nicht auszuhalten.

Als Buck vor der nächsten Modemesse in Mailand Jonathan Newhouse traf, war sie wieder Single. Sie muss gewusst haben – wie wir alle es in solchen Situationen nur zu gut kennen –, dass ihr Ex seinen Freunden die Details ihrer gescheiterten Beziehung verraten hatte; nicht gerade einfach, wenn einer der engsten Vertrauten des Ex der eigene Arbeitgeber ist! Das Treffen von Newhouse und Buck war kurz: Er drängte sie, eine Auszeit von zwei Monaten zu nehmen. Buck lehnte ab; Newhouse bestand darauf. Er wollte, dass sie einige Zeit in Arizona verbrachte, angeblich für eine Therapie, bevor ihr Job als Chefredakteurin offiziell an jemand anderen übergeben wurde. Überrascht und verwirrt fragte Buck nach dem Grund, worauf Newhouse antwortete, er wolle nicht, dass es ihr so ergehe wie einem seiner Redakteure in London, der 1995 nach einer Orgie an einer Überdosis Kokain gestorben war. Buck war sprachlos. Sie nahm keine Drogen – sie trank nicht einmal Alkohol –, und daran erinnerte sie Newhouse auch. Der Zwangsaufenthalt in der Entzugsklinik sollte als Übergang dienen, um Buck langsam aus ihrem Job zu drängen. Möglicherweise sollte auch, während sie weit weg und außer Reichweite war, entschieden werden, wie man mit *Vogue Paris* weiterhin verfahren wollte. Newhouse teilte ihr mit, dass eine Weigerung als Kündigung gewertet und sie dadurch ihre Abfindung einbüßen würde. Doch Buck brauchte das Geld, zumal sie inzwischen für ihren alten, manisch-depressiven Vater verantwortlich war.

In Cottonwood, einem Therapiezentrum außerhalb von Tucson, wurde Bucks Guerlain-Deo wegen seines Alkoholgehalts konfisziert, sie musste eine Urinprobe abgeben, und dann hat man ihr Blut abgenommen.[31] Am nächsten Tag wurde ihr mitgeteilt, dass sie gehen müsse, weil sie auf alle Tests negativ getestet wurde, doch sie bestand darauf, sie sei angewiesen worden, bis zum bitteren Ende zu bleiben. Selbst als sie sich bei Drogenabhängigen und Suizidalen versteckt halten musste, die Tag und Nacht laut weinten, kam Buck der fiese Klatsch und Tratsch aus ihrer alten Welt zu Ohren.[32] In Paris kursierten Gerüchte, dass sie Bellanger bei den Mailänder Modeschauen geschlagen hätte. Alles hatte mit einem Scherz angefangen, weil Bellanger es mit dem Lippenaufspritzen übertrieben hatte, aber die Klatschmäuler, die Bellanger nie gesehen hatten, nahmen die Geschichte für bare Münze. In anderen Gerüchten wird behauptet, dass sie mit Spritzen auf ihrem Schreibtisch erwischt worden sei – dabei handelte es sich um Fläschchen mit Meerwasser, die sie von einem Kurort in Italien erhalten hatte, um ihren Elektrolythaushalt nach den Mahlzeiten auszubalancieren. Es gab sogar das Gerücht, dass sie und Bellanger ein lesbisches Liebespaar gewesen seien, was Buck für einen billigen Witz über ihre Kurzhaarfrisur hielt.[33] Unterdessen wollte Newhouse immer noch nicht erklären, warum sie die Therapie über sich ergehen lassen musste; sogar Bucks eigener Anwalt zweifelte an jedem Wort, das sie von sich gab.[34]

Während sie sich in Selbsthilfegruppen langweilte, in denen sie eigentlich nichts zu suchen hatte, kam Buck die Eingebung, dass sie von der *Vogue* genauso abhängig war wie ihre Mitgefangenen von Kokain.[35] Auf einmal war das glamouröse

Leben mit all seinen schönen Extras in ihren Augen nichts anderes mehr als eine Droge.[36] Zwar könnte man über die Mode als eine »Droge« philosophisch diskutieren, aber der Vergleich wirkt doch ziemlich deplatziert, wenn man sich vorstellt, wie eine weltgewandte Karrierefrau in einem Raum voller suchtkranker Menschen über ihre vermeintliche Abhängigkeit von einer Zeitschrift schwadroniert. Andererseits hatte Buck eine echte Tortur hinter sich. Condé Nast und seine Vertreter waren grausam, manipulativ und herablassend vorgegangen. Ein Brief, den Jonathan Newhouse ihr in die Entzugsklinik schrieb, steckt voller herablassender Urteile: »Ich schreibe Ihnen als Ihr Arbeitgeber sowie als Freund, der sich sehr um Sie sorgt … Ich erwarte von Ihnen, dass Sie einen gesunden Lebensstil pflegen und sich nicht auf eine Weise verhalten, die Ihre körperliche oder geistige Gesundheit gefährden könnte. (Ich bin mir dessen bewusst, dass Sie rauchen, und akzeptiere dies.)«[37]

Einige Zeit ging ins Land. Eine neue Redakteurin übernahm die Leitung in Paris. Bellanger wurde der hinterlistigen Manipulation überführt und 2002 gefeuert. Die Gerüchteküche brodelte weiter. Und irgendwann – auch wenn das schwer zu glauben ist – begann Buck wieder, für die amerikanische *Vogue* zu schreiben. Gab es eine Versöhnung? Tat sie es aus finanzieller Notwendigkeit? Mangelndem Stolz? Oder vielleicht ist an der Drogentheorie tatsächlich etwas dran. Bucks Erkenntnis von »Luxus als Droge« hat durchaus ihre Berechtigung, und ihre Geschichte liest sich wie ein abschreckendes Beispiel – gerichtet an alle, die von Reichtum und Glamour besessen sind. Ihr komfortables Leben im Herzen der *Vogue*, voller Fünf-Sterne-Suiten und Haute Couture, musste am Ende bezahlt werden. Die Arbeit war schwierig, erschöpfend und kräftezehrend, aber in einer Entzugsklinik zu landen, weil man Zedernholzräucherstäbchen verbrannt und sich mit einer Kollegin zerstritten hatte, ist Wahnsinn. Vielleicht sollte man ihre Geschichte als moderne Fabel betrachten und sie mit dem alten Sprichwort »Es ist nicht alles Gold, was glänzt« zusammenfassen. Trotzdem hatte Buck ihre Lektion noch immer nicht gelernt.

Als sie wieder nach Amerika zog, gelobte sie, ihre beträchtliche Abfindung zu verwenden, um sich abseits des Geschehens ein neues Leben aufzubauen, aber nach einer Auszeit in New Mexico kehrte sie doch nach New York zurück. Nach und nach begann sie, Aufträge von Anna Wintour anzunehmen, zunächst noch etwas schuldbewusst, dann, als die Wirtschaftskrise einsetzte, mit Dankbarkeit. Im Dezember 2010 erhielt sie einen etwas ungewöhnlichen Auftrag: Sie sollte die First Lady von Syrien, Asma al-Assad, interviewen. Unsicher darüber, inwiefern eine Diktatur im Nahen Osten für Modethemen relevant ist, wandte sich Buck an die auftraggebende Redakteurin, die ihr das Ganze als aufregende Chance verkaufte, mit einer eleganten, in England geborenen First Lady über Kultur und Museen zu sprechen.[38] Buck war neugierig auf die Ruinen von Palmyra, und da sie dachte, dass es sich um eine einmalige Gelegenheit handele, nahm sie den Auftrag an.

Das Ergebnis dieser Reise war eine zuckersüße Lobeshymne mit dem Titel »Eine Rose in der Wüste«, die in ehrfürchtigem Ton die Schönheit, den Charme, die Ausstrahlung, die Anziehungskraft und die Vitalität dieser Ehefrau eines Diktators beschreibt.[39] Syrien wird als das sicherste Land im Nahen Osten dargestellt und Asma al-Assad als hart arbeitende, ehemalige Investmentbankerin, deren neue Mission es nun war, die Kinder Syriens zu retten.[40] Im Februar 2011 erschien der Artikel auf Vogue.com online; im März wurde er in der amerikanischen *Vogue* in der sogenannten Power-Ausgabe abgedruckt. Im selben Monat begannen in Syrien im Rahmen des Arabischen Frühlings Aufstände, die die Wahrheit über ein unterdrückendes Regime ans Licht brachten, das vor allem für extreme Korruption, Massenmorde und die Folter von Kindern bekannt war ... ein Regime, das von einer Familie betrieben wurde, die *Vogue* gerade noch als »äußerst demokratisch« bezeichnet hatte.[41]

Die Öffentlichkeit reagierte mit Schock und Verständnislosigkeit auf das bizarre Interview von *Vogue* mit der Frau eines berüchtigten Mörders, und Condé Nast wurde von einer Welle der Kritik überrollt, wie sie das Magazin noch nicht erlebt hatte. Im Mai war der Artikel von der Website verschwunden, und kurz darauf wurde eine professionelle, offizielle Entschuldigung veröffentlicht. Es ist ziemlich knifflig, an Exemplare des Artikels heranzukommen, da *Vogue* hartnäckig daran arbeitet, die Spuren dieses Fauxpas zu beseitigen, auch wenn verschiedene Blogs die Beweise immer wieder posten. Doch die schwerwiegendsten Konsequenzen bekam nicht Condé Nast, sondern Buck zu spüren. Mit der Aufforderung, den sich ausweitenden Skandal nicht zu kommentieren, ließ man Buck im Dunkeln über die Entscheidungen, die in Besprechungen getroffen wurden, in die sie nicht eingeweiht wurde.[42] Sie musste eine Flut von Anfeindungen im Internet über sich ergehen lassen, und am Ende des Jahres wurde ihr Vertrag mit dem Unternehmen beendet.[43] Ihre rund 40-jährige Zusammenarbeit mit der *Vogue* hatte ein unerfreuliches Ende genommen.

In einem langen Artikel für die *Newsweek* mit dem Originaltitel »Mrs Assad duped me« [Frau Assad hat mich reingelegt, Anm. d. Ü.] versucht Buck, ihre Sicht der Dinge zu schildern.[44] Sie gesteht ein, leichtgläubig und naiv gewesen zu sein. Sie habe Syrien besuchen wollen und nicht erkannt, dass im Vorfeld deutlich mehr Recherche nötig gewesen wäre.[45] Leider lässt sie dabei immer noch Fragen offen. Buck behauptet, während der Reise verfolgt worden zu sein, sagt aber nie, warum sie das nicht hinterfragt hat; sie scheint sich auch nie gewundert zu haben, warum ihre in Großbritannien geborene Interviewpartnerin in eine Familie eingeheiratet hat, die für den Tod von Tausenden von Menschen verantwortlich ist. Der Artikel in der *Newsweek* entlarvt sie als eine Zeitschriftenautorin, die es gewohnt ist, ihre Themen hochglanzpoliert und unreflektiert aufzuarbeiten. Buck wirkt realitätsfremd und hält sich eindeutig für ein Opfer des herzlosen Managements von Condé Nast. Sie gibt zu, dass sie den Auftrag niemals hätte annehmen dürfen, und fühlt sich offensichtlich von ihren Chefs verraten, die sie abservierten, anstatt die Schuld auf sich zu nehmen. Buck hat einen enormen Preis für die strahlenden Jahrzehnte bei der *Vogue* bezahlt – denn nichts im Leben ist umsonst.

15

DIE DIGITALE WENDE

Sorgen, Umstrukturierung, Franchising

Die Hochglanzmedien und das Internet

Viel ist geschehen seit dem Jahr 2000, als wir uns alle mit dem Anbruch des neuen Jahrtausends beschäftigten. Ein paar gab es, die ahnten, was kommen würde. Heute kennen wir alle Bill Gates und Microsoft, Jeff Bezos und Amazon, Steve Jobs und Apple, doch für den Durchschnittsbürger war eine Welt online Neuland. Das Internet wurde in den neunziger Jahren geboren; das Web steckte Anfang der 2000er also immer noch in den Kinderschuhen. Die rasante Entwicklung, die es seither genommen hat, hat uns gezeigt, welch einzigartigen Moment in der Geschichte wir miterlebt haben. Das Internet hat unendliche und weitreichende Auswirkungen auf unsere Lebensweise, mehr als wir uns je hätten vorstellen können, und einer seiner Grundpfeiler ist die Vernetzung.

2004 tauchte Facebook auf, 2006 Twitter, 2010 Instagram. Durch intelligente Technologien und unterstützt von der Einführung des iPhones im Jahr 2007 und des iPads im Jahr 2010 hat sich die Art und Weise, wie wir kommunizieren, radikal verändert, ist aber auch komplizierter geworden. Mittlerweile tragen wir alle Computer in unseren Hosentaschen. In der Modeproduktion haben die Fortschritte in der Fertigung dazu geführt, dass Kleidung schneller und kurzfristiger hergestellt werden kann. Das Internet ermöglicht es, sie zudem blitzschnell zu verkaufen und zu versenden. Dies lässt sich am besten am Vormarsch des Internethandels veranschaulichen. Net-a-Porter wurde 2000 von Natalie Massenet als Online-Shop für hochwertige Mode gegründet. ASOS, das billig für den Massenmarkt produziert, tauchte im selben Jahr auf. Damals glaubte niemand so recht an das Modell – warum sollten wir Kleidung kaufen, ohne sie sehen oder anprobieren zu können? Doch bis Februar 2014 erwirtschaftete Net-a-Porter einen Umsatz von 500 Millionen Pfund mit 6 Millionen monatlichen Nutzerinnen und Nutzern.[1] Und ASOS erzielte 2013 einen Umsatz von knapp 770 Millionen Pfund und hatte Ende 2014 9,1 Millionen aktive Kundinnen und Kunden.[2] Das Vorgehen der Konsumentinnen und Konsumenten – wie sie Kleidung kaufen, im Angebot stöbern und neue Marken entdecken – hat sich für immer verändert. Und wenn sich Marken ihre eigene Fangemeinde online aufbauen und über die sozialen Medien vermarkten können, was bleibt dann noch für die Zeitschriften übrig? Heutzutage sind gedruckte Seiten schon veraltet, sobald die Tinte auf dem Papier getrocknet ist, sodass die Werbetreibenden ihre Budgets zunehmend von traditionellen Verlagen auf Influencerinnen verlagern.

Infolgedessen sah sich die heimlichtuerische Modeindustrie dazu gezwungen, sich zu öffnen und den Modeinteressierten zum ersten Mal in der Geschichte einen Blick hinter die Kulissen zu gewähren. Der Modefotograf Nick Knight spielte dabei eine wesentliche Rolle, nachdem er im Jahr 2000 SHOWstudio gegründet hatte. Knight erkannte das Potenzial des digitalen Mediums und wollte die Modeszene herausfordern und die Kommunikation auf eine neue Grundlage stellen, indem er den Zugang erleichterte. SHOWstudio verschaffte uns einige der ersten Einblicke in die täglichen Abläufe, wie zum Beispiel den Betrieb eines Studios, die Anfertigung einer Kollektion und das Wesentliche zu Fotoshootings; alles, was dazu beitrug, eine intensive Phase der Entmystifizierung von Mode auszulösen.

Zu den beliebtesten seiner SHOWstudio-Experimente gehören »Moving Fashion«,[3] eine Serie, die Kleidung mittels Kurzfilmen anstelle von eingefrorenen Standbildern neu in Szene setzt, und »The Sound of Clothes«.[4] Hierbei geht es um die Geräusche, die unterschiedliche Stoffe erzeugen. Diese Video- und Hör-Clips sind von seltsamer Einfachheit und hypnotisierender Wirkung. SHOWstudio.com war bahnbrechend in seiner Herangehensweise an die kreativen, technischen Möglichkeiten, obwohl die Plattform irgendwann auch Werbung anzeigte – normalerweise ein Hinweis darauf, dass kommerzielle Prioritäten über künstlerische gestellt werden. Die Webseite bietet nach wie vor experimentelle Modeshootings und Podiumsdiskussionen an, was verdeutlicht, dass Knight seinen Kreuzzug zur Demokratisierung der Branche fortsetzen möchte. Seine Erfindung des »Modefilms« wurde inzwischen von Zeitschriften wie Marken gleichermaßen als Standard übernommen. So kann sich nun jede und jeder überall in der Modewelt auf eine Weise zugehörig fühlen, wie es früher nie möglich gewesen wäre.

Wenn die sozialen Medien und alternativen Methoden des Geschichtenerzählens über Mode eine Konkurrenz für Zeitschriften darstellten, so war das erst der Anfang. Eine weitere Welle, die aus dem Nichts auftauchte und die Hochglanzmedien überrollte, war das Bloggen. Die ersten relevanten Modeblogs tauchten Mitte der 2000er auf; der Mainstream zeigte ihnen jedoch die kalte Schulter. Im Jahr 2004 gründete Bryan Yambao, ein Web-Entwickler von den Philippinen, *Bryanboy*; 2005 gab Kevin Ma mit *Hypebeast* sein Debüt; 2006 betrat Susie Lau mit *Style Bubble* die Bühne. Eine Zeit lang beachtete niemand diese anregenden, authentischen Außenseiterstimmen, die sich beim Posieren auf der Straße fotografierten und über Kollektionen schwärmten, die sie nur auf Bildern zu sehen bekamen und höchstens davon träumen konnten, sie selbst einmal zu tragen. Noch im Jahr 2008 behauptete die *New York Times*, *Vogue* habe nach wie vor ein Monopol auf Luxus-Werbebudgets. Aber schon bald hatte jemand eine Idee: Blogger liebten Mode, hatten Tausende oder sogar Millionen loyaler Fans und wollten unbedingt Teil der Branche sein. Da könnten doch die Marken die Zeitschriften umgehen und ihr Publikum über diese neuen Persönlichkeiten erreichen – eine Strategie, die die Stellung der Zeitschriften dauerhaft erschüttern sollte, denn bisher hatten sie in Sachen Style stets das letzte Wort gehabt.

Der Wendepunkt kam 2010 in Gestalt eines feengesichtigen Mädchens aus Chicago. Einige werden sich noch an das Aufsehen erinnern, das die 13-jährige Bloggerin Tavi Gevinson erregte, als sie nach Paris geflogen wurde, um die Dior-Couture-Show zu sehen, und dann erfahrene Redakteurinnen und Modekenner mit einer gigantischen Schleife auf dem Kopf irritierte, die ihnen die Sicht auf den Laufsteg versperrte. Gevinson hatte im Alter von elf Jahren damit begonnen, ihre Gedanken im Internet zu teilen, und gilt weithin als diejenige, die für die Blog-Generation den Stein ins Rollen gebracht hat. Viele Journalisten waren aufgebracht über diesen gewagten PR-Auftritt, weil sie das Gefühl hatten, dass ihre langjährige Erfahrung verworfen wurde – wegen ein paar Zeilen, die von einem Kind kostenlos ins Netz gestellt wurden. Nichtsdestotrotz erschien Gevinson weiterhin in der ersten Reihe, von der Modeelite umgeben, und wurde 2010 sogar eingeladen, einen Preis des Council of Fashion Designers of America (CFDA) zu vergeben.

Als »Ahnungslose«[5] bezeichnet, wurde diese Generation bereitwillig von gierigen Publizisten, die für ihre Marken um jeden Preis Werbung betreiben wollten, in die Szene gedrängt. Und zusammen mit den vorpubertären Wunderkindern tauchte ein neuer Wortschatz auf. Was nun zählte, war: Sichtbarkeit, Kundenzufriedenheit, Engagement, Follower-Anzahl, Pay-per-Clicks und Affiliate-Werbung. Inzwischen werden Blogger von Branchenfunktionären rekrutiert und auf internationalen Modewochen neben Leute wie Anna Wintour gesetzt. Einst Kinder, die in ihren Zimmern mit grenzenloser Begeisterung in Zeitschriften blätterten und ihre Gedanken in Foren mitteilten, haben sich Blogs zu Mini-Unternehmen weiterentwickelt, die mit gesponserten Beiträgen in Zusammenarbeit mit Modeketten, aber auch mit Luxusmarken hohe Summen kassieren. Gegen Mitte der 2010er Jahre kam die in den Büros der Medienprofis schwelende Feindseligkeit gegenüber Bloggern zum Ausbruch. Im Rahmen einer Schmutzkampagne während der Modewoche in Mailand 2016 wetterten einige leitende Mitarbeiterinnen der *Vogue* gegen das Phänomen der Blogger. Die Anspannung hatte sich über lange Zeit angestaut, und nun ging der Hexenzirkel von Condé Nast richtig zur Sache.

Sally Singer, Creative Director für Digitales, schrieb: »Ein Hinweis an alle Blogger, die ihre bezahlten Outfits stündlich von Kopf bis Fuß wechseln: Bitte hört auf. Sucht euch etwas anderes. Ihr läutet den Tod des Style ein.«[6] Sarah Mower, leitende Kritikerin von Vogue.com, fügte hinzu, es sei »ein Armutszeugnis für diese Mädchen, wenn man sieht, wie oft sie verzweifelt vor den Shows auf der Straße herumlaufen – sogar Unfälle riskieren –, in der Hoffnung, dabei fotografiert zu werden«.[7] Und es geht weiter. Nicole Phelps, die Geschäftsführerin von *Vogue Runway*, sagte, es sei nicht nur »traurig für die Frauen, die sich in geliehenen Kleidern für die Kameras herausputzen, es ist auch erschreckend zu sehen, dass so viele Marken dabei mitmachen«.[8] Die Krone fürs Krallenausfahren holt sich jedoch Alessandra Codinha, Redakteurin für Modenews bei Vogue.com, die bezahlte Auftritte als »peinlich« bezeichnete und hinzufügte: »Anstatt tatsächlich einen Style zu zelebrieren, scheint es eher darum zu gehen, aufzutauchen, lächerlich auszusehen, zu posieren, auf seinem Sitz rumzuzappeln, während man seine Feeds auf den sozialen Netzwerken checkt, um dann zu fliehen, sich umzuziehen und schließlich alles wieder von vorne zu beginnen ...«[9] Sie ging sogar so weit, zu behaupten, unter Modebloggern nach Style zu suchen sei so, »als würde man in einen Stripclub gehen und nach Romantik suchen. Sicher, es geht ungefähr in die gleiche Richtung, aber es kommt nicht einmal annähernd an das Echte ran.«[10]

Das sind harte Worte, doch wer kann es ihnen schon verübeln? Es ist ein bitterer Gedanke, dass sie jahrelang gearbeitet, ihr Handwerk verfeinert haben, und dann einfach von Leuten verdrängt werden, in denen sie vermutlich nichts anderes sehen als Amateure, die auf schnelles Geld aus sind. Besonders frustrierend ist dann noch, dass die Blogger keine »Außenseiter« mehr sind, sondern vom System einverleibt wurden. Ursprünglich waren sie für das Publikum als »echte Menschen« ansprechend. Aber ihre Stellung als »Stimme der Authentizität« ist angeschlagen. Bloggerinnen und Blogger haben sich zu facettenreichen Verkaufskanälen entwickelt, zu Influencern und Vloggern, die allesamt fortwährend ihre

Produkte anpreisen und sich moralisch kaum von den Zeitschriften unterscheiden, die von kommerziellen Marken gesponserte Artikel veröffentlichen. Für *Vogue* bedeuteten diese webbasierten Plattformen vor allem, dass sie nicht mehr im Zentrum der Aufmerksamkeit stand.

In der ersten Dekade des neuen Jahrtausends war der Aufschrei groß, dass die Printmedien tot wären. Zeitschriften hätten in dieser schönen neuen Welt keinen Platz mehr. Aus Furcht vor einer verkürzten Aufmerksamkeitsspanne führten viele Zeitschriften einen Drive-through-Ansatz in der Redaktion ein in dem Versuch, mit der digitalen Welt Schritt zu halten. Bei Condé Nast mit seinen zahlreichen hochwertigen Zeitschriften hatte man allen Grund, sich ernsthafte Sorgen zu machen, daher wurde 2009 die Unternehmensberatung McKinsey & Company beauftragt, die Bestände nach und nach zu untersuchen und die Schuldigen zu finden, die für das finanzielle Ausbluten des Newhouse-Vermögens verantwortlich waren. In der Presse erschienen sarkastische Artikel mit schadenfrohen Titeln wie »Condé Nast, McKinsey und der Tod der endlosen Träume«[11] und »Condé Nast beauftragt McKinsey, zum Schock der Belegschaft«.[12] Offenbar wollten die Schaulustigen – insbesondere andere Medien – das Unternehmen leiden sehen. Bedauerlicherweise fachte McKinsey das mit einem Bericht noch an, der zu diesem Zeitpunkt weithin als eine der lächerlichsten Analysen betrachtet wurde, die eine Unternehmensberatung je vorgenommen hatte und von ihrer frappierenden Unkenntnis der Branche zeugte. *The Atlantic* gelang es, einen ersten Entwurf dieser Analyse in die Hände zu bekommen, und gab ihn unter dem Gelächter von Journalisten und Lesern auf der ganzen Welt genüsslich wieder:

> Im Interesse der vertikalen Vernetzung und dem maximalen Beeinfließen [sic!] wollten wir Ihnen einige unserer ersten Beobachtungen/Fragen übermitteln. Wir hoffen, dass diese nicht zu offensichtlich erscheinen:
>
> 1. Die Rolle der Autoren im Produktionsprozess von Zeitschriften scheint uns eine Untersuchung wert zu sein. Was ist ihre Aufgabe? Warum gibt es so viele davon?
>
> ...
>
> 4. Hat das Unternehmen erwogen, das World Wide Web als Plattform für seine Zeitschriften zu nutzen?[13]

So urkomisch der Vorschlag auch erscheint, dass Autorinnen und Autoren für eine Zeitschrift überflüssig seien, so wird sie doch immer zutreffender. Die Schrift weicht dem Foto, das wiederum langsam dem Videoclip sowie dem GIF und dem viralen Meme Platz macht. Die einst verschmähten Bloggerinnen wurden zu fest angestellten Mitarbeitern oder sollen regelmäßig Beiträge veröffentlichen. Nicht nur konnte McKinsey nicht nachvollziehen, warum Zeitschriften Autorinnen brauchten, sondern die Unternehmensberater verstanden auch nicht, warum Verlage überhaupt Zeitschriften brauchten. Entsprechend schlugen sie den Newhouses vor, vier Magazine einzustellen, um ihre Ausgaben zu drosseln. Seitdem hat es viele weitere Opfer im Bereich der Printmedien gegeben – von *House & Garden* über *Portfolio* bis hin zu *Glamour* und *Teen Vogue*. Die von Condé Nast verfolgte Politik nach ständiger Expansion befand sich plötzlich im Rückwärtsgang.

Zwischen 1975 und 2010 wurden zwölf zusätzliche Ausgaben der *Vogue* herausgegeben: *Vogue Brazil* im Jahr 1975, *Vogue Germany* 1979, *Vogue Spain* 1988, *Vogue Korea* und *Vogue Taiwan* 1996, *Vogue Russia* 1998, *Vogue Japan* und *Vogue México* 1999, *Vogue Portugal* 2002, *Vogue China* 2005,

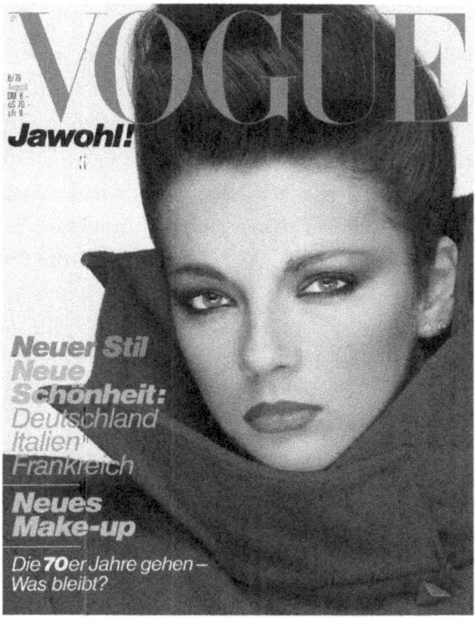

Im August 1979 erscheint die
erste Ausgabe der Vogue Germany.

Vogue India 2007, *Vogue Turkey* 2010. Schon bald wurde das Erscheinen einer *Vogue* in einem Schwellenland zu einer Art Barometer für den finanziellen Status des Landes: Je wohlhabender eine Nation wurde, desto wahrscheinlicher war es, dass die *Vogue* auf deren Markt erschien. Sobald sich in Russland nach dem Zusammenbruch der Sowjetunion oder in der Türkei nach dem wirtschaftlichen Aufstieg eine aufstrebende Mittelschicht herauskristallisierte, stürmte – sieh an! – die *Vogue* herbei, um den neu geschaffenen Wohlstand für sich zu ergattern. Obwohl sich die Zahl der Neuerscheinungen seither verlangsamt hat, sind immer weitere Neuausgaben aus dem Boden geschossen, darunter: *Vogue Netherlands* 2012, *Vogue Thailand* und *Vogue Ukraine* 2013, *Vogue Arabia* 2016, *Vogue Poland* und *Vogue Chzeck Republic & Slovakia* 2018, *Vogue Hong Kong* 2019 und *Vogue Singapore* wurde 2020 neu aufgelegt.

Condé Nast hat ein Wachstum dieser Größenordnung bei keinem anderen seiner Titel erreichen können. Die *Vogue* ist das Glanzstück des Medienunternehmens und das Fundament, auf dem der Ruf von Condé Nast basiert. Es war an der Zeit, sich von den kleineren Blättern zu trennen und sich dahinterzuklemmen, die bestmögliche Leistung aus der *Vogue* zu holen.

Die *Vogue* schärft ihr Profil und mischt sich in die Politik ein

Als 2006 *Der Teufel trägt Prada* in die Kinos kam, sorgte Meryl Streep in der Rolle als furchterregende Moderedakteurin Miranda Priestly für Aufregung beim Publikum. Mit ihrer aschblonden Hochsteckfrisur, ihrem künstlich-strengen Blick hinweg über die schwarz umrandete Brille und ihren bissigen Einzeilern prägte Streep die Figur der Moderedakteurin. Der Film verwandelte das Innenleben einer Modezeitschrift in eine pikante Liebeskomödie. Erzählt wird die Geschichte eines jungen Naivlings, gespielt von Anne Hathaway, die mit den endlosen Herausforderungen einer eiskalten Chefin zurechtkommen muss und dabei schließlich zu sich selbst findet. Im Grunde genommen handelt es sich um eine einfache Geschichte über die Suche nach der eigenen Berufung und das Erwachsenwerden; wenn man das Ganze dann in Prada verpackt, wird es zu einem großen Blockbuster. Von Internet

Movie Database (IMDb) als der Meryl-Streep-Film mit den zweithöchsten Einnahmen eingestuft, bildet er die landläufige Vorstellung über die Modebranche ab.[14] Und da er auf einem *Chick-Lit*-Schlüsselroman von Lauren Weisberger – eine ehemalige Assistentin bei der *Vogue* – basiert, sorgte er für Anna Wintours fortwährende Berühmtheit. *Alle* waren der Meinung, sie sei der Teufel.

Wintour erkannte den Stimmungswandel in der Öffentlichkeit durchaus, vielleicht sogar die damit verbundene Chance auf entsprechende PR-Maßnahmen. Nach *Der Teufel trägt Prada* kam *The September Issue*, ein Dokumentarfilm, der Wintour und andere Mitarbeiterinnen bei der Zusammenstellung der September-Ausgabe von 2007 der amerikanischen *Vogue* begleitet. Erstmals im Jahr 2009 gezeigt, konzentriert sich der Film auf die Zusammenarbeit zwischen der zurückhaltenden Wintour und der sprühenden Persönlichkeit von Grace Coddington und bietet weitere Einblicke in die Modewelt. Creative Director Coddington hat Ausstrahlung, völlig egal, ob sie durch die Gänge stürmt und dabei leidenschaftlich über Fotoshootings flucht, die Wintour nicht aufnehmen will, oder ob sie grimmig dasitzt, die Lippen in missbilligendem Schweigen aufeinandergepresst. Auch hier wieder das altbekannte Motiv: entgegengesetzte Persönlichkeiten. In vergnügtem Voyeurismus strömte das Publikum in die Kinos, um sich weitere Possen der Modemagazine anzusehen. Wintour, die noch nie ein Freund von Interviews war, wirkte nun nahbarer. In ihrer Autobiographie beharrt Coddington jedoch darauf, dass die Reibereien zwischen den beiden extrem überspitzt dargestellt und aus dramaturgischen Gründen zusammengeschnitten worden waren.[15] Wie Wintour und Coddington dazu standen, dass ihr alltägliches Leben zum Amüsement der Massen zur Schau gestellt wurde, ist eine ganz andere Geschichte. Jedenfalls erreichten die Fashionistas zwischen den Ausstrahlungen von *Der Teufel trägt Prada* und *The September Issue* einen neuen Grad an Berühmtheit im Mainstream; wobei das *Vogue*-Team allgemein, aber ganz besonders Anna Wintour im Vordergrund des Interesses standen.

So oft wie Anna Wintour fotografiert wurde und so selten wie sie etwas von sich preisgibt, sagte man, sie teile die Menge wie das Rote Meer.[16] Ihre Pagenfrisur, die dünne Statur, blickdichte Sonnenbrille, das Klackern von Pfennigabsätzen auf dem Boden und ein Schluck aus einem Starbucks-Becher wurden zu ihren Markenzeichen. Wintours Ruf basierte auf ihrem typischen Aussehen, dem Klatsch, der von Manhattan bis Mayfair über sie kursierte, den Rachefeldzügen aktueller sowie ehemaliger Kollegen und einer Flutwelle von schlechter Presse. Ob arktisch[17] oder eisig,[18] teuflisch oder satanisch,[19] Wintour musste sich schon auf vielfache Weise abstempeln lassen. Sie kann gar nicht so eindimensional wie die von Meryl Streep dargestellte Figur sein. Wintour hat im Verlauf ihrer Karriere viel Hass einstecken müssen. Als sie 1995 in einem Restaurant zu Abend aß, schrie ein Pelzgegner »Pelzhexe« und schleuderte einen toten Waschbären auf ihren Teller. Im Jahr 2005 wurde ihr eine Tofupastete mit voller Wucht ins Gesicht geworfen, als sie eine Show besuchen wollte (ihr trockener Kommentar dazu: »Ich glaube, die war bio«).[20] In einem Zeitraum von zehn Jahren gab es immer wieder derartige Zwischenfälle mit Kunstblut, Paketen voller mit Maden befallenen Tiergedärmen, die in ihr Büro geschickt wurden;[21] Belästigungen und Beinaheangriffe. Zehn Jahre sind eine lange Zeit, um unmenschliches Verhalten ertragen zu müssen.

Wintour ist nie zusammengebrochen, nie ausgerastet, hat nie verschreibungspflichtige Medikamente eingenommen oder etwas davon an das Boulevardmagazin *TMZ* durchsickern lassen; sie ist nie von Paparazzi beim Verlassen einer Entzugsklinik geknipst worden, wurde nie mit Tränen in den Augen gesehen, hat nie aufgegeben. Allerdings hat Wintour äußerlich abgebaut. Sie verwandelte sich in eine Karikatur ihrer selbst; einen Comic-Bösewicht, den wir alle so liebend gerne hassen, mit einem so unverwechselbaren Markenzeichen, dass man schlicht jedem eine Perücke mit Sonnenbrille aufsetzen und ihn an ihren Platz in der ersten Reihe schicken könnte. Wir lieben es so sehr, sie zu hassen, dass der Hass völlig in den Hintergrund getreten und die Liebe zu blinder Verherrlichung geworden ist. Sie ist zweifellos eine Berühmtheit, auf der gleichen Stufe mit Beyoncé und Kim Kardashian; Elvis und Marilyn; Michael Jackson und Queen Elizabeth. Zeigen Sie mir die Person, die Anna Wintour nicht erkennt.

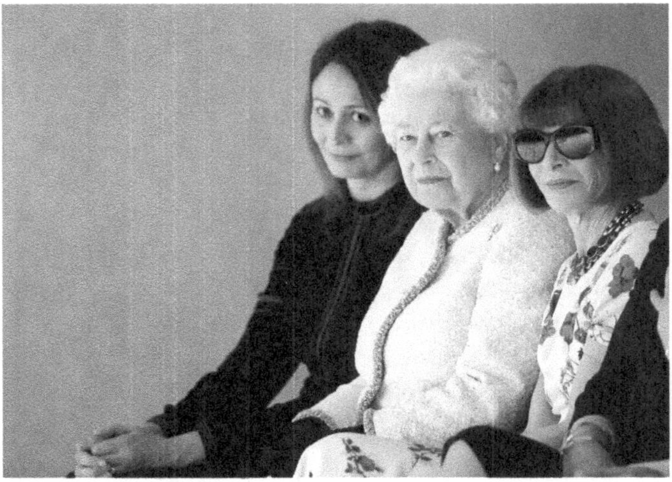

Anna Wintour mit Queen Elizabeth II. und der Geschäftsführerin des British Fashion Councils Caroline Rush, London Fashion Week im Februar 2018.

In ihrem vierten Jahrzehnt als Chefredakteurin bei der amerikanischen *Vogue* ist Wintour die am zweitlängsten angestellte Redakteurin in der Geschichte der Zeitschrift (Edna Woolman Chase steht in dieser Kategorie immer noch an der Spitze). Damals, in den späten achtziger Jahren, hatten Si Newhouse und Alexander Liberman einen Narren an ihr gefressen, weil sie die *Vogue* zu verkörpern schien. Sie sollten nicht mehr erleben, in welchem Ausmaß Wintour zur wandelnden, sprechenden Manifestation ihrer Zeitschrift wurde. Heute gehört es zum Zeitgeist, mit immer neuen Geschichten zur Legendenbildung beizutragen. Ihre Popularität sorgt mit dafür, dass die *Vogue* relevant bleibt. Das ist heutzutage von großem Wert, da sich der Schwerpunkt unserer Kultur vom Vertrauen in große Marken hin zum Vertrauen in Einzelpersonen wie Prominente und TV-Persönlichkeiten verschiebt. Bei all dem Getue um ihr Image scheint es unwahrscheinlich, dass Wintour auch nur halb so skurril ist, wie sie dargestellt wird. Unter ihrer Leitung wurde in der *Vogue* alles veröffentlicht – von politischen Beiträgen von Donna Tartt[22] bis hin zu langen Essays über den Trend zum »Heroin-Chic« – mit einem bewundernswert verantwortungsvollen Ton und einer Warnung vor dem tödlichen, zerbrechlich dünnen »Waif-Look«.[23] Viel wurde über ihre Homogenisierung der Zeitschrift zu einer leicht wiedererkennbaren Schablone diskutiert, die sie anderen *Vogues* und – seit ihrer Ernennung zur künstlerischen Leiterin im Jahr 2013 – auch anderen Zeitschriften von Condé Nast aufgedrückt haben soll. Gleichzeitig ist Markenbekanntheit jedoch eine viel genutzte, hochgelobte Geschäftstaktik. Wintour führt das Vermächtnis von Alexander Liberman und Si Newhouse fort, die sich beide eifrig um eine einheitliche Agenda und einen gleichbleibenden Ton bemüht hatten. Während des starken wirtschaftlichen Aufschwungs in den achtziger Jahren war dies eine großartige Strategie. Heute ist sie nicht mehr ganz so gefragt, da sich die Menschen verstärkt Nischenpublikationen und dem persönlicheren, weniger unternehmerischen Ansatz zuwenden.

Ihr Geschäftssinn war schon immer eine der stärksten Eigenschaften von Anna Wintour: von der Popularisierung von Prominenten auf den Titelseiten bis hin zu ihrem Einsatz, den Condé-Nast-Koloss auch in Krisenzeiten über Wasser zu halten. Dennoch musste das Konglomerat die Große Rezession überwinden – die Zeit des wirtschaftlichen Abschwungs während der späten nuller und frühen zehner Jahre. Die Abonnentenzahlen waren instabil, die Verkäufe an den Kiosken noch viel mehr, und das Digitalzeitalter war auf dem Vormarsch, doch die Führungsetage überlegte weiter, wie sie aus dem Namen der *Vogue* Kapital schlagen könnte.

Und so wurde Condé Nast auch noch in der Gastrobranche aktiv und lizenzierte – durch eine Reihe von hochkarätigen Partnerschaften – die Namen seiner Haupteinnahmequellen. Im Zuge dessen eröffnete 2003 in Moskau ein Vogue Café, ein Ort für diejenigen gesellschaftlich Interessierten, die in typisch europäischen Salaten rumstochern und ihre Rolex zur Schau stellen wollen. Im Jahr 2013 folgte ein Vogue Café in einem Einkaufszentrum in Dubai, das angeblich auch das größte Schuhgeschäft der Welt beherbergt. Außerdem finden sich Vogue Cafés in der Ukraine, Saudi-Arabien und Portugal. In der Türkei gibt es ein Vogue Restaurant und in Malaysia eine Vogue Lounge. Dies erweckt definitiv den Eindruck einer Verfremdung des *Vogue*-Labels; dabei fällt zusätzlich auf, dass all diese Vermarktungen in Schwellenländern mit frischem Geld anzutreffen sind. Wahrscheinlich befürchtet Condé Nast, dass das Konzept von *Vogue*-Cafés in Amerika und weiten Teilen Europas als billig empfunden würde, wobei das Unternehmen in London mit der Eröffnung eines Pop-up-Cafés anlässlich des 100-jährigen Bestehens der britischen *Vogue* schon seine Fühler in diese Richtung ausgestreckt hat. Die Einnahmen des Unternehmens sind weltweit gestiegen und umfassen nun auch eine Werbeabteilung, Kreativagenturen in New York und London, Konferenzen, Veranstaltungen und eine Lizenzabteilung, um Vermögenswerte optimal zu nutzen. Das Hauptaugenmerk liegt vor allem auf der Generierung von Einnahmen und darauf, das Vermächtnis der *Vogue* zu nutzen, um ihren Einfluss auf den kulturellen Bereich aufrechtzuerhalten. Es ist schlichtweg genial von Condé Nast, sich dafür bezahlen zu lassen, eine Marketingkampagne für eine Marke zu entwickeln, und dann von der Marke eine Werbegebühr für die Veröffentlichung dieser Kampagne in ihren Zeitschriften zu verlangen.

Unterschiedliche Einnahmequellen zu erschließen gehört eigentlich nicht zu Anna Wintours Aufgabenbereich, doch es gibt eindeutige Hinweise darauf, dass sie sich dennoch daran beteiligt. Im Jahr 2011 berichtete *Women's Wear Daily (WWD)*, dass die Verkaufszahlen der *Vogue* in den USA dank eines Titelblatts mit Lady Gaga (damals auf dem Zenit ihres *Born This Way*-Ruhmes) um 100000 Exemplare in die Höhe schossen.[24] Tatsächlich stiegen die Zahlen bei *Vogue* um fast 13 Prozent an, und zwar während einer Zeit, in der die Branche als Ganzes einen Rückgang von 9,2 Prozent verkraften musste.[25] Zu dieser Zeit war die *Vogue* so ziemlich die einzige Modezeitschrift, die überhaupt etwas einnahm. Zwar erschien Lady Gaga vielen Kritikern nicht »*Vogue*-genug«, aber vielleicht haben diese Leute nicht verstanden, worum es wirklich geht: Sie bedeutete kommerziellen Erfolg.

Schwierige Zeiten sind gut dafür geeignet, Macht zu konsolidieren – die Schwachen scheiden aus dem Rennen aus.

Ebenso wie die *Vogue* über die Mittel verfügte, um hochbezahlte Prominente wie Jennifer Aniston auf ihr Cover zu setzen, hatte sie auch die Reichweite, die es ermöglichte, sowohl über die Budgets ihrer Konkurrenz als auch über die eigenen Seiten hinaus zu expandieren. Als die Druckausgabe ins Straucheln kam, rief Wintour »Fashion's Night Out« ins Leben. Nach einem erfolgreichen Gespräch mit dem Bürgermeister wurde mit New York City als Partner das von der *Vogue* gesponserte Shopping-Event mit Freigetränken, Auftritten von Prominenten, Partys und reduzierten Preisen auf Designer-Kleidung eingeführt. Die Veranstaltung war als Muntermacher in der Wirtschaftskrise gedacht. Damals stagnierte der Umsatz, weil die Konsumentinnen und Konsumenten ihr Geld horteten. Wintour schaltete sich ein, um wieder Schwung in das Ganze zu bringen. Die Modeindustrie im Allgemeinen zu unterstützen ist etwas, das die *Vogue* schon immer getan hat; so kann sie die Welt, über die sie schreibt, bestärken und hat zudem die Möglichkeit, solide Verbindungen zu Designern und anderen Talenten aufzubauen.

Wintour tut noch mehr, um die Macht der *Vogue* zu behaupten. Designer wie John Galliano, Michael Kors und Marc Jacobs wären ohne die redaktionelle Förderung, die sie ihnen zuteilwerden ließ, vielleicht nie zu ihrem Vermögen gekommen. Berichten zufolge klärte Wintour sogar Senatoren über den internationalen Stoffhandel und die Auswirkungen von Zöllen auf.[26] Auch hat sie Hillary Clinton auf das Cover gesetzt – die erste First Lady auf der Titelseite von *Vogue*. Überhaupt ist Wintour ein wichtiger Akteur in der Politik. Für Obamas Wiederwahlkampagne sammelte sie über 500.000 Dollar (und landete damit auf der Liste der höchstrangigen finanziellen Förderer), drehte eine Werbekampagne und veranstaltete die Spendenaktion in ihrem eigenen Haus. Michelle

Obama erschien dreimal auf der Titelseite der *Vogue*, und es heißt, dass sie für öffentliche Auftritte von Wintour gestylt wurde. Wintours Beziehung zum Weißen Haus gipfelte in Gesprächen über eine Zusammenarbeit bei einem Mode-Workshop,[27] und es gab Gerüchte über eine Botschaftertätigkeit, die man ihr angetragen haben soll.

Unter Wintour hat sich die *Vogue* nicht davor gescheut, ihre politische Neigung zur Demokratischen Partei zu bekunden. Im Jahr 2016 sprach sich die *Vogue* für Hillary Clinton als ihre bevorzugte Kandidatin gegenüber Donald Trump aus; das erste Mal, dass sich die *Vogue* bei einer Wahl offen auf eine Seite geschlagen hat.[28] Wintour mag vieles sein, aber vor allem zeigt sie ganz genau auf, wie viel sanfte Macht in der Modeindustrie steckt, deren Wert 2017 auf 2,4 Billionen Dollar geschätzt wurde.[29] Die Modeindustrie ist mächtig genug, um der Frau, die die *Vogue* leitet, Einfluss auf die Präsidentschaftskampagnen in Amerika, einer globalen Wirtschafts- und Militärsupermacht, zu verleihen. Das muss man erst mal wirken lassen.

16

VOM »PORNO CHIC« ZUM »PARISER CHIC«

Stereotypen im Angebot

Die 2000er: Widerstand gegen Schönheitsideale

In den neunziger und frühen nuller Jahren wurde nach wie vor das Ideal einer dünnen Figur propagiert: ein unterernährter Körper mit einem hageren und kantigen Gesicht.[1] Selbst mit hervorstehenden Rippen lächelten die jungen Mädchen auf den Titelseiten glücklich oder sinnlich – immer abwechselnd. Dabei suggeriert der toxische Unterton, der so oft in Frauenzeitschriften zu finden ist, dass Frauen ausschließlich dafür da seien, Männern zu gefallen. Artikel darüber, wie man Begehren weckt, waren ein voller Erfolg und führten zu einer ganzen Generation an Mädchen, die von den Hochglanzmedien konditioniert worden waren: Frauen sollten verführerisch, aber nicht zu leicht zu haben sein; sie sollten Freigeist zeigen, ohne wild zu sein, und sie sollten sich selbstbewusst verhalten, ohne dabei aufdringlich zu wirken. Unabhängig davon, welche Änderungen in der Gesetzgebung vorgenommen werden, der gesellschaftliche Druck kann sich dennoch als die größte Herausforderung erweisen.

Um die Jahrtausendwende zur Chefredakteurin der französischen *Vogue* ernannt, stellte Carine Roitfeld einen Molotow-Cocktail von einer Zeitschrift zusammen; einen skurrilen, unverhohlen sexuellen, manchmal anstößigen Ansturm auf die Sinne. Endlich schälten sich aus den feministischen Kriegen um die sexuelle Befreiung neue Formen des Frauseins heraus.[2] Roitfelds Ansatz einer ganz auf Sex ausgerichteten Haute-Couture-Ausgabe der *Vogue* war enorm erfolgreich und äußerst polarisierend. Der Ansatz war auf jeden Fall experimentell und schien alle möglichen Arten von Frausein darzustellen. Das »Mädchen« aus den alten Zeiten der Mainstream-Medien war praktisch verschwunden, während viele neue Versionen von Weiblichkeit auf den Seiten erstrahlten und in die Zukunft wiesen.

Als Emmanuelle Alt 2011 die Nachfolge Roitfelds antrat, fand sie ein völlig anderes Terrain vor. Während sich die Frauen in den frühen nuller Jahren noch als sexuelle Wesen zeigten und ihre Sexualität einfordern mussten, haben sie sich in den zehner Jahren auf Selbstgenügsamkeit verlegt. Anstatt materielle Güter erwerben zu wollen, konsumieren sie zunehmend über digitale Kurzmitteilungen (wie Tweets oder Instagram-Storys) und legen Wert auf Informationen. Diversität, Selbstbestimmung, Body Positivity und Inklusion sind die neuen Schlagworte dieser Ära.

Folglich musste das Produkt, das Alt anbot, ein Gefühl für das eigene Selbst, eine Identität und eine gewisse Haltung vermitteln. In einer Zeit, in der die Technologie unsere Wahrnehmung manipuliert und sich unsere Unsicherheiten zunutze macht, müssen wir mehr denn je gefestigt bleiben. Alts Ansatz, zurück zum Wesentlichen zu kommen – mit dem Schwerpunkt auf Mutterschaft, Selbstbewusstsein, schlichter Kleidung, dem natürlichen Alterungsprozess, Zugänglichkeit und Bildung –, machte die *Vogue Paris* zu einem Spiegelbild, das

das echte Leben so genau wiedergibt, wie es nur möglich ist. Wir brauchen Aufmunterung und Ermutigung, während die Gegebenheiten der menschlichen Biologie, wie das Gebären oder das Älterwerden, ein für alle Mal akzeptiert und normalisiert werden müssen.

Doch selbst erbauliche Bilder und Identitäten kristallisieren sich irgendwann zu neuen Stereotypen heraus. Als Spiegel der Gesellschaft und ihrer Ambitionen befriedigen die Modezeitschriften ein Bedürfnis. Einige Kritiker weisen darauf hin, dass die Angestellten der Hochglanzmedien keinen Journalismus mehr betreiben, sondern Verkäuferinnen und Verkäufer seien. Und so wie sie die Marke *Vogue* vertreten, so sehr müssen sie sich auch selbst vermarkten. Roitfeld und Alt haben vor ihrer Tätigkeit als Redakteurinnen lange als Stylistinnen gearbeitet, und auch wenn Roitfeld eher für den Porno-Chic steht und Alt für Natürlichkeit, kennen sich beide gut mit visuellen Methoden aus und wissen, wie man gesellschaftliche Werte darstellt. Die Art und Weise, wie die *Vogue* auf die Welt um sie herum reagiert, war schon immer ihr Schlüssel zum Erfolg.

Als Joan Juliet Buck sich darauf vorbereitete, die Position der Chefredaktion bei der *Vogue Paris* zu übernehmen, riet man ihr, sich dafür Carine Roitfeld zu schnappen, die schmale, sommersprossige Stylistin mit buschigen Brauen, die 15 Jahre lang bei der französischen *Elle* gearbeitet hatte. Bei dem Treffen spürte Buck instinktiv, dass Roitfeld sie eines Tages als Chefredakteurin ablösen würde – und sie behielt recht.[3] 2001 offiziell zur Chefin der französischen *Vogue* ernannt, ist Roitfeld zu einem weiteren mythischen Wesen der Branche geworden. Für *The Observer* ist sie ein »Pariser Vamp, bekannt für schwarze Outfits, hochgeschlitzte Bleistiftröcke und haushohe Stilettos«.[4] Anderswo gilt sie als »erotisch. Dekadent. Düster«.[5] Sie ist wichtig genug, um im Index der 500 globalen Persönlichkeiten, die die Branche prägen, von der Zeitschrift *The Business of Fashion* aufzutauchen. Da wird ihr Style als »stets mit hohen Absätzen« und mit »der Frisur und dem Make-up einer Nachteule« beschrieben.[6] Für die *Financial Times* ist sie die »Redakteurin mit einem Hauch von Domina«,[7] doch in all diesen Zuschreibungen fehlt jede Spur von ihrem gesunden Sinn für Humor. In Interviews winkt sie bombastische Lobeshymnen ab und zieht es stattdessen vor, mit Vergleichen zur ausgezehrten Punk-Legende Iggy Pop zu prahlen.[8]

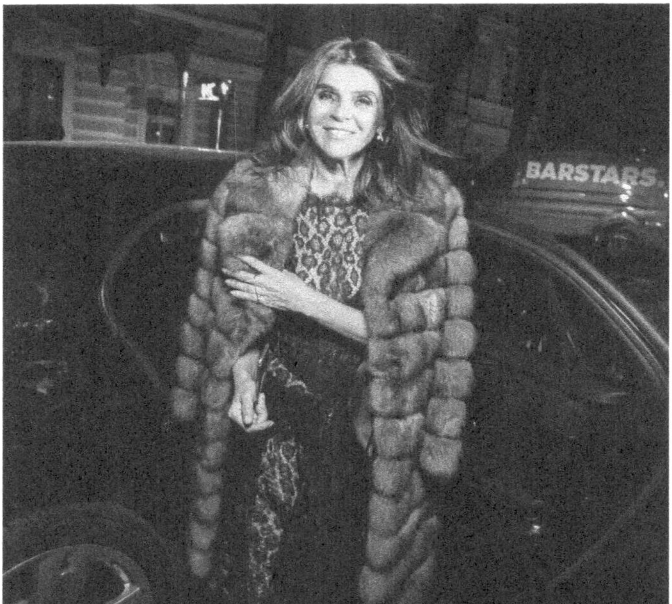

Carine Roitfeld im Mai 2016.

Falls ihr Ruhm auf dem Image einer Femme fatale des Rock 'n' Roll beruht, dann liegt das daran, dass sie diese Ästhetik in ihrer redaktionellen Arbeit ebenso treu wiedergibt wie in ihrer Kleiderwahl. Als eine Mitteilung vom Unternehmen verschickt wurde, um Carine Roitfeld an Bord zu begrüßen, wurde sie als Creative Director der französischen Condé-Nast-Gruppe vorgestellt. Unter ihrer Leitung, so behauptete die *Vogue Paris*, sei es das Ziel, die Zeitschrift wieder wahrhaft französisch zu gestalten – wobei dies etwas ganz anderes bedeutete als Bucks elegant-hochgeistige Ausgaben. Zu Bucks Grundsätzen für die *Vogue Paris* gehörten die unermüdliche Förderung der französischen Kultur sowie der Wunsch, Frauen intellektuell zu stimulieren. Buck war dagegen, seitenweise Spitzenunterwäsche zu zeigen, und befürchtete, dass dies die Art von »Französischsein« war, für die Roitfeld stand: das sexy Klischee.[9] Sie glaubte, dass die französische *Vogue* ohne ihren Einfluss wieder die alte Schiene von Nippeln und Zigaretten fahren würde.[10] Dies sollte sich als zutreffend erweisen, wenn auch auf sehr unerwartete Weise. Roitfeld füllte die Zeitschrift während ihrer zehnjährigen Tätigkeit mit skandalösen Bildern, von denen nicht wenige international Empörung auslösten.

Die Trope mit den Zigaretten, vor der es Buck so gegraut hatte, tauchte sofort wieder auf. Im Sommer 2003 gab es ein Bestseller-Titelbild, eine Nahaufnahme von der Schauspielerin Sophie Marceau, die mit einer dünnen Selbstgedrehten zwischen den vollen Lippen in die Kamera blinzelt.[11] Eine Modestrecke vom April 2009 mit dem Titel »Rauchen verboten« konzentriert sich auf das Model Lily Donaldson, die Grimassen zieht und mit einer Babypuppe spielt.[12] Während das Model mit falschem Schwangerschaftsbauch als werdende Mutter dargestellt wird, post sie gleichzeitig in Kleidungsstücken, die sowohl sexualisieren als auch infantilisieren. Beispielsweise trägt sie eine rosa-weiß karierte Schürze mit Rüschen, die nur bis kurz über die Gürtellinie reicht und kaum den Babybauch verdeckt. Die meisten Fotos lichten sie in voller Größe ab und lenken die Aufmerksamkeit auf ihre langen, nackten Beine. Kritiker problematisieren bei diesem nicht gerade zartfühlenden Porträt von Schwangerschaft vor allem das Titelbild, das die werdende Mutter beim Rauchen einer Zigarette zeigt.

In dieser Phase kehrten nackte Brüste generell als Motiv zurück, manchmal in verblüffend sonderbaren Szenarien, wie bei der Modestrecke einer Frau, die über einen Tisch krabbelt und eine große Schere in ein Goldfischglas steckt.[13] 2007 veröffentlichte Roitfeld ein Bild vom unbeteiligt dreinschauenden Model Karen Elson, deren alabasterweiße Gliedmaßen mit glänzenden schwarzen Seilen und komplizierten Knoten gefesselt sind.[14] Die Blässe ihrer Haut hebt sich deutlich vom schattigen Hintergrund ab, und ihre roten Locken bilden den einzigen Farbfleck. Trotz ihrer Körperhaltung in BDSM-Manier – Handgelenke hinter dem Rücken, Arme über dem Kopf oder Hände vor dem Schritt zusammengebunden – bleibt ihre Miene gleichgültig. Von David Sims fotografiert und ursprünglich im Kalender der *Vogue Paris* für Dezember/Januar angesetzt, kam dieses Bild besonders schlecht an – nicht nur bei Feministinnen, sondern auch bei den Abonnentinnen: Die Telefone im Büro standen vor Beschwerden nicht mehr still. Roitfeld reagierte mit einem Achselzucken. Sie nannte es »Glamour Bondage«.[15]

Ein weiteres Fotoshooting, das den Ikonen der französischen Sinnlichkeit und früheren Liebhabern Serge Gainsbourg und Jane Birkin gewidmet war, bietet Sex *und* Zigaretten: Mario Testino fotografierte für die Mai-Ausgabe 2010 »La

Decadanse« mit dem Model Daria Werbowy und dem Künstler Francesco Vezzoli, die sich über zehn knisternde Seiten hinweg gegenseitig befummeln.[16] Inszeniert in einem unscheinbaren Büro mit Stahlrohrmöbeln aus den siebziger Jahren, trägt er einen schiefergrauen Anzug und sie ein metallgraues Kleid, das jedoch rasch ausgezogen wird, um taubengraue Dessous und die hauchdünnsten aller hauchdünnen grauen Seidenstrümpfe zu enthüllen. Das Fehlen von Farben steigert dramatisch die Wirkung der Materialien – Seide, Plexiglas, Leder, Nylon. All das An-den-Haaren-Ziehen, Rückenverbiegen und Zerreißen der Kleidung (ihrer, nicht seiner) verfehlt eine sowohl authentische sowie extrem inszenierte Wirkung nicht.

Die Ausgabe vom Oktober 2010 brachte die Bilderserie »Festine« (übersetzt etwa »Festmahl«), aufgenommen von Terry Richardson.[17] Zweifellos als Anspielung auf die Thematik »Appetit« arbeitet die Serie mit Gegensätzlichkeiten: Eine glamouröse, mit edlem Schmuck behängte Schönheit mutiert vor einem Teller mit Essen zur Höhlenfrau. Wie wild beißt sie in ein rohes Steak; hält Spaghetti mit Tomatensoße in ihren bloßen Händen; verschlingt einen ganzen Tintenfisch. Das Model, das dafür engagiert wurde, war Crystal Renn, die einst magersüchtig war und sich dann zum Plus-Size-Model wandelte. Selbst der Titel ihrer Autobiographie lautet *Hungry* [dt. Titel: *Hungry. »Ich wollte essen. Aber ich wollte auch in der Vogue sein*«; Anm. d. Ü.]. Die Bildstrecke mutet mehr als nur ein wenig unangenehm an, aber vermutlich hätte Crystal Renn den Auftrag nicht angenommen, wenn sie sich angegriffen gefühlt hätte.

Mit zu den umstritteneren Ausgaben gehört »Spécial Top Models« von 2009.[18] Als Hommage an die Besten im Modelbusiness angepriesen, ist nicht einer der darin vorkommenden

Stars Schwarz. Ein überraschender Fehltritt. Schlimmer noch: Die Ausgabe enthält eine 14-seitige Fotostrecke des holländischen Models Lara Stone, die komplett schwarz angemalt ist. Offenbar hatte niemand daran gedacht, dieses Vorgehen irgendwie zu hinterfragen, als sie ihren weißen Körper dunkel färbten. Die französische Zeitschrift hat seit jeher ein angespanntes Verhältnis zur Repräsentation ethnischer Minderheiten – dieser Vorfall kann dafür kaum von Vorteil gewesen sein.

Die französische *Vogue* beteuerte, sie habe nichts von den Blackface-Kontroversen gewusst. Falls die Verantwortlichen dachten, dass dies wegen ihrer vergleichsweise geringen Auflage unter dem Radar durchgehen müsste, dann hatten sie wohl vergessen, dass wir im Zeitalter des Internets leben. Über Kontinente hinweg erschallten in Blogs und sozialen Medien, sogar in offiziellen Nachrichtenkanälen und Zeitungen, lautstarke Proteste, die mit Mistgabeln und Fackeln gegen die rassistische Unsensibilität der *Vogue Paris* Sturm liefen. In einem Beitrag auf CNN stellte ein Gastexperte fest, dass das Blackface-Phänomen überwiegend mit der amerikanischen Geschichte zusammenhängt, wies aber zu Recht darauf hin, dass dies keinerlei Rechtfertigung bietet.[19] Die Behauptung, die Europäer seien derart ignorant, was das Thema koloniale Menschenfeindlichkeit betrifft, ist lächerlich. Und selbst wenn das Team der französischen Redaktion wirklich so naiv gewesen sein sollte, hätte der amerikanische Fotograf Steven Klein, der die Bildstrecke fotografierte, in der Lage sein müssen, das restliche Team darüber aufzuklären, wie anstößig so was tatsächlich war. All diese Fotoshootings wurden von Roitfeld persönlich gestylt.

Dennoch ist ein Supermodel mit Blackface nicht unbedingt Roitfelds skandalösestes Werk. In der Dezember/Januar-Ausgabe 2010 brachte die *Vogue Paris* eine glitzernde, 40-seitige Modestrecke mit einer Fülle an Markengeschenken heraus; eine Art vorzeitiger Weihnachtseinkaufsführer für die Leserinnen und ihre Lieben.[20] Darin gab es Smaragde von Harry Winston neben anderen Haute-Couture-Juwelieren wie Cartier und Boucheron zu entdecken; außerdem Mules mit Leopardenmuster und kristallbesetzten Spike-Absätzen von Christian Louboutin, Ballkleider von Designern wie Lanvin oder Valentino, wobei ein Etuikleid aus Goldlamé von Balmain besonders hervorstach. Also das Übliche für eine Zeitschrift, die Luxusgüter vermarktet, präsentiert von weiblichen Models in klassischen Posen, sinnlich und mit Schmollmund, abgerundet mit ausgefallenen Hochsteckfrisuren, viel Make-up und rot manikürten Nägeln. Ungewöhnlich daran ist, dass es sich bei all diesen Models um Kinder handelt, von denen einige, wie berichtet wurde, gerade einmal sechs Jahre alt waren.

Noch unangebrachter als der Anblick kleiner Mädchen, deren Babygesicht mit Lidschatten im Smokey-Eye-Look, Lipgloss und Rouge zugekleistert wurde, ist die Botschaft des Werks. Dank des Titels »Cadeaux« entsteht beim Betrachter das unangenehme Gefühl, dass die Kinder selbst ein »Geschenk« an das erwachsene Publikum wären. Ihre Posen machen es nicht besser: Sie werden auf dem Rücken ausgestreckt auf Sofas liegend fotografiert; sie lehnen sich auf Tigerfellen zurück, rekeln sich unter einem geschmückten Baum inmitten von verpackten Schachteln und schauen mit bösem Blick ohne Lächeln in die Kamera.

Die Verurteilung im Internet erfolgte sofort, und die Kritik war deutlich, wie folgendes Beispiel verdeutlicht: Die Bloggerin Xeni Jardin schrieb unter der Überschrift »Pedocouture«, dass »die ausgiebige Fotostrecke Kindermodels zeigt, die mehr oder weniger wie Huren präsentiert werden«.[21] Ein Beitrag einer Nutzerin auf *Frockwriter* lautet: »Das sind KEINE kleinen Mädchen, die Verkleiden spielen! Hier wird Luxuskleidung mit jungen Mädchen vermarktet, die wie Prostituierte angezogen sind und pornographisch-verführerisch posieren.«[22] Ein weiterer *Frockwriter*-Kommentar lautet: »Wenn einer dieser Looks, gepaart mit dieser Kleidung oder diesem Make-up, von einer erwachsenen Frau in einem Nachtclub stammen würde, wäre die Botschaft ziemlich eindeutig. Man kann diese Art von Körpersprache nicht einfach von der üblichen Bedeutung trennen, nur weil der Körper, der sie ausführt, der eines Kindes ist.«[23]

Eine eher analytisch angelegte Betrachtung von »Cadeaux« kann mehr Kontext liefern. So stellt eine Bloggerin aus dem Vereinigten Königreich fest, dass es in einer Konsumgesellschaft, in der Frauen wie vorpubertäre Teenager aussehen sollen, um Kleidung für Erwachsene zu verkaufen, vielleicht unsere eigene »Schuld« sei, dass jetzt auch noch Kinder mit hineingezogen werden.[24] Ein ehemaliges Model, das für den feministischen Blog *Jezebel* schreibt, meinte, es sei »eine Parodie und eine Kritik am ungesunden Interesse der Modeindustrie an jungen Mädchen, keine Befürwortung oder Verherrlichung davon«.[25] Möglicherweise wollte Roitfeld tatsächlich die Scheinheiligkeit einer Welt aufzeigen, die mit Freuden Teenager-Mädchen ausnutzt, aber eine tiefe moralische Entrüstung empfindet, wenn es sich dann um Personen handelt, die nur um ein paar Jahre jünger sind.

Eine von den Kulturwissenschaftlerinnen Mavis Reimer, Catherine Tosenberger und Larissa Wodtke aufgestellte Theorie besagt, dass die gesamte Weihnachtsausgabe darauf abzielte, die starren Schönheitsideale der Mode herauszufordern und satirisch vorzuführen.[26] Zu dieser These gelangten sie, indem sie die drei Hauptthemen der Ausgabe als Teile eines zusammenhängenden Ganzen untersuchten. Es fängt mit »Cadeaux« an, womit schwierige Fragen über die Ausbeutung der Jugend aufgeworfen werden. Im Mittelteil der Zeitschrift folgt »Forever Love«, ein Fotoshooting mit einem älteren Paar – dargestellt mit grauem Haar und ausgeprägten Falten –, das sich, vollbehängt mit edlen Juwelen, im Rausch der Ekstase gegenseitig begrapscht und leidenschaftlich mit Zunge küsst.[27] Dies problematisiert die Unsichtbarkeit älterer Männer und Frauen in den Mainstream-Modepublikationen, die vor allem darauf aus sind, die Jugend zu verherrlichen.

Die letzte der provokanten Fotostrecken parodiert das Phänomen Schönheitsoperationen. »La Panthère Ose« [etwa: der kühne Panther, Anm. d.Ü.] setzt eine höchst verstörende Geschichte einer Frau mittleren Alters in Szene, die – in Tiermuster gekleidet und damit ihren Status als Cougar andeutend – sich gerade von verschiedenen kosmetischen Eingriffen erholt, während sie von einer Schar Boy Toys bedient und sogar beim Baden von ihnen mit Schwämmen gewaschen wird.[28] Zwar sind Gesicht und Körper genäht und bandagiert, aber sie ist dennoch in jedem Bild sorgfältig zurechtgemacht, um eine Fülle von Designerstücken zu präsentieren. Zusammengesackt in einem Rollstuhl sitzend, trägt sie dschungelgrüne Sandalen von Gianvito Rossi und einen Mantel mit Zebramuster von Azzedine Alaïa. Oder während sie zurückgelehnt mit Schmerzen im Bett liegt – der Oberkörper eingegipst, das Gesicht bandagiert und die Lippen blutverkrustet –, betupft ein Liebhaber sie mit Chanel No. 5; daneben liegt eine Handtasche von Hermès. Riesige, kostspielige Edelsteine funkeln an den Körperteilen, die nicht mit Verbänden bedeckt sind. An den Fingern reihen sich massenhaft Ringe auf. Dicke Armreifen drängen sich an den geschwächten Handgelenken. Es mag zwar ein gestelltes Szenario sein, aber es handelt sich um ein bekanntes Stereotyp in der modernen Gesellschaft: Unzählige Frauen sind dazu bereit, sich unter das Messer des Chirurgen zu legen, denn sie versuchen verzweifelt, unerreichbaren Schönheitsidealen zu entsprechen.

Die Fotostrecke macht auf die komplizierte Beziehung zwischen Reichtum und Sexappeal, Stil und Leid aufmerksam. Man könnte sich die Frage stellen, wie wir dazu gekommen sind, die Schönheit von Chanel, Gucci und Bulgari zu schätzen, während wir unsere eigene natürliche Schönheit ablehnen und abwerten. Es ist nicht möglich, unsere Körper aus Fleisch und Blut durch Steine und Metall, butterweiche Kaschmirwolle oder Lederwaren zu ersetzen. Auf einer tiefergehenden Ebene könnte »La Panthère Ose« als abschreckendes Beispiel für Modebesessene verstanden werden.

Etwa zur Halbzeit ihrer denkwürdigen Herrschaft gab Roitfeld ein Interview, in dem der Reporter sie schmeichelnd fragte: »Sie definieren Paris tatsächlich neu, nicht wahr?«[29]

In der Tat gewann die Hauptstadt in den neunziger Jahren und Anfang 2000 wieder an kulturellem Ansehen. Im Rahmen von Sanierungsprojekten wurden die Boulevards wieder aufgepeppt, und die Renovierung des Grand Palais wurde in Angriff genommen. Zusammen mit dieser Energiespritze kam es zu einer Wiederbelebung einiger der legendärsten Modehäuser von Paris. Givenchy, Balenciaga, Lanvin und Dior riefen allesamt junge Creative Directors zu einer Mission auf, Altes wieder in ein aktuelles Design zu verwandeln. Eine hochkarätige Partnerschaft mit Tom Ford ermöglichte es Roitfeld, das hypersexualisierte neue Gucci zu prägen und sich den »Power-Slut-Look« von Los Angeles in den neunziger Jahren auszudenken. In dieser Zeit wurde Roitfelds Stil auch zum ersten Mal als »Porno Chic« bezeichnet. So errang sie die Anerkennung führender Modeschöpfer und angehender Wunderkinder am Rande des Superstarlebens, was ihr ein gewisses Prestige verschaffte, das sie wiederum an die *Vogue Paris* weitergab.

Der Begriff »Porno Chic« entstand mit der zunehmenden Sexualisierung der Gesellschaft, die in den sechziger Jahren mit einer Lockerung der gesetzlichen und medialen Vorschriften rund um das Thema Nacktheit begann. Man spricht hier von einer »Pornifizierung« der Mainstream-Kultur. Da die Grenzen zwischen modischer Nacktheit und Pornographie zunehmend verschwimmen, ist es nicht immer klar, wo die Linie nun gezogen werden soll. Roitfeld bevorzugt es, ihre Arbeit als »Erotik Chic« zu bezeichnen, wenngleich sie einräumt, dass »Porno Chic« leichter von der Zunge geht.[30] Der Unterschied ist dezent: Sie erklärt, dass Pornos nichts der Vorstellungskraft überlassen, während Erotika etwas Geheimnis- und Reizvolles bewahren. Diese Definition erscheint sinnvoll, doch fällt es schwer, sich vorzustellen, wie Roitfeld sich der sanfteren Erotik bedient haben will, wenn sie eine Frontalaufnahme der Schamhaare von Model Crystal Renn veröffentlicht.[31]

Es ist nicht schwierig, Extrembeispiele von Roitfelds Arbeit herauszugreifen, aber es gibt auch hier Verdienste, die nicht übersehen werden sollten. Wenn ihr Interviewer von »Paris neu definieren« spricht, meint er eigentlich Roitfelds Ansatz von Inklusivität. Die Schönheitsideale von Paris sind traditionell sehr rigide, doch in ihrer Version der *Vogue Paris* lotet Roitfeld Unterschiedliches aus und nimmt bereitwillig neue Ideen an. Sie scheut sich nicht vor der Veröffentlichung von Fotos alter, junger, nicht den gängigen Maßen entsprechender oder nicht eindeutig einem Geschlecht zugeordneter Menschen. Sie zögert mit Sicherheit nicht, sich mit Tabus auseinanderzusetzen, seien sie nun geschlechterbezogen, mit der sexuellen Orientierung verbunden oder rein erotisch gedacht. Einige ihrer Modestrecken, die zu einer Zeit veröffentlicht wurden, in der sie noch als skandalös galten, würden heute mit Beifall aufgenommen werden. Ein Titelbild aus dem Jahr 2007 zeigt den Partypromoter Andre J in einem türkisfarbenen Mini und hochhackigen Halbstiefeln.[32] Ein männliches Model mit schwarzem Bart, das grinsend und herumtollend weibliche Posen einnimmt, war unvorstellbar gewagt. Obwohl das noch gar nicht so lange her ist, war dies noch vor der Normalisierung von Dragqueens durch Fernsehsendungen wie *RuPaul's Drag Race* und fand zu einer Zeit statt, als Andre J noch als »Transe« und »Cross-Dresser« bezeichnet wurde.

Man kann leicht sagen, dass Roitfeld vor allem auf Schockeffekte setzte, und sie hat bereits eingeräumt, dass ihr die Rolle der Provokateurin gefällt.[33] *Vogue Paris* galt früher als »Snob«-Zeitschrift; Roitfeld machte sie sexy. Sie kam mit vielen ihrer ausgefallenen Themen durch, weil ihre Bilder wirklich schön und ästhetisch ansprechend gestaltet sind. Außerdem ist da der Personenkult um sie. All die Vokabeln, mit denen wir versuchen, eine bestimmte Art von Charisma zu beschreiben, treffen auf Roitfeld zu: »It-Girl«, »Wow-Faktor«, »Starpower«. Es ist kein Zufall, dass sie mehrfach in der amerikanischen *Vogue* porträtiert wurde. Man könnte sogar unterstellen, dass sie in 1999 und 2001 veröffentlichten Kolumnen zum Fetischobjekt stilisiert wurde, in denen sie als »Stylistin der Stylisten«,[34] als »strahlende Schönheit«,[35] als »einer der umwerfendsten Anblicke«[36] und als »entscheidender Einfluss auf die Kleidung, die Millionen von Frauen im letzten Jahrzehnt begeistert getragen haben«,[37] gepriesen wird.

Darüber hinaus steht sie in einem guten Verhältnis zu den

Fotografen und ist bei den Prominenten sehr beliebt. Unter ihrer Leitung kehrten Gastherausgeber zur *Vogue Paris* zurück, darunter A-Promis und Supermodels, die sie aus ihrer scheinbar endlosen Liste an glamourösen Freunden ausgewählt hatte. Dazu gehörten Penélope Cruz, Kate Moss, Sofia Coppola, Charlotte Gainsbourg und, natürlich, ihr bester Freund Tom Ford. Die Gastausgaben erinnern an ein Fotoalbum, dessen Layout Sammelalben von Schulmädchen ähnelt und die alltäglichen Dinge des Lebens in voyeuristisches Material verwandelt. Roitfeld gelingt es, die Essenz ihres menschlichen Gegenübers in ein physisches Produkt zu übertragen. Das Titelbild von Sofia Coppola zum Beispiel strahlt pure Eleganz aus – so verträumt und einsam wie ihre Filme.

Roitfelds Konzept war lukrativ. Plötzlich quollen die Seiten der Zeitschrift vor Werbung über, und die Auflagenzahlen schnellten in die Höhe, angeblich um 40 Prozent zwischen 2001 und 2005; ein Erfolg, mit dem sich Jonathan Newhouse zu Recht gern brüstete.[38] Dennoch hatte es Roitfeld zufolge mindestens zwei Jahre lang gedauert, bis die kommerzielle Wende erfolgt war, und drei weitere Jahre, bis sie sich mit der Menge an eingehenden Werbeanzeigen wohlfühlen konnte. Freifläche für Werbung zu verkaufen ist schwierig, selbst wenn man *Vogue* heißt. Was in einem kleineren Markt wie Frankreich funktioniert, muss in Amerika nicht unbedingt ebenfalls klappen. Man kann Condé Nast hoch anrechnen, dass sie dies trotz ihres Status als Mischkonzern eingesehen haben und Bildgestalterinnen wie Carine Roitfeld einen gewissen kreativen Spielraum ließen.

Obgleich sie in den USA verehrt wird, wäre es aussichtslos zu versuchen, eine so eingefleischte Pariserin wie Roitfeld dorthin zu verpflanzen. Ihre *Vogue Paris* spricht ein allseits interessiertes Publikum an, das noch nicht durch Konsumdenken seines Selbstwertgefühls beraubt wurde und das auch nicht verunsichert genug ist, um alles zu kaufen, was eine Zeitschrift ihm vorschreibt. Man läuft hier nicht vielen Trends hinterher; stattdessen herrscht das Bestreben, alles zu Haute Couture zu machen. Roitfelds Handschrift ist eindeutig die einer ehemaligen Stylistin.

Unter welchen Umständen genau Carine Roitfeld die *Vogue Paris* verließ, bleibt natürlich unter Verschluss. In der offiziellen Stellungnahme heißt es, sie habe gekündigt, doch diese Behauptung wird gerne von großen Unternehmen geäußert, die gerade über Abfindungen verhandeln.[39] Zahlreiche Stimmen sind davon überzeugt, dass sie nach der Veröffentlichung des »Cadeaux«-Shootings gefeuert (oder zum Kündigen gedrängt) wurde, da Gerüchte kursieren, dass große Werbeunternehmen damit drohten, ihre Anzeigen aus Entrüstung zurückzuziehen.[40] Unterdessen behauptet Roitfeld, sie habe schon seit einer Weile über eine Kündigung nachgedacht, nachdem sie ein Jahrzehnt als Chefredakteurin vollendet hatte.[41] Andere sind der Meinung, Condé Nast habe es sattgehabt, dass sie nebenher noch große Modehäuser beraten habe – ein Vorwurf, den sie entschieden zurückweist.[42] Entspräche dies der Wahrheit, käme das nämlich der Annahme von Bestechungsgeldern gleich, da sie Marken dazu aufgefordert haben könnte, Kleidung herzustellen, die Roitfeld dann in der *Vogue* zeigte. Was böswilliges Gerede und was Roitfelds Machtmissbrauch ist (wenn es denn einen gegeben hat), ist schwer zu sagen, wobei es für Condé Nast sicher sehr peinlich war, dass Roitfeld bei Balenciaga auf der schwarzen Liste stand. Auf jeden Fall ist die Tatsache, dass die *Vogue Paris* extrem cliquenhaft ist und größtenteils ihre persönlichen Favoriten fördert, ohne sich darum zu bemühen, neuen Talenten zum Durchbruch zu verhelfen, ein Vorwurf, mit dem sie oft konfrontiert wird.[43] Aufträge erhält häufig nur eine winzige Gruppe bereits bekannter Fotografen; neue Namen sind im Impressum der *Vogue* schwieriger zu finden als Nadeln im Heuhaufen.

In einem Interview nach ihrem Weggang beanstandete Roitfeld, immer weniger Freiheiten gehabt zu haben. Hinzu kam der wachsende Druck in Bezug auf politische Korrektheit.[44] Was auch immer der Grund gewesen sein mag, es scheint, dass Carine Roitfeld und die *Vogue* einander entwachsen waren. Seitdem hat sie alles Mögliche gemacht – von der Veröffentlichung von Büchern bis hin zu einer Dokumentation, die über sie gedreht wurde. Roitfeld blieb ihrem A-Promi-Freundeskreis treu und brachte mit Pauken und Trompeten sogar ihre eigene Zeitschrift heraus. Wie alle, die sich in der Modebranche einen Namen gemacht haben, weiß auch sie, wie man sich selbst gut vermarktet, und trotz ihrer vorgetäuschten Unwissenheit über Markenpolitik[45] setzt sie weiterhin auf ihren Status als Star und gibt dafür sogar vor, die erste Person gewesen zu sein, die in der *Vogue* Tabus gebrochen habe.[46]

Die 2010er: Neue, gesunde Standards setzen

Der französische Firmenhauptsitz der *Vogue* liegt an der Rue du Faubourg Saint-Honoré 56 A, einer Straße im achten Arrondissement von Paris mit der höchsten Dichte an Modehäusern und Boutiquen in der Stadt. Schlendert man ein paar Schritte weiter, steht man direkt vor der Hauptgeschäftsstelle von Hermès. Gleich dahinter erstrahlt in neoklassizistischer Pracht das Hôtel de Crillon. Die *Vogue* befindet sich hier wahrlich in ihrem natürlichen Habitat.

Zur Jahresmitte von 2011 kam Bewegung in den sechsten Stock. Eine legendäre, dynamische Redakteurin hatte das Feld geräumt, und eine relativ diskrete Modedirektorin nahm ihren Platz ein. Genau wie Carine Roitfeld hatte Emmanuelle Alt vorher für *Elle* gearbeitet. Und genau wie Carine Roitfeld kam Emmanuelle Alt im Jahr 2000 zur *Vogue Paris*. Über ein Jahrzehnt lang hatte sie sich in den Modeabteilungen hochgearbeitet und war von der Assistentin zur Direktorin aufgestiegen, mit Zwischenstationen als Stylistin und Redakteurin. Sie hat zahllose Sessions durchgeführt, unzählige Dispos für Besprechungen angefertigt und stand parat, um bei den hedonistischen Fotoshootings in den glorreichen Tagen des »Porno-Chic« zu helfen. Sie wusste, wie der Hase läuft, und nun saß sie am Hebel.

Carine Roitfelds Büro war klinisch weiß mit leeren weißen Regalen. Eine riesige Nahaufnahme von ihrem eigenen Gesicht und ein mit Strass besetzter Totenkopf hatten zu den einzigen Dekorationen gehört.[47] Wie der Zufall es wollte, hatte Alt ebenfalls einen dekorativen Totenkopf mitgebracht und hielt den Raum sehr schlicht – spärlich bestückt mit Kunstbüchern, Duftkerzen und einem gerahmten Foto von sich selbst mit ihrer besten Freundin Carla Bruni Sarkozy, als sie 19 Jahre alt waren. Alt verfügt über einflussreiche Verbindungen, und sie will, dass ihre Besucherinnen und Besucher das mitbekommen. Für den Posten der Chefredakteurin galt sie als die sichere Wahl; eine langjährige Angestellte, die nach Roitfelds Weggang für Kontinuität sorgen würde. Die beiden sprechen übrigens nicht mehr miteinander.

Auch im Stil war Alt geschmacklich nah an dem von Roitfeld. Hier enden die Gemeinsamkeiten jedoch, denn ihre jeweilige Ästhetik ist völlig gegensätzlich (trotz der mehr oder weniger identischen Einstellung zur Büroeinrichtung). Alt vertritt den »au naturel«-Ansatz: die unauffällige, burschikose Einfachheit von Jeans, Blazern und schlichten T-Shirts und das Praktische an vernünftigen Schuhen. In Interviews nimmt sie die Haltung ein, dass Selbstvertrauen und Wohlbehagen eine Frau attraktiv machen und dass es nicht angesagt ist, in haushohen Absätzen herumzuwanken oder sich in enge Outfits zu zwängen.

Das ist auch recht so, denn in den rund zehn Jahren, die zwischen dem Amtsantritt dieser beiden Redakteurinnen lie-

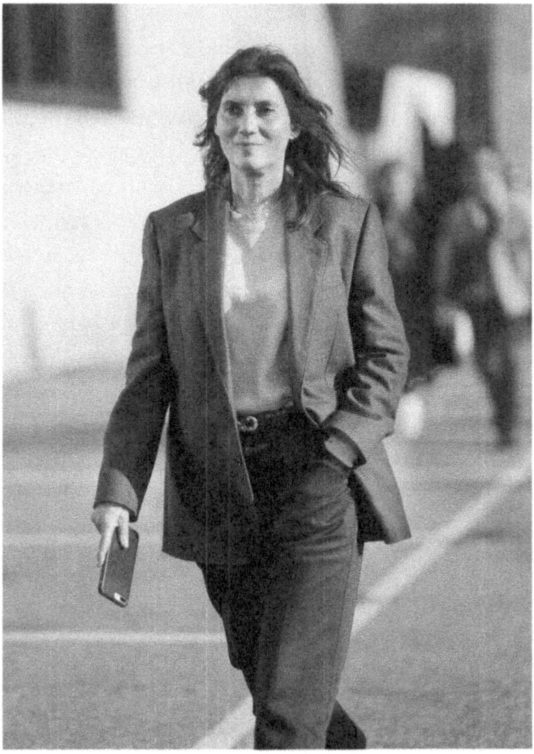

Emmanuelle Alt auf der Fashion Week in Mailand, 2020.

gen, ist die Modeszene aus den Fugen geraten. Ständig drohen die Prognostiker mit Umsatzeinbrüchen. Bei den Zeitschriften war das Erstaunen groß, als eine Internet-Generation begann, ihnen das Publikum abzujagen. Die Branche als Ganzes stand sogar vor noch größeren Veränderungen. Im Jahr 2012 war die Mode eine globale Branche im Wert von über 1 Billion Dollar.[48] In Bezug auf die Handelsintensität war sie damit der zweitgrößte Wirtschaftszweig weltweit. Der Online-Handel war auf dem Vormarsch und schuf dezentrale und leicht zugängliche globale Einkaufsmöglichkeiten; ein Trend, der sich in den globalen Zeitungskiosken widerspiegelte, da die Verlage eilig darauf umstiegen, digitale Wege zu schaffen, um die sinkende Auflage der Printmedien zu kompensieren. Globale Marken wie *Vogue* mussten ihr Unternehmen umstrukturieren, ihre Marktführerschaft festigen und dabei schnell auf die wachsende Einflussnahme der Blogger reagieren. In einem Interview mit *Vogue Business* aus dem Jahr 2019 bemerkte Alt vielsagend: »Früher habe ich für eine Zeitschrift gearbeitet, heute arbeite ich für eine Marke.«[49]

Genau wie eine allumfassende Definition von *Vogue Paris* schwierig sein könnte, ist es auch ein Problem, die Erwartungen der Leute zu erfüllen. Versuchen Sie mal, einen Artikel, Blogbeitrag, Kommentar oder sogar eine Bildunterschrift im Internet oder in Printmedien zu finden, in denen sich nicht über Alt als wandelnde, sprechende Verkörperung ihres Landes ereifert wird: »Kann man noch französischer werden?«, ruft *The Telegraph*; »durch und durch Pariserin«, sagt *StyleCaster*; sie »verkörpert Pariser Chic«, kommentiert *The Business of Fashion*.

Die Wahrnehmung von *Vogue Paris* als Verkörperung des Französischen aufrechtzuerhalten ist wichtig, da die Vogue.fr-Webseite so ihr beträchtliches Online-Publikum ködern und binden kann – und es lässt gleichzeitig die Follower-Anzahl auf ihrem Twitter-Profil anwachsen (2020 lag sie bei etwa 2,4 Millionen, eine extrem hohe Zahl für eine Zeitschrift, deren gedruckte Auflage nicht einmal 200 000 erreicht).[50] Bezeichnenderweise ist die Twitter-Seite in englischer Sprache verfasst; sie richtet sich nämlich weniger an Einheimische als vielmehr an internationale Leserinnen, die unbedingt am Traum der *Vogue Paris* teilhaben wollen. Das Internet mag ganze Branchen aus ihrer geographischen Verankerung befreit haben, aber vor allem hat es eine weltweite Besessenheit von der französischen Hauptstadt und ihrer historischen Verbindung zur Haute Couture nur noch weiter bestärkt. Obwohl Alt zugab, stolz darauf zu sein, Menschen von New York bis Madrid anzutreffen, die sich bei der *Vogue Paris* begeistert auf dem Laufenden halten, musste es zwischendurch auch Zeiten gegeben haben, in denen die Aufrechterhaltung des Stereotyps langweilig wurde.[51] Als sie in einem Interview gefragt wurde: »Wie sehr müssen Sie auf das Französische der französischen *Vogue* achten?«, lautet Alts ehrliche Antwort:

> **Es ist schon komisch, ich bin mir nicht sicher, ob französische Frauen sich selbst so sehen, wie der Rest der Welt sie sieht: Diese Bücher darüber, warum französische Frauen nie dick werden, als ob wir einen magischen Stoffwechsel hätten. Das ist reine Phantasie! Was besonders an dieser *Vogue* ist, dass wir den Namen einer Stadt führen, *Vogue Paris*. Jeder hat eine klare Vorstellung von *La Parisienne*.**[52]

Alts Streben nach immer mehr internationalen finanziellen Förderern hatte einen etwas neutralisierenden Effekt auf die *Vogue*. Der Druck, der von der politischen Korrektheit ausgeht, ist zu groß geworden, um sich dem noch widersetzen zu können; der Umgang mit dem weiblichen Körper als sexualisiertes Objekt nach Roitfeld-Manier kommt daher nicht mehr infrage. Diese Änderungen könnten genauso gut auf eine veränderte Firmenpolitik zurückzuführen sein: Die französische Ausgabe kann nicht mehr zeigen, wie getrunken oder geraucht wird, aber sie darf noch immer Models oben ohne fotografieren. Alt wurde vom Creative Director der *Vogue Paris* dafür gepriesen, dass sie kommerzieller sei,[53] und in den Medien für eine einvernehmlichere Darstellung eines sexuell anmutenden Körpers gefeiert. Andere Stimmen haben Alt jedoch dafür kritisiert, dass sie sich zu sehr am Mainstream orientierte. In einem ausführlichen Essay, veröffentlicht in einem Kulturblog, wird Alts erste Ausgabe als »bittere Enttäuschung« bezeichnet[54] und anschließend leidenschaftlich über ihre redaktionellen Entscheidungen und deren Bedeutung in einem breiteren gesellschaftlichen Rahmen diskutiert:

> **In diesem globalen Kampf um den Körper der Frau ist Carine Roitfeld mein Fels in der Brandung, die redaktionelle Heldin des Kampfes, der den Frauen überall bevorsteht, vor allem aber in Amerika, wo sich die konservative Strömung gegen die Frauen richtet. (…)**
>
> *Vogue Paris* **ist jetzt eine internationale Publikation, eine, die den französischen Einfluss und die Einstellung zur Emanzipation der Frau weltweit voranbringen könnte, vor allem, wenn Condé Nast das Undenkbare in Betracht ziehen und die Zeitschrift in mehreren Sprachen online veröffentlichen würde.**
>
> **Emmanuelle Alt muss mir nicht die Alltagsrealität der Frauen vorführen; sie muss den Frauen einen Ausweg daraus zeigen.**[55]

Dies ist zwar eine aufschlussreiche, aber dennoch anfechtbare Meinung: Frankreich ist keineswegs ein führendes Beispiel in Sachen Frauenrechte. Außerdem legt Alt Wert auf realitätsnahe Darstellungen und hat viel für ein natürliches Frauenbild getan und die Weiblichkeit in all ihren Facetten gefeiert.

Die November-Ausgabe von 2012 zeigt drei namhafte Sexbomben, die alle in den gleichen verblichenen Bluejeans und blütenweißen Hemden fotografiert wurden: Daria Werbowy in ihren Zwanzigern, Stephanie Seymour in ihren Vierzigern, Lauren Hutton in ihren Sechzigern – jede einzelne sieht äußerst attraktiv aus. Die Überschrift lautet: »Von 20 bis 60, in der Blüte des Lebens«. Die Botschaft ist unmissverständlich: Alter spielt keine Rolle.

Die Familie wird miteinbezogen – und gerühmt – mit besonderem Augenmerk auf Mutter und Kind (ein weiteres Thema, das von der Mode häufig als zu unangenehm angesehen wird). Mit dem Schwerpunkt auf den beliebtesten Gesichtern Frankreichs wird ein bewundernswerter Nationalstolz gezeigt. So werden unter anderem Persönlichkeiten gewürdigt wie die pensionierte Ikone, Aristokratin und Muse von Karl Lagerfeld Inès de la Fressange (die die Gastherausgeberin der Sonderausgabe von 2014 war);[56] Vanessa Paradis, ehemaliger Kinderstar und Sprecherin von Chanel;[57] und Marion Cotillard, preisgekrönte Schauspielerin.

An der Tradition festhaltend, gesellschaftliche Grenzen bei *Vogue Paris* zu überwinden, ging Alt neue Wege, indem sie das erste trans Model, die langbeinige Brünette Valentina Sampaio aus Brasilien, auf das Cover setzte.[58] Alt feierte Sampaio als »Ikone« und »Schönheit« und schrieb in ihrem Editorial, dass sie auf eine uns bevorstehende Ära der Akzeptanz hoffe.[59] Von Mert und Marcus fotografiert und im März 2017 veröffentlicht, bewies Alt mit dieser Ausgabe erneut, dass sie die französische Publikation als globale Zeitschrift verstand. Diese Ausgabe erschien in derselben Woche, in der Präsident Trump eine Richtlinie zum Schutz von Transgender-Schülern aufhob. Ihr jüngster Vorstoß in die Identitätspolitik war die Unisex-Ausgabe vom Februar 2019, die durchgehend den androgynen Stil zelebrierte.

Da sie früher als Bildgestalterin und Stylistin gearbeitet hatte, vermisste Alt es, mehr involviert zu sein. Als sie den Posten der Chefredakteurin übernahm, nahm sie sich vor, trotzdem weiterhin für jede Ausgabe einen Modebeitrag beizusteuern, doch manchmal war das nicht möglich.[60] Zuletzt arbeiteten ihren Angaben zufolge mindestens 20 Leute an einem Shooting – vergleichbar mit einer kleinen Filmproduktion.[61] Das ist ein großer Unterschied zu den frühen nuller Jahren, als das Kreativduo Mathias Augustyniak und Michael Amzalag (M/M) die künstlerische Leitung innehatten: Es war informell und experimentell. Als Neuling hatte Alt einmal den Fauxpas begangen, M/M auf das Archiv der *Vogue* hinzuweisen, sie lehnten jedoch die Idee brüskiert ab, diese Quelle zur Inspiration zu nutzen. Dabei ist das Archiv von unschätzbarem Wert, und es ist eine Schande, den Einfluss von Legenden wie Helmut Newton oder Norman Parkinson abzustreiten. Diese Fotografen haben Stile, künstlerische Akzente und visuelle Elemente entwickelt, die noch immer zum Grundstock der Modefotografie gehören. In der heutigen Modewelt sind diese Fähigkeiten vor Ort am Set in Vergessenheit geraten, und die Diskussion dreht sich eher um Graphik, Retuschieren und Nachbearbeitung. Aber auch das ist eine Frage des Trends: Tradition ist jetzt wieder in Mode. Natürlich konnte Alt – als Chefin und nicht mehr als Rekrutin – den anderen Mitarbeiterinnen und Mitarbeitern die Größe ihrer Fotosammlung begreiflich machen und sie ermutigen, ihren künstlerischen

Sinn weiterzuentwickeln; nicht nur ihr Verständnis für Photoshop und andere Software. »Ich möchte, dass die Leute um mich herum begreifen, wie viel Glück sie haben … Dies ist ein Geschenk. Es gibt keine andere Zeitschrift, die so etwas bieten kann. *Vogue* vermittelt einem das Gefühl, etwas Außergewöhnliches zu sein … Man kommt jeden Tag an, und es ist historisch.«[62]

An Alt kann man die perfekte Verkörperung einer *Vogue*-Mitarbeiterin beobachten. Sie spielte nach den Regeln des Unternehmens. Und doch war sie auf ihre Art eigensinnig. Die Auflage der französischen *Vogue* mag im Vergleich zur Auflage der amerikanischen *Vogue* nur einen Bruchteil ausmachen, aber sie hat Kultstatus. An der Spitze der Modehierarchie Frankreichs stehend, war es Alts Aufgabe, *la Parisienne* zu personifizieren. Doch was genau sind eigentlich die Qualitäten der *Parisienne* im 21. Jahrhundert? Nicht Eitelkeit, denn Alt mochte die Aufmerksamkeit nicht, die einem in der ersten Reihe zuteilwird. Auch nicht ewige Jugend, denn Alt weigerte sich, dies als Ware zu verpacken, die an ältere Frauen verkauft werden soll, und entschloss sich stattdessen dazu, die Reife als erstrebenswert zu präsentieren. Höfliche Zurückhaltung ebenfalls nicht, da Alt dazu bereit war, Ungerechtigkeit anzuprangern und für Gleichberechtigung einzustehen. Weder wurde sie angehimmelt, noch himmelte sie Prominente an; statt auf leere Vergötterung setzte sie auf Inklusivität. In einer medienverrückten Welt ist das eigensinnig.

Paris repräsentiert die Mode, und Emmanuelle Alt musste während ihrer zehnjährigen Herrschaft bis zum Mai 2021 [als sie im Zuge einer größeren Umstrukturierung neben anderen Redakteuren ersatzlos entlassen wurde, Anm. d. Ü.] diese Botschaft übersetzen und für den Rest der Welt interpretieren. Alt war lang genug Chefredakteurin, damit ihre Definition von

Französischsein, Mode und *Vogue Paris* entsprechend wiedererkennbar war. Das drückte sie aus, indem sie kreativ abenteuerlich und gleichzeitig zugänglich blieb. Dies erforderte die Wahrung eines empfindlichen Gleichgewichts zwischen Vergangenheit und Gegenwart, bei dem die Bedeutung der Archive und die Notwendigkeit von »Frischfleisch« sowie die Zufriedenheit der angestammten Abonnentinnen und die Anziehung neuer Online-Follower ausbalanciert werden musste. Nur noch eine Eigenschaft ist der modernen *Parisienne*-Identität genauso treu geblieben wie der historischen: die Exklusivität. Als Jonathan Newhouse die Redakteurinnen und Redakteure darüber informierte, dass es gegen die Firmenpolitik verstoße, neben den Verpflichtungen für die *Vogue* auch freiberufliche Aufträge anzunehmen,[63] soll Alt geantwortet haben, dass sich diese Frage für sie gar nicht stelle: Sie gehöre ausschließlich zur *Vogue Paris*.[64]

17

»*VOGUE* WIRD IMMER *VOGUE* BLEIBEN«

Was jetzt ist und was noch kommt

Von Shulman zu Enninful

In Großbritannien war ein radikaler Wandel im Gange. Die britische Ausgabe hatte sich in der Vergangenheit durch eine englische Exzentrik ausgezeichnet, die manche zwar die Nase rümpfen ließ, die aber ästhetisch ansprechend war. Ein bisschen anders, ein bisschen romantisch, ein bisschen flippig. Diese Zeiten waren lange vorbei. Auch wenn Anna Wintour oft dafür verantwortlich gemacht wird, den besonderen Charakter der britischen *Vogue* während ihrer Zeit dort als Chefredakteurin Mitte der achtziger Jahre ausgelöscht zu haben, besaß die Zeitschrift sowohl unter Wintour als auch unter ihrer Nachfolgerin Tilberis immer noch Glanz und Stil, einen Hauch des Glamours der alten Welt gepaart mit dem sichtbaren Einfluss des Achtziger-Pops. Doch als Liz Tilberis von Hearst abgeworben wurde und zu *Harper's Bazaar* in Amerika wechselte, verschwanden die allerletzten Reste dessen, was die britische *Vogue* zu einem unkonventionellen und einzigartigen Meisterwerk machte, für immer. Im Jahr 1992 wurde Alexandra Shulman zur Chefredakteurin der britischen *Vogue* ernannt, eine Position, die sie bis 2017 innehatte. 25 Jahre lang leitete sie das Londoner Büro und damit länger als alle anderen vor ihr, insgesamt ein Viertel der bisherigen Lebenszeit dieser Ausgabe.

Anfangs war die Öffentlichkeit Shulman gegenüber sehr wohlwollend eingestellt; Shulman wirkte recht bodenständig, ein Bollwerk der Normalität in einer Branche, die extrem auf Äußerlichkeiten fixiert ist. Da sie statt teuren, glamourösen Outfits zerzauste Haare und schlichte Kleidung bevorzugte, spielte sie ihre Rolle als Moderedakteurin gerne herunter. In Interviews spricht sie über ihre Vorliebe für Brathähnchen,[1] ihre Schwäche für Croissants[2] und wie oft sie in ihrer Jugend bereits gefeuert wurde[3] – alles auf eine betont selbstironische Art und Weise. Die Presse schien Shulman zu mögen, weil sie weder besonders dünn noch in konventioneller Hinsicht hübsch war. Wegen ihrer langen und beständigen Karriere war Shulman überall als fester Bestandteil der Modeindustrie und als Repräsentantin der *Vogue* in Großbritannien akzeptiert, und so kam es wie aus heiterem Himmel, als sie kündigte und das mit dem Wunsch nach einem anderen Leben begründete. Nachdem sie ihre Kündigung eingereicht hatte, wurden ihre Jahre als Chefin des Modemagazins plötzlich neu auf den Prüfstand gestellt, und die Schlussfolgerungen waren dieses Mal nicht gerade freundlich. Ein neues Zeitalter war angebrochen, in dem ihre Zeitschrift viel Prügel bezog, weil sie nicht integrativ genug sei[4] und wegen angeblicher Vetternwirtschaft bei den Neueinstellungen.[5]

Nachdem Shulman 2017 ihren baldigen Weggang angekündigt hatte, twitterte Supermodel Naomi Campbell ein Bild der *Vogue*-Redaktion aus jenem Jahr, auf dem etwa 50 Teammitglieder zu sehen waren, unter ihnen keine einzige Person of Colour.[6] Campbell kritisierte Shulman wegen dieses Mangels an Vielfalt und äußerte den Wunsch nach einer besseren Zukunft unter einer neuen Leitung. Eine eingehendere Recherche ergab, dass Shulman seit 2002 nur zwei Schwarzen Models Einzelcover gewidmet hatte, während Kate Moss hingegen insgesamt 37 Mal abgebildet worden war. Auf ihren Titelseiten aus den neunziger Jahren sind meist mehr oder weniger identische Kopfporträts von Schauspielerinnen und Models zu sehen – vor einem schlichten Hintergrund und die Haare in einem veralteten Windmaschinen-Look zur Seite geweht. Sie erinnern eher an *Women's Health* als an *Vogue*. In den frühen nuller Jahren kam etwas mehr Schwung in die Sache, dank ein paar Party-Akzenten wie im Mai 2003 bei Kate Moss mit einem von David Bowie inspirierten Make-up[7] oder dem Silvester-Titelbild mit Elton John und Elizabeth Hurley in einem Konfettiregen.[8] Doch dann flaut es – mit ein paar wenigen Ausnahmen – schnell wieder ab zu den immer gleichen Aufnahmen, die bis zum Ende von Shulmans Tätigkeit bei der *Vogue* Bestand hatten.

Zudem wurde Shulman in Zeitungen, die vom politisch eher rechts-konservativ ausgerichteten *Spectator* bis zum linksliberalen *Guardian* reichten, dafür kritisiert, extrem dünne Mädchen einzusetzen. Das hätte Shulman vielleicht gar nicht so viel anhaben können, wenn sie nicht in verschiedenen Interviews offen gesagt hätte, dass sie von der Diskussion über ihre redaktionelle Auswahl »gelangweilt« sei. In diesem Zusammenhang hatte sie außerdem darauf bestanden, dass die Leserinnen gar keine »echten Frauen« sehen wollten, um Mode zu präsentieren.[9] Im Jahr 2014 sagte sie im BBC Radio 2 sogar, dass Frauen sich ja kostenfrei im Spiegel betrachten könnten und deshalb sicher nicht für eine Zeitschrift voller Menschen bezahlen wollten, die so aussehen wie sie selbst.[10]

In den neunziger Jahren wurde ihr vorgeworfen, den »Heroin-Chic«-Look von spindeldürren Mädchen mit dunklen Augenringen zu propagieren. Die Kritik war so heftig, dass sogar die Werbekunden der Modebranche – die sich normalerweise nicht um Gewichtsprobleme scherten – empfindlich reagierten und ihre Anzeigen zurückzogen. Die *Vogue* wurde beschuldigt, zum landesweiten Anstieg von Essstörungen beizutragen und unrealistische Erwartungen an Frauen zu vermitteln. Auch hier blieb Shulman gleichgültig und erklärte, nur wenige Menschen hätten ihr erzählt, sie hätten wegen ihrer Zeitschrift aufgehört zu essen.[11] Auf der anderen Seite ist die *Vogue* natürlich ein äußerst leichtes Ziel. Als bekanntes Modemagazin und eines der bedeutendsten weltweit wird die Zeitschrift häufig für alle negativen Trends in Bezug auf Frauen oder das weibliche Körperbild verantwortlich gemacht, gleichzeitig ist es schwierig, handfeste Beweise zu finden, die solche Anschuldigungen untermauern.

Schließlich war auch Shulman, was ihr eigenes Image betrifft, ein Opfer der gesellschaftlichen Erwartungen an Frauen. Schon in jungen Jahren war sie wegen ihres Gewichts mit Kritik konfrontiert worden, und während der vielen Jahre, die sie in der Öffentlichkeit stand, wurde in fast jedem Pressebericht auf ihre Kleidergröße eingegangen. Dennoch fällt es schwer, Mitleid mit einer Frau zu haben, die in der Position gewesen wäre, einen positiven Einfluss auf die gesellschaftliche Einstellung zu nehmen. Shulman versucht sich damit zu verteidigen, dass ihre britische *Vogue* nie Diät-Tipps oder Artikel über Schönheitsoperationen veröffentlicht habe, doch selbst eine oberflächliche Suche auf Vogue.co.uk ergibt, dass das nicht ganz der Wahrheit entspricht.[12] Oft werden Diät-Tipps einfach als »Gesundheitstipps von Models« getarnt.[13] Einige der Schlagzeilen auf den Titelseiten, insbesondere während der neunziger Jahre, wirken nach unseren heutigen Maßstäben extrem frauenfeindlich. Auf einem Cover von 1996 steht: »Hasst mich nicht, weil ich dünn bin«;[14] im Jahr 2000 heißt es auf einem anderen: »Iss fett und werde dünn«.[15] Aber auch hier muss angemerkt werden, dass das Schlankheitsideal in den neunziger Jahren einen Höhepunkt erreicht hatte. Je dünner, desto besser, so lautete das Mantra für dieses Jahrzehnt, und überall schossen Bilder abgemagerter Frauen wie Pilze aus dem Boden – von Fernsehsendungen über Werbespots bis hin zu Filmen. Die *Vogue* spiegelte die Normen jener Zeit wider. Doch Shulmans Arbeit wurde unglücklicherweise durch die Linse der zehner Jahre betrachtet; losgelöst von dem historischen Rahmen, in dem sie entstand.

Je genauer ihre Karriere 2017 unter die Lupe genommen wurde, umso heftiger war die Empörung über Shulman. Das Ergebnis waren ein paar besonders bösartige Artikel, so wie der unter dem Pseudonym Pea Priestly für *The Spectator* geschriebene Kommentar mit dem Titel: »Alexandra Shulmans Herrschaft bei der *Vogue* zeichnet sich durch Mittelmäßigkeit, Dummheit und Flip-Flops aus«. Der Artikel beginnt folgendermaßen:

> **Die Liebesbekundungen an Alexandra Shulman nach ihrem Abschied von der *Vogue* waren wirklich rührend. Sie wurde als »bescheiden« und »sehr britisch« beschrieben (mit anderen Worten: übergewichtig und piekfein), und das ganze Vereinigte Königreich bedauerte den Verlust dieser sympathischen Führungskraft. Auch wenn sie sicherlich eine sehr nette Dame ist, hat es doch etwas leicht Perverses an sich, eine Moderedakteurin zu feiern, die sich nicht mal die Zeit nahm, ihre Haare zu kämmen, und die zu sehr damit beschäftigt war, an ihrem Weinglas zu nippen, um noch mal kurz in den Spiegel zu schauen, bevor sie das Haus**

> **verließ. Als Großbritanniens Repräsentantin Nummer eins für Mode war es ihre Aufgabe, ansehnlich auszusehen und interessante Arbeit abzuliefern – zu beidem war sie nicht fähig.**[16]

Dieser Artikel ist bei weitem nicht der einzige; es gibt Hunderte davon mit ähnlich gehässiger Kritik. Tausende an Kommentaren in den sozialen Medien erinnern in ihrem Ton ebenfalls eher an eine Rufmordkampagne. Zwar weigerte sich Shulman standhaft, Risiken einzugehen, doch darf man nicht vergessen, dass unter ihr die Auflage und damit auch die Einnahmen enorm angestiegen waren, was vor allem der anhaltenden Phase an Stabilität durch ihre lange Amtsführung zu verdanken war. Nichtsdestotrotz sehnte sich die Leserschaft nach Veränderung, und Gerüchte über eine Ablösung Shulmans kursierten. Inmitten dieser internationalen Turbulenzen betrat Edward Enninful die Bühne.

Die Neubesetzung bei der britischen *Vogue* war 2017 das wichtigste Thema in der Modewelt. Alle warteten mit angehaltenem Atem auf die Bekanntgabe des Thronfolgers, und als Enninfuls Name verkündet wurde, war die Zustimmung groß. Er ist die erste nicht weiße und offen schwule Person auf dem Posten und der erste männliche Chefredakteur in der Geschichte der britischen Ausgabe. Enninful hatte bereits eine lange und erfolgreiche Karriere als Stylist hinter sich und kam über die Zeitschrift *W*, wo er für sein innovatives Design bekannt geworden war, zur *Vogue*. Bevor er bei *W* antrat, hatte er bereits als freier Redakteur bei *Vogue Italia* sowie als Moderedakteur bei der amerikanischen *Vogue* gearbeitet und hatte sich bei Condé Nast schon einen Namen gemacht. Die meisten hatten damit gerechnet, dass man jemanden innerhalb des Konzerns befördern würde, daher wurde vermutet, dass die Position der Chefredakteurin an eines von Shulmans Chelsea-Girls gehen würde.

In Shulmans Amtszeit war der *Vogue* erneut vorgeworfen worden, sie würde die Töchter von Reichen bevorzugen. Die Frage nach dem »privaten Einkommen« wurde tatsächlich erst kurz vor Shulmans Ernennung aus den Bewerbungsformularen gestrichen. Bis dahin mussten alle Bewerberinnen und Bewerber in den Unterlagen für die Personalabteilung angeben, wo sie zur Schule gegangen waren und auf welche Summe sich die monatlichen Zuwendungen beliefen, die sie aus einer Treuhandschaft oder von nahestehenden Verwandten erhielten. Shulmans Herkunft mochte zwar auf den ersten Blick »normal« wirken, sie war aber die Tochter des Theaterkritikers Milton Shulman und der Journalistin Drusilla Beyfus (die beide von Anna Wintour aus der *Vogue*-Redaktion gefeuert worden waren). Sie war in Belgravia aufgewachsen und hatte die St Paul's Girls' School besucht.

Vetternwirtschaft war bei Condé Nast weit verbreitet, und Shulman profitierte davon. Sie arbeitete als Redakteurin bei *GQ* (einer weiteren Zeitschrift von Condé Nast), als ein neuer Redaktionsleiter kam, Nicholas Coleridge, den sie gut kannte. Coleridge war seit seiner Jugend mit ihrer Schwester Nicola befreundet, und Shulman hatte zuvor schon für ihn gearbeitet. Als Tilberis den Chefsessel der britischen *Vogue* verließ, verschaffte Coleridge Alex Shulman den Posten. Diese Cliquenwirtschaft hatte angeblich bei der *Vogue* weiterhin Bestand, und viele hofften, dass Edward Enninful, der sich offen zu seiner Vielfältigkeitsagenda bekannte, sie endlich beenden würde.

Wie bei einem neuen Management oft üblich, kam es in den Monaten nach der Ernennung Enninfuls zu einer Reihe von Streitereien und Entlassungen. Die Schickimicki-Mädchen verließen die Redaktion in Scharen, dafür gab es einen massenhaften Zustrom an Prominenten ins Impressum der Zeitschrift. Enninful ernannte Naomi Campbell und Kate Moss zu freien Redakteurinnen, ebenso wie Steve McQueen. Emily Sheffield, die in diesem Zuge freigestellt wurde, erinnert sich noch gut daran, wie der Kampf zwischen der alten und der neuen Garde so heftig tobte, dass auch die Öffentlichkeit davon erfuhr.[17] Sheffield, ehemals die Stellvertreterin von Shulman, ist die Tochter von Sir Reginald Sheffield und Schwester von Samantha Cameron, der Frau von David Cameron. Einige dieser »Freistellungen« kamen sogar in den Nachrichten, das größte Aufsehen erregte ein Interview mit Lucinda Chambers, die 36 Jahre lang bei der britischen *Vogue* gewesen war. Es wurde online im nischigen Modemagazin *Vestoj* veröffentlicht,[18] von wo aus es sofort viral ging, und ist extrem freimütig: Chambers gibt unumwunden zu, dass sie gefeuert (und nicht »freigestellt«) wurde, und wettert gegen eine Branche, die so sehr auf Äußerlichkeiten fixiert sei, dass man Chambers sogar dazu ermutigt habe, über ihre Kündigung zu lügen, um ihr Gesicht zu wahren. Sie sagt: »Die Modeindustrie frisst dich auf und spuckt dich dann wieder aus«, und behauptet: »Um ehrlich zu sein, habe ich die *Vogue* schon seit Jahren nicht mehr gelesen.«[19] Dann fährt sie mit ihren generellen Überlegungen zu Modezeitschriften fort und erklärt, diese würden ihrer Meinung nach die Kundinnen eher verunsichern als bestärken:

> **Es ist schade, dass die Zeitschriften die Autorität verloren haben, die sie früher hatten. Sie sind nicht mehr *nützlich*. In der Modebranche versuchen wir immer, die Leute dazu zu bringen, etwas zu kaufen, das sie nicht brauchen. Wir brauchen nicht *noch* mehr Taschen, Oberteile oder Schuhe.**

> **Also beschwatzen, schikanieren oder ermutigen wir die Leute, damit sie weiter konsumieren. Modezeitschriften sollten eigentlich anspruchsvoll sein, aber warum ist nicht beides möglich – Nutzen *und* Anspruch? Das wäre die Art von Modemagazin, die ich gerne sehen würde.**[20]

Fans von Enninful würden einwenden, dass in dieser Aussage eine gewisse Ironie liegt: Enninfuls *Vogue*, an der Chambers nicht weiter beteiligt war, zielt genau darauf ab, so ein Magazin zu sein.

In seinem ersten Editorial stellt uns Enninful »Ihre neue *Vogue*« vor (was den Hashtag #NewVogue hervorrief), und zwar mit der Dezember-Ausgabe von 2017, die trotz der jüngsten Wirrungen um den Brexit als eine Feier von Großbritannien gedacht war.[21] Das Titelbild zeigt das in England geborene *mixed-race* Model Adwoa Aboah in einem Seidenturban in Rosa- und Orangetönen mit funkelnden Diamantanhängern – ein wunderschöner Vintage-Look, der stark an den Glamour der fünfziger Jahre erinnert.[22] Anstelle von Bildunterschriften über Schuhe oder Kollektionen befindet sich auf der linken Seite eine Auflistung britischer Spitzenkräfte aus verschiedenen Bereichen wie Politik, vertreten durch Londons Bürgermeister Sadiq Khan; Literatur, vertreten durch Zadie Smith und Salman Rushdie; Musik, vertreten durch den Grime-Künstler Skepta; und Mode, vertreten durch die üblichen Größen, unter anderem Cara Delevingne, Naomi Campbell und Kate Moss. Die Ausgabe ist vollgepackt mit »lebensnahen« Artikeln, die von großen Namen verfasst wurden: John Galliano nimmt den Bus Nummer 12 an der Haltestelle Elephant and Castle,[23] und Victoria Beckham wird in ihrem Kinderzimmer fotografiert, wie sie über Mobbing spricht.[24] Einige Beiträge sollen offensichtlich die Anti-Establishment-

Haltung der *Vogue* und ihren Wagemut zeigen: Zadie Smith bezeichnet die Queen als »eindeutig untere Mittelklasse« und nennt sie spöttisch »Mrs Windsor« anstatt »Ihre Königliche Hoheit«.[25] An anderer Stelle schreibt Salman Rushdie über Weihnachten in einer multireligiösen Familie,[26] während Skepta über seine Erfahrungen als Schwarzer Brite spricht.[27] Diese äußerst kritischen Interviews werden durch Corgis verwässert, durch Fotos von Lady Jean Campbell in einem Chanel-Outfit[28] und indem Cara und Poppy Delevingne von unerträglich banalen Dingen schwärmen.[29] An anderer Stelle tauscht sich der Bürgermeister von London mit der »ebenfalls aus Südlondon stammenden« Naomi Campbell (die hier nicht als das internationale Supermodel spricht) über ihre Kindheitserfahrungen aus.[30]

Die Ausgabe unternimmt große und bewundernswerte Schritte, um der *Vogue* eine neue Botschaft mitzugeben, mit einem starken Fokus auf Inklusivität und Themen, die entschieden außerhalb der üblichen Domäne der Modebranche liegen. In seinem Editorial schreibt Enninful über die Briten: »In einer Sache sind wir uns doch alle einig: Wir haben ganz schön viel Talent.«[31] Indem er das frühe Leben und die Geburtsorte von Mega-Stars wie Victoria Beckham und Naomi Campbell beschreibt, hält Enninful eindeutig ein Plädoyer für Begabungen, die sich gegen alle Widrigkeiten durchsetzen, oder Erfolge trotz einer schwierigen Kindheit. Man konnte dies als eine Art Gegenreaktion auf Shulman deuten, die die Reichen und Schönen förderte, eben weil sie reich und schön waren. Allerdings würden diese Bemühungen aufrichtiger wirken, wenn es nicht nach wie vor noch Anklänge von Vetternwirtschaft bei der Zeitschrift gäbe.

So beschreiben die Medien beispielsweise Enninfuls Covergirl Adwoa Aboah als ghanaisches Model und Aktivistin, wobei gerne verschwiegen wird, dass ihre Eltern in der Modebranche äußerst gut vernetzt sind. Ihre Mutter Camilla Lowther, ein ehemaliges Model und Tochter eines Viscounts, betreibt eine der führenden Künstleragenturen Londons. Abgesehen von ihrer aristokratischen Abstammung profitiert Aboah auch davon, dass sie die Patentochter von Ronnie Cooke Newhouse ist, der Frau von Jonathan Newhouse, der wiederum Vorsitzender von Condé Nast International ist. Kurz gesagt: Aboah hat enge Verbindungen zur Eigentümerfamilie der *Vogue*. Insofern ist sie noch deutlich privilegierter als sämtliche Angestellten Shulmans und auch als die Schauspielerinnen, die in der britischen *Vogue* abgebildet wurden. Gleichzeitig sind die Supermodels Cara Delevingne und Edie Campbell die Patentöchter von Nicholas Coleridge, dem heutigen Präsidenten von Condé Nast International. Auch wenn die Zeitschrift sich nun als #NewVogue bezeichnet, ist sie doch immer noch die alte *Vogue* geblieben, und, wie die Journalistin Jess Cartner-Morley scharfsinnig bemerkte: »*Vogue* ist tot, hoch lebe die *Vogue*.«[32]

Seit der ersten Ausgabe hat Enninful sein Engagement für Vielfalt weiter unter Beweis gestellt, obwohl auch er immer wieder Ärger bekam. Die Leute waren nicht sehr beeindruckt, als sein zweites Titelbild die weiße Prominente Taylor Swift zeigte,[33] und noch viel weniger, als auf dem dritten Titelbild im Februar 2018 Margot Robbie und Nicole Kidman mit dem Slogan »WARUM WIR ÜBER RACE REDEN MÜSSEN« abgebildet waren.[34] In den sozialen Medien gab es zahlreiche sarkastische Kommentare zu lesen, die ihre Enttäuschung über Enninful zum Ausdruck brachten, weil er zwar ein starkes erstes Titelbild abgeliefert hatte, dann aber offenbar zum Standardrezept der alten *Vogue* zurückgekehrt war. Mit dem Cover vom Mai 2018 kehrte jedoch der Glaube an ihn wieder zurück, denn es bot neun außergewöhnlich diverse Models auf, von Paloma Elsesser, dem beliebten Plus-Size-Model, bis hin zu Halima Aden, die bei ihren Fotoshootings ein Kopftuch trägt.[35] Hier waren Frauen abgebildet, die mit den Normen der traditionellen Modelbranche brachen und Minderheiten repräsentierten. Im August 2018 zeigte Oprah Winfrey einen spektakulären Auftritt in der *Vogue*;[36] die Empowerment-Sängerin Lizzo, die sich für Body Positivity einsetzt, glänzte im Dezember auf der Titelseite.[37] Rihanna war zweimal auf der Titelseite der Zeitschrift zu sehen, wobei vor allem ihr Cover von 2020 gelobt wurde, weil zum ersten Mal in der Geschichte der britischen *Vogue* eine Frau einen Durag trug.[38]

Enninful scheint es sich zur Aufgabe gemacht zu haben, so viele Premieren wie nur möglich im Heft unterzubringen, was allerdings nicht schwierig gewesen sein dürfte, da die Zeitschrift bisher zum größten Teil extrem konservativ war. Die vielleicht größte Sensation seit seinem Debüt war die September-Ausgabe 2019, die von Meghan Markle, der frischgebackenen Herzogin von Sussex, als Gastherausgeberin gestaltet wurde. Angesichts des pompösen Titels »Kräfte der Veränderung« erwies sich Markles Ausgabe als äußerst polarisierend. Auf den ersten Blick stimmen die erklärten Überzeugungen der Herzogin durchaus mit Enninfuls Leitbild für die *Vogue* überein. Markle beschäftigt sich in dem Heft mit dem Thema Aktivismus, dementsprechend erscheinen auf dem Titelbild 15 Persönlichkeiten, die auf irgendeine Weise mit Wohltätigkeit oder dem Einsatz für Minderheiten zu tun haben. Dann gibt es noch ein 16. Quadrat mit Spiegeloptik, in dem sich die Leserinnen der *Vogue* selbst sehen und an der Debatte teilnehmen sollen, um ebenfalls zu einer »Kraft der Veränderung« zu werden.

Allerdings wird auf diesem Titelblatt die Gelegenheit verpasst, Frauen, die nicht bereits prominent sind, zum Beispiel Unternehmerinnen oder Wissenschaftlerinnen, zu präsentieren. Stattdessen sehen wir die übliche Auswahl an A-Promis, darunter sechs Schauspielerinnen und drei Models. Wieder einmal ist Adwoa Aboah dabei. Es gibt keinen Überraschungseffekt, keine erhellenden Einblicke, nur eine weitere Liste berühmter Namen, die wir alle schon 100-mal gehört haben, nur dass sie hier unter dem Deckmantel der sozialen Gerechtigkeit auftreten. Selbst im Textteil der Zeitschrift wirken nur Leute mit einer beachtlichen Follower-Anzahl in den sozialen Medien mit, bis hin zum Autor Matt Haig, dessen Beitrag ein albernes Gedicht voller Schimpfwörter ist. Sogar der Spiegeltrick mit dem leeren 16. Quadrat, der erst mal wie eine schlaue Idee wirkt, ist abgekupfert: Das *Time*-Magazin hatte das bereits 2006 vorgemacht und »Du« zur Person des Jahres ernannt. Zu keinem Zeitpunkt hat man das Gefühl, dass Markle sich auf die Suche nach Vorreiterinnen gemacht hätte, um sie für ihre Innovationsfähigkeit zu belohnen; vielmehr entsteht der Eindruck, dass sie einfach Frauen auswählte, die eine große Anhängerschaft aufzuweisen haben, nur um zu demonstrieren, dass sie in der Lage ist, solche Leute miteinzubeziehen.

Unabhängig vom Cover wurde Markle wegen ihrer Entscheidung, überhaupt mit der *Vogue* zusammenzuarbeiten, heftig kritisiert. Obwohl auch andere Royals bereits Gastherausgeberinnen von Zeitschriften waren, scheint das Problem bei Markle darin zu liegen, dass sie eine politische Botschaft verbreiten wollte. Als Repräsentantin des Buckingham Palace ist das nicht wirklich fair gegenüber ihren Untertanen, die möglicherweise andere Ansichten vertreten. Hinzu kommt, dass soziales Engagement häufig von großen Unternehmen gesponsert wird, die untereinander oder auch mit unserer jeweils aktuellen Regierung im Streit liegen können. Manche

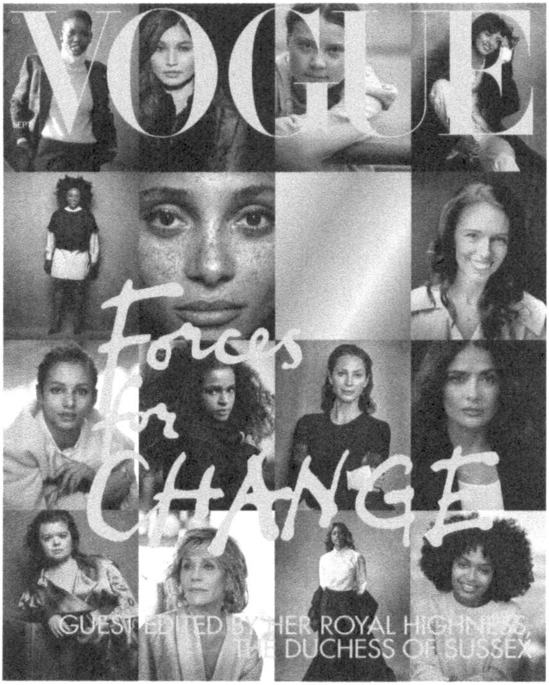

Das Cover der britischen Vogue *im November 2017, herausgegeben von Meghan Markle.*

meinen auch, dass die *Vogue* nicht die richtige Plattform für so etwas sei: Es wirkt immer noch etwas bizarr, feministische Aussagen neben Gucci-Kleidern eingebettet zu sehen, die für Preise von 2.300 Euro aufwärts verkauft werden und nur für sehr zierliche Frauen entworfen wurden, die extrem Diät halten. Ebenso schwierig ist es, über Nachhaltigkeit zu sprechen, wenn die Modebranche zu einem der Wirtschaftszweige gehört, die weltweit mit am meisten zur Umweltverschmutzung beitragen. In ihrer Einleitung räumt Markle dies auch ein:

> **Eines müssen Sie sich jedoch bewusst machen: Das hier ist eine Zeitschrift. Und letzten Endes handelt es sich dabei immer noch um ein Unternehmen. Ich erwähne das, um Ihre Erwartungen zu dämpfen: Die Zeitschrift enthält Werbeblöcke, die für jede Ausgabe erforderlich sind. Ich bin zwar zuversichtlich, dass Sie meine Handschrift auf den meisten Seiten erkennen werden, aber Sie sollten wissen, dass es Elemente gibt, die einfach zur Branche dazugehören.**[39]

Markles Ausgabe war ein Verkaufsschlager – was sie für Condé Nast finanziell zu einem Erfolg machte. Außerdem genießt eine Zeitschrift, die eine Herzogin für eine Zusammenarbeit gewinnen kann, ein hohes Ansehen. Die britische *Vogue* kooperiert schon seit langem mit der königlichen Familie, unter anderem mit Kate Middleton, die auf dem Cover der Jubiläumsausgabe zum 100-jährigen Bestehen erschien. Dennoch kann Markles Ausgabe nicht als uneingeschränkter Erfolg bezeichnet werden. Tatsächlich könnte sie in den Augen der britischen Öffentlichkeit sogar der Sargnagel für Markle gewesen sein. Viele Kommentatoren befanden, dass Markles Publikationsversuch zu sehr von dem Gefühl eigener Tugendhaftigkeit und von Narzissmus geprägt war; dagegen konnte auch die intensive Werbeoffensive um die Veröffentlichung nichts ausrichten. Die Glaubwürdigkeit des Kampfs für Gleichberechtigung litt zudem durch Geschichten darüber, wie Enninful sich zu heimlichen Treffen mit der Herzogin bei Pfefferminztee schleicht oder wie Markle selbst sich unter strengster Geheimhaltung mit Michelle Obama traf. Alles wurde in einem verschwörerischen Flüsterton erzählt, als ginge es um globale Wirtschaftsgeheimnisse und nicht nur um ein paar Seiten in einer Modezeitschrift.[40] Das elitäre Umfeld steht in einem krassen Widerspruch zu den diskutierten

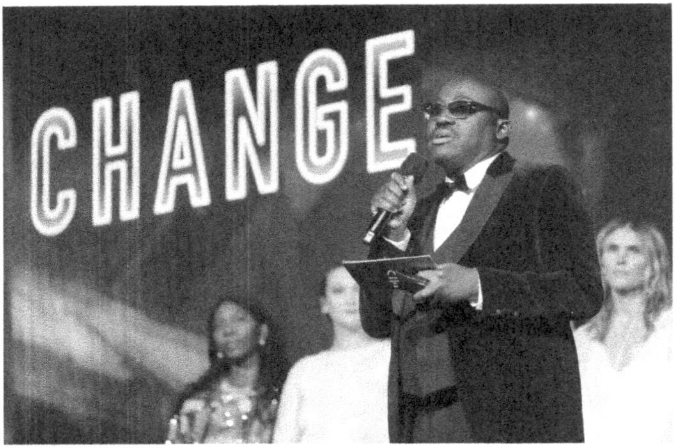

Edward Enninful wird vom British Fashion Council als einer ihrer »Leaders of Change« ausgezeichnet.

Themen wie Klassismus. Erneut zeigt sich, wie problematisch es sein kann, wenn ein exklusives Magazin versucht, inklusiv zu sein. Wenigstens teilten Enninful und Markle den »woken« Tonfall, der zum Fundament der neuen *Vogue* geworden ist. Enninful repräsentiert somit den neuen Mainstream, eine Welt, in der alles – insbesondere die Mode – höchst politisch geworden ist.

Enninful muss auf eine schwierige zeitgenössische Kulturlandschaft reagieren: Es ist eine Welt der »Likes« in den sozialen Medien, die mit guten, aber unbewiesenen Absichten begründet werden, eine Welt der populären Meinungen, die fundierte Fakten unterdrücken, eine Welt, in der eine von Idealen besessene Jugend versucht, sich über erfahrene Fachleute hinwegzusetzen. Es ist außerdem eine Zeit, in der Unternehmen und Menschen gleichermaßen darauf bedacht sind, ihre moralischen Werte zur Schau zu stellen, die manchmal im Widerspruch zu ihrer tatsächlichen Vorgehensweise hinter den Kulissen stehen. Es ist nicht leicht, diese Epoche richtig zu deuten, und da Enninful die Position erst seit 2017 innehat, muss es zwangsläufig zu Anlaufschwierigkeiten kommen. Eine gelegentliche Scheinheiligkeit in den redaktionellen Inhalten könnte daher ein vorübergehendes Übel sein, während er eine Strategie ausarbeitet, um die *Vogue* in ein transparenteres Unternehmen zu verwandeln. Enninful predigt Inklusion, aber eine beträchtliche Anzahl seiner Lieblingsstars hat Beziehungen zur Leitung von Condé Nast. Seine Titelbilder werden oft von *Vogue*-Veteranen wie Steven Meisel (der seit rund drei Jahrzehnten für die Zeitschrift arbeitet), Mario Testino (zweieinhalb Jahrzehnte) und Juergen Teller (ebenfalls zweieinhalb Jahrzehnte) fotografiert. Von den 30 Ausgaben, die Enninful bisher zu verantworten hatte, wurden nur zwei Titelbilder von einem Fotografen unter 50 Jahren aufgenommen und nur ein Titelbild von einer relativen Newcomerin, die vorher noch nie mit der *Vogue* zusammengearbeitet hatte. Zumindest was die Fotoaufnahmen betrifft, zieht Enninful eindeutig etablierte Künstlerinnen und Künstler den aufstrebenden Talenten vor und präferiert Wiederholung anstelle von Vielfalt. Die Ausnahme von dieser Regel ist Nadine Ijewere, eine in London geborene Fotografin nigerianisch-jamaikanischer Abstammung, die 2019 die Popsängerin Dua Lipa für das Titelbild der Januar-Ausgabe fotografierte.

Für Ijewere war es schockierend, als ein Freund ihr erzählte, dass bei allen internationalen Ausgaben der *Vogue* noch nie eine Schwarze Frau für das Fotografieren des Titelbilds verantwortlich gewesen war. Die 26-jährige Ijewere war die erste, der diese Ehre zuteilwurde. Der Anruf kam aus heiterem Himmel für sie, wobei ein flüchtiger Blick auf Ijeweres Portfolio offenbart, wie sehr sich ihr Stil mit Enninfuls deckt: Schon als

Studentin fotografierte sie Frauen, die nicht den Standards der Modeindustrie entsprechen; sie nutzt dabei das Kameraobjektiv auch, um ihre eigene Identität zu erforschen. Wie sie mir im Gespräch erklärte, möchte sie die afrikanischen und karibischen Kulturen ohne die folkloristischen Stereotypen darstellen, die ihnen in Modeshootings oft angehängt werden.[41] Dass sie in London lebt, einer der multikulturellsten Städte der Welt, hat sicherlich ebenfalls dazu beigetragen, dass sie offen für ganz verschiedene Definitionen von Schönheit ist. Bei unserem Treffen, um über ihre Erfahrungen bei der *Vogue* zu sprechen, ist Ijewere freundlich, fröhlich und erfrischend offen. Über Enninfuls Arbeitsweise hat sie nur Positives zu berichten. Besonders schön an dem Auftrag sei die kreative Freiheit gewesen: »Sie sagten immer wieder, es soll nicht wie ein *Vogue*-Foto aussehen, sondern wie eines von meinen.«

Ijewere interessiert am meisten, was die britische *Vogue* der jüngeren Generation zu bieten hat. »Ich habe gesehen, wie sich die *Vogue* verändert hat, und die Themen, die sie aufgreift, sind wirklich wichtig; es geht nicht nur um irgendwelche Wischiwaschi-Phantasiemode, sondern um Dinge, die zählen.«[42] Hoffentlich ist ihre Einbindung in den Pool erfahrener Fotografen ein gutes Zeichen für die Zukunft. Der Einsatz jüngerer Fotografen kann der Zeitschrift ein aufregendes, neues Flair verleihen, das dann vielleicht auch die Aufmerksamkeit jener Millennials, Digital Natives und Teenager auf sich zieht, die die *Vogue* unbedingt ansprechen möchte. Die Testinos und Tellers mögen nach wie vor beeindruckende Bilder liefern, aber wenn Enninful eine Zeitschrift für zukünftige Generationen gestalten will, ist es an der Zeit, neuen Talenten mehr Platz einzuräumen.

Kurz nach ihrem Weggang schrieb Alexandra Shulman einen Kommentar für *The Business of Fashion* mit dem Titel

»Was macht einen guten Zeitschriftenredakteur aus?«, der allgemein als schlecht kaschierter Seitenhieb auf ihren Nachfolger bei der britischen *Vogue* aufgefasst wurde.[43] Shulmans Artikel spricht die Bedeutung von ausgebildeten Mitarbeiterinnen und Mitarbeitern an und führt aus, dass namhafte Stars selten daran interessiert seien, ernsthaft zu arbeiten, sondern lediglich das Ansehen suchten, das mit einer Verbindung zur *Vogue* einhergeht. Über die Herausgeber schreibt sie: »Es ist definitiv kein Job für jemanden, der keine Lust hat, viel Zeit im Büro zu verbringen, und denkt, seine Arbeit bestehe hauptsächlich darin, in verschiedenen Designer-Outfits mit möglichst vielen berühmten Freunden fotografiert zu werden.«[44]

Enninful scheut sich nämlich nicht davor, regelmäßig in verschiedenen sozialen Medien Bilder von sich und seinen Freundinnen wie Naomi Campbell und Kate Moss zu posten, die es als Mitwirkende ins Impressum geschafft haben, deren tatsächlicher Beitrag allerdings schwer einzuschätzen ist. Shulman macht außerdem auf Folgendes aufmerksam:

> **Die digitalen Hindernisse, mit denen sich die Printmedien konfrontiert sehen, bedeuten nicht, dass Zeitschriftenunternehmen keine Chefredakteure mehr bräuchten, die tatsächlich redaktionell arbeiten. Die sich über die kleinen Dinge den Kopf zerbrechen. Es macht keinen Sinn, dass ihre Zeitschriften lediglich Erfahrungen nachahmen, die man überall findet, dass die Redaktionen Klicks hinterherjagen, wie es unzählige andere Webseiten auch tun, und feige einem kleinen Kreis von kurzlebigen Promi-Namen hinterherlaufen.**[45]

Diese Zitate zeigen auf, mit welchen Problemen das Zeitschriftenwesen zu kämpfen hat. Enninful wurde mehrfach beschuldigt, hoch qualifizierte Mitarbeiterinnen und Mitarbeiter entlassen zu haben, um aufwendige Fotoshootings und Beiträge von A-Promis mit einer großen Fangemeinde finanzieren zu können, auch wenn diese seinem Blatt nicht viel mehr als ihren Namen zur Verfügung stellen. Die *Vogue* wird auch weiterhin immer wieder dafür kritisiert, dass sie ihre Budgets für eine Online-Präsenz gebündelt hat und sich dabei auf ein schlappes Format aus Listenartikeln und anderen mehrfach verwerteten Beiträgen beschränkt. Eine solche Einheitslösung hat die *Vogue* in der Regel bisher vermieden und es vorgezogen, Inhalte auf die verschiedenen Zielgruppen auszurichten. Als Beispiel dafür mag die Tatsache dienen, dass die *Vogue* lieber in jedem Land eine eigene Ausgabe auf den Markt gebracht hat, anstatt die verschiedenen Märkte mit einer einzigen einheitlichen Ausgabe zu erschließen. Das Internet hat die Chefetage der *Vogue* dazu gezwungen, Online-Inhalte zu produzieren, was sowohl teuer als auch zeitintensiv ist. Dadurch mag vielleicht die Sichtbarkeit der Marke aufrechterhalten werden, gleichzeitig verliert ihre Stimme dadurch jedoch enorm an Autorität.

Edward Enninful steckt sozusagen zwischen Baum und Borke fest: Da die Gewinne schrumpfen, ist er mehr oder weniger gezwungen, bei der Qualität Abstriche zu machen. Trotz der gerechtfertigten Kritik an Shulmans phantasielosen Titelseiten – schreiben konnte sie. Der Textteil in Enninfuls Ausgaben hingegen ist eher spärlich, meist handelt es sich um übernommene Ausschnitte und Promi-Interviews. Enninful ist Stylist von Beruf, nicht Journalist, und seine *Vogue* spiegelt das wider, indem sie den heutigen modernen Street-Style zeigt; ein eher sportlicher Unisex-Look, der nicht zum eleganten Vermächtnis der *Vogue* passt. Aber die Zeiten haben sich geändert. Die *Vogue* ist eine Zeitschrift mit einer großen Auflage, und Enninful trägt dem Rechnung, indem er zeigt, was gerade Mode ist. Wie Shulman in ihrem Artikel schon sagt: »Zeitschriften sind ein Geschäft.«[46] Und offensichtlich ist Enninful der Chefredakteur, von dem Condé Nast glaubt, dass er ihnen zum jetzigen Zeitpunkt das meiste Geld einbringt, und da liegen sie wahrscheinlich richtig. Er ist äußerst beliebt und hat das Interesse an der britischen Ausgabe wiederbelebt, indem er ein jüngeres Publikum anspricht und zugleich selbst als Identifikationsfigur dient.

Die Folgen der digitalen Disruption

2017 gab es ein zweites, sehr einschneidendes Ereignis, das die *Vogue* in ihren Grundfesten erschütterte: den Tod von Si Newhouse. Er galt als große Verlegerpersönlichkeit und stand der Zeitschrift seit den frühen sechziger Jahren vor, sodass er mehr als ein halbes Jahrhundert lang die zentrale Figur der *Vogue* und ihrer vielen Schwesternunternehmen war. In Anbetracht der immer größer werdenden Konkurrenz aus den Online-Medien kam sein Tod für seine Schar luxuriöser Print-Publikationen in einer besonders schwierigen Phase. Für Condé Nast war es ein rundum schlechtes Jahr. Neben dem Tod seines wohlwollenden Mäzens musste der Konzern noch den Rücktritt von Graydon Carter verkraften, dem Hauptredakteur von *Vanity Fair*, der den Posten 25 Jahre lang bekleidet hatte, und – was noch verheerender war – das Unternehmen machte Berichten zufolge einen Verlust von 120 Millionen Dollar.[47]

Im Jahr 2018 steckte das Unternehmen immer noch in den roten Zahlen, aber 2019 zeichnete sich dann eine klare Richtung ab, wohin der Weg gehen sollte. Der langjährige Geschäftsführer Bob Sauerberg wurde durch Roger Lynch ersetzt, der zuvor den Musik-Streamingdienst Pandora geleitet hatte und viel Erfahrung in der Unterhaltung wie auch im technischen Bereich mitbrachte. Zum ersten Mal in der mehr als 100-jährigen Geschichte von Condé Nast wurde ein Außenstehender zum Geschäftsführer ernannt. Lynchs mangelnde Erfahrung im Verlagswesen spielte keine Rolle, denn seine Aufgabe war es, ein Medienunternehmen des 21. Jahrhunderts zu schaffen und kein Print-Imperium.[48] Eine durchaus knifflige Aufgabe, da nach Lynchs eigenen Aussagen niemand genau weiß, wie so etwas aussehen könnte. Beweis dafür ist die kontinuierliche Weiterentwicklung der vielen Zweige von Condé Nast, die wenig mit den Druck-Erzeugnissen zu tun hat, die bislang im Zentrum des Unternehmens standen.

Condé Nast Entertainment (CNE) brachte seiner Muttergesellschaft zunächst nur wenig ein. Es wurde 2011 als Abteilung für Videoproduktionen gegründet, um Einnahmen zu sichern, falls aus von Condé Nast veröffentlichten Artikeln Filme oder Fernsehsendungen entwickelt würden (*Brokeback Mountain* hatte beispielsweise als Kurzgeschichte im *The New Yorker* begonnen, und die Herausgeber waren sehr verbittert darüber, dass sie an den Filmeinnahmen nicht beteiligt waren). CNE produzierte jedoch keine Hits und konzentrierte sich, während es in einer finanziellen Flaute vor sich hin dümpelte, hauptsächlich auf YouTube. Viele der Videos waren teuer in der Produktion und brachten trotzdem nicht genügend Aufrufe. Eine Serie für die *Vogue*, in der Models im Pariser Hotel Plaza Athénée interviewt wurden, kostete rund 250.000 Dollar, doch jeder Clip wurde lediglich wenige Hundert Male angesehen.

Das Unternehmen fand schließlich seine Marktlücke: Es generierte massenhaft repetitive Formate, wie beispielsweise »73 Questions«, in dem eine Prominente in ihrem Zuhause herumläuft und belanglose Fragen beantwortet, oder »Go Ask Anna!«, in dem der größte Star der *Vogue* von Fremden ausgequetscht wird, damit sie ihre privaten Gedanken preisgibt. Das Resultat ist eine Fülle an banalen, promilastigen Inhalten, die zwar tatsächlich Millionen von Zuschauerinnen und Zuschauern anziehen, aber die Gewinnspanne bleibt dennoch extrem niedrig. Damit sich CNE wirklich rentiert, muss die Abteilung eine stramme Sparpolitik und Erbsenzählerei betreiben. Doch solchen Schwierigkeiten zum Trotz sind die Medien weiterhin davon überzeugt, dass Videos Zukunft haben, und Condé Nast scheint fest entschlossen, dieses Abenteuer weiterzuverfolgen.

CNE ist nicht die einzige Tochter von Condé Nast, die den Gürtel enger schnallen muss. Dies gilt nun für das gesamte Unternehmen – die legendären Zeiten der Verschwendung sind endgültig vorbei. Im Zuge dessen hat Condé Nast 2017 damit begonnen, seine verschiedenen Marken aufzulösen und zusammenzuführen. In einem Synergie-Prozess wurde jede Publikation auseinandergenommen und zentral neu organisiert. Alle Design-Teams wurden in einer Kreativabteilung gebündelt, Lektoren und Faktenprüfer fanden sich in der sogenannten Content Integrity Group wieder, die Inhalt und Integrität gewährleisten soll, und die Technik- und Webseiten-Mitarbeiter sind nun alle in dem geheimnisvollen Co/Lab versammelt.[49] In der Zwischenzeit wurden die Vertriebe in scheinbar willkürlichen Einheiten miteinander zusammengesteckt, wobei eine davon sowohl für *The New Yorker* als auch für *Teen Vogue* verantwortlich ist. So ließen sich zwar die Kosten senken, und auch die alten Rivalitäten zwischen den Zeitschriften verschwanden, gleichzeitig kamen dadurch aber neue Rivalitäten zwischen den einzelnen Abteilungen an die Oberfläche.

Die Belegschaft von Co/Lab, die als Vertreter der digitalen Abteilung plötzlich an Bedeutung gewonnen hatte, wurde nach und nach mit den typischen Tech-Start-up-Vergünstigungen bedacht: Ihr Stockwerk wurde mit Tischtennisplatten ausgestattet und ihre Kühlschränke mit Käsesnacks und Guacamole gefüllt. Natürlich wurmte das die Redaktionsteams, als sie davon erfuhren, denn ihre Ausstattung war gleichzeitig reduziert worden. Schon bald unternahmen Autorinnen und Graphikdesigner Ausflüge in die oberen Etagen, um dort die Kühlschränke zu plündern, und einer Quelle zufolge machten es sich die Faktenprüfer von *The New Yorker* zur Gewohnheit, freitags aufzutauchen und sich die Taschen mit Freibier vollzustopfen.[50] Die Entwicklerinnen und Programmierer fanden sich nun an der Spitze der Nahrungskette wieder, so wie einst *Vogue* und *Vanity Fair* auf die langweiligeren Mädchen von *Brides* oder *Self* herabgesehen hatten. Schließlich beschwerten sich die Mitarbeiterinnen und Mitarbeiter von Co/Lab, was eine merkwürdige Spaltung zur Folge hatte: Einigen Leuten waren exklusive Drinks und Chips erlaubt, anderen hingegen nicht. Das Gefühl, ungerecht behandelt zu werden, war so ausgeprägt, dass ein Mitarbeiter der Kreativabteilung auf einen Post-it-Zettel schrieb: »WIR SIND KREATIVE, KEINE BÜRGER ZWEITER KLASSE«, den er dann an die Wand klebte.[51]

Nachdem die Belegschaft so stark ausgedünnt worden war, waren die 23 Stockwerke, die Condé Nast ursprünglich an seinem Hauptsitz im One World Trade Center beansprucht hatte, zu groß, daher nutzt das Unternehmen inzwischen nicht mehr das gesamte Gebäude. Anna Wintour hat darin selbstverständlich immer noch ein riesiges Privatbüro.

Manche Leserinnen äußerten sich besorgt darüber, dass Condé Nast zwar mit seinen Marken prahlt, sie aber gleichzeitig durch ständige Kosteneinsparungen schwächt. Doch trotz aller Kürzungen der einst so üppigen Budgets blieb die *Vogue* die wichtigste Marke, und die Kreativ- und Redaktionsteams sahen sich zunehmend unter Druck gesetzt, Format, Wortwahl und Bilder der *Vogue* nachzuahmen, egal, um welche Zeitschrift es sich handelte. Schließlich bringt die *Vogue* 28 Prozent des gesamten weltweiten Umsatzes von Condé Nast ein.[52]

Was als Nächstes kommt, ist völlig offen. Es ist wirklich spannend zu sehen, wie ein Unternehmen wie Condé Nast, das seinen Ruf auf kreativem Talent aufgebaut hat, von dieser Kreativität abrückt und sich auf operative Logistik und Algorithmen ausrichtet. Viele meinen, *Vogue* habe zu lange damit gewartet, online zu gehen – ein seltener Fehltritt des Mammutkonzerns. Ein mangelndes Bewusstsein für die geänderten Umstände führte zu einem halb garen Produkt, und selbst nach der Gründung von Co/Lab sorgten zahlreiche technische Störungen für frustrierende und unfreundliche Nutzererfahrungen. Allerdings unterstanden die ersten Versuche einer Internetpräsenz noch der Leitung von Chefredakteurinnen wie Anna Wintour und Alexandra Shulman, die die Bedeutung des digitalen Bereichs vielleicht nicht erkannten. Und wie die Synergiestrategie zeigt, fallen Redakteurinnen, Autoren und Bildgestalterinnen auf der Karriereleiter immer weiter nach unten, da ihre Fähigkeiten offenbar weniger wertgeschätzt werden.

Diese neue soziale Hierarchie setzt voraus, dass die Zeitschriften nun von Computerprogrammierern und nicht mehr von Journalisten geleitet werden. Vor diesem Hintergrund verwundert es nicht, dass Edward Enninful zum Chefredakteur der britischen *Vogue* ernannt wurde, denn auch er gehört dem digitalen und nicht dem traditionellen Lager an. Das hat Folgen: Zum einen werden Chefredakteure mittlerweile ebenso fetischisiert wie die Handtaschen und Schuhe auf den Seiten der *Vogue*. Wintour zum Beispiel bietet denjenigen, die bereit sind, 100.000 Dollar im Jahr zu zahlen, ein Mitgliedschaftsprogramm an, das Zugang zu ihr gewährt. Die Leute erhalten außerdem exklusive Einladungen zu *Vogue*-Veranstaltungen, darunter gemütliche Zusammenkünfte wie gemeinsame Frühstücke mit Wintour und anderen *Vogue*-Promis. Auch werden inzwischen so viele Condé-Nast-Angestellte darum gebeten, gesponserte Inhalte auf ihren persönlichen Social-Media-Seiten zu posten, dass das Management 2019 eine neue Unternehmensrichtlinie einführte, dass solche Deals nur durch Condé Nast vermittelt werden dürfen. Und das Unternehmen ist selbstverständlich an den Einnahmen beteiligt.

Man befürchtet allerdings, dass die Konsumentinnen es irgendwann satthaben könnten, digitale Abonnements abzuschließen und mit Informationen bombardiert zu werden. Eine weitere Sorge ist, ob digitale Werbung Bestand haben wird. Steven Newhouse, der 62-jährige Neffe von Si Newhouse, der nach Sis Tod zum Co-CEO von Advance Publications Inc., der Muttergesellschaft von Condé Nast, gemacht wurde, wiederholte das alte Newhouse-Mantra der Gewinnorientierung. In einem Gespräch mit einem seiner ehemaligen Journalisten wies er darauf hin, dass weder die *Vogue* noch andere Zeitschriften von Condé Nast ein Projekt der Eitelkeiten seien, sondern Profit generieren sollten.[53] Doch der ständige Wettlauf um noch mehr Gewinne ist längst kein klar abgesteckter Weg mehr. So richtig die digitale Strategie auch sein mag, die »coole« und gleichzeitig »sozial verantwortungsvolle« Stimme, von der das Unternehmen glaubt, dass die Leserinnen sie heutzutage wollen, lässt sich nicht so einfach kommerzialisieren.

Die *Teen Vogue* nahm mit ihrer Enninful-konformen »Wokeness«-Strategie, die Wachsamkeit gegenüber jedweder Form von Diskriminierung und Ungerechtigkeit miteinzubeziehen versucht, eine Vorreiterrolle ein, musste sich jedoch 2017 komplett auf eine Online-Präsenz umstellen. Seitdem hat sie sich wieder auf Mode zurückbesonnen: *real* zu sein brachte leider nicht das große Geld ein. Interessanterweise wird diese Strategie bei der britischen *Vogue* nochmals neu geprüft. In diesem unsteten Umfeld überlassen die Newhouses nichts dem Zufall, sondern investieren ihr Vermögen in sichere Anlagen. Im Jahr 2019 gab es eine Investitionsrunde in Reddit (das Condé Nast 2006 für 20 Millionen Dollar kaufte und an dem das Unternehmen nach wie vor die Mehrheitsbeteiligung besitzt), was den geschätzten Wert von Reddit auf 3 Milliarden Dollar ansteigen ließ. Dazu kam der Kauf von Turnitin (einer von Universitäten genutzten Anti-Plagiatssoftware) für 1,7 Milliarden Dollar. Inwieweit diese und andere Investitionen ausreichen, um die Rückschläge für Condé Nast abzufedern, wird sich zeigen. Jetzt, wo Si Newhouse die Zeitschriften nicht mehr beschützen kann, besteht immer die Gefahr, dass sie dem Krieg gegen die disruptiven Folgen des Internets als Kollateralschäden zum Opfer fallen, wenn sie nicht die erforderte Leistung bringen.

Zukunftsvisionen für die *Vogue*

Die Menschen scheinen geteilter Meinung zu sein, was die Zukunft der *Vogue* angeht; sie lassen sich dabei leicht in zwei Lager aufteilen: diejenigen, die glauben, dass die *Vogue* in ihren letzten Zügen liege, und jene, die die *Vogue* für unsterblich halten. Um herauszufinden, wer zu welchem Lager gehört, musste ich zuweilen eine ganze Menge höflich ausweichender Antworten durchkämmen. Die *Vogue* ist kein Thema, über das offen gesprochen wird – unabhängig davon, ob die Leute etwas mit Condé Nast zu tun haben. Branchenexperten, ob sie nun an die Macht der *Vogue* glauben oder nicht, sind sich zumindest über den Zweck der Zeitschrift einig. Vanessa Friedman von der *New York Times* bringt es prägnant auf den Punkt, wenn sie von einer »Filter- und Übersetzungsfunktion« spricht, die dazu beiträgt, »die Mode und die Modewelt mit den Leserinnen zu verbinden«.[54] Durch das »Übersetzen« der Mode für ein Publikum und das Bewerben von Designerinnen und Designern, die man für talentiert hält, stehen die *Vogue* und Konsorten zwischen kritischer Zeitungsberichterstattung, Blogs und sozialen Medien, die die Marken direkt mit der potenziellen Kundschaft verbinden. Die meisten sehen in der *Vogue* eine unterstützende Funktion, weil sie sozusagen die gesamte Industrie bejubelt. Wenn man Modezeitschriften als eigenes Genre definiert, dürfte das die Sorgen ein wenig zerstreuen, die *Vogue* müsse sich in einem direkten Wettbewerb mit Blogs, E-Zines, Newslettern und so weiter messen. Nur an den größeren Auswirkungen des allgemeinen Wettbewerbs ändert sich dadurch nicht viel. Mehr Plattformen bedeuten mehr Auswahlmöglichkeiten für die Konsumentinnen und Konsumenten, und ihre Aufmerksamkeitsspanne wird dadurch noch kürzer. Die *Vogue* läuft also nach wie vor Gefahr, irgendwann in dem überfüllten Medienbereich unterzugehen.

Imran Amed, Gründer, Geschäftsführer und Chefredakteur des globalen Medienunternehmens *The Business of Fashion*, vertritt die Meinung, dass die *Vogue* zwei verschiedene Arten von Lesekundschaft anspricht:[55] solche, die das Magazin kaufen, und solche, die die Webseite lesen. Denn die gedruckte und die digitale Ausgabe seien unterschiedlich genug, um auf getrennte Lesergruppen abzuzielen. Dieser Ansatz würde es dem gedruckten Produkt ermöglichen, sich mit substanzielleren Inhalten zu befassen, während die Schnipsel mit den Kardashian-Gerüchten oder den 50 Möglichkeiten, ein weißes T-Shirt zu tragen, diejenigen anlocken, die nur mal eben durchscrollen wollen. Jedoch vereinfacht die Behauptung, die *Vogue* würde ausschließlich diese beiden Zielgruppen bedienen, die ganze Sache viel zu sehr. Die *Vogue* ist mittlerweile eine viel größere Marke, ein vielschichtiges Gebilde, das viele Leserinnen und Leser bedient – Gelegenheitskäufer, eingefleischte Fans, Leute in Kreativberufen sowie alle irgendwo dazwischen. Egal, ob man sich die Laufstegshows auf YouTube ansieht, einen Tee im Vogue Café trinkt oder für die Doktorarbeit ein Abonnement für das Archiv abschließt – man zählt zur Kundschaft von Condé Nast.

Man kommt nicht umhin, sich zu fragen, was Amed wirklich von alldem hält. Im Jahr 2019 brachte Condé Nast *Vogue Business* auf den Markt, einen Newsletter, der die Zukunft im Visier hat und Analysen und Markteinblicke der Modeindustrie liefert. Die Ähnlichkeit mit Ameds *The Business of Fashion*, das seit 2007 erscheint, ist frappierend. *Vogue Business* soll dem Brutkasten von Condé Nast entsprungen sein und zielt darauf ab, ein anspruchsvolles Nischenpublikum anzusprechen, da es zunehmend schwieriger wird, mit einer großen, werbefinanzierten Leserschaft Geld zu verdienen. Zurzeit ist man jedoch noch weit davon entfernt, *The Business of Fashion* bei den Abonnentenzahlen zu überholen.

Unterdessen zweifelt Anja Aronowsky Cronberg, die Gründerin und Chefredakteurin von *Vestoj* (die Pariser Modezeitschrift wird vom London College of Fashion mitfinanziert), welchen Wert die *Vogue* überhaupt noch auf ihr Publikum legt. »Manchmal frage ich mich, ob die Leserschaft überhaupt noch wichtig ist. Ich glaube, dass die Zeitschrift womöglich vom Verlag direkt auf den Schreibtischen der PR-Agenturen landet, wissen Sie? Damit die PR-Agenturen dann ihren Kunden sagen können: Schauen Sie, Ihr Kleidungsstück ist auf Seite soundso in der *Vogue*.«[56] Cronberg gehört zu denjenigen, die nicht sehr optimistisch sind, was das Überleben der Zeitschrift angeht: »Eine solche Arbeitsweise funktioniert langfristig nicht, wenn man so große Budgets hat, wie sie die *Vogue* gewohnt ist.«

Vestoj, das in der Regel akademische Artikel veröffentlicht, wurde einer breiten Öffentlichkeit dadurch bekannt, dass Cronberg Lucinda Chambers interviewte, die Modedirektorin, die von der britischen *Vogue* gefeuert wurde. Noch lange nachdem das Interview viral ging, beschäftigte sich Cronberg mit Chambers' Kommentaren, insbesondere mit der Aussage, dass Chambers trotz ihrer Anstellung bei *Vogue* diese gar nicht mehr gelesen habe. Cronberg vermutet, dass ihre Kolleginnen und Kollegen aus der Branche die *Vogue* für »ein bisschen albern und definitiv irrelevant« halten. »Wer nimmt sie schon ernst? Eigentlich niemand. Gleichzeitig verleiht es einem einen gewissen Status, wenn man für die *Vogue* arbeitet.« Daraus ergibt sich ein kompliziertes Spannungsverhältnis: »Als Publikation wird die *Vogue* nicht respektiert, gleichzeitig weiß man aber, dass es gut für die berufliche Karriere ist, bei ihr zu arbeiten.«[57]

Mangelnder Respekt für das Produkt bei denjenigen, die für seine Herstellung bezahlt werden, spricht wohl kaum für eine glückliche Zukunft. Ebenso wenig glaubt Cronberg an den Wunsch der Newhouses, an der Zeitschrift festzuhalten. Vielmehr denkt sie, dass die *Vogue* ein gutes Beispiel für die Machtverschiebung ist, die derzeit in der Modeindustrie stattfindet. Ob die *Vogue* die letzte existierende Zeitschrift sein wird, bleibt abzuwarten. »Im Grunde könnte das jede beliebige Modezeitschrift sein, weil sie sich alle sehr ähnlich sind. Sicherlich wird es nicht viel damit zu tun haben, was in den Heften steht, sondern eher damit, wer das Glück hat, einen finanziellen Förderer zu haben. Jemand, der glaubt, dass es sich lohnt, in sie zu investieren.«[58]

Es gibt jedoch noch andere Standpunkte. Katie Glass, die Kolumnistin und Moderatorin der *Sunday Times*, reagiert auf Modezeitschriften mit einer ungeheuren Begeisterung: »Ich liebe solche Zeitschriften! Vor allem, wenn man in einem Hotel übernachtet, eine Flugreise macht, übers Wochenende verreist oder sich ein ausgiebiges Bad gönnt. Das verbinde ich damit. Es ist ein Luxus, und zu diesem Luxus gehören die Haptik und die Qualität, aber auch, dass man etwas zu lesen hat.«[59] Für Glass liegt der Reiz der Printmedien in den langen, ausführlichen Beiträgen, die um der Schönheit des geschriebenen Wortes willen verfasst wurden und nicht, um harte Fakten zu liefern. »Ich mag dieses Realitätsferne der *Vogue*. Ich kann mir die Kleider nicht leisten und noch weniger einen Rolls-Royce Phantom kaufen. Deswegen liest man die *Vogue* allerdings auch nicht. Man liest sie, um zu genießen; die Zeitschrift selbst wird zum Luxus.«[60] Interessant, dass die *Vogue* in ihrer Verkörperung als Massenmedium selbst zu dem Luxus geworden ist, den sie auf ihren Seiten verkauft. Die Zeitschrift stellt sowohl einen physischen Ersatz dar als auch ein Guckloch in eine Welt, in der die meisten von uns nicht leben können, die wir uns aber gerne ansehen.

Die preisgekrönte Journalistin Flora Carr schlägt sich ebenfalls auf die Seite der gedruckten Ausgabe: »Ich bin mir sicher, dass es einen Wandel gibt, vor allem in meiner Generation und der Generation nach mir. Meine Schwester gehört zur Generation Z, und sie abonniert Zeitschriften, um ein physisches Exemplar zugeschickt zu bekommen. Ich finde es schön, etwas Greifbares in den Händen zu halten.« Neben der Anziehungskraft des Produkts ist Carr auch von der Macht der Marke selbst überzeugt: »Ich bezweifle wirklich, dass sie in der gleichen Weise leiden wird, wie es weniger bekannte Titel müssen.«[61]

Sogar Alexandra Shulman verteidigt das Format mit den Worten: »Ich bin weiterhin davon überzeugt, dass die Freude an einer spürbaren, haptischen Erfahrung einer dicken Zeitschrift nach wie vor ungebrochen ist.«[62] Mit dieser von einigen vertretenen Überzeugung, dass die Leute Lesen als Luxus sehen, geht auch das Beharren einher, dass die *Vogue* nach wie vor viel gelesen wird. Mir fiel auf, dass meine Interviewpartnerinnen gerne betonten, dass ihre Mütter immer schon die *Vogue* lesen würden und dabei hofften, dass ihre Töchter diese Gewohnheit ebenfalls übernähmen. Ich traf zudem auf Menschen aus allen gesellschaftlichen Schichten, die im Gespräch erwähnten, dass sie die *Vogue* immer noch sammeln: Teenager und Hausfrauen. Anwältinnen in Großkanzleien und Investmentbanker. Graphikdesigner, Kunsthändlerinnen, freiberufliche Schriftsteller, Bloggerinnen und Gärtner. Offensichtlich hat die *Vogue* ihre Strahlkraft noch nicht verloren. Eine Bemerkung von Glass ist besonders aufschlussreich: »Ich habe Freunde, die sogar die Werbung lieben.«[63]

Flora Carr, die 2015 den Talentwettbewerb der *Vogue* gewonnen hat, beschreibt das Mittagessen, das im Vogue House für die Teilnehmenden veranstaltet wurde, die in die engere Wahl gekommen waren, immer noch voller Staunen. Zum Preis gehört ein Praktikum bei der *Vogue* selbst, und Carr erinnert sich an die positive Resonanz der Mitarbeiterinnen und Mitarbeiter auf ihre Artikel, die Hilfsbereitschaft der Leute im Büro und eine generell angenehme, betriebsame und freundliche Umgebung.[64] Obschon sie als Praktikantin in vieles nicht eingeweiht war, fühlte sie sich dennoch nah genug am Geschehen, um viele surreale »Kneif mich mal«-Momente erleben zu können: von Alexa Chung, die kurz für ein Meeting vorbeikam, bis hin zum Transkribieren eines Interviews mit Victoria Beckham.[65] Ihrer Ansicht nach war der Gewinn des Wettbewerbs ihr Sprungbrett ins Berufsleben, eine wichtige Grundlage für ihre spätere Karriere als Journalistin. Sie hat keinen Zweifel daran, dass das Prestige der *Vogue* in ihrem Lebenslauf einige Türen für sie öffnete.

Sowohl *The Business of Fashion* als auch *Vestoj* sind Publikationen, die sich auf neue Art und Weise mit Mode befassen und dadurch traditionelle Formate verändern. Sie sind nicht nur deshalb vielfältig, weil sie ethnische Minderheiten auf den Titelseiten bringen, sondern durch die gesamte Struktur ihrer Medienunternehmen. Wenn man sich mit Miles Socha, dem Chefredakteur von *Women's Wear Daily* (*WWD*), unterhält, erkennt man, wie eine traditionsreiche Marke diese Aufgabe angehen könnte. *WWD* wurde 1910 gegründet und hat damit eine fast ebenso lange Geschichte wie die *Vogue*, auch wenn es sich um eine Fachzeitschrift handelt. *WWD* erlebt derzeit einen enormen Anstieg an Abonnentenzahlen, und Socha betont in diesem Zusammenhang, wie wichtig Experten nach wie vor sind: »Twitter ist als Erstes explodiert, denn ich glaube, dass die Konsumentinnen und Konsumenten *WWD* als Richtschnur für Wahrheit und journalistische Integrität in einem Meer voller fragwürdiger Informationen und gesponserter Inhalte ansehen.«[66]

Laut Socha kommt die starke Konkurrenz der digitalen Plattformen gegen seine Publikation nicht an, was er wie folgt erklärt: »Der große Unterschied liegt natürlich im journalistischen Sachverstand, weil dieser spezielle Fähigkeiten erfordert und einzigartige und wertvolle Inhalte generiert. Was *WWD* betrifft, so waren wir schon immer ein Medium mit einer höchst spezialisierten Ausrichtung, und die explosionsartige Zunahme an Influencern hat das nur noch deutlicher gemacht.«[67] Es gibt also große Modemedienunternehmen, bei denen professionelles Schreiben immer noch ganz oben auf der Liste der Mitarbeiterfähigkeiten steht. In den vergangenen Jahren ist eine stetige Rückkehr der Leserinnen und Leser zu »seriösen« Publikationen zu verzeichnen, da die Menschen vom Clickbaiting gelangweilt sind und sich nach den fundierten Expertenmeinungen sehnen. Von Journalisten geführte Nischenmedien, die sich an ein kleineres Publikum wenden, das bereit ist, mehr Geld für mehr Qualität zu zahlen, sind wieder im Kommen. Für die *Vogue* wird es wegen ihrer Mainstream-Inhalte eine Herausforderung sein, sich mit dieser neuen Bewegung auseinanderzusetzen. Ein derart großes Unternehmen so zu modifizieren, dass es sich wechselnden Trends anpassen kann, ist eine schwere Aufgabe.

Um mit diesen Tricks der Branche umzugehen und das gigantische Gebilde der *Vogue* zu verändern, braucht sie ihre Chefredakteurinnen. Sie sind diejenigen, die an vorderster Front stehen, die Zeitschrift leiten und das entscheidende Bindeglied zwischen den gesichtslosen Führungskräften, den echten Talenten und den jungen Gesichtern darstellen. Diese Aufgabe war noch nie einfach. Die dienstälteste Chefredakteurin, Edna Woolman Chase, beschrieb sie als einen albtraumhaften Zustand, wo man Mädchen für alles ist und sich mit allem und jedem auseinandersetzen muss – von streitsüchtigen Angestellten bis hin zum Produktionsprozess; man »muss eine Kombination aus Kindermädchen, Polizistin, Diplomatin und Psychiaterin sein«.[68]

Die Rolle der Chefredakteurin ist etwas ganz Besonderes,

und die Jobbeschreibung wandelt sich andauernd. Wie wir wissen, können Chefredakteurinnen vorher als Artdirektorinnen und Reporterinnen gearbeitet haben; künftig könnte es sich bei ihnen auch gut um Influencerinnen, Vloggerinnen oder Tech-Nerds handeln. Imran Amed von *The Business of Fashion* beschreibt die Veränderungen folgendermaßen:

> **Früher war der Redakteur derjenige, der über den guten Geschmack entschied, und heute gibt es meiner Meinung nach viele Leute, die über Geschmack entscheiden. Für mich ist ein Redakteur heutzutage ein Gesprächsvermittler, jemand, der talentierte Menschen in Teams zusammenbringt, um Ideen, Inhalte und Erlebnisse zu entwickeln, und es gehört auch immer noch zur Aufgabe des Redakteurs, das Gesicht und der Repräsentant eines Medienunternehmens zu sein.**[69]

Darüber hinaus ist es von entscheidender Bedeutung, wie die Chefredakteurinnen und -redakteure auf die Welt um sich herum reagieren, denn nicht nur die Mode verändert sich, sondern wir alle bewegen uns in rasender Geschwindigkeit auf immer ungewissere Gefilde zu. Vor nicht einmal einem Jahrhundert gab es in London und Paris Redakteurinnen und Redakteure, die sich vor den Nazis verstecken mussten und während schwerer Bombenangriffe eine Ausgabe herausbrachten, die zu den meistverkauften Auflagen gehört. Mit der Entscheidung, über die Gesundheit von Frauen und die zweite Welle des Feminismus zu berichten, katapultierte sich die amerikanische *Vogue* in den siebziger Jahren zur auflagenstärksten Modezeitschrift empor – eine luftige Position, die sie bis heute innehat. Edward Enninfuls Diversitäts-Kampagne mit dem Hashtag #NewVogue hat schließlich einem ganzen Land neue Ausblicke aufgezeigt.

Die neuen *Vogue*-Zeitschriften mit ihren unverbrauchten, neuen Chefredakteurinnen und -redakteuren sind in ihrer Arbeitsweise freier und weniger den Eigentümern oder irgendwelchen Netzwerken alter Kontakte verpflichtet, sodass sie innovative Arbeit leisten können. Während der COVID-19-Pandemie zeigte die britische *Vogue* im Mai 2020 Rihanna auf dem Cover, die amerikanische *Vogue* stellte eine dünne Figur vor eine glitzernde Düne. Die *Vogue Portugal* hingegen, die von der begnadeten Sofia Lucas herausgegeben wird, brachte das wunderschöne Titelbild eines Paares heraus, das sich küsst, während es einen Mund-Nasen-Schutz trägt. Stilistisch erinnert es an alte Fotos von Verliebten, die sich vor dem Kriegseinsatz trennen müssen. Die Ausgabe trägt den Titel »Freiheit in der Warteschleife«. Sie ist Teil einer langen Reihe von atemberaubenden Titelbildern, die unter Lucas' Leitung erschienen sind und faszinierende Themen mit Überschriften wie »Zwillingsseelen«[70] und »Planet Erde ist der neue Trend«[71] behandeln. Die Umweltthematik spielt eine große Rolle, ebenso ein egalitärer Ansatz. Die von Lucas engagierten Fotografinnen und Fotografen sind jünger, weniger berühmt, sehr künstlerisch orientiert und produzieren unheimliche, museumswürdige Traumlandschaften. Die *Vogue Portugal* unter Sofia Lucas setzt weniger auf Prominenz und mehr auf Kreativität und kommt damit dem Geist der alten *Vogue* sehr nahe.

Auch andere globale Themen haben die Mode beeinflusst. Als die Verbrechen von Harvey Weinstein und die *#MeToo*-Bewegung ins Rampenlicht rückten, wurde das sexuelle Missbrauchsverhalten, das in vielen Branchen unveröffentlicht blieb, thematisiert. Im Jahr 2018 musste Condé Nast die Zusammenarbeit mit drei seiner größten und dienstältesten Starfotografen beenden, nachdem mehrfach Anschuldigungen wegen Nötigung und sexueller Übergriffe erhoben wurden (die alle bestritten wurden): Terry Richardson, Mario Testino und Bruce Weber. Ebenso war die *Vogue* nach den weltweiten Black-Lives-Matter-Protesten gezwungen, ihre Unternehmenspolitik zu überdenken. Und in einer noch nie da gewesenen Entschuldigung räumte Anna Wintour ein, beleidigende, nicht tolerierbare Inhalte gedruckt und zu wenige Schwarze im Unternehmen beschäftigt zu haben.[72] Möge dies der Beginn einer gründlichen Untersuchung der Unternehmensführung von Condé Nast sein. »Was kommt als Nächstes?« Diese große Frage ist, was die *Vogue* betrifft, unmöglich zu beantworten. Das vergangene Jahrzehnt war geprägt von einer Auseinandersetzung mit neuen Technologien, dem Ringen mit einer Online-Welt, die mit Lichtgeschwindigkeit voranschnellt und altmodischen Medienunternehmen den Atem raubt. Doch die *Vogue* hat Kriege überlebt, die Nationen zu Fall brachten, Verluste erlitten, die ganze Staaten in den Bankrott getrieben hätten, und mit ihrer Marke ein Vermächtnis bewahrt, das so bekannt ist wie die britischen Royals. In den Briefen, Memoiren und Biographien der verschiedenen Persönlichkeiten, die im Laufe der vielen Jahre mit der *Vogue* zu tun hatten, gab es immer wieder Spekulationen von eifersüchtigen Rivalen, dass die *Vogue* kurz vor dem Niedergang stehe. Dass sie zu lange zu hoch geflogen sei. Diese Unkenrufe kamen erstmals auf, als 1906 ihr Gründer starb, dann erneut während der Weltwirtschaftskrise in den dreißiger Jahren, während der Jugendrevolten der sechziger Jahre und wieder zu Beginn der Blogger-Generation 2010. Doch niemand glaubt wirklich, dass es jemals ein Ende geben wird. Die *Vogue* wird immer die *Vogue* bleiben.

DANK

Als Erstes möchte ich meiner Agentin Juliet Pickering danken, dass sie an meine Idee geglaubt hat, und meinen Lektorinnen Jane Sturrock und Charlotte Fry für ihre unendliche Geduld bei der Umsetzung dieser Idee in dieses wunderbare Buch. Vielen Dank auch an Sam Hodder von der Blake Friedmann Agency und an das restliche Team bei Quercus.

Außerdem haben mir die folgenden Personen entweder mit aufmunternden Worten oder Informationen – oder beidem – geholfen: Prosper Assouline mit seiner schonungslosen Kritik; Mark Heywood und Rupert Heath mit frühzeitigen und unbezahlbaren Ratschlägen; sowie meine engsten Freunde Dean Merali und Lina Viktor, die von Anfang an bei diesem Abenteuer mit dabei waren. Mein Dank geht auch an Rik Ubhi, Ashleigh Smith, Sophie Foan, Elly Goldsmith, James Crump, Christopher Denruyter, Bradley Reynolds, Ruth Peterson, der Worshipful Company of Stationers and Newspaper Makers, The Hospital Club und allen bei *Londnr*, die die Stellung gehalten haben, während ich mit dem Schreiben beschäftigt war.

Besonders verbunden bin ich Colombe Pringle, die mich sowohl in ihr Haus als auch in ihre Vergangenheit eingeladen hat. Für ihre Zeit, Großzügigkeit und die lebhaften Gespräche bin ich ihr sehr dankbar. Ihr Beitrag war besonders wertvoll für dieses Buch. Danke auch an Ilaria Coser für die

Beantwortung meiner Fragen, an Lesley Whitworth von der Alison Settle University of Brighton Design Archives sowie an Vanessa Friedman, Katie Glass, Flora Carr, Imran Amed und seinem PR-Team Kerry und Paloma, Anja Aronowsky Cronberg, Nadine Ijewere, Miles Socha und die zahlreichen anderen, die es vorziehen, nicht genannt zu werden, die mich jedoch mit Einblicken in die *Vogue* und Modezeitschriften im Allgemeinen versorgten. Zudem bin ich dem *Vogue*-Archiv in der National Art Library und dem Condé Nast Archive zu großem Dank verpflichtet.

Und ein letzter Dank geht in Liebe an Elena Guinea und Christoph Miralles.

ANMERKUNGEN

KAPITEL 1

1 E. Woolman Chase und I. Chase, *Always in Vogue,* New York: Doubleday & Company, Inc. 1954, S. 16.
2 A. B. Turnure, »STATEMENT«, *Vogue*, Band 1, Ausgabe 1, 17. Dezember 1892, S. 16.
3 L. Borrelli-Persson, »Vogue Fun Facts by the Numbers«, *Vogue* [.com], Culture, 7. März 2017, https://www.vogue.com/article/vogue-covers-models-facts-history, Zugriff am 1. Februar 2020.
4 Ebenda.
5 Woolman Chase und Chase, *Always in Vogue,* S. 16.
6 E. Wharton, *The Age of Innocence,* New York: The Modern Library 1920, S. 69.
7 C. Seebohm, *The Man Who Was Vogue: The Life and Times of Condé Nast*, New York: The Viking Press 1982, S. 40.
8 A. B. Turnure, »VOGUE«, *Vogue*, Band 1, Ausgabe 1, 17. Dezember 1892, S. 1.
9 Ebenda.
10 T. Peterson, *Magazines in the Twentieth Century,* 2. Auflage, Urbana: University of Illinois Press 1975, S. 2.
11 Ebenda.
12 M. Beetham, *A Magazine of Her Own? Domesticity and Desire in the Women's Magazine 1800–1914*, London: Routledge 1996, S. 5.
13 »COMING EVENTS«, *Vogue* 1, Society Supplement, 17. Dezember 1892, S. S2.
14 Ebenda.
15 Ebenda.
16 Ebenda.
17 »FLORAL GARNITURE«, *Vogue*, Society Supplement, Band 1, Ausgabe 1, 17. Dezember 1892, S. 12.
18 »SLIPPERS«, *Vogue*, Society Supplement, Band 1, Ausgabe 1, 17. Dezember 1892, S. S4.

19 Ebenda.
20 »LONDON«, *Vogue*, Society Supplement, Band 1, Ausgabe 1, 17. Dezember 1892, S. S2.
21 Woolman Chase und Chase, *Always in Vogue,* S. 19.
22 »BOTH KINDS«, *Vogue*, Band 1, Ausgabe 1, 17. Dezember 1892, S. 16.
23 »LONDON«, *Vogue*, Society Supplement, Band 1, Ausgabe 1, 17. Dezember 1892, S. S2.
24 Woolman Chase und Chase, *Always in Vogue*, S. 21.
25 Ebenda.
26 Ebenda, S. 22.
27 Ebenda, S. 32.
28 Ebenda, S. 43.

KAPITEL 2

1 C. Seebohm, *The Man Who Was Vogue: The Life and Times of Condé Nast*, New York: The Viking Press 1982, S. 38.
2 Ebenda.
3 E. Woolman Chase und I. Chase, *Always in Vogue,* New York: Doubleday & Company, Inc. 1954, S. 58.
4 Ebenda, S. 49.
5 Ebenda.
6 Ebenda, S. 28 f.
7 Ebenda, S. 46.
8 Seebohm, *The Man Who Was Vogue*, S. 30.
9 Ebenda.
10 Ebenda.
11 Woolman Chase und Chase, *Always in Vogue,* S. 46.
12 Ebenda.
13 Ebenda, S. 47.
14 »Announcement«, *Vogue* 35, Nr. 7, 17. Februar 1910, S. 7.
15 Ebenda.
16 Woolman Chase und Chase, *Always in Vogue,* S. 54 f.
17 Ebenda, S. 81.
18 Ebenda, S. 26 f.
19 Ebenda, S. 80.
20 Ebenda, S. 78.
21 Ebenda, S. 79.
22 Ebenda.
23 Ebenda, S. 109.
24 Ebenda, S. 53.
25 Ebenda, S. 129 ff.

26 Ebenda, S. 140 f.
27 Seebohm, *The Man Who Was Vogue*, S. 88.
28 Ebenda, S. 86.
29 Ebenda, S. 88.
30 Woolman Chase und Chase, *Always in Vogue*, S. 53.
31 Seebohm, *The Man Who Was Vogue*, S. 86.
32 Ebenda, S. 88.
33 B. Ballard, *In My Fashion*, 1. Ausgabe 1960, London: V&A Publishing 2017, [Apple Books E-Book] S. 12 f.
34 Seebohm, *The Man Who Was Vogue*, S. 156 f.
35 Ebenda, S. 41.
36 Ebenda.
37 Woolman Chase und Chase, *Always in Vogue*, S. 54.
38 Ballard, *In My Fashion*, S. 13.
39 Ebenda, S. 14.
40 Woolman Chase und Chase, *Always in Vogue*, S. 109 f.
41 Ebenda.
42 Ebenda.
43 Ebenda.
44 Seebohm, *The Man Who Was Vogue*, S. 60.
45 Woolman Chase und Chase, *Always in Vogue*, S. 106.
46 Ebenda, S. 282.
47 Ebenda, S. 190 f.
48 Ebenda.
49 Seebohm, *The Man Who Was Vogue*, S. 61.
50 Woolman Chase und Chase, *Always in Vogue*, S. 61.
51 Ebenda, S. 71.
52 Ebenda.
53 Ebenda.
54 »What We Do«, Firmenwebsite Condé Nast, https://www.condenast.com/about, Zugriff am 20. Juni 2020.
55 H. Yoxall, *A Fashion of Life*, New York: Taplinger 1967, S. 80.
56 Ebenda, S. 81.

KAPITEL 3

1 C. Seebohm, *The Man Who Was Vogue: The Life and Times of Condé Nast*, New York: The Viking Press 1982, S. 76.
2 D. Friend, »Vanity Fair: The One-Click History«, *Vanity Fair*, Vintage V.F., 14. Januar 2008, https://www.vanityfair.com/magazine/2008/01/oneclickhistory, Zugriff am 5. Februar 2019.
3 Seebohm, *The Man Who Was Vogue*, S. 260 f.

4 Ebenda.
5 E. Woolman Chase und I. Chase, *Always in Vogue*, New York: Doubleday & Company, Inc. 1954, S. 116 f.
6 Ebenda.
7 Seebohm, *The Man Who Was Vogue*, S. 123.
8 Ebenda.
9 Ebenda, S. 116 f.
10 Ebenda.
11 L. Cohen, *All We Know: Three Lives*, New York: Farrar, Straus and Giroux 2012, S. 231.
12 Woolman Chase und Chase, *Always in Vogue*, S. 116.
13 D. Gilbert, »The Looks of Austerity: Fashion for Hard Times«, in: *Fashion Theory* 21 (2017), S. 477–499.
14 A. de Warenne, Cover, British *Vogue*, Ende Januar 1918.
15 A. de Warenne, Cover, British *Vogue*, Anfang Juli 1918.
16 H. Dryden, Cover, British *Vogue*, Anfang Dezember 1918.
17 G. Lepape, Cover, British *Vogue*, November 1918.
18 »Editor's Letter«, *Vogue*, Anfang Oktober 1918.
19 D. Edinger, Cover, *Vogue*, Band 51, Ausgabe 8, Ende April 1918.
20 J. R. Fernandez, »›If You Can't Be Gay Be Gallant‹, Says Paris«, Fashion, *Vogue*, Band 52, Ausgabe 1 vom 1. Juli 1918, S. 38.
21 »These Are The Defences of Paris Against The War«, Fashion, *Vogue*, Band 52, Ausgabe 10 vom 15. November 1918, S. 39.
22 »Dressing On A War Income«, Fashion, *Vogue*, Band 52, Ausgabe 1 vom 1. Juli 1918, S. 66.
23 »Clark's Thinning Bath Salts«, Werbeanzeige, British *Vogue*, Anfang September 1924.
24 Woolman Chase und Chase, *Always in Vogue*, S. 89 ff.
25 Ebenda.
26 Ebenda, S. 29 f.
27 Ebenda, S. 91.
28 Ebenda, S. 91 f.
29 Ebenda.
30 PortableNYCTours, »Mamie Fish – the ›Fun-Maker‹ of the Gilded Age«, Portable NYC (Blog), 9. Mai 2020, https://portablenycblog.com/2020/05/09/mamie-fish-the-fun-maker-of-the-gilded-age/, Zugriff am 9. Juni 2020.
31 Woolman Chase und Chase, *Always in Vogue*, S. 94.
32 Ebenda.
33 Ebenda.
34 Ebenda, S. 94 f.
35 Ebenda.

36 Ebenda, S. 96.
37 Ebenda, S. 97.
38 Ebenda, S. 92.
39 Ebenda, S. 83.
40 Ebenda, S. 111.
41 Ebenda, S. 88.
42 GREENWICHFREEPRESS, »Fun Times Working at Condé Nast in Greenwich!«, Around Town, Greenwich Free Press, 14. Februar 2016, https://greenwichfreepress.com/around-town/fun-times-working-at-conde-nast-in-greenwich-58902/, Zugriff am 9. November 2019.
43 Ebenda.
44 Ebenda.
45 Seebohm, *The Man Who Was Vogue*, S. 282 f.
46 Woolman Chase und Chase, *Always in Vogue*, S. 34.
47 Ebenda, S. 109.
48 Seebohm, *The Man Who Was Vogue*, S. 261.
49 Ebenda.

KAPITEL 4

1 O. Pentelow, »Vogue Editors Through The Years«, *Vogue* [.co.uk], News, 10. April 2017, https://www.vogue.co.uk/gallery/past-british-vogue-editors-history, Zugriff am 1. Februar 2019.
2 Ebenda.
3 E. Woolman Chase und I. Chase, *Always in Vogue*, New York: Doubleday & Company, Inc. 1954.
4 L. Cohen, *All We Know: Three Lives*, New York: Farrar, Straus and Giroux 2012, S. 235.
5 P. Lewis, *The Cambridge Introduction to Modernism*, New York: Cambridge University Press 2007, S. xvii-3.
6 »In Vanity Fair«, *Vanity Fair*, März 1914, S. 15.
7 »Early Paris Openings and Brides«, British *Vogue*, Contents, Anfang April 1925.
8 Cohen, *All We Know*, S. 242 f.
9 Ebenda, S. 243.
10 Ebenda.
11 Ebenda, S. 245.
12 O. Todd, *Year of the Crab*, London: Aidan Ellis 1975, S. 265.
13 Cohen, *All We Know*, S. 254.
14 Woolman Chase und Chase, *Always in Vogue*, S. 118.
15 Cohen, *All We Know*, S. 230 f.
16 Ebenda, S. 230.

17 Ebenda, S. 232 f.
18 Ebenda.
19 Ebenda, S. 236.
20 Ebenda, S. 237.
21 M. Garland, Gespräch mit Hilary Spurling, 29. März 1989, zitiert in: Cohen, *All We Know,* S. 241.
22 Cohen, *All We Know,* S. 238.
23 N. Luckhurst, *Bloomsbury in Vogue,* London: Cecil Woolf Publishers 1998, S. 24.
24 Fish, »A Bachelor at Bay«, *Vogue,* Anfang Mai 1925, S. 72.
25 C. Reed, »A Vogue That Dare Not Speak its Name: Sexual Subculture During the Editorship of Dorothy Todd, 1922–26«, in: *Fashion Theory* 10 (2006), S. 64.
26 »Seen on the Stage«, *Vogue,* Ende November 1924, S. 62.
27 Luckhurst, *Bloomsbury in Vogue.*
28 Cohen, *All We Know,* S. 267.
29 Ebenda, S. 252.
30 V. Woolf, *The Letters of Virginia Woolf,* Volume III, 1923–1928, hg. von N. Nicholson und J. Trautmann, Mariner Books 1978, S. 170.
31 Ebenda.
32 Reed, »A Vogue That Dare Not Speak its Name«, S. 57.
33 Woolman Chase und Chase, *Always in Vogue,* S. 118.
34 H. Yoxall, *A Fashion of Life,* New York: Taplinger 1967, S. 124.
35 Ebenda.
36 *Vogue,* Ende Oktober 1923, S. iv.
37 Cohen, *All We Know,* S. 265.
38 Ebenda.
39 Ebenda, S. 266.
40 C. Derry, »Lesbianism and Feminist Legislation in 1921: the Age of Consent and ›Gross Indecency between Women‹«, in: *History Workshop Journal* 86, Herbst 2018, S. 245.
41 A. Parkes, »Lesbianism, History, and Censorship: The Well of Loneliness and the Suppressed Randiness of Virginia Woolf's Orlando«, in: *Twentieth Century Literature* 40 (1994), S. 434–460.
42 Woolman Chase und Chase, *Always in Vogue,* S. 119.
43 Yoxall, *A Fashion of Life*, S. 107.
44 V. Woolf, *The Letters of Virginia Woolf,* Volume III, 1923–1928, hg. von N. Nicholson und J. Trautmann, Mariner Books 1978, S. 478 f.
45 M. Garland, Entwürfe der Memoiren, zitiert in: Cohen, *All We Know,* S. 270.
46 Cohen, *All We Know,* S. 343.
47 Ebenda, S. 343 f.

48 Todd, *Year of the Crab*, S. 265.
49 Cohen, *All We Know*, S. 344.
50 A.J. Carrod, *»A plea for a renaissance«: Dorothy Todd's Modernist experiment in British Vogue, 1922–1926*, Doktorarbeit in Englischer Literatur, Keele, Newcastle: Keele University 2015, S. 255.
51 Woolman Chase und Chase, *Always in Vogue*, S. 119 ff.
52 Ebenda, S. 119.
53 Ebenda, S. 122.
54 Ebenda, S. 121–125.
55 Yoxall, *A Fashion of Life*, S. 81.

KAPITEL 5

1 H. Yoxall, *A Fashion of Life*, New York: Taplinger 1967, S. 123.
2 Ebenda.
3 Ebenda, S. 125.
4 Ebenda.
5 Ebenda.
6 Ebenda.
7 Ebenda.
8 M.D. Harmon, »A war of words: the British Gazette and British Worker during the 1926 General Strike«, in: *Labor History* 60 (2019), S. 193.
9 Yoxall, *A Fashion of Life*, S. 125.
10 Harmon, »A war of words«, S. 194–198.
11 Yoxall, *A Fashion of Life*, S. 125 f.
12 Ebenda, S. 126.
13 Ebenda.
14 Ebenda, S. 127.
15 Ebenda.
16 Ebenda.
17 E. Woolman Chase und I. Chase, *Always in Vogue*, New York: Doubleday & Company, Inc. 1954, S. 131.
18 D. Chambers und L. Steiner, »The Changing Status of Women Journalists«, in: S. Allan (Hg.), *The Routledge Companion to News and Journalism*, London: Routledge 2010, S. 49–60.
19 I. Coser, »Alison Settle, Editor of British Vogue (1926–1935): Habitus and the Acquisition of Cultural, Social, and Symbolic Capital in the Private Diaries of Alison Settle«, in: *Fashion Theory* 21 (2017), S. 477–499.
20 »The Chic Woman's Day on the Riviera«, Features, *Vogue*, Band 77, Ausgabe 8, 15. April 1931, S. 112–140.
21 A. Settle, »Alison Settle Remembers …«, *The Observer*, 24. Juni 1973, S. 27.

22 A. Settle [Tagebucheintrag], Frühjahr–Sommer 1932, Tagebücher 1930–1934, Kanada: Charles Wakefield Private Archive.
23 Ebenda.
24 A. Settle, »Alison Settle Remembers …«, *The Observer Review,* 1. Juli 1973.
25 A. Settle [private Notizen], Alison Settle Archive, Brighton: University of Brighton Design Archives, R14.
26 Ebenda, R6/R7.
27 Ebenda, R14.
28 Ebenda, R16.
29 Ebenda.
30 Yoxall, *A Fashion of Life*, S. 124.
31 C. Geisst, *Wall Street,* Oxford: Oxford University Press 1997, S. 147.
32 C. Seebohm, *The Man Who Was Vogue: The Life and Times of Condé Nast*, New York: The Viking Press 1982, S. 282.
33 Ebenda.
34 Ebenda.
35 Ebenda.
36 Woolman Chase und Chase, *Always in Vogue,* S. 193.
37 Yoxall, *A Fashion of Life*, S. 81.
38 Ebenda, S. 93.
39 Ebenda, S. 92 ff.
40 Ebenda.
41 Ebenda.
42 Woolman Chase und Chase, *Always in Vogue,* S. 131 f.
43 Ebenda, S. 204.
44 Ebenda, S. 205 f.
45 Seebohm, *The Man Who Was Vogue*, S. 264 f.

KAPITEL 6

1 E. Woolman Chase und I. Chase, *Always in Vogue,* New York: Doubleday & Company, Inc. 1954, S. 128.
2 Ebenda, S. 85.
3 Ebenda.
4 Ebenda, S. 127.
5 Ebenda.
6 Ebenda.
7 B. Ballard, *In My Fashion,* 1. Ausgabe 1960, London: V & A Publishing 2017, [Apple Books E-Book] S. 158–187.
8 Woolman Chase und Chase, *Always in Vogue,* S. 127.
9 Ballard, *In My Fashion,* S. 34.

10 Ebenda, S. 45.
11 M. McAuliffe, *Paris on the Brink: The 1930s Paris of Jean Renoir, Salvador Dalí, Simone de Beauvoir, André Gide, Sylvia Beach, Léon Blum, and their Friends*, Lanham: Rowman & Littlefield 2018, S. 1.
12 Ebenda, S. 39.
13 Ballard, *In My Fashion*, S. 45.
14 Ebenda.
15 Ebenda, S. 82.
16 Ebenda, S. 36.
17 Ebenda, S. 97.
18 Ebenda, S. 44.
19 Ebenda, S. 46 f.
20 Woolman Chase und Chase, *Always in Vogue*, S. 121.
21 Ebenda.
22 Ebenda.
23 Ebenda, S. 175.
24 Ballard, *In My Fashion*, S. 47.
25 Woolman Chase und Chase, *Always in Vogue*, S. 178.
26 Ebenda, S. 48.
27 Ebenda, S. 54.
28 Ebenda, S. 55.
29 Ebenda.
30 Ballard, *In My Fashion*, S. 55.
31 Ebenda.
32 Woolman Chase und Chase, *Always in Vogue*, S. 212.
33 Ballard, *In My Fashion*, S. 266.
34 Ebenda, S. 58.
35 Woolman Chase und Chase, *Always in Vogue*, S. 213.
36 Ebenda, S. 214.
37 Ebenda.
38 Ballard, *In My Fashion*, S. 83.
39 Ebenda.
40 Ebenda.
41 Ebenda, S. 85.
42 Ebenda.
43 Ebenda, S. 85 f.
44 Ebenda.
45 Ebenda.
46 Ebenda, S. 86.
47 Ebenda, S. 86 f.
48 Ebenda, S. 87.
49 Ebenda.

50 Ebenda, S. 90f.
51 Ebenda, S. 84.

KAPITEL 7

1 H. Yoxall, *A Fashion of Life,* New York: Taplinger 1967, S. 179.
2 Ebenda.
3 E. Woolman Chase und I. Chase, *Always in Vogue,* New York: Doubleday & Company, Inc. 1954, S. 255.
4 Ebenda, S. 249.
5 Ebenda, S. 246.
6 Yoxall, *A Fashion of Life*, S. 183.
7 Woolman Chase und Chase, *Always in Vogue,* S. 246.
8 B. Ballard, *In My Fashion,* 1. Ausgabe 1960, London: V&A Publishing 2017, [Apple Books E-Book] S. 302.
9 Ebenda, S. 304.
10 Ebenda, S. 305.
11 Ebenda, S. 311.
12 Ebenda, S. 312f.
13 Woolman Chase und Chase, *Always in Vogue,* S. 255.
14 Ebenda, S. 291.
15 Ballard, *In My Fashion,* S. 315.
16 Ebenda, S. 325ff.
17 Yoxall, *A Fashion of Life*, S. 181.
18 Ebenda.
19 Ebenda, S. 182.
20 Ebenda.
21 Ebenda.
22 Ebenda, S. 183.
23 Ebenda, S. 182.
24 D. Beyfus, »Audrey Withers«, in: *The Guardian*, Obituaries, 31. Oktober 2001, https://www.theguardian.com/news/2001/oct/31/guardianobituaries, Zugriff am 16. Oktober 2021.
25 Ebenda.
26 Ebenda.
27 Ebenda.
28 A. Withers, »British Vogue Weathers the Storm«, in: *Vogue,* People and Ideas, Band 96, Ausgabe 11, 1. Dezember 1940, S. 80f., 138–141.
29 Ebenda, S. 80.
30 Ebenda.
31 »Sorry If We're Late ...«, in: *Vogue,* Advertisement, Band 103, Ausgabe 5, 1. März 1944, S. 192.

32 Yoxall, *A Fashion of Life*, S. 125.

33 Ebenda, S. 180 f.

34 Ebenda.

35 Ministry of Information, Home Front Handbook, Blading and Mansell, UK 2005 [1945], S. 50 f.

36 A. Withers, *Lifespan: An Autobiography*, London: Peter Owen 1994, S. 51.

37 J. Summers, *Fashion on the Ration: Style in the Second World War*, London: Profile Books LTD 2015.

38 Ebenda.

39 J. Kron, »When Beauty Was a Duty«, in: *New York Times*, Arts, 8. Februar 1991, https://www.nytimes.com/1991/02/08/arts/when-beauty-was-a-duty.html, Zugriff am 16. Oktober 2021.

40 »Nov. I: Sell Time-Savers, Beauty-Savers!«, in: *Vogue*, Vogue Advance News For Retailers, Band 100, Ausgabe 9, 1. November 1942, S. A1.

41 »In this Issue«, British *Vogue*, September 1939, S. 11.

42 Ebenda.

43 P. Roy, Cover, British *Vogue*, März 1942.

44 »General Economy Issues his Orders of the Day«, in: British *Vogue*, Mai 1942, S. 21

45 Ebenda.

46 C. Beaton, Cover, British *Vogue*, September 1943.

47 C. Beaton, »The Stuff of Vogue«, British *Vogue*, März 1942, S. 25.

48 Ballard, *In My Fashion*, S. 420.

49 K. Nelson Best, *The History of Fashion Journalism*, London, New York: Bloomsbury 2017, S. 95 f.

50 Woolman Chase und Chase, *Always in Vogue*, S. 263.

51 Ebenda, S. 261.

52 Ebenda, S. 262.

53 Ebenda, S. 262 f.

54 Ebenda.

55 Ebenda.

56 Ebenda, S. 263.

57 Ebenda.

58 Yoxall, *A Fashion of Life*, S. 59.

59 Woolman Chase und Chase, *Always in Vogue*, S. 264.

60 Ebenda.

61 Ebenda, S. 264 f.

62 Ebenda.

63 Ebenda.

64 Ebenda.

65 Ebenda, S. 277.

66 Ebenda, S. 279.

67 C. Beaton, »The Honourable Scars of London«, *Vogue*, People and Ideas, Band 98, Ausgabe 7, 1. Oktober 1941, S. 120.

68 C. Beaton, »Fashion is Indestructible«, British *Vogue*, Fashion, September 1941, S. 32.

69 Withers, *Lifespan: An Autobiography*, S. 53.

70 »Audrey Withers«, *The Telegraph*, News, Obituaries, 1. November 2001, https://www.telegraph.co.uk/news/obituaries/1361993/Audrey-Withers.html, Zugriff am 11. Oktober 2018.

71 A. Penrose, *The Lives of Lee Miller*, 2. Auflage, London: Thames & Hudson 2002, S. 193.

72 L. Blanch, »How British Vogue Editors Live, Dress, Work, in Robot-bombed London«, in: *Vogue*, People and Ideas, Band 104, Ausgabe 6, 1. Oktober 1944, S. 127.

73 »Audrey Withers«, *The Telegraph*, News, Obituaries, 1. November 2001, https://www.telegraph.co.uk/news/obituaries/1361993/Audrey-Withers.html, Zugriff am 11. Oktober 2018.

74 Ballard, *In My Fashion*, S. 402.

75 Ebenda, S. 409.

76 Woolman Chase und Chase, *Always in Vogue*, S. 287.

77 Ebenda, S. 275.

78 Ebenda, S. 291.

79 Ebenda, S. 295.

80 Ebenda.

81 Ebenda.

KAPITEL 8

1 B. Ballard, *In My Fashion*, 1. Ausgabe 1960, London: V & A Publishing 2017, [Apple Books E-Book] S. 480–515.

2 E. Woolman Chase und I. Chase, *Always in Vogue*, New York: Doubleday & Company, Inc. 1954, S. 306.

3 Ebenda, S. 307.

4 Ebenda, S. 307–310.

5 F. du Plessix Gray, *Them: A Memoir of Parents*, New York: Penguin Press 2005, S. 398 f.

6 Ebenda.

7 Ebenda, S. 396.

8 *Vogue*, 10th Americana Issue, Band 109, Ausgabe 3, 1. Februar 1947.

9 A. Whitman, »Jessica Daves of Vogue Is Dead; Favored Ready-To-Wear Trend«, *New York Times*, Obituaries, 24. September 1974, https://www.nytimes.com/1974/09/24/archives/jessica-daves-of-vogue-

is-dead-favored-readytowear-trend-went.html, Zugriff am 24. Oktober 2021.

10 R. Tuite, »Rediscovering Vogue's Jessica Daves«, *Thames and Hudson*, News, 20. November 2019, https://thamesandhudson.com/news/article-rediscovering-jessica-daves, Zugriff am 24. Oktober 2021.

11 »More taste than money – and more 1955 fashion per dollar«, *Vogue*, Fashion, Band 125, Ausgabe 3, 15. Februar 1955, S. 62.

12 *Vogue*, Vogue's Eye-view of the Museum of Modern Art, Band 106, Ausgabe 1, 1. Juli 1945.

13 K. Nelson Best, *The History of Fashion Journalism*, London, New York: Bloomsbury 2017, S. 134.

14 Ebenda.

15 I. Penn, *Vogue*, Cover, Band 113, Ausgabe 7, Ende April 1949.

16 H. Ketchum, *American Fabrics*, Doric Publishing Company, Herbst 1949, S. 96.

17 L. McClean, »Do You Think You're a Snob?«, *Vogue*, People, Band 138, Ausgabe 8, 1. November 1961, S. 150.

18 J. Mason Brown, »What Makes A Woman Memorable«, *Vogue*, Features – Articles – People, Band 128, Ausgabe 9, 15. November 1956, S. 100 f., 159.

19 Ebenda.

20 »The Summer Figure: Topic for Today«, *Vogue*, Fashion, Band 123, Ausgabe 9, 15. Mai 1954, S. 82 f.

21 »Mrs. Exeter's List«, *Vogue*, Mrs. Exeter, Band 126, Ausgabe 4, 1. September 1955, S. 256.

22 »Who is Mrs. Exeter?«, *Vogue*, Mrs. Exeter, Band 124, Ausgabe 1, 1. Juli 1954, S. 94.

23 »Bettina's Busy Day«, *Life*, Band 30, Ausgabe 10, 5. März 1951.

24 G. Mirabella, *In and Out of Vogue*, New York: Doubleday 1995, S. 63.

25 A. Whitman, »Jessica Daves of Vogue Is Dead; Favored Ready-To-Wear Trend«, *New York Times*, Obituaries, 24. September 1974, https://www.nytimes.com/1974/09/24/archives/jessica-daves-of-vogue-is-dead-favored-readytowear-trend-went.html, Zugriff am 24. Oktober 2021.

26 Mirabella, *In and Out of Vogue*, S. 72.

27 Ebenda.

28 J. Daves, *Ready-Made Miracle: The American Story of Fashion for the Millions*, New York: G. P. Putnam's Sons 1967, S. 69.

29 Mirabella, *In and Out of Vogue*, S. 20.

30 A. Fine Collins, »The Cult of Diana«, *Vanity Fair*, Culture, November 1993, https://www.vanityfair.com/culture/1993/11/diana-vreeland-199311, Zugriff am 24. Oktober 2021.

31 H. Yoxall, *A Fashion of Life*, New York: Taplinger 1967, S. 96.

32 C. Felsenthal, *Citizen Newhouse: Portrait of a Media Merchant*, New York: Seven Stories Press 1998, S. 25.
33 F. du Plessix Gray, *Them: A Memoir of Parents*, S. 405 f.
34 Ebenda, S. 349.
35 A. Fine Collins, »The Cult of Diana«, *Vanity Fair*, Culture, November 1993, https://www.vanityfair.com/culture/1993/11/diana-vreeland-199311, Zugriff am 24. Oktober 2021.
36 Ebenda.
37 Bernard »Bernie« Leser zitiert in: S. Homewood, »Publishing icon Bernie Leser passes away«, *AdNews*, News, 15. Oktober 2015, https://www.adnews.com.au/news/publishing-icon-bernie-leser-passes-away, Zugriff am 24. Oktober 2021.
38 Ebenda.
39 Ballard, *In My Fashion*, S. 549.

KAPITEL 9

1 B. Ballard, *In My Fashion*, 1. Ausgabe 1960, London: V&A Publishing 2017, [Apple Books E-Book] S. 472.
2 Ebenda.
3 F. du Plessix Gray, *Them: A Memoir of Parents*, New York: Penguin Press 2005, S. 408.
4 Ebenda.
5 V. Horwell, »Edmonde Charles-Roux obituary«, *The Guardian*, Books, 25. Januar 2016, https://www.theguardian.com/books/2016/jan/25/edmonde-charles-roux, Zugriff am 24. Oktober 2021.
6 F. du Plessix Gray, *Them: A Memoir of Parents*, S. 409.
7 Ballard, *In My Fashion*, S. 529.
8 Ebenda, S. 526 ff.
9 A. Garland, *Lion's Share*, New York: Michael Joseph Ltd. 1970, S. 38.
10 Ebenda, S. 48.
11 H. Cox und S. Mowatt, »Monopoly, Power and Politics in Fleet Street: the Controversial Birth of IPC Magazines, 1958–63«, Vortrag bei der BHC-Jahreskonferenz, Frankfurt, 14.–15. März 2014, S. 1–20, http://orapp.aut.ac.nz/bitstream/handle/10292/6787/Cox%20and%20Mowatt%20%20BHC%20paper%20Monopoly%2c%20Power%20and%20Politics.pdf?sequence=2&isAllowed=y, Zugriff am 24. Oktober 2021.
12 Garland, *Lion's Share*, S. 37.
13 Ebenda, S. 141.
14 Ebenda.
15 Ebenda.

16 Ebenda.
17 Ebenda, S. 140.
18 Ebenda, S. 140–145.
19 Ebenda, S. 145.
20 Ebenda, S. 148–152.
21 Ebenda.
22 Ebenda.
23 Ebenda, S. 149.
24 Ebenda.
25 Ebenda.
26 Ebenda.
27 Ebenda.
28 Ebenda, S. 150.
29 Ebenda, S. 175.
30 Ebenda, S. 147.
31 Ebenda, S. 178.
32 Office for National Statistics, »Trends in births and deaths over the last century«, 15. Juli 2015, https://www.ons.gov.uk/peoplepopulationandcommunity/birthsdeathsandmarriages/livebirths/articles/trendsinbirthsanddeathsoverthelastcentury/2015-07-15, Zugriff am 24. Oktober 2021.
33 British *Vogue*, Young Idea, Januar 1953.
34 Garland, *Lion's Share*, S. 155.
35 B. Conekin, »From Haughty to Nice: How British Fashion Images Changed from the 1950s to the 1960s«, *Photography and Culture* 3 (2010), S. 285.
36 H. Yoxall, *A Fashion of Life*, New York: Taplinger 1967, S. 108 f.
37 Garland, *Lion's Share*, S. 143.
38 R. Muir, »Two take Manhattan«, *The Guardian*, 17. März 2007, https://www.theguardian.com/theguardian/2007/mar/17/weekend7.weekend1, Zugriff am 24. Oktober 2021.
39 Ebenda.
40 Ebenda.
41 Garland, *Lion's Share*, S. 180 ff.
42 »Beatrix Miller – obituary«, *The Telegraph*, News, Obituaries, 23. Februar 2014, https://www.telegraph.co.uk/news/obituaries/10656743/Beatrix-Miller-obituary.html, Zugriff am 24. Oktober 2021.
43 Ebenda.
44 Ebenda, S. 224.
45 P. Knapp, »Vogue's new beauty etiquette«, British *Vogue*, Fashion, Juni 1971.
46 Ebenda.
47 Ebenda.

48 G. Coddington, *Grace: A Memoir*, London: Chatto & Windus 2012, S. 229.
49 Ebenda, S. 302.

KAPITEL 10

1 G. Mirabella, *In and Out of Vogue*, New York: Doubleday 1995, S. 133.
2 Ebenda.
3 Ebenda.
4 Ebenda.
5 *Vogue*, »The Explorers. Fashion that's all yours for the discovery …«, *Vogue*, Fashion, Band 152, Ausgabe 7, 15. Oktober 1968, S. 108–129.
6 Mirabella, *In and Out of Vogue*, S. 132.
7 Ebenda, S. 131.
8 Ebenda, S. 132.
9 Ebenda.
10 Ebenda.
11 M. Evans, »The Great Fur Caravan«, *Vogue*, Fashion, Band 148, Ausgabe 7, 15. Oktober 1966, S. 88–113, 175.
12 Ebenda, S. 88.
13 D. Vreeland, *D. V.*, hrsg. von G. Plimpton und C. Hemphill, New York: Alfred A. Knopf, Inc. 1984, S. 10.
14 D. Vreeland, »Why Don't You …«, *Harper's Bazaar*, 1936.
15 Ebenda.
16 A. Fine Collins, »The Cult of Diana«, *Vanity Fair*, Culture, November 1993, https://www.vanityfair.com/culture/1993/11/diana-vreeland-199311, Zugriff am 11. Januar 2019.
17 Mirabella, *In and Out of Vogue*, S. 128.
18 *Vogue*, »Here and Now–Fashion for the Youth Quake«, *Vogue*, Fashion, Band 145, Ausgabe 1, 1. Januar 1965, S. 112–119.
19 Fine Collins, »The Cult of Diana«.
20 D. Vreeland, *D. V.*, S. 118.
21 Ebenda, S. 106.
22 Ebenda.
23 Ebenda.
24 Ebenda.
25 Ebenda.
26 Ebenda.
27 L. Immordino Vreeland (Regie), *Diana Vreeland: The Eye Has to Travel; Dt.: Das Auge muss reisen* [Dokumentarfilm], New York: Submarine Entertainment 2012.
28 T. Maier, *All That Glitters: Anna Wintour, Tina Brown, and the Rivalry*

Inside America's Richest Media Empire, New York: Skyhorse Publishing 2019, [Apple Books E-Book] S. 109–110.

29 F. du Plessix Gray, *Them: A Memoir of Parents*, New York: Penguin Press 2005, S. 308.

30 Ebenda, S. 309.

31 Ebenda.

32 Ebenda.

33 Ebenda, S. 442.

34 Fine Collins, »The Cult of Diana«.

35 Mirabella, *In and Out of Vogue*, S. 103.

36 Ebenda, S. 119.

37 Ebenda, S. 131.

38 Ebenda.

39 Ebenda.

40 F. du Plessix Gray, *Them: A Memoir of Parents*, S. 442.

41 Mirabella, *In and Out of Vogue*, S. 142.

42 Ebenda.

43 Ebenda.

44 Ebenda, S. 136.

45 Ebenda, S. 141.

46 A. Talmey, »Power is a Boy's Best Friend: Senator John Sparkman«, *Vogue*, *Vogue* Politics, Band 164, Ausgabe 2, 1. August 1974, S. 32.

47 M. Weber, »Vitamin E/Christmas Blues …«, *Vogue*, *Vogue* Health, Band 164, Ausgabe 6, 1. Dezember 1974, S. 130.

48 Ebenda.

49 Mirabella, *In and Out of Vogue*, S. 159–160.

50 Ebenda, S. 161.

51 Ebenda, S. 162.

52 Ebenda, S. 193–196.

53 Ebenda, S. 195.

54 Ebenda, S. 198.

55 Ebenda, S. 201.

56 Ebenda.

57 Ebenda, S. 204.

58 Ebenda.

59 Ebenda, S. 203.

60 Ebenda, S. 207.

KAPITEL 11

1 G. Mirabella, *In and Out of Vogue*, New York: Doubleday 1995, S. 215.

2 S. Stewart, »LION IN WINTOUR – HOW ANNA HISSED, CLAWED &

FLIRTED HER WAY TO THE TOP; CALL HER CRUELLA DE *VOGUE*«, *New York Post*, Entertainment, 1. Februar 2005, https://nypost.com/2005/02/01/lion-in-wintour-how-anna-hissed-clawed-call-her-cruella-de-*Vogue*/, Zugriff am 8. Januar 2019.

3 J. Oppenheimer, *Front Row: Anna Wintour: What Lies Beneath the Chic Exterior of Vogue's Editor in Chief*, New York: St Martin's Griffin 2005, S. 11.

4 Ebenda, S. 22.

5 Ebenda, S. 12–27.

6 Ebenda, S. 78–79.

7 Ebenda, S. 70.

8 Ebenda, S. 67.

9 Ebenda, S. 170.

10 Adweek, »The Up-and-Comers: Wintour Displays Knack for the New«, *Adweek*, November 1983.

11 Oppenheimer, *Front Row*, S. 214–215.

12 G. Mahon, »S. I. Newhouse and Condé Nast: Taking Off The White Gloves«, *New York Times Magazine*, Abschnitt 6, 10. September 1989, https://www.nytimes.com/1989/09/10/magazine/si-newhouse-and-conde-nast-taking-off-the-white-gloves.html, Zugriff am 8. Januar 2019.

13 H. Marriott, »4am starts and no apologies: could Anna Wintour's master class transform my life and career?«, *The Guardian*, Shortcuts, 24. September 2019, https://www.theguardian.com/fashion/shortcuts/2019/sep/24/4am-starts-no-apologies-anna-wintour-masterclass-vogue-editor-in-chief-creativity-leadership, Zugriff am 20. Januar 2019.

14 G. Coddington, *Grace: A Memoir*, London: Chatto & Windus 2012, S. 165.

15 Ebenda, S. 160.

16 Ebenda, S. 165.

17 Oppenheimer, *Front Row*, S. 135–136.

18 Ebenda, S. 236–246.

19 S. Heller Anderson, »HG Magazine Is Not What It Used to Be«, *New York Times*, Arts, 8. Juni 1988, https://www.nytimes.com/1988/06/08/arts/hg-magazine-is-not-what-it-used-to-be.html, Zugriff am 8. Januar 2019.

KAPITEL 12

1 J. J. Buck, *The Price of Illusion. A Memoir*, New York: Washington Square Press 2017, S. 84.

2 H. Newton, *Vogue Paris*, »Rue Aubriot / Le Smoking«, September 1975.

3 S. Mower, »The ›King of Kink‹ Made Naughty Fashionable«, *New York Times*, Arts, 21. September 2003, https://www.nytimes.com/2003/09/21/

style/the-king-of-kink-made-naughty-fashionable.html, Zugriff am 8. Juni 2020.

4 G. Bourdin, Charles Jourdan advertisement, 1977.
5 G. Bourdin, Charles Jourdan advertisement, 1975.
6 Buck, *The Price of Illusion*, S. 84–87.
7 Ebenda, S. 87.
8 C. Pringle, Interview am Telefon mit der Autorin, 6. Februar 2020.
9 Ebenda.
10 Ebenda.
11 Ebenda.
12 E. Novick, Cover, *Vogue Paris*, Sonderausgabe, Dezember/Januar 1988.
13 P. Demarchelier, Cover, *Vogue Paris*, August 1988.
14 Pringle, Interview am Telefon mit der Autorin.
15 Ebenda.
16 Ebenda.
17 Ebenda.
18 Ebenda.
19 Ebenda.
20 Ebenda.
21 Ebenda.
22 Ebenda.
23 Ebenda.
24 Ebenda.
25 Ebenda.
26 Ebenda.
27 N. Vreeland, *Vogue Paris*, Sonderausgabe, »The Beauty Rules of a Monk«, Dezember/Januar 1993.
28 Pringle, Interview am Telefon mit der Autorin.
29 Ebenda.
30 Ebenda.
31 Ebenda.
32 Ebenda.
33 I. Berry, J. Nachtwey, *Vogue Paris*, Sonderausgabe, »Violence«, Dezember/Januar 1994.
34 T. Motswai, Cover, *Vogue Paris*, Sonderausgabe, Dezember/Januar 1994.
35 P. Lindbergh, *Vogue Paris*, Sonderausgabe, »Nelson Mandela«, Dezember/Januar 1994.
36 Pringle, Interview am Telefon mit der Autorin.
37 Ebenda.
38 Ebenda.
39 T. Willis, *The Sunday Times*, Style & Travel, »Nelson's Columns«, 5. Dezember 1993, S. 26.

40 Pringle, Interview am Telefon mit der Autorin.
41 Willis, *The Sunday Times*, S. 26.
42 Pringle, Interview am Telefon mit der Autorin.
43 Ebenda.
44 Ebenda.
45 Ebenda.

KAPITEL 13

1 W. Norwich, »An Affair to Remember«, *Vogue*, Fashion, Band 196, Ausgabe 7, 1. Juli 2006, S. 128–135, 176.
2 W. Norwich, »A Grand Affair«, *Vogue*, Features, Band 197, Ausgabe 7, 1. Juli 2007, S. 158–167.
3 J. Shi, »How the Met Gala Avoided Chinese Clichés«, BizBash, Style & Decor, 13. Mai 2015, https://www.bizbash.com/style-decor/event-design/media-gallery/13481016/how-the-met-gala-avoided-chinese-cliches, Zugriff am 25. September 2019.
4 V. Friedman, »It's Called the Met Gala, but It's Definitely Anna Wintour's Party«, *New York Times*, Style, 2. Mai 2015, https://www.nytimes.com/2015/05/03/style/its-called-the-met-gala-but-its-definitely-anna-wintours-party.html, Zugriff am 8. Januar 2019.
5 Ebenda.
6 L. Tilberis, *No Time To Die*, London: Weidenfeld & Nicolson 1998, S. 136.
7 G. Fabrikant, »THE MEDIA BUSINESS: Advertising; Tough Year for Harper's Bazaar«, *New York Times*, Business, 26. August 1988, https://www.nytimes.com/1988/08/26/business/the-media-business-advertising-tough-year-for-harper-s-bazaar.html, Zugriff am 13. Mai 2019.
8 J. Kron, »Style Setter: Fashion's Resurgence Means Wealth, Power for *Vogue* Magazine«, *Wall Street Journal*, 30. Januar 1986.
9 P. Demarchelier, *Vogue*, 100th Anniversary Special, Band 182, Ausgabe 4, 1. April 1992.
10 M. Rourke, »Money. Power. Prestige. With so much at stake, Anna Wintour of *Vogue* and Liz Tilberis of *Harper's Bazaar* are locked in a … Clash of the Titans«, *Los Angeles Times*, Style, 17. Mai 1992, https://www.latimes.com/archives/la-xpm-1992-05-17-vw-356-story.html, Zugriff am 8. Mai 2019.
11 M. Gross, »War of the Poses«, *New York* Magazine, Contents, 27. April 1992, S. 3.
12 G. Coddington, *Grace: A Memoir*, London: Chatto & Windus 2012, S. 229.
13 J. Brown, »Liz Tilberis«, *Salon*, 22. April 1999, https://www.salon.com/1999/04/22/tilberis/, Zugriff am 11. Mai 2019.

14 B. Weber, *Blood Sweat and Tears, Or, How I Stopped Worrying and Learned to Love Fashion*, Woodbridge: teNeues 2005, S. 31.
15 *Vogue*, »Anna Wintour's Favorite *Vogue* Images of All Time«, *Vogue* [.com], Fashion, 13. August 2012, https://www.vogue.com/slideshow/anna-wintour-favorite-images-photos, Zugriff am 9. Mai 2019.
16 P. Lindbergh, *Vogue*, Band 178, Ausgabe 11, 1. November 1988.
17 P. Demarchelier, *Vogue*, Band 179, Ausgabe 5, 1. Mai 1989.
18 P. Demarchelier, »Enter the Era of Elegance«, *Harper's Bazaar*, 1. September 1992.
19 T. Maier, *All That Glitters: Anna Wintour, Tina Brown, and the Rivalry Inside America's Richest Media Empire*, New York: Skyhorse Publishing 2019, [Apple Books E-Book] S. 285.
20 Ebenda.
21 Ebenda.
22 Gross, »War of the Poses«, S. 24.
23 G. Dullea, »Liz Tilberis's Kind of September«, *New York Times*, Style, 23. August 1992, https://www.nytimes.com/1992/08/23/style/liz-tilberis-s-kind-of-september.html, Zugriff am 27. Januar 2019.
24 Rourke, »Money. Power. Prestige«.
25 A. Wintour, »Up Front: Remembering Liz Tilberis (1947–1999)«, *Vogue*, Band 189, Ausgabe 6, 1. Juni 1999, S. 72.
26 J. Kron, »Style Setter: Fashion's Resurgence Means Wealth, Power for *Vogue* Magazine«, *Wall Street Journal*, 30. Januar 1986.
27 Ebenda.
28 Rourke, »Money. Power. Prestige«.
29 Ebenda.
30 Maier, *All That Glitters*, S. 94.
31 G. Mahon, »S. I. Newhouse and Condé Nast: Taking Off The White Gloves«, *New York Times Magazine*, Absatz 6, 10. September 1989, https://www.nytimes.com/1989/09/10/magazine/si-newhouse-and-conde-nast-taking-off-the-white-gloves.html, Zugriff am 8. Januar 2019.
32 Maier, *All That Glitters*, S. 126–153.
33 Ebenda, S. 289.
34 Ebenda, S. 49.
35 T. Brown, *The Vanity Fair Diaries 1983–1992*, New York: Weidenfeld & Nicolson 2017, [Apple Books E-Book] S. 83.
36 D. Plotz, »Let Si Get This«, *Slate*, News & Politics, 6. Dezember 1997, https://slate.com/news-and-politics/1997/12/let-si-get-this.html, Zugriff am 12. Mai 2019.
37 W. Henry III., »A Search for Glitz«, *Time*, 4. Juni 1990.
38 Rebecca Mead, »The Truman Administration«, *New York* Magazine, 23. Mai 1994, S. 48.

39 Maier, *All That Glitters*, S. 499.
40 E. Kolbert, »How Tina Brown Moves Magazines«, *New York Times Magazine*, 5. Dezember 1993, http://www.maryellenmark.com/text/magazines/new%20york%20times%20magazine/904Z-000-015.html, Zugriff am 27. Januar 2019.
41 Mahon, »S. I. Newhouse and Condé Nast«.
42 Spy, »The New British Invasion«, *Spy*, Februar 1993.

KAPITEL 14

1 J. J. Buck, *The Price of Illusion. A Memoir*, New York: Washington Square Press 2017, S. 164.
2 Ebenda.
3 Ebenda.
4 Ebenda, S. 171.
5 Ebenda, S. 171–173.
6 Ebenda, S. 172.
7 Ebenda, S. 180.
8 Ebenda, S. 201.
9 Ebenda.
10 Ebenda, S. 263.
11 Ebenda.
12 Ebenda, S. 207–209.
13 Ebenda, S. 207.
14 Ebenda, S. 206.
15 M. Hispard, *Vogue Paris*, »La Femme Française«, September 1994.
16 Buck, *The Price of Illusion*, S. 218.
17 Ebenda.
18 M. Thompson, *Vogue Paris*, »Cinéma«, Dezember 1994 bis Januar 1995.
19 Buck, *The Price of Illusion*, S. 226.
20 M. Thompson, *Vogue Paris*, »Le fabuleux album des 75 ans«, Dezember 1995 bis Januar 1996.
21 Buck, *The Price of Illusion*, S. 246–249.
22 Ebenda.
23 Ebenda, S. 204.
24 J.-B. Mondino, *Vogue Paris*, »Musique«, Dezember 1996 bis Januar 1997.
25 S. Mazeaud, »Madame Claude«, *Vogue Paris*, Spécial Haute Couture, September 1997.
26 J.-B. Mondino, *Vogue Paris*, »Mode et Science: Archives de l'Avenir«, Dezember 1999 bis Januar 2000.
27 Buck, *The Price of Illusion*, S. 301.
28 A. Barrett, »French Vogue Combines Fashion With – Surprise – Quantum

Physics«, *Wall Street Journal*, 21. Januar 1999, https://www.wsj.com/articles/SB916866770745531000, Zugriff am 16. Oktober 2019.

29 Ebenda.

30 Buck, *The Price of Illusion*, S. 321.

31 Ebenda, S. 347.

32 Ebenda, S. 351–354.

33 Ebenda, S. 362.

34 Ebenda, S. 349–352.

35 Ebenda, S. 356.

36 Ebenda.

37 Ebenda, S. 357.

38 J. J. Buck, »Joan Juliet Buck: My Vogue Interview With Syria's First Lady«, *Newsweek*, World, 30. Juli 2012, https://www.newsweek.com/joan-juliet-buck-my-vogue-interview-syrias-first-lady-65615, Zugriff am 27. April 2020.

39 J. J. Buck, »A Rose in the Desert«, *Vogue*, Fashion & Features, Band 201, Ausgabe 3, 1. März 2011, S. 528–533, 571.

40 Ebenda.

41 Ebenda, S. 531.

42 Buck, »Joan Juliet Buck: My Vogue Interview With Syria's First Lady«.

43 Ebenda.

44 Ebenda.

45 Ebenda.

KAPITEL 15

1 K. Nelson Best, *The History of Fashion Journalism*, London, New York: Bloomsbury 2017, S. 218.

2 Ebenda.

3 *Moving Fashion* [Video], SHOWstudio, 29. September 2005, https://showstudio.com/projects/moving_fashion, Zugriff am 27. Juni 2019.

4 M. Echeverri, »Essay: The Sound of Clothes«, SHOWstudio, 9. Oktober 2013, https://showstudio.com/projects/the_sound_of_clothes/essay_the_sound_of_clothes, Zugriff am 17. Juni 2019.

5 C. McDowell, »The CFDA and the Bloggers: Why?«, Colin McDowell [Blog], 16. März 2010, https://colin-mcdowell.blogspot.com/2010/03/cf-da-and-bloggers-why.html, Zugriff am 17. Juni 2019.

6 S. Singer, »Ciao, Milano! Vogue.com's Editors Discuss the Week That Was«, *Vogue* [.com], Runway, 25. September 2016, https://www.vogue.com/article/milan-fashion-week-spring-2017-vogue-editors-chat, Zugriff am 27. Juni 2019.

7 S. Mower, ebenda.

8 N. Phelps, ebenda.

9 A. Codinha, ebenda.

10 Ebenda.

11 A. Belonsky, »Condé Nast, McKinsey and the Death of Endless Dreams«, Gawker [Blog], 9. September 2009, https://gawker.com/5355309/conde-nast-mckinsey-and-the-death-of-endless-dreams, Zugriff am 27. Juni 2019.

12 J. Koblin, »Condé Nast Hires McKinsey, Staffers Suffer Shock«, *New York Observer*, 21. Juli 2009, https://observer.com/2009/07/cond-nast-hires-mckinsey-staffers-suffer-shock/, Zugriff am 27. Juni 2019.

13 J. Goldberg, »McKinsey Draft Report on Rethinking Condé Nast«, *The Atlantic*, Global, 22. Juli 2009, https://www.theatlantic.com/international/archive/2009/07/mckinsey-draft-report-on-rethinking-conde-nast/21839/, Zugriff am 27. Juni 2019.

14 CZJFan87, »Rank of Meryl Streep's movies by Box Office performance«, IMDb, 7. Januar 2015, https://www.imdb.com/list/ls073278870/, Zugriff am 27. Juni 2019.

15 Coddington, G., *Grace: A Memoir*, London: Chatto & Windus 2012, S. 32–35.

16 V. Friedman, »Planning for the future in Milan«, *Financial Times*, 23. September 2010, https://www.ft.com/content/d297e2bd-e93e-3doc-9f67-55404f1b3d25?kbc=e8a1fafb-292f-3334-897a-7dca06ee2b2b, Zugriff am 27. Juni 2019.

17 K. Carter, »Anna Wintour's whims worry Italy's fashion pack«, *The Guardian*, Fashion, 11. Februar 2010, https://www.theguardian.com/lifeandstyle/2010/feb/11/anna-wintour-italy-fashion, Zugriff am 27. Juni 2019.

18 Web Desk, »Vogue editor Anna Wintour under fire for being ›icy‹ towards mag's first Black model«, *The News*, 16. Juni 2020, https://www.thenews.com.pk/latest/673490-vogue-editor-anna-wintour-under-fire-for, Zugriff am 27. Juni 2020.

19 M. Bustillos, »Is Anna Wintour Satan?«, *Vintage Voice*, 11. Februar 2003, http://pix.popula.com/items/0224/vintage/wintour.html, Zugriff am 27. Juni 2019.

20 B. Sowray, »Today In History – April 7«, British *Vogue*, News, 7. April 2010, https://www.vogue.co.uk/article/anna-wintour-was-attacked-with-a-pie-by-anti-fur-protesters, Zugriff am 1. Juli 2019.

21 J. Safran Foer, *Tiere essen*, Frankfurt a. M.: Fischer Taschenbuch 2012, S. 83.

22 D. Tartt, »The Power of Words: Rebel Spirit«, *Vogue*, Up Front, Band 196, Ausgabe 1, 1. Januar 2006, S. 62–64.

23 C. Gandee, »Under the Influence«, *Vogue*, Features, Band 184, Ausgabe 3, 1. März 1994, S. 380-383, 436, 437.

24 A. Wicks, Z. Turner, »Tough Times at the Newsstand«, *WWD*, 9. August 2011, https://wwd.com/business-news/media/fashion-magazines-fall-at-news-stand-5048220/, Zugriff am 25. April 2019.
25 Ebenda.
26 J. W. Peters, »Power Is Always in Vogue«, *New York Times*, Fashion, 15. Juni 2012, https://www.nytimes.com/2012/06/17/fashion/for-anna-wintour-power-is-always-in-vogue.html, Zugriff am 8. Januar 2019.
27 L. McCalmont, »Obama, Wintour spotlight workshop«, *Politico*, 5. Mai 2014, https://www.politico.com/story/2014/05/michelle-obama-anna-wintour-106365, Zugriff am 8. März 2019.
28 Vogue, »*Vogue* Endorses Hillary Clinton for President of the United States«, *Vogue* [.com], Magazin, 18. Oktober 2016, https://www.vogue.com/article/hillary-clinton-endorsement-president-united-states-democrat, Zugriff am 3. Februar 2019.
29 I. Amed, A. Berg, L. Brantberg, S. Hedrich, »The State of Fashion 2017«, McKinsey & Company, Our Insights, 1. Dezember 2016, https://www.mckinsey.com/industries/retail/our-insights/the-state-of-fashion, Zugriff am 8. März 2019.

KAPITEL 16

1 M. Foley Sypeck, J. J. Gray und A. H. Ahrens, »No longer just a pretty face: Fashion magazines depictions of ideal female beauty from 1959 to 1999«, *International Journal of Eating Disorders*, Band 36, Ausgabe 3, 2004, S. 342–347.
2 B. McNair, *Striptease Culture: Sex, Media and the Democratisation of Desire*, London und New York: Routledge 2002, S. 24–26.
3 J. J. Buck, *The Price of Illusion, A Memoir*, New York: Washington Square Press 2017, S. 199.
4 J. A. Wright, »The Imp Wears Blue Jeans: Former *Vogue Paris* Chief Carine Roitfeld Talks Feminism, Nudity and Why Anna Wintour Isn't a Fashion Editor«, *New York Observer*, 9. Juni 2013, https://observer.com/2013/09/the-imp-wears-blue-jeans-former-vogue-paris-chief-carine-roitfeld-talks-feminism-nudity-and-why-anna-wintour-isnt-a-fashion-editor/, Zugriff am 20. April 2018.
5 Ebenda.
6 The Business of Fashion, ›Carine Roitfeld‹, *The Business of Fashion*, BoF 500, 2013, https://www.businessoffashion.com/community/people/carine-roitfeld, Zugriff am 5. Januar 2020.
7 C. Long, »Lunch with the FT: Carine Roitfeld«, *Financial Times*, 20. Mai 2011, https://www.ft.com/content/aa714ad8-8266-11e0-8c49-00144feabdco, Zugriff am 19. April 2018.

8 Ebenda.

9 Buck, *The Price of Illusion*, S. 349.

10 Ebenda.

11 Inez & Vinoodh, Cover, *Vogue Paris*, August 2003.

12 P. Demarchelier, *Vogue Paris*, »No Smoking«, April 2009.

13 M. Testino, *Vogue Paris*, »Corps & Lames«, Februar 2005.

14 D. Sims, *Vogue Paris Calendar*, Kalender, 2007.

15 M. Healy, »We're French! We smoke, we show flesh, we have a lot of freedom …«, *The Guardian, The Observer*, 25. Februar 2007, https://www.theguardian.com/media/2007/feb/25/pressandpublishing.fashion, Zugriff am 23. April 2018.

16 M. Testino, *Vogue Paris*, »La Decadanse«, Mai 2010.

17 T. Richardson, *Vogue Paris*, »Festine«, Oktober 2010.

18 S. Klein, *Vogue Paris*, »LARA«, Oktober 2009.

19 M. Sawyer, »Commentary: Blackface is never okay«, CNN, World, 14. Oktober 2009, https://edition.cnn.com/2009/WORLD/asiapcf/10/14/sawyer.blackface/, Zugriff am 29. April 2018.

20 S. Hamza, *Vogue Paris*, »Cadeaux«, Dezember 2010 bis Januar 2011.

21 X. Jardin, »Pedocouture: In Vogue Magazine, 6-Year-Olds Are Sex Vixens«, Boing Boing [Blog], 5. Januar 2011, https://boingboing.net/2011/01/05/in-vogue-magazine-6.html, Zugriff am 8. September 2019.

22 elizabeth, »RE: Pretty Babies«, Frockwriter [Blog], 17. Dezember 2010, https://frockwriter.blogspot.com/2010/12/pretty-babies.html, Zugriff am 17. September 2018.

23 A Mother, ebenda.

24 E. Maree, »Is Fashion Now All About The Shock Factor?«, Emily Fashion Fiend [Blog], 26. April 2013, https://emilyfashionfiend.wordpress.com/tag/vogue-paris/, Zugriff am 17. September 2018.

25 J. Sauers, »French *Vogue*'s Sexy Kiddie Spread is Misunderstood«, Jezebel [Blog], 1. Mai 2011, https://jezebel.com/french-vogues-sexy-kiddie-spread-is-misunderstood-5725707, Zugriff am 23. April 2018.

26 M. Reimer, C. Tosenberger und L. Wodtke, »›*Je suis fatigué par le culte de la jeunesse*‹: Or, Walking on Ice in High Heels«, *Jeunesse: Young People, Texts, Cultures*, Band 3, Ausgabe 1, Sommer 2011, S. 1–10.

27 T. Ford, *Vogue Paris*, »Forever Love«, Dezember 2010 bis Januar 2011.

28 M. Msa, *Vogue Paris*, »La Panthère Ose«, Dezember 2010 bis Januar 2011.

29 A. Heath, »Vogue Paris = CARINE ROITFELD«, *032C*, 1. Dezember 2005, https://032c.com/vogue-paris-carine-roitfeld/, Zugriff am 23. April 2018.

30 Wright, »The Imp Wears Blue Jeans«.

31 S. Klein, *Vogue Paris*, »Crystal Taillee«, Mai 2010.

32 B. Weber, Cover, *Vogue Paris*, November 2007.

33 Wright, »The Imp Wears Blue Jeans«.

34 D. Garnett, »Guest Editor: Carine Roitfeld Is the Fashion Stylist's Stylist …«, *Vogue*, Vogue Beauty, Band 189, Ausgabe 12, 1. Dezember 1999, S. 328.

35 Ebenda.

36 S. Mower, »Sexy Classic«, *Vogue*, Fashion, Band 191, Ausgabe 8, 1. August 2001, S. 244–51.

37 Ebenda.

38 S. Kilcooley-O'Halloran, »Today in History – December 17«, *Vogue* [.co.uk], 17. Dezember 2012, https://www.vogue.co.uk/article/carine-roitfeld-resigned-as-editor-of-french-vogue, Zugriff am 23. April 2019.

39 J. Diderich, S. Conti, J. Weil, »Carine Roitfeld to Depart French Vogue«, *WWD*, 17. Dezember 2010, https://wwd.com/business-news/media/carine-roitfeld-is-to-leave-french-vogue-3405583/, Zugriff am 23. April 2019.

40 D. Lo, »Rumor: Was Carine Roitfeld Fired From Vogue? Le Figaro's Fashion Director Virginie Mouzat is Frontrunner for the Job«, Racked, 20. Dezember 2010, https://www.racked.com/2010/12/20/7778903/rumor-was-carine-roitfeld-fired-from-vogue-le-figaros-fashion, Zugriff am 23. April 2019.

41 Ebenda.

42 Ebenda.

43 Heath, »Vogue Paris = CARINE ROITFELD«.

44 D. Standen, »The Future of Fashion, Part Seven: Carine Roitfeld«, *Vogue* [*.com*], Trends, 12. Februar 2011, https://www.vogue.com/article/the-future-of-fashion-part-seven-carine-roitfeld, Zugriff am 24. April 2019.

45 L. Guilbault, »Can Carine Roitfeld Become a Brand?«, *The Business of Fashion*, Professional, 16. Mai 2019, https://www.businessoffashion.com/articles/professional/can-carine-roitfeld-become-a-brand, Zugriff am 24. April 2019.

46 J. Diderich, S. Conti, J. Weil, »Carine Roitfeld to Depart French Vogue«.

47 A. Larocca, »The Anti-Anna«, *New York* Magazine, Fashion, 14. Februar 2008, https://nymag.com/fashion/08/spring/44215/, Zugriff am 23. April 2019.

48 M. Tungate, *Fashion Brands: Branding Style from Armani to Zara*, 2. Ausgabe, London und Philadelphia: Kogan Page Publishers 2008.

49 L. Indvik, »Emmanuelle Alt: ›Vogue is more than a magazine‹«, *Vogue Business*, 8. August 2019, https://www.voguebusiness.com/talent/articles/emmanuelle-alt-editor-in-chief-vogue-paris-interview/, Zugriff am 2. Januar 2020.

50 Ebenda.

51 Ebenda.

52 P. Martin, »Emmanuelle Alt: Conversation with Penny Martin«, *Aperture »Fashion«*, Words, Ausgabe 216, Herbst 2014, S. 43.

53 C. Horyn, »Fashion Director Is Named New Editor of French Vogue«, *New York Times*, Business, 7. Januar 2011, https://www.nytimes.com/2011/01/08/business/media/08vogue.html, Zugriff am 23. April 2019.

54 Anne, »French Woman Carine Roitfeld Knows Sensuality Is Not a Sin«, thebkmag [Blog], 17. April 2011, https://thebkmag.com/2011/04/17/french-woman-carine-roitfeld-knows-sensuality-not-sin/, Zugriff am 17. Mai 2019.

55 Ebenda.

56 Mert & Marcus, *Vogue Paris*, Sonderausgabe, »Inès de La Fressange«, Dezember 2014 bis Januar 2015.

57 D. Sims, Inez und K. Sadli Vinoodh, *Vogue Paris*, Sonderausgabe, »Vanessa Paradis«, Dezember 2015 bis Januar 2016.

58 Mert & Marcus, Cover, *Vogue Paris*, März 2017.

59 E. Alt, *Vogue Paris*, »Editor's Letter«, März 2017.

60 Martin, »Emmanuelle Alt: Conversation with Penny Martin«.

61 Ebenda.

62 Indvik, »Emmanuelle Alt: ›Vogue is more than a magazine‹«.

63 J. Diderich, S. Conti, J. Weil, »Carine Roitfeld to Depart French Vogue«, ebenda.

64 C. Horyn, »New Star in the Front Row«, *New York Times*, 9. Februar 2011, https://www.nytimes.com/2011/02/10/fashion/10ALT.html, Zugriff am 23. April 2019.

KAPITEL 17

1 C. Edwardes, »Alexandra Shulman: the British Vogue editor on fashion, her candid memoir and standing by Philip Green«, *Evening Standard*, 20. Oktober 2016, https://www.standard.co.uk/lifestyle/esmagazine/alexandra-shulman-the-british-vogue-editor-on-fashion-her-candid-memoir-and-standing-by-philip-green-a3372576.html, Zugriff am 11. September 2019.

2 Ebenda.

3 A. Shulman, »My first boss: Vogue's Alexandra Shulman and editor Shirley Lowe«, *The Guardian*, 4. April 2014, https://www.theguardian.com/lifeandstyle/2014/apr/04/first-boss-alexandra-shulman-shirley-lowe, Zugriff am 11. September 2019.

4 O. Petter, »Alexandra Shulman's Vogue Might Not Have Shown ›Ethnic Diversity‹ but Edward Enninful May Make Up for Lost Time«, *Independent*, 13. November 2017, https://www.independent.co.uk/life-style/fashion/vogue-ethnic-diversity-alexandra-shulman-edward-enninful-

change-black-minority-models-fashion-a8052706.html, Zugriff am 11. September 2019.

5 Ebenda.

6 BBCNewsEnts, »Naomi Campbell shames Vogue over diversity«, Entertainment & Arts, BBC, 23. August 2017, https://www.bbc.co.uk/news/entertainment-arts-41022264, Zugriff am 13. September 2019.

7 N. Knight, Cover, British *Vogue*, Mai 2003.

8 M. Testino, British *Vogue*, Dezember 2002.

9 »Alexandra Shulman chats with Lily [Allen]« [online Audio], BBC Radio 2, 16. März 2014, https://www.bbc.co.uk/programmes/p01vb37l, Zugriff am 10. Dezember 2019.

10 Ebenda.

11 »Fat« FrontLine (PBS), 17. März 2014.

12 A. Roberts, »Alexandra Shulman: ›I won't tell women they need surgery or diets to be attractive‹«, *Evening Standard*, London Life, 3. April 2012, https://www.standard.co.uk/lifestyle/london-life/alexandra-shulman-i-won-t-tell-women-they-need-surgery-or-diets-to-be-attractive-7614732.html, Zugriff am 13. Januar 2020.

13 L. Niven-Phillips, »Model Health Tips«, Celebrity Beauty, *Vogue* [.co.uk], 18. Dezember 2013, https://www.vogue.co.uk/gallery/model-health-tips-diet-and-wellbeing-quotes, Zugriff am 5. Januar 2020.

14 R. Erdmann, Cover, British *Vogue*, Juni 1996.

15 M. Testino, Cover, British *Vogue*, Oktober 2000.

16 P. Priestly, »Alexandra Shulman's reign at Vogue will be defined by mediocrity, idiocy and flip-flops«, *The Spectator*, 2. Februar 2017, https://www.spectator.co.uk/article/alexandra-shulman-s-reign-at-vogue-will-be-defined-by-mediocrity-idiocy-and-flip-flops, Zugriff am 14. September 2019.

17 E. Sheffield, »Emily Sheffield: from Vogue to ThisMuchIKnow, with help from her sister Samantha Cameron«, *The Times*, 1. Februar 2020, https://www.thetimes.co.uk/article/emily-sheffield-from-vogue-to-thismuchiknow-with-help-from-her-sister-samantha-cameron-hf7c6gwv7, 1. Februar 2020.

18 A. Aronowsky Cronberg, »Will I Get A Ticket?«, Interview, *Vestoj*, http://vestoj.com/will-i-get-a-ticket/, Zugriff am 5. Januar 2020.

19 L. Chambers, zitiert in Aronowsky Cronberg, ebenda.

20 Ebenda.

21 E. Enninful, »Editor's letter«, British *Vogue*, 1. Dezember 2017, S. 69–70.

22 S. Klein, Cover, British *Vogue*, Dezember 2017.

23 ACM, »Back to my roots«, British *Vogue*, Fashion and features, 1. Dezember 2017, S. 282.

24 CC, ebenda, S. 290.

25 Z. Smith, »Mrs Windsor«, British *Vogue*, Viewpoint, ebenda, S. 136.
26 S. Rushdie, »In The Spirit«, ebenda, S. 143–144.
27 Skepta, »Love letters to Britain«, ebenda, S. 210.
28 B. Weber, »The secret garden«, British *Vogue*, Fashion and features, ebenda, S. 295.
29 C. Delevingne, P. Delevingne, »Love letters to Britain«, British *Vogue*, Viewpoint, ebenda, S. 208.
30 S. Khan, N. Campbell, »›What's the secret of every great city? Talent‹«, British *Vogue*, Interview, ebenda, S. 185–188.
31 Enninful, »Editor's letter«.
32 J. Cartner-Morley, »Edward Enninful's new Vogue – a bit more cool, a bit less posh«, Fashion, *The Guardian*, 8. November 2017, https://www.theguardian.com/fashion/shortcuts/2017/nov/08/edward-enninfuls-new-vogue-a-bit-more-cool-a-bit-less-posh, Zugriff am 24. Dezember 2019.
33 Mert & Marcus, Cover, British *Vogue*, Januar 2018.
34 J. Teller, Cover, British *Vogue*, Februar 2018.
35 C. McDean, Cover British *Vogue*, Mai 2018.
36 Mert & Marcus, Cover, British *Vogue*, August 2018.
37 Kloss Films, Cover, British *Vogue*, Dezember 2019.
38 S. Klein, Cover, British *Vogue*, Mai 2020.
39 HRH the Duchess of Sussex, »HRH The Duchess of Sussex Introduces The September Issue In Her Own Words«, *Vogue* [.co.uk], 29. Juli 2019, https://www.vogue.co.uk/article/meghan-markle-editors-letter-september-2019-issue, Zugriff am 12. Januar 2020.
40 Ebenda.
41 N. Ijewere, persönliches Interview mit der Autorin, 23. Januar 2020.
42 Ebenda.
43 A. Shulman, »What Makes a Great Magazine Editor?«, *The Business of Fashion*, Kommentar, 4. Oktober 2017, https://www.businessoffashion.com/articles/opinion/what-makes-a-great-magazine-editor, Zugriff am 15. Januar 2020.
44 Ebenda.
45 Ebenda.
46 Ebenda.
47 C. Fernandez, »Condé Nast's Results Show Its Future Lies Outside Europe«, *The Business of Fashion*, 25. März 2019, News & Analysis, https://www.businessoffashion.com/articles/news-analysis/conde-nasts-results-show-its-future-lies-outside-europe, Zugriff am 9. Januar 2020.
48 Communications Team, »Condé Nast announces new global leadership structure«, Condé Nast, 14. August 2019, Announcements, https://www.condenast.com/news/conde-nast-announces-new-global-leadership-structure, Zugriff am 13. Januar 2020.

49 R. Wiedeman, »What's Left of Condé Nast«, *New York* Magazine *Intelligencer*, Media, 28. Oktober 2019, https://nymag.com/intelligencer/2019/10/conde-nast-anna-wintour-roger-lynch.html, Zugriff am 3. Oktober 2019.
50 Ebenda.
51 Ebenda.
52 K. Hays, »Condé's Roger Lynch Talks Video, Acquisitions and Layoffs«, *WWD*, Business/Media, 15. August 2019, https://wwd.com/business-news/media/roger-lynch-conde-nast-ceo-talks-business-video-future-1203239888/, Zugriff am 13. Januar 2020.
53 Ebenda.
54 V. Friedman, Telefoninterview mit der Autorin, 19. November 2019.
55 I. Amed, Telefoninterview mit der Autorin, 6. März 2020.
56 A. Aronowsky Cronberg, Telefoninterview mit der Autorin, 31. Januar 2020.
57 Ebenda.
58 Ebenda.
59 K. Glass, Telefoninterview mit der Autorin, 4. Februar 2020.
60 Ebenda.
61 F. Carr, Telefoninterview mit der Autorin, 6. Februar 2020.
62 Shulman, »What Makes a Great Magazine Editor?«, *Business of Fashion*, Opinion, 4. Oktober 2017, https://www.businessoffashion.com/articles/opinion/what-makes-a-great-magazine-editor, Zugriff am 15. Januar 2020.
63 Glass, Telefoninterview mit der Autorin.
64 Carr, Telefoninterview mit der Autorin.
65 Ebenda.
66 M. Socha, Interview per E-Mail mit der Autorin, 22. November 2019.
67 Ebenda.
68 Woolman Chase und Chase, ebenda, S. 200.
69 Amed, Telefoninterview mit der Autorin.
70 S. Lucas, »Twin Souls«, *Vogue* (Portugal), November 2019.
71 S. Lucas, »Planet Earth is the ~~New~~ Trend«, *Vogue* (Portugal), September 2019.
72 M. Ferrier, »Anna Wintour apologises for not giving space to black people at Vogue«, *The Guardian*, 10. Juni 2020, Fashion, https://www.theguardian.com/fashion/2020/jun/10/anna-wintour-apologises-for-not-giving-space-to-black-people-at-vogue, Zugriff am 20. Juli 2020.

AUSWAHL-BIBLIOGRAPHIE

Aronowsky Cronberg, Anja, »Will I Get A Ticket?«, in: *Vestoj*, Interview, http://vestoj.com/will-i-get-a-ticket/, Zugriff am 5. Januar 2020.
Ballard, Bettina, *In My Fashion*, London: V&A Publishing 2017.
Buck, Joan Juliet, *The Price of Illusion. A Memoir*, New York: Washington Square Press 2017.
Carrod, Amanda Juliet, *»A plea for a renaissance«: Dorothy Todd's Modernist experiment in British Vogue, 1922–1926*, Dissertation im Fach Englische Literatur, Keele, Newcastle: Keele University 2015.
Coddington, Grace, *Grace: A Memoir*, London: Chatto & Windus 2012.
Cohen, Lisa, *All We Know: Three Lives*, New York: Farrar, Straus and Giroux 2012.
Conekin, Becky, »From Haughty to Nice: How British Fashion Images Changed from the 1950s to the 1960s«, in: *Photography and Culture*, Band 3, Ausgabe 3, 2010, S. 283–296.
Coser, Ilaria, »Alison Settle, Editor of British *Vogue* (1926–1935): Habitus and the Acquisition of Cultural, Social, and Symbolic Capital in the Private Diaries of Alison Settle«, in: *Fashion Theory*, Band 21, Ausgabe 4, 2017, S. 477–499.
Cox, Howard und Simon Mowatt, »*Vogue* in Britain: Authenticity and the creation of competitive advantage in the UK magazine industry«, in: *Business History*, Band 54, Ausgabe 1, 2012, S. 67–87.
Delis Hill, Daniel, *As Seen in Vogue: A Century of American Fashion in Advertising*, Lubbock: Texas Tech University Press 2007.
Endres, Kathleen und Therese Lueck, *Women's Periodicals in the United States: Consumer Magazines*, Westport: Greenwood Press 1995.
Felsenthal, Carol, *Citizen Newhouse: Portrait of a Media Merchant*, New York: Seven Stories Press 1998.
Fine Collins, Amy, »The Cult of Diana«, in: *Vanity Fair*, Culture, November 1993, https://www.vanityfair.com/culture/1993/11/diana-vreeland-199311, Zugriff am 11. Januar 2019.

Friend, David, »Vanity Fair: The One-Click History«, in: *Vanity Fair*, VINTAGE V.F., 14. Januar 2004, https://www.vanityfair.com/magazine/2008/01/oneclickhistory, Zugriff am 5. Februar 2019.
Garland, Ailsa, *Lion's Share*, New York: Michael Joseph Ltd. 1970.
Hemmings, Robert, »Beautiful objects, dutiful things: waste, ruins and the stuff of war«, in: *Word & Image*, Band 32, Ausgabe 4, 2016, S. 360–374.
Lynge-Jorlen, Ane, *Niche Fashion Magazines: Changing the Shape of Fashion*, London, New York: I.B. Tauris 2017.
Maier, Thomas, *All That Glitters: Anna Wintour, Tina Brown, and the Rivalry Inside America's Richest Media Empire*, New York: Skyhorse Publishing 2019.
Mirabella, Grace, *In and Out of Vogue*, New York: Doubleday 1995.
Nelson Best, Kate, *The History of Fashion Journalism*, London, New York: Bloomsbury 2017.
Plessix Gray, Francine du, *Them: A Memoir of Parents*, New York: Penguin Press 2005.
Reed, Christopher, »A Vogue That Dare Not Speak its Name: Sexual Subculture During the Editorship of Dorothy Todd, 1922–1926«, in: *Fashion Theory*, Band 10, Ausgabe 1/2, 2006, S. 39–72.
Seebohm, Caroline, *The Man Who Was Vogue – The Life and Times of Condé Nast*, New York: Viking Press 1982.
Settle, Alison, Alison Settle Archive, Brighton: University of Brighton Design Archives.
Shulman, Alexandra, *Inside Vogue: My Diary of Vogue's 100th Year*, London: Fig Tree 2016.
Steele, Valerie (Hg.), *Paris, Capital of Fashion*, London, New York: Bloomsbury Visual Arts 2019.
Taylor, Lou und Marie McLoughlin (Hg.), *Paris Fashion and World War Two: Global Diffusion and Nazi Control*, London, Oxford: Bloomsbury Visual Arts 2020.
Tilberis, Liz, *No Time To Die*, London: Weidenfeld & Nicolson 1998.
Vreeland, Diana, *D. V.*, hrsg. von Plimpton und C. Hemphill, New York: Alfred A. Knopf, Inc. 1984.
Woolman Chase, Edna und Ilka Chase, *Always in Vogue*, New York: Doubleday & Company, Inc. 1954.
Yoxall, Harold Waldo, *A Fashion of Life*, New York: Taplinger Publishing Co., Inc. 1967.

BILDNACHWEIS

Cecil Beaton/Condé Nast/Shutterstock: 161
Edward Berthelot/WireImage/Getty Images Europe: 335
John Cowan/Condé Nast/Shutterstock: 204
Nat Farbman/The LIFE Picture Collection/Shutterstock: 113
Tristan Fewings/BFC/Getty Images Europe: 311
FOUQUE Patrick/Paris Match Archive/Getty Images Europe: 244
Oberto Gili/Condé Nast/Shutterstock: 282
Handout/Pressemitteilung/Publicity/Getty Images Entertainment: 356
Horst P Horst/Condé Nast/Shutterstock: 157
Anwar Hussein/Getty Images Europe: 262
Imperial War Museums/Getty Images Europe: 147
George Karger/The Chronicle Collection/Getty Images Europe: 49
Keystone-France/Gamma-Keystone/Getty Images Europe: 181
Madge Garland papers/Special Collections/Royal College of Art: 90
Eamonn McCormack/BFC/Getty Images Europe: 358
NBC/NBCUniversal/Getty Images Europe: 238
Andrea Renault/Globe Photos/ZUMA Press, Inc./Alamy Stock Foto: 266
Jack Robinson/Archive Photos/Getty Images Europe: 174
Georgina Slocombe: 131
Pier Marco Tacca/Getty Images Europe: 254
Team Boyko/Getty Images Europe: 320
Vogue France: 249
Chris von Wangenheim/Vogue Deutschland/August 1979: 307
A B Wenzell/Condé Nast/Shutterstock: 21
Woodgate/ANL/Shutterstock: 183